KB201706

행복에 걸려 비틀거리다

Stumbling on Happiness
by Daniel Gilbert

Copyright © 2006 by Daniel Gilbert
Korean translation copyright © 2006 by Gimm-Young Publishers, Inc.
All rights reserved.

This Korean edition is published by arranged with
Daniel Gilbert through Brockman, Inc.

행복에 걸려 비틀거리다
Stumbling on HAPPINESS

대니얼 길버트 지음 | 서은국·최인철·김미정 옮김

김영사

행복에 걸려 비틀거리다

저자_ 대니얼 길버트
역자_ 서은국·최인철·김미정

1판 1쇄 발행_ 2006. 10. 30.
1판 28쇄 발행_ 2024. 9. 26.

발행처_ 김영사
발행인_ 박강휘

등록번호_ 제406-2003-036호
등록일자_ 1979. 5. 17.

경기도 파주시 문발로 197(문발동) 우편번호 10881
마케팅부 031)955-3100, 편집부 031)955-3200, 팩스 031)955-3111

값은 뒤표지에 있습니다.
ISBN 978-89-349-2322-0 03180

홈페이지_ www.gimmyoung.com   블로그_ blog.naver.com/gybook
인스타그램_ instagram.com/gimmyoung   이메일_ bestbook@gimmyoung.com

좋은 독자가 좋은 책을 만듭니다.
김영사는 독자 여러분의 의견에 항상 귀 기울이고 있습니다.

"고이다 못해 흘러내리는 침을 삼킬 수만 있다면
그는 세상에서 가장 행복한 사람이다."

—장 도미니크 보비, 사고로 왼쪽 눈꺼풀만 움직이게 된 저널리스트

우리 삶의 가장 놀라운 미스터리를 다루는 '심리학적 탐정 이야기'

몇 년 전, 뉴욕에서 캘리포니아로 오는 비행기 안에서 나는 우연히 대니얼 길버트Daniel Gilbert라는 심리학자 옆에 앉는 행운을 누리게 되었다. 머리카락이 거의 없는 그는 특유의 유머감각을 유감없이 보여주었고, 우리는 허드슨 강에서 로키 산에 이르기까지 많은 이야기를 나누었다 사실 이야기는 거의 그가 했고 나는 듣는 입장이었다.

나는 그의 매력에 완전히 빠져들었다. 그는 많은 학자에게서 볼 수 있는 훌륭한 특징은 물론 보기 드문 특징도 지니고 있었다. 특히 그는 우리 모두가 관심은 있지만 실제로 탐색해볼 시간이나 기회를 갖기 어려운 여러 가지 문제에 흥미를 보였다. 그가 그러한 관심사를 어찌나 실감나게 구체적으로 설명을 해주는지 나는 시간가는 줄 모르고 그의 이야기에 빠져들었다.

그러한 행운에 그치지 않고 나는 그의 심오한 심리학적 연구 결과를 담은 책『행복에 걸려 비틀거리다』를 만나게 되었다. 이 책을 읽으면서 나는 오래 전에 그와 비행기 안에서 나누었던 대화를 떠올렸다. 마치 그와 또 다시 대화를 나누는 것처럼 이 책을 읽는 것은 아주 즐겁고 설레는 일이었다. 길버트는 매력적이고 재미있는 사람이며 복잡한 생각에 활기를 불어넣을 수 있는 보기 드문 재능의 소유자이다.

『행복에 걸려 비틀거리다』는 매우 단순하면서도 강력한 생각을 다루고 있다. 미래를 예측하는 일에 대한 관심과 능력은 인간을 다른 동물과 구분 짓게 하는 하나의 잣대다. 우리는 삶의 많은 시간을 여러 가지 방법으로 시도하면 어떤 일이 일어날지, 혹은 어떤 특정한 상태나 생각 등을 경험하면 어떻게 느끼게 될지를 상상하는 데 쏟아 붓는다. 우리가 이처럼 뭔가를 상상하는 일에 많은 시간을 할애하는 데는 그만한 이유가 있다. 바로 그것이 우리 삶을 만들어나가도록 도와주는 중요한 요소이기 때문이다.

더불어 우리는 미래에 대한 통제력을 통해 행복을 느끼려 한다. 그러나 객관적으로 측정해보면 우리의 예측 능력은 매우 서툴다는 것을 알 수 있다. 우리는 지금으로부터 하루, 한 달 그리고 일 년 뒤에 우리가 무엇을 어떻게 느끼게 될지 제대로 알지 못하는 것이다. 설상가상으로 우리가 꿈꾸는 행복을 가져다주는 것이 무엇이며, 또한 그렇지 못한 것은 무엇인지를 파악하는 데도 서툴다. 길버트는 바로 이 문제, 즉 우리가 뭔가 굉장히 중요한 것처럼 여겼던 것에 서툴고 능숙하지 못한 이유에 관한 문제를 규명하려 시도한다.

그는 자신의 논점을 풀어가면서 때론 흥미롭고 때론 당혹스러운

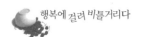
행복에 걸려 비틀거리다

방법을 동원해 우리의 마음이 작용하는 방식에 관한 탁월한 통찰의 세계로 안내한다. 특히, 그는 상상의 단점이 무엇인지 그 실체를 밝히는 데 깊은 관심을 보인다. 우리는 그다지 상상력이 풍부하지 못하다. 우리의 상상은 실제로 미래가 닥치면 어떻게 생각하게 되는지에 대해 제대로 보여주지 못한다. 또한 우리의 개인적 경험들은 그러한 오류를 수정하는 데 거의 도움이 되지 못한다. 그럼에도 불구하고 우리는 자신의 상상이 불러올 결과를 기꺼이 받아들인다.

지금 이 자리에서 길버트가 어떤 논점을 제시했는지 좀더 자세히 이야기하고 싶지만 그렇게 하면 이 책을 읽어볼 유쾌한 경험을 빼앗는 것 같아 그만두려 한다.

이 책은 우리 삶의 가장 놀라운 미스터리 가운데 하나를 다루는 '심리학적 탐정 이야기'이다. 당신이 인간의 상태와 조건에 관해 아주 작은 의문이라도 가져본 적이 있다면 이 책을 놓치지 말라.

—말콤 글래드웰Malcolm Gladwell

상상에 갇힌 행복

여름을 실컷 즐기다가 겨울에 호된 시련을 당하는 배짱이의 우화
는 정서적으로 아주 여린 어린아이의 마음에 깊은 인상을 남긴다.
이 우화를 듣는 그날부터 우리는 어리석고 미련한 삶의 목록에 '미
래를 준비하지 않고 살아가는 인생'을 포함시킨다. 그리고 성장한
이후에는 결코 어리석고 미련한 사람으로 남고 싶지 않다는 생각으
로 내일을 위해 오늘의 일부를 꼬박꼬박 바치며 살아간다. 놀고 싶
지만 일하고, 쓰고 싶지만 아끼고, 먹고 싶지만 참는다. 어떤 사람은
미래의 구원을 위해 현재의 삶 전체를 바치겠다는 결심을 하기도 한
다. 이는 인간만이 할 수 있는 놀라운 일들이다.

미래를 생각하는 인간의 이 비범한 능력은 행복이라는 문제와 불
가분의 관계에 있다. 이것이 바로 하버드대학의 심리학 교수 대니얼

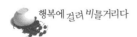

길버트가 이 책에서 전달하고자 하는 핵심적인 메시지이다.

우리는 미래의 행복과 불행을 상상하면서 그것을 토대로 오늘의 시간과 노력을 어디에 얼마만큼 투자할지 결정한다. 그런데 이 과정에서 우리는 모두 결정적인 실수를 범한다. 마음의 이러한 실수 때문에 일말의 오차도 없는 치밀한 계획을 통해 수확하는 경우보다 행복은 우연히 마주치게stumbling on 되는 경우가 더 많은 것이다.

우리가 범하는 결정적인 실수 중 하나는 머릿속에서 그리는 미래에 대한 상상이 미래에 실제로 이루어지리라고 굳게 믿는 것이다. 물론 이것은 착각이다. 그리고 그 착각의 정도가 클수록 미래에 우리가 느끼는 실망과 충격 또한 커진다. 예를 들어 아름다운 한강이 내려다보이는 큰 집에 사는 꿈을 꾸다가 마침내 그것을 이뤘다고 해보자. 설사 그렇더라도 생각했던 것만큼 기쁘지 않다. 그리고 어느새 자신이 '행복은 도대체 무엇일까?'라고 씁쓸하게 묻고 있음을 깨닫게 된다.

왜 그럴까? 사실 문제의 시발점은 처음부터 한강이 내려다보이는 큰 집에 살면 무척 행복하리라고 잘못된 상상을 한 것에 있다. 왜 우리는 우리가 미래에 느끼게 될 감정조차 정확하게 예상하지 못하는 것일까? 저자에 따르면 그것은 우리가 똑똑하지 못해서도 아니고, 상상력이 부족해서도 아니라고 한다. 역설적으로 우리의 마음이 매우 비상하기 때문에 우리는 스스로에게 속는 것이다.

이 책은 단순히 행복에 대한 설명과 미래에 대한 예측에 머무르지 않는다. 인간 심리의 저변을 꿰뚫고 있는 이 책을 사람의 생각과 감정의 미묘한 움직임, 그리고 고집에 대해 이해하기를 원하는 모든 사람에게 권하고 싶다. 특히 행복에 관한 다양한 책을 읽고 나서도 뭔가 허전하다면 반드시 이 책을 읽어볼 것을 권한다.

행복이라는 주제를 연구하는 사람들로서 이 책을 우리나라 독자들에게 특별히 권하고 싶은 이유가 또 하나 있다. 한국인의 행복지수가 다른 나라 사람들에 비해 유난히 낮다는 것을 알고 있는가? 거기에는 복잡한 이유가 있겠지만 한국인의 독특한 심리적 특성도 분명 관련이 있을 것이다.

이 책을 읽다보면 혹시 우리가 미래를 위해 지나치게 현재를 희생하는 삶을 살도록 훈련받은 것은 아닌가 하는 생각을 하게 된다. 실제로 우리는 중·고등학교 시절은 대학을 위해, 대학은 직장을 얻기 위해, 중년은 노년과 자식의 미래를 위해 살고 있지 않은가? 미래를 위해 어느 정도 준비하는 것은 필요하지만, 그것이 지나치면 늘 미래에 구속되어 끌려가는 삶을 살게 된다. 파스칼은 『팡세』에서 많은 사람이 행복을 미래에서만 찾으려고 하기 때문에 그것이 지금 바로 옆에 있다는 것을 모른다고 쓰고 있다. 혹시 이것이 오늘날 많은 한국인들의 삶의 모습이 아닌지 모르겠다.

출판사에서 이 책의 번역을 제의했을 때, 처음에 우리는 다소 망설였다. 책의 분량도 만만치 않았고 당장 더 급한 일들이 책상에 가득했기 때문이다. 하지만 우리는 두 가지 이유에서 이 책을 번역하기로 결정했다. 우선, 국내의 많은 독자가 이 책을 읽으면 좋겠다는 생각을 했다. 책의 품질을 평가해 그 격을 따질 수 있다면, 이 책은 분명 귀한 명품에 속한다. 학문적 깊이, 재미, 논리의 전개가 모두 뛰어나게 잘 어우러진 하나의 작품이다. 심리학 교수가 되기 전에 공상과학 소설가였던 저자는 탁월한 연구 능력과 글쓰기 능력을 겸비한 사람이다. 둘째 이유는 이 책의 특성상, 이 분야의 최신 연구에 대한 지식, 미국의 문화와 생활, 그리고 길버트라는 학자가 구사하는 특유의 글 스타일과 어투에 친숙하지 않은 사람은 원문을 다소 오역할 수도 있다는 판단을 하게 되었다. 말하자면 상당히 맛깔스럽고 고급스러운 이 책을 우리말로 제대로 옮기기 위해 우리 세 사람은 각자가 가진 장점과 노하우를 최대한 살리면서, 번역문을 서로 크로스체크하고 보완하면서 최대한 원문이 가진 뜻을 온전히 담아내고자 노력했다.

그럼에도 불구하고 오랜 시간 열정을 쏟아 부으며 심혈을 기울여 번역을 마친 이 시점에 원문의 생동감과 재미를 완벽하게 전달하지 못한 아쉬움과 미안함이 남는 것도 사실이다.

이 한국어판 책은 많은 분들의 도움으로 완성되었다. 일일이 열거할 수 없지만 그들에게 진심으로 감사의 마음을 전하고 싶다.

우리의 행복은 왜 항상 예측을 벗어날까?

감사할줄 모르는 아이는 독사의 이빨보다 날카롭다
—셰익스피어, 『리어왕 King Lear』

만약 당신이 10분 뒤에 죽게 된다면 지금 이 순간 무엇을 하겠는가? 번개같이 2층에 뛰어 올라가 수십 년 동안 양말 통에 숨겨 놓았던 말보로 담배에 불을 붙일 것인가? 지긋지긋한 상사를 찾아가 기세당당하게 그의 단점들을 신랄하게 지적해줄 것인가? 서둘러 스테이크 식당으로 달려가 기름이 뚝뚝 떨어지는 반쯤 익은 티본T-bone 스테이크 한 덩어리를 먹어치우는 것은 어떨까? 그 최후의 10분 동안 당신이 무슨 일을 하게 될지는 아무도 모른다. 그러나 분명한 것은 그 마지막 순간을 위해 당신이 선택하게 될 일은 당신이 오늘 행했던 일상적인 일과는 다를 것이라는 점이다.

물론 심각한 표정을 지으며 그 최후의 10분 동안에도, 끝까지 최선을 다해 살아야 한다고 다그치는 사람도 있을 수 있다. 하지만 삶이

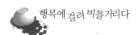

갑자기 끝나버린다는 위기감을 느낄 때의 행동은 삶이 계속 지속될 것이라는 전제를 달고 있을 때의 행동과는 분명 다르다. 우리가 평소에 기름기 있는 음식이나 담배를 멀리하고 직장상사의 재미없는 농담에 억지로라도 미소를 보내는 것이나 욕실에 한가로이 누워 과자를 먹는 대신 이런 두꺼운 책을 읽는 데는 이유가 있다. 바로 '미래의 우리'를 위해서다. 마치 부모가 자식에게 하듯 '현재의 우리'는 '미래의 우리'의 행복을 위해 현재의 수많은 시간을 희생하며 준비한다. 현재의 우리는 퇴직 후의 건강한 여가는 물론 가족과의 단란한 행복을 위해 순간적인 충동을 외면하며 월급의 일부를 떼어 매달 저축한다. 승진이든 결혼이든 자동차든 혹은 치즈버거든 현재 우리가 무언가를 원하는 이유의 본질에는 미래의 우리가 그것을 좋아할 것이라는 믿음이 존재한다. 그것을 누리는 '미래의 우리'가 '현재의 우리'가 기울인 노력과 탁월한 판단에 찬사와 존경의 탄성을 연발하리라 기대하면서 말이다.

그러나 너무 큰 기대는 하지 마라. 우리의 자식들처럼, 우리가 낳은 시간의 후손들도 우리의 수고를 마냥 고마워하지는 않는다. 현재의 우리가 그들이 꼭 원할 것이라고 생각하는 것들을 땀 흘려 마련해주어도 그들은 우리의 짧은 판단력을 원망하며 느닷없이 직장을 그만두기도 하고, 갑자기 장발이 되어 불쑥 샌프란시스코로 떠나가기도 한다. 우리는 행복에 절대적으로 필요하다고 생각하는 명예나 보상을 미련없이 차버리는 그들을 안타까워하지만, 오히려 그들은 우리의 근시안적인 계획이 무산된 것을 고마워한다. 우리가 많은 노력을 기울여 마련해준 것들이 '미래의 우리'에게 행복을 가져다주지 못하고, 오히려 노심초사하며 막으려고 했던 일들을 통해 그들이 행복을 느낀다면 그들은 '현재의 우리'를 기가 막힌다는 표정으로 바라볼 것이다. 현재의 우리의 입장에서 그들은 배은망덕하지만, 그들의 입장에서는 그것이 당연하다. 혹시 그들이 현재의 우리가 좋은 의도로 최선의 노력을 했다고 인정할지는 모르지만, 우리의 노력이 결코 만족스럽지 못하다며 심리상담가를 찾아가 한탄할 것이 분명하다.

어떻게 이런 일이 있을 수 있는가? 현재의 우리는 내년의 우리, 아니면 적어도 잠시 후의 우리의 기호나 취향 그리고 욕구를 알고 있지 않은가? 현재의 우리는 미래의 우리가 소중하게 생각할 직업이나 연인을 선택해주고, 심지어 소파 커버까지도 골라줄 수 있을 만큼 이미 그들을 파악하고 있지 않은가? 그런데 미래의 우리는 어째서 현재의 우리가 장만해준 긴요한 물건들을 창피하고 쓸모없다며 창고에 처박아버리고 마는가? 왜 그들은 현재의 우리가 선택해준 연인의 흠을 잡고 승진을 위해 펼친 작전들을 개탄하며, 비싼 돈을 들여 해준 문신을 더 비싼 돈을 주고 지우려고 하는가? 왜 그들은 현재의 우리를 떠올리며 긍지와 고마움보다는 후회와 안도의 한숨을 내쉬는가? 만약 우리가 그들을 항상 무시하고 외면해왔다면 이 모든 부당한 반응들을 이해하겠지만, 사실 우리는 만사를 제쳐두고 그들의 뒷바라지를 해왔다. 왜 그들은 그들에게 도움이 될 것 같은 일을 해주면 실망하고, 우리가 그들의 안녕을 위해 애써 막으려고 했던 것이 발생하면 오히려 킥킥대며 즐거워하는가? 대체 그들의 문제는 무엇인가? 혹시 현재의 우리에게 문제가 있는 것은 아닐까?

내가 10살 때, 우리 집에서 가장 신비로운 물건 중 하나는 착시현

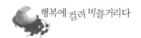

상에 관한 책 한 권이었다. 그 책에는 끝이 화살표 모양으로 생긴 동일한 길이의 두 선이 마치 길이가 다른 것처럼 보이는 밀러-라이어Müller-Lyer 착시와 면의 위치가 순간마다 이동하는 것처럼 보이는 네커Necker 정육면체, 그리고 전경과 배경에 따라 얼굴 모양과 술잔 모양이 뒤바뀌는 그림 등이 수록되어 있었다 그림 1.

내가 아버지의 서재에서 몇 시간이나 넋을 잃고 이 책을 들여다본 이유는 그 단순한 그림들이 나의 뇌를 쉽게 설득해 착시를 경험하도록 했기 때문이다. 이때부터 나는 인간의 실수가 매우 흥미로운 현상이라는 것을 깨닫게 되었고, 이후 그것은 내 인생의 중요한 부분을 차지하기 시작했다. 착시현상의 가장 흥미로운 점은 모든 사람이 실수를 범한다는 사실이 아니라, 모든 사람이 동일한 실수를 범한다는 데 있다. 만약 나에게는 술잔으로 보이는 자극이 당신에게는 엘비스로 보이고, 또 다른 이에게는 만화 주인공을 연상시킨다면 이것은 훌륭한 심리 테스트용 자극이 될 수는 있어도 좋은 착시 자극은 될 수 없다. 우리가 착시에 매료되는 이유는 하나의 자극이 모든 사람에게 동일하게 술잔과 얼굴을 반복적으로 지각하도록 만들기 때문이다. 착시가 우리의 지각 과정에서 일으키는 오류는 일정한 법칙을 따르며 주기적이고 체계적으로 일어난다. 이러한 착시는 그 법칙을 이해하면 시각 체계의 정교한 원리들을 이해할 수 있게 해주기 때문에 사실 매우 도움이 되는 실수이다.

우리가 미래를 상상하며 범하는 오류 또한 일정한 법칙을 따르며 주기적이고 체계적이다. 착시현상이 우리의 시각 체계의 신비와 한계를 보여주듯, 미래를 예측할 때 우리가 범하는 실수는 예측의 능

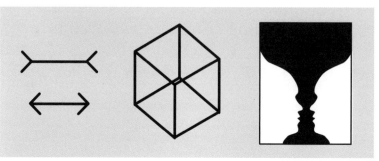

|그림 1 |

력과 한계를 보여준다. 이 책은 바로 이러한 현상을 중점적으로 다
루고 있다. 물론 '행복'이라는 말이 책의 제목에 포함되어 있지만,
이 책은 당신을 행복하게 해줄 수 있는 구체적인 방법을 제공하지는
않는다. 그러한 기대를 안고 이 책을 집어 들었다면, 서점에서 흔히
찾을 수 있는 심리지침서를 선택해 그 조언에 따라보라. 그러면 그
러한 책에서 얻는 조언들이 왜 별다른 효력이 없는지를 이 책이 알
려줄 것이다. 이 책은 과학적인 연구 결과를 토대로 우리의 뇌가 미
래를 어떻게, 그리고 얼마나 정확하게 그려내는지 살펴보고 있다.
무한하게 펼쳐진 미래의 가능성 중에서 우리가 구체적으로 어떤 모
습의 미래가 우리를 가장 행복하게 만들 수 있다고 믿는지, 또한 그
러한 예측을 하며 범하는 실수는 무엇인지를 살펴보는 것이다. 사
실, 이것은 수천 년 동안 수많은 사람들이 고심해왔던 문제다. 왜 인
간은 자신이 곧 경험하게 될 미래의 사고나 감정에 대해 잘 알지 못
하는 것일까? 나는 현인들의 지혜와 나의 통찰력 그리고 심리학과
인지신경과학, 철학, 경제학의 연구와 이론들을 조합하여 이 오래된
수수께끼의 해답을 찾으려 한다. 나는 이 책에서 제공하는 해답이
상당한 설득력이 있다고 믿는다. 물론 마지막 판단은 독자들이 해야

하지만 말이다.

　책을 펴내는 것은 그 자체로 보람 있는 일이지만, 책을 읽는 입장
에서는 시간과 돈을 투자한 만큼 구체적인 수확을 기대하게 마련이
다. 만약 당신이 이 책을 통해 새로운 것을 배우지 못했거나 재미를
느끼지 못했다면, 당신의 시간과 돈은 환불받아야 마땅하다. 그러나
그것이 현실적으로 어렵다는 것을 알고 있기에 나는 이 책을 아주
재미있고 흥미진진하게 쓰려고 노력했다. 어느 누구도, 심지어 이
책을 본격적으로 읽기 시작하려는 당신조차도 책을 다 읽을 때쯤 어
떤 느낌이 들지는 알 수 없다. 어쩌면 이 책을 다 읽을 무렵에 당신
을 기다리고 있는 '미래의 당신'은 별다른 만족감을 느끼지 못할 수
도 있다. 그러나 근사한 사실 하나는 터득할 것이다. 최소한 미래의
당신이 이 책에 대해 큰 만족을 느낄 거라고 현재의 당신이 왜 오판
했는지 이해할 수 있게 될 것이다.

Stumbling on HAPPINESS

1

전망 | Prospection

다가올 미래를 기대하거나 또는 미래에 대해 심사숙고하는 행위

CHAPTER 1

상상, 미래로 가는 여행

어쩌면 인간은 일을 시작해보기도 전에, 이미 그 끝을 알고 있는지도 모른다.
– 셰익스피어, 「줄리어스 시저 Julius Caesar」

가톨릭 성직자는 평생 독신으로 살겠다고 맹세하고, 의사는 환자에게 해를 끼치지 않겠다고 맹세한다. 또한 우체부는 비바람과 눈보라가 몰아쳐도 자신에게 맡겨진 분량을 신속하게 배달하겠다고 약속한다. 그런데 심리학자도 다른 직업인처럼 무언가에 대해 맹세를 한다는 사실을 아는 사람은 얼마나 될까? 심리학자는 적어도 일생에 한 번은 "오직 인간만이 …한 동물이다"라는 문장을 완성시켜서 책이나 논문, 아니면 한 줄 기사에라도 발표하겠다고 맹세한다. "오직 인간만이 …한 동물이다"라는 기본 틀 안에서 그 문장의 완성은 전적으로 심리학자의 재량에 달려 있다. 대부분의 심리학자는 이 막중한 서약을 지키기 위해 평생을 고민한다. 왜냐하면 후세의 심리학자들은 한 심리학자의 수십 년간의 여러 연구 결과는 무시한 채, 오직 그가 완성한 그 한 문장만 기억할 거라는 점을 알고 있기 때문이다. 더욱이 그 문장의 내용이 진실이 아니라는 것이 밝혀질 때, 자신이 사람들의 기억 속에 더 선명하게 남을 것임을 잘 알고 있기 때문이다.

실제로 "오직 인간만이 언어를 사용할 수 있는 동물이다"라는 문장을 완성시킨 심리학자들이 있었다. 그러나 침팬지도 학습을 통해 손으로 의사소통할 수 있다는 사실이 밝혀진 뒤 이들은 사람들의 기억 속에 더욱 특별히 남게 되었다. 또 다른 예로, "오직 인간만이 도구를 사용할 수 있는 동물이다"라고 말했던 심리학자들이 있었는데, 그들 역시 전 세계 사람이 그들의 이름과 이메일 주소까지 기억하게 되는 계기가 있었다. 바로 야생 침팬지도 막대기를 사용해 흙무덤 속에 있는 맛있는 흰개미들을 끄집어낼 수 있고, 때로는 그것을 무기 삼아 서로 싸우기까지 한다는 사실을 다른 학자들이 밝혀냈던 것이다. 따라서 심리학자들은 이 문장을 완성시키는 임무를 최대한 미룬다. 시간을 끌며 미적거리다 보면, 원숭이에게 공개적으로 놀림을 당하는 끔찍한 일을 모면하고 생을 마칠 수도 있기 때문이다.

나 역시 이제까지 한 번도 '그 문장'을 써본 적이 없지만, 이제 독자들 앞에서 다음과 같이 완성해보려고 한다. "오직 인간만이 미래를 생각할 수 있는 동물이다." 한 가지 말해두고 싶은 것은 내가 개, 고양이, 쥐, 금붕어, 게 등 여러 종류의 애완동물을 키워보았는데, 그 녀석들도 가끔은 마치 미래를 생각하는 것처럼 행동한다는 점이다. 하지만 머리카락이 별로 없는 사람이 값싼 가발을 쓰고 자신에게 머리가 있는 것처럼 행동할지라도 그는 분명 대머리다. 무언가를 가지고 있는 것처럼 행동하는 것과 실제로 그것을 가지고 있는 것은 분명 다르다. 예를 들어, 우리 집 마당에 사는 다람쥐들은 해마다 가을이 되면 부지런히 음식을 주워와 마당 여기저기에 파묻는다. 마치 지금 그것을 묻어두지 않으면 나중에 먹을 것이 없게 된다는 사실을 알고 있기라도 하듯 말이다. 내가 사는 동네의 교육수준이 꽤 높다고는 하지만, 그렇다고 이 동네 다람쥐에게도 뛰어난 지적 능력이 있다고 생각하지는 않는다. 다람쥐가 음식을 묻는 행동은 다람쥐의 눈에 들어오는 햇빛의 양이 점점 줄어들어 일정한 역치 수준에 도달했을 때, 다람쥐 뇌에서 자연스럽게 음식 묻기 프로그램을 가동시키는 결과로 나타나는 자동적인 현상이다. 해가 짧아지면 다람쥐는 자연스럽게 묻기 행동을 하게 되는데, 여기에는 내일에 대한 그 어떤 진지한 생각도 개입되지 않는다. 우리 집 마당의 다람쥐가 미래에 대해 알고 있는 것은, 마치 돌이 중력의 원리를 알지 못하고 무작정 낙하하는 것과 같다. 다시 말해 다람쥐나 돌이 자신의 행동원리를 '이해'하고 있는 것은 아니다. 그렇기 때문에 나는 위에 제시한 나만의 문장을 한동안 고수하려고 한다. 적어도 혼자 늙어가는 것을 생각하며 흐느끼거나 여름휴가를 미리 생각하며 미소 짓고, 너무 뚱뚱해진다며 기름진 음식을 자제하는 침팬지가 발견되기 전까지는 말이다. 우리는 다른 동물들이 과거에도 하지 못했고, 현재 그리고 이후에도 할 수 없는 그 어떤 방식으로 미래를 생각한다. 이 단순하고도 자연스러운 행동이야말로 인간을 독특하게 만드는 결정적인 특징이다.

'다음next'을 생각하는 기쁨

만일 누군가가 당신에게 인간의 뇌가 이루어낸 가장 큰 업적이 무어냐고 묻는다면 어떤 것이 가장 먼저 떠오를까? 아마도 이집트 기자Giza, 이집트 카이로 부근의 도시—역주에 있는 피라미드, 아니면 국제 우주 정거장 또는 금문교 등을 떠올릴 것이다. 이 건축물들은 인간의 뇌가 이루어낸 위대한 성과물이지만, 그렇다고 그것이 가장 위대한 성과물이라고 할 수는 없다. 디자인이나 건축에서 요구되는 지식, 논리, 인내 등은 오늘날 정교하게 고안된 기계에서도 충분히 엿볼 수 있으며 건축물 자체는 현대의 기계도 만들어낼 수 있다. 사실, 인간의 뇌가 이루어낸 가장 놀랄 만한 업적은 오직 하나뿐으로 이것은 제 아무리 정교한 기계라도 흉내낼 수조차 없다. 그것은 바로 우리의 '의식 경험'이다. 위대한 피라미드를 볼 수 있고 금문교를 기억할 수 있으며 우주정거장을 상상해낼 수 있는 우리의 능력 말이다. 이것이야말로 수많은 멋진 건축물보다 훨씬 더 훌륭하다.

이런 의식 경험 중에서도 특별히 대단한 것이 하나 있다. 예컨대 보는 행위는 이 세계를 있는 그대로 경험하는 것이며, 기억하는 행위는 이 세계가 존재했던 과거의 방식을 경험하는 것이다. 하지만 상상한다는 것은 세계를 있는 그대로 경험하는 것도 아니며, 그렇다고 과거에 존재했던 세계를 경험하는 것도 아니다. 인간의 뇌가 이룩해낸 최대의 업적은 현실 세계에 존재하지 않는 사물과 사상들을 상상할 수 있는 능력이며, 이 능력이 우리로 하여금 미래를 생각할 수 있게 만든다. 한 철학자가 지적했듯 인간의 뇌는 일종의 '예견하는 기계anticipation machine'로, 이 기계가 하는 가장 중요한 일은 '미래를 만들어내는 것'이다.

그렇다면 '미래를 만들어낸다'는 것은 정확히 무슨 의미일까? 뇌가 미래를 만들어내는 방법은 두 가지로 추측해볼 수 있다. 그중 하나는 우리와 다른 많은 동물이 공유하는 것이지만, 또 다른 하나는 인간만의 고유한 방법이다. 인간의 뇌는 물론 침팬지와 다람쥐의 뇌까지도 모든 뇌는 즉각적이고 개인적 관련성이 있는 가까운 미래를 예측할 수 있다. 뇌는 현재 상황(뭔가 냄새가 난다)과 과거 사건(지난번에 이 냄새를 맡았을 때, 어떤 큰 물체가 와서 나를 잡아먹으려고 했다)에 대한 정보를 활용하여, 바로 다음에 닥치게 될 가장 유력한 상황(어떤 큰 물체가 곧 …할 것이다)을 예측하는 것이다.

이러한 '예측'의 두 가지 특성에 주목해보자. 첫째, 이런 종류의 예측은 의식적 사고를 필요로 하지 않는다. 마치 주판알을 연이어 두 개씩 올리면 계산할 필요도 없이 넷이 나오는 것처럼, 뇌가 과거를 현재에 덧붙여 미래를 만들어내는 데는 그 어떤 복잡한 생각도 필요하지 않다. 사실 이 정도 수준의 예측에는 뇌 자체가 필요 없다. 약간의 훈련만 거친다면 바다의 해삼조차 예측하는 법을 학습하여 아가미에 닿는 전기 충격을 미리 피할 수 있는데, 해삼에게 뇌가 없다는 사실은 메스 하나만 있으면 누구라도 금방 밝힐 수 있다. 컴퓨터 또한 뇌는 없지만 해삼과 똑같은 아이디어를 사용한다. 쉽게 말해 기계와 무척추동물이 미래에 대해 간단한 예측을 할 때는 지적이고 자각적이며 의식적인 뇌를 사용할 필요가 없다.

이런 예측에 대해 두 번째로 주목할 점은, 그것이 광범위한 영향을 끼치지 않는다는 사실이다. 이러한 예측은 지금 있는 곳에서 바로 다음 순간 나에게 어떤 일이 발생할지에 관한 것이다. 이것은 우리가 연간 물가상승률이나 포스트모더니즘의 지적 영향력, 우주의 열역학적인 죽음, 또는 마돈나의 다음 헤어스타일 등을 예측하는 경우와는 다른 종류의 예측이다. 사실 우리가 그것을 '예측predictions'이라고 부르는 이유는, 단지 그것을 표현하기에 적절한 단어가 마땅치 않기 때문이다. 누구에게나 언제 어디서든 발생할 만한 사건에 대해 심사숙고하며 계산된 사고를 하는 행위도 예측이라 부르고, 뇌가 그 주인도 모르게 끊임없이 행하는 즉각적인 예견도 예측이라고 부르는 것은 바람직하지 않다. 그러므로 즉각적이며 단순한 예측에 대해서는 뇌가 예측하고 있다고 말하기보다, 그냥 '다음을 생각하고 있다nexting'라고 말하기로 하자.

당신의 뇌는 지금 이 순간에도 다음을 생각하고 있다. 당신은 방금 읽은 문장을 의식적으로 생각할 수도 있고 허벅지에 닿아 불편하게 만드는 주머니 속의 열쇠고리를 생각할 수도 있으며, 또는 1812년의 전쟁영국과 미국과의 전쟁—역주이 정말로 오페라의 소재거리가 될 만한지에 대해 생각할 수도 있다. 당신이 무슨 생각을 하든 당신의 뇌는 지금 읽고 있는 단어와 방금 전에 읽었던 단어들을 사용해 다음에 읽게 될 단어의 정체를 논리적으로 추측해보려 하고 있다. 그렇기 때문에 당신이 지금 이 책을 거침없이 읽어 내려갈 수 있는 것이다. 느와르 영화어둡고 무서운 할리우드 영화들—역주와 값싼 추리소설을 많이 접해본 뇌라면 '밤night'이라는 단어에 으레 '폭풍우가 몰아치는 어두운'이라는 문구를 연결지어 떠올릴 것이고, 따라서 밤이라는 단어와 마주칠 때면 긴장하게 된다. 끊임없이 다음을 생각하고 있는 당신의 뇌가 놀라운 속도로 문장의 다음 내용들을 예측하고 있다는 사실을 당신은 인식하지 못한다. 그러다가 뇌가 형편없는 예측을 하게 되면 순간적으로 느끼게 되는 것은 아보카도이다.

위 문장의 마지막 단어를 보며 깜짝 놀랐는가?

놀람surprise은, 우리가 예기치 못한 것과 마주쳤을 때 느끼는 감정이다. 예를 들어 당신이 한 손 가득 장바구니를 들고 집으로 돌아와 급히 화장실로 가려고 하는데, 서른 명 남짓한 친구들이 종이 모자를 쓴 채 거실에서 "생일 축하해!"라고 소리칠 때를 생각해보라. '놀람'을 통해 우리는 그 직전의 순간에 우리가 어떤 기대를 하고 있었는지 알 수 있다. 앞 문단의 끝 무렵에서 당신이 깜짝 놀랐다는 것은, '그러다가 뇌가 형편없는 예측을 하게 되면 순간적으로 느끼게 되는 것은……'이라는 구절을 읽으면서 당신의 뇌가 그 다음에 접하게 될 단어에 대해 합리적인 예측을 하고 있었다는 사실을 보여준다. 그 당시 뇌는 '순간적으로 느끼게 되는 것은'이라는 말 뒤에 슬픈, 어지러운 또는 놀라운 등과 같은 감정을 나타내는 단어를 보게 될 것이라고 기대하고 있었다. 하지만 그런 감정들 대신 아보카도라는 과일 이름을 보게 되었고, 그래서 놀랐던 것이다. 우리가 무언가에 놀라는 것은, 그 순간 우리가 경험한 것이 아닌 다른 무언가를 기대하고 있었음을 보여준다. 자신이 무엇을 기대하고 있었다는 사실조차 몰랐음에도 말이다.

놀람의 감정에는 대개 관찰과 측정이 가능한 반응, 즉 눈썹이 올라가거나 눈동자가 커지고 턱을 떨어뜨리거나 온갖 감탄사를 연발하는 등의 반응이 따르기 때문에, 심리학자들은 놀람의 감정을 사용해 언제 뇌가 다음에 일어날 일을 생각하고 있는가를 파악할 수 있다. 예를 들어 원숭이는 연구자가 긴 상자 몇 개 중 하나에 공을 떨어뜨리면 공이 들어간 상자의 바닥을 재빨리 바라보면서 그 공이 다시 나타나기를 기다린다. 이때 실험적 조작을 통해 그 공이 처음에 들어간 상자가 아닌 다른 상자에서 나오면 원숭이는 깜짝 놀란다. 이는 아마도 원숭이의 뇌가 다음을 생각하고nexting 있었기 때문일 것이다.

　어린아이도 이상한 물리적 현상을 보면 이와 유사한 반응을 보인다. 예를 들어 아기는 커다란 빨간 블록이 작은 노란 블록을 쳐서 노란 블록이 화면에서 사라지면 별로 신경 쓰지 않는다. 하지만 그 노란 블록이 부딪힌 후에 잠시 정지 상태에 있다가 다시 움직여 화면 밖으로 사라지면 아기는 마치 엄청난 기차 전복 사고를 본 것처럼 화면을 뚫어져라 쳐다본다. 노란 블록의 움직임이 아기의 뇌가 계속 다음 상황을 생각하면서 만들어낸 예측을 벗어났기 때문이다. 이러한 연구를 통해 원숭이의 뇌가 중력_{낙하하는 물체는 수직으로 떨어지며 측면 운동을 하지 않는다}을 '알고' 있으며, 아기의 뇌는 운동학_{움직이는 물체는 정지하는 물체에 닿자마자 그 에너지를 전달하며 이는 조금이라도 지연될 수 없다}을 '알고' 있다는 사실을 알 수 있다. 하지만 이보다 더 중요한 사실은 원숭이와 아기의 뇌가 이미 그들이 알고 있던_{과거}의 것과 지금 보고 있는_{현재}의 것을 합해 다음_{미래}에 일어날 상황을 예측한다는 점이다. 그리고 실제로 발생한 다음 일이 예측했던 것과 다르면 원숭이와 아기는 깜짝 놀란다는 점이다.

　우리의 뇌는 다음 일을 생각하도록 만들어졌고, 그것이 바로 뇌가 늘 하는 일이다. 우리가 해변을 거닐 때, 뇌는 발에 닿는 모래가 얼마나 단단한지 예측하고, 그 정보에 근거하여 무릎에 주는 힘을 조절한다. 우리가 플라스틱 원반을 잡으려고 점프했을 때, 뇌는 우리가 뛰는 순간에 그 원반이 어디에 위치할지를 예측하고 때맞춰 그 지점까지 손이 닿도록 지시를 내린다. 또한 바닷가에서 나무토막 뒤에 숨어 바다로 바쁘게 움직이는 게 한 마리를 보면, 뇌는 그 녀석이 나무 뒤에서 다시 나타날 지점을 예측하고 그 지점에 시선을 옮겨

놓는다. 이 모든 예측의 속도와 정확성은 대단한 것이며 만일 우리 뇌가 이런 기능을 중단한다면 우리의 삶이 어떻게 될지는 상상하기 힘들다. 만약 그렇게 된다면 우리는 '현재의 순간'에 고립되어 결코 그 다음 단계로 옮겨가지 못할 것이다.

눈앞에서 벌어지는 즉각적이고 개인적인 사건에 대한 예측은 자동적으로 끊임없이 이루어지며 굳이 의식적인 노력을 필요로 하지 않는다. 하지만 이러한 종류의 예측은 인류를 야생의 자연으로부터 분리시켜 지금처럼 옷을 입고 다니는 인간으로 만들어준 예측은 아니다. 이러한 예측은 개구리도 큰 연 잎에서 발 하나 떼지 않고도 할 수 있으므로 "오직 인간만이 미래를 생각할 수 있는 동물이다"라는 문장이 설명하고자 하는 그런 종류의 예측이라고 할 수 없다. 인간이 예측을 통해 만들어내는 미래는 질적으로 완전히 다른 미래이다.

미래를 내다보게 된 '원숭이'

우리는 아이들에게 말도 안 되는 것을 물어보길 좋아한다. 그런 다음 그들이 질문에 엉뚱한 답을 말했을 때 더 없이 즐거워한다. 우리가 아이들에게 자주 물어보는 질문 중 하나는 이것이다. "나중에 크면 뭐가 될래?" 아이들이 하는 대답은 "캔디맨이 될 거예요." 또는 "나무 타는 사람이 될 거예요." 등이다. 우리는 아이들이 실제로 캔디맨이나 나무 타는 사람이 될 확률이 얼마나 희박한지를 알기 때문에 낄낄거리며 웃게 된다. 아이들이 나중에 다른 아이들에게 그런 엉뚱한 질문을 할 수 있을 정도의 나이가 되었을 때는, 그들이 더 이상 캔디맨이나 나무 타는 사람에 대해 관심이 없을 거라는 점을 우리는 알고 있다. 하지만 여기서 한 가지 주목해야 할 사실이 있다. 아이들의 답은 "나중에 크면 뭐가 될래?"에 맞는 답은 아니지만, "지금 네가 되고 싶은 것은 뭐니?"라는 질문에는 적합한 답이라는 점이다. 아이들은 그들이 나중에 뭐가 되고 싶은지는 말할 수 없다. 이는 그들이 '나중'이라는 말의 의미를 제대로 이해하지 못하기 때문이다. 그래서 그들은 아주 약삭빠른 정치인들처럼 자신이 정작 답해야 할 질문은 피하고, 그들이 답할 수 있는 질문에만 대답을 한다.

어른들은 좀 다르다. 맨해튼에 사는 한 30대 여성에게 퇴직한 후에 어디서 살기를 원하는지 물었더니 마이애미, 피닉스 아니면 평온함이 연상되는 다른 도시들을 지목했다. 이는 그녀가 지금은 복잡한 도시생활을 좋아하지만, 몇 십 년 후에는 자신이 미술관이나 재미있는 남성보다 빙고게임이나 정기적인 건강검진에 더 가치를 둘 것으로 상상하기 때문이다. 현재 상황만을 생각하는 어린이와 달리, 어른은 상황이 앞으로 어떻게 변할 것인지를 생각할 수 있다. 아장아장 걸음마를 걷던 시절에서 꼬부랑 노인이 되는 그 사이 어느 시점에선가 우리는 '나중'이라는 것을 배우게 되는 것이다.

나중이라니! 이 얼마나 놀라운 발상이자 강력한 개념인가? 또한 얼마나 신비한 발견인가? 어떻게 인간은 아직 다가오지도 않은 일련의 사건들에 대해 미리 상상하는 것을 배울 수 있었을까? 눈만 감으면 오늘로부터 도망쳐 조용히 내일로 이동할 수 있다는 것을, 그 어떤 시대의 천재가 처음으로 깨닫게 되었을까? 불행히도 인류의 모든 위대한 발견들이 탄소 방사선 연대기로 분석이 가능한 화석을 남기는 것이 아니기 때문에 '나중'에 대한 정확한 역사적 출처는 밝혀내기 힘들 것이다. 하지만 고생물학자와 신경해부학자들은 인류 진화에 있어 매우 중요한 이 사건이 지난 3백만 년 동안의 언제쯤엔가 갑작스럽게 발생했을 것이라고 확신한다.

지구상에 뇌가 처음으로 생겨난 것은 약 5억 년 전이다. 그리고 초기 영장류의 뇌로 진화하기까지 약 4억 3천만 년의 시간이 걸렸고, 7천만 년 정도의 시간을 거쳐 맨 처음 원인原人의 뇌로 진화했다. 그런 다음 어떤 사건이 발생했고그 일에 관해서는 아무도 모르지만 기후 급변에서 조리 기술의 등장에 이르기까지 다양한 추정이 있다, 이후 약 2백만 년이 넘는 기간에 인간의 것과 비슷한 뇌가 전례 없는 급속한 성장을 겪으면서 그 부피가 두 배로 커진 것이다. 이때 1.25파운드였던 호모 하빌리스의 뇌가 3파운드인 호모 사피엔스의 뇌로 변하게 되었다.

당신이 기름진 음식을 섭취해 아주 짧은 기간에 살을 두 배로 찌우는 데 성공했다고 해서, 살이 온몸에 골고루 퍼지리라고 기대하지는 않을 것이다. 아마도 새로 생긴 군살은 배와 둔부에 가장 많이 쌓일 것이고, 혀나 발가락 등은 아무런 영향도 받지 않은 채 날씬하게 남아 있을 것이다. 마찬가지로 인간의 뇌가 급격하게 커졌다고 해서 뇌의 각 부분이 두 배가 되어 이전 것과 구조적으로는 동일하면서 크기만 커진 새로운 뇌가 탄생한 것은 아니다. 이 급격한 불균형적 성장은 전두엽이라는 뇌의 한 영역에 집중되어 나타났다. 전두엽은 말 그대로 머리 앞쪽 부위로 두 눈의 바로 위쪽에 자리 잡고 있다그림 2. 이로써 초기 조상의 낮고 경사진 이마는 앞쪽으로 튀어나와 날카롭고 수직적으로 변했고, 그로 인해 오늘날 우리는 모자를 꼭 맞게 쓸 수 있게 되었다. 머리의 이러한 구조적 변화는 일차적으로 뇌의 갑작스런 크기 변화를 적절히 수용하기 위해 일어난 것이다. 그렇다

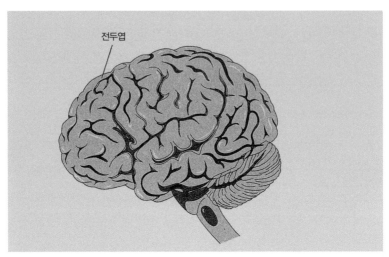

전두엽

|그림 2| 전두엽은 미래를 상상할 수 있게 하는 부위로, 인간의 뇌에 가장 최근에 첨가된 영역이다.

면 새롭게 생겨난 대뇌 피질은 대체 무슨 대단한 역할을 하기에 인간 두개골의 구조마저 바꾸었는가? 왜 자연은 인간이 이 특별한 부위를 충분한 크기만큼 가질 수 있도록 많은 애를 썼을까? 도대체 이 전두엽의 어떤 점이 그렇게 유익한 것인가?

최근까지도 과학자들이 전두엽의 유용성을 인식하지 못한 이유는, 전두엽이 손상된 사람들이 전두엽 없이도 잘 생활하고 있는 것처럼 보였기 때문이다. 피니스 게이지Phineas Gage는 러틀랜드Rutland 철도회사의 현장 작업반장이었다. 1848년의 어느 상쾌한 가을날, 그의 발 근처에서 작은 폭발이 일어났고 3.5피트 길이의 철근 조각이 공중으로 튕겨 올라 그의 얼굴에 박히고 말았다. 철근은 그의 왼쪽 볼 아래로 들어가 두개골 위쪽 끝으로 관통했고, 그 과정에서 전두엽의 상당 부분이 손상되었다그림 3. 피니스는 땅바닥에 쓰러져 몇 분

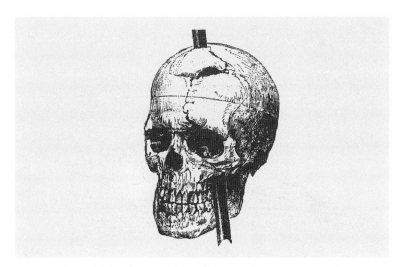

| 그림 3 | 피니스 게이지의 두개골을 관통한 철근의 경로를 보여주는 초기 진단 스케치.

동안 그대로 누워 있었다. 그러더니 놀랍게도 다시 벌떡 일어나 곁에 있던 동료에게 병원에 데려가 달라고 요청했다. 심지어 차를 타고 갈 필요도 없으니 걸어서 가자고 말하기까지 했다고 한다. 담당 의사는 피니스의 상처에 묻은 흙을 제거했고, 피니스의 동료들은 그 문제의 철근에 묻은 피니스의 뇌 조각들을 닦아냈다. 얼마 후 피니스와 철근, 둘 다 별일 없었다는 듯 다시 각자의 역할로 돌아갔다.

그러나 그 사건 이후 피니스의 성격이 이상한 방향으로 바뀌게 되었는데, 바로 그 점이 그를 오늘날까지도 유명하게 만들고 있다. 그는 성격을 제외한 나머지 영역에서는 모든 것이 정상적이었다. 철근이 피니스 뇌의 다른 영역, 즉 시각 피질, 브로카 영역, 뇌간을 손상시켰다면 그는 아마도 사망했거나 맹인이 되었거나 언어능력을 상실했거나 아니면 식물인간이 되었을 것이다. 하지만 그 후로도 그는

12년 동안 앞을 볼 수 있었고 말할 수 있었을 뿐 아니라, 일도 했고 자유롭게 여행을 다니면서 여생을 보냈다. 따라서 신경학자들은 전두엽의 손상이 그의 일상생활에 그리 나쁜 영향을 미치지 않았다고 결론지을 수밖에 없었다. 1884년에 한 신경학자가 기술했듯 "그 유명한 미국인의 철근 사건 이후로 전두엽의 파괴가 반드시 어떤 증상을 일으키지는 않는다는 것을 알게 되었다."

그러나 그 신경학자의 판단은 잘못된 것이었다. 뇌 기능에 대한 19세기의 지식은 대부분 피니스 게이지의 경우처럼 자연사고로 인한 어설픈 뇌 실험 피해자들을 관찰한 결과를 토대로 하고 있다. 20세기 들어 외과 의사들은 좀더 정확한 실험을 시도하기 시작했고, 그 결과 전두엽에 대해 이전과 많이 다른 그림을 제시하게 되었다.

1930년대, 포르투갈의 내과 의사 안토니오 에거스 모니스Antonio Egas Monis는 심한 발작을 일으키는 환자들을 진정시키기 위한 방법을 찾다가 전두엽 절제술이라는 새로운 수술 기법에 대해 듣게 되었다. 이 기법은 전두엽의 일부를 화학적 혹은 기계적인 방법으로 파괴시키는 것이었다. 이 수술은 우선 원숭이들에게 행해졌는데, 평소에는 자기 앞에 있던 음식이 사라지면 매우 화를 내던 원숭이들이 수술 후에는 그런 상황에서도 차분하게 잘 참는 반응을 나타냈다. 에거스 모니스는 이 수술을 환자에게 시술했고, 원숭이의 경우와 비슷한 진정 효과를 얻어냈다이로써 모니스는 1949년에 노벨의학상을 수상했다. 그 후, 수십년 동안 수술 기법이 진보하였고초기에 그 수술에는 국소 마취만 한 후 얼음을 깨는 송곳이 사용되었다 원하지 않던 부작용들지능 감퇴, 야뇨증은 사라지게 되었다. 이로써 전두엽의 일부를 파괴하는 기법은 다른 치료로는 효과를 얻을 수 없었던 불안과 우울증에 대한 일반적인 치료법이 되었다.

이전 세기의 의학적인 통념과 달리, 전두엽의 존재 여부가 중요한 변수라는 점을 의사들이 인식하게 되었던 것이다. 실제로 몇몇 사람에게는 전두엽이 없는 편이 오히려 그들의 삶을 윤택하게 만드는 듯했다.

하지만 몇몇 외과 의사가 전두엽 손상의 이점을 톡톡히 맛보고 있는 동안, 또 다른 사람들은 전두엽이 없어서 생기는 문제들을 발견하기 시작했다. 전두엽이 손상된 환자들이 지능검사나 기억력 테스트 같은 표준적인 검사들을 잘 수행하는 경우도 있었지만, 계획을 필요로 하는 테스트에서는 종류를 막론하고 아주 간단한 테스트조차도 심각한 문제를 나타냈던 것이다. 예를 들어 미로 찾기나 수수께끼처럼 첫 이동을 시작하기 전부터 앞으로 어떻게 움직일 것인지를 전체적으로 고려해야 하는 과제를 제시하면, 지능상 문제가 없어 보이는 이들이 쩔쩔매는 모습을 보였다. '계획 테스트'에서 보이는 결함은 단지 실험 상황에서만 나타난 것이 아니었다. 이들은 차를 흘리지 않고 마신다든지 자기 집의 커튼에 대해 수다를 떠는 등 일상적인 상황에서는 정상적으로 잘 기능하는 것 같다가도, 그날 오후에 뭘 하고 싶은지 말해보라고 하면 거의 대답을 하지 못했다. 한 저명한 과학자가 이 현상에 대한 당시의 과학적 견해를 다음과 같이 요약하였다. "전전두엽 증상 중에서 가장 일관되게 나타나는 현상은 계획 능력을 상실하는 것이다… 이것은 전전두엽 피질의 기능 장애에 나타나는 독특한 증상이다. … 그리고 다른 어떤 신경계 구조에서 나타나는 임상적 손상도 이러한 기능 장애를 보이지는 않는다."

이 두 가지 관찰, 즉 사람들은 전두엽의 일부가 손상되면 침착해지는 반면 계획하는 능력을 상실한다는 것은 한 가지 공통점을 지니고 있다. 대체 불안과 계획을 연결시키는 개념적인 고리는 무엇일까? 그것은 둘 다 미래에 대해 생각한다는 점이다. 우리는 무언가 나쁜 일이 일어날 것이라고 예상하면 불안을 느끼며, 시간이 지남에 따라 불안에 어떻게 반응해야 할지를 계획한다. 계획하기는 미래를 내다보는 일을 동반하며, 이럴 때 나타날 수 있는 반응 중 하나가 불안이다.

전두엽 손상이 계획하는 능력과 불안에 반응하는 능력을 치명적으로 손상시킨다는 점은, 한 개인이 미래의 자신을 상상하는 데 있어 전두엽이 중요한 역할을 한다는 것을 보여준다. 전두엽이 없으면 우리는 현재의 순간에만 얽매여 내일에 대한 어떠한 상상도 하지 않기 때문에 미래에 대해 아무런 염려도 하지 않게 된다. 오늘날 과학자들이 인정하듯, 전두엽은 '건강한 성인이 자기 자신을 여러 시간에 걸쳐 확장된 존재로 여길 수 있는 능력을 부여해준다.' 같은 맥락에서 전두엽이 손상된 이들을 연구하는 사람들은, 이 환자들을 가리켜 '현재 자극에 묶여 있는' 존재, '즉각적인 시간과 공간에 매여 있는' 존재 또는 '그때그때의 현실만 따르는' 존재라고 표현한다. 다시 말해 캔디맨이나 나무 타는 사람이 되겠다는 아이들처럼 그들은 나중을 고려하지 않는 세계 속에 매몰되어 있는 것이다.

N.N.이라고 알려진 환자의 슬픈 사례는 우리에게 현재 중심적인 세계가 구체적으로 어떤지를 보여준다. N.N.은 30세 무렵인 1981년에 교통사고를 당해 뇌 부상으로 고통 받고 있었다. 여러 가지 테스트 결과, 그는 전두엽이 광범위하게 손상되었다는 진단을 받았다. 몇 년 후, 한 심리학자가 N.N.을 인터뷰했고 다음은 두 사람의 대화 내용 가운데 일부를 기록한 것이다.

심리학자: 내일은 뭘 해볼 생각이세요?

N.N.: 모르겠는데요.

심리학자: 제 질문이 뭐였는지는 기억나세요?

N.N.: 내일은 뭘 해볼 거냐고 물어보신 거요?

심리학자: 맞아요. 그 질문에 대해 생각할 때의 마음 상태를 말씀해보실래요?

N.N.: 백지상태라고나 할까요… 그냥 졸고 있는 것 같아요. 마치 아무것도 없는 방에 있는데 누군가가 제게 의자를 찾아보라고 말하는 것처럼… 거기엔 아무것도 없는데 말이죠. 호수 한가운데에서 수영하는 것 같은 기분이기도 하고요. 그 순간 저를 붙잡아주는 것도 없고 그냥 어떻게 할 수 없는 느낌 같은 것 말이에요.

N.N.에게서 나타나는 미래를 생각하는 능력의 결여는 전두엽 손상 환자들이 흔히 보이는 특징이다. N.N.에게 내일은 언제나 텅 빈 방과 같은 개념이고, 그가 마음속으로 '나중'을 그려보려고 할 때면 마치 우리가 비존재nonexistence나 무한함 같은 것을 상상할 때 느끼는 것과 비슷한 감정이 되는 것이다. 그렇지만 당신이 지하철역에서 N.N.을 만나 대화하거나 우체국에서 줄을 서 있다가 그와 수다를 떨게 된다면, 그가 정상적인 인간으로서 기본적으로 뭔가 부족하다는 것을 알지 못할 수도 있다. 왜냐하면 추상적인 수준에서는 그도 시간과 미래에 대해 이해하고 있기 때문이다. 그는 시간, 분 등이 무엇인지, 지금까지 몇 분이 흘렀는지, 전前과 후後가 무엇인지 모두 이해하고 있다. N.N.을 인터뷰했던 한 심리학자는 다음과 같이 보고했다. "그는 세상에 대해 많은 것을 알고 있고, 그러한 지식을 잘 인식하고 있을 뿐 아니라 융통성 있게 표현할 수도 있다. 이런 점에서 본

다면 그는 정상적인 성인과 별반 다를 것이 없다. 하지만 그는 확장된 주관적인 시간을 경험할 수 있는 능력은 없는 것 같다… 그는 마치 '영원한 현재' 속에 살고 있는 것처럼 보인다."

영원한 현재라니! 이 얼마나 무시무시한 말인가? 이는 '순간'이라는 감옥에 갇혀 종신형을 살고 있는 것처럼 이상하고도 초현실적일 것이다. 미래가 없는 시간을 살아가면서 현재에 영원히 갇혀 있는 삶은 상상하기조차 어렵다. 우리는 그러한 상태를 치명적인 뇌 손상으로 발생한, 기분 나쁘며 기이한 비정상적인 상태로 치부해버릴지도 모른다. 하지만 동물세계에서는 이런 이상한 존재 양식이 사실은 더 보편적인 것이고, 우리가 예외라면 예외일 수도 있다.

뇌가 이 지구상에 처음으로 그 모습을 드러낸 이후 초기 몇 백만 년 동안, 모든 뇌는 영원한 현재 속에 매여 살았고 오늘날 많은 뇌가 여전히 그렇게 살아가고 있다. 하지만 당신과 나의 뇌가 그렇지 않은 까닭은 2~3백만 년 전에 우리의 조상이 그런 상태로부터 도피를 시작했기 때문이다. 그 도피에 사용된 도구는 우리 몸에 있는 고도로 전문화된 장치로써 매우 조심스럽게 다뤄야 하는 회색의 주름진 조직이다.

인간의 뇌 진화의 최후 영역이자 가장 더디게 성숙할 뿐 아니라, 노년기에는 가장 먼저 퇴화하는 이 전두엽은 일종의 타임머신과 같다. 우리는 이를 통해 현재로부터 빠져나와 아직 일어나지 않은 미래를 경험할 수 있게 된다. 다른 어떤 동물도 우리의 전두엽과 같은 기관을 갖지 못했고, 따라서 오직 우리만이 우리의 방식으로 미래를 생각할 수 있다. 그러나 전두엽에 관한 이야기는 사람들이 어떻게 내일을 상상하는지에 대해서는 알려주지만, 왜 우리가 미래를 상상하는지에 대해서는 알려주지 않는다.

우리는 왜 미래를 상상하는 걸까?

1960년대 후반, 하버드대학의 한 심리학과 교수는 환각제 LSD를 복용했다는 이유로 학교 측으로부터 권고를 받아 자리에서 물러났다. 이후 그는 인도로 날아가 힌두교의 한 권위자를 만났고, 그 여행에서 돌아와 『지금 여기 머물라Be Here Now』라는 유명한 책을 저술했다. 그 책의 중심 메시지는 책 제목에 분명하게 드러나 있다. 전직 교수였던 이 작가의 주장에 따르면 행복, 충만감, 그리고 깨달음에 이르는 열쇠는 바로 미래에 대한 수많은 생각들을 멈추는 데 있다고 한다.

왜 그는 미래를 생각하지 않는 방법을 배우기 위해 인도까지 가서 시간, 돈, 그리고 뇌세포까지 소비했을까? 한 번이라도 명상을 배워보려고 했던 사람이라면 그 이유를 알겠지만, 사실 미래를 생각하지 않는 일은 심리학 교수가 되는 것보다 훨씬 어려운 일이다. 미래를 생각하지 않으려면, 미래를 생각하기 위한 목적으로 만들어진 전두엽에게 그 일을 하지 말라고 설득해야 한다. 마치 심장에게 뛰지 말라는 것과 같은 이런 요구는 당연히 저항을 불러일으킨다. N.N.과 달리 우리 대부분은 미래를 생각하기 위해 굳이 애쓰지 않는다. 미래에 대한 생각이 끊임없이 우리의 의식 속에 들어와 정신적인 삶 구석구석을 차지하고 있기 때문이다. 사람들에게 과거, 현재, 미래 중 어느 것에 대해 가장 많이 생각하는지를 조사하면 '미래'를 가장 많이 생각한다고 말한다. 실제로 연구자들이 보통사람의 의식을 구성하는 내용들을 분석해본 결과, 매일 생각하는 것 가운데 약 12퍼센트가 미래에 관한 내용이었다고 한다. 다시 말해 우리가 하루에 8시간 정도 생각을 한다면, 그중 1시간은 아직 발생하지 않은 일을 생각하고 있다는 얘기다. 그런 의미에서 우리는 내일에 부분적으로 세 들어 살고 있다고 할 수도 있다.

도대체 왜 우리는 현재에만 머물 수 없는 걸까? 왜 우리는 금붕어들조차 간단하게 해내는 일을 못하는 것일까? 현재에도 생각할 일이 많은데 왜 우리의 뇌는 고집스럽게 우리를 미래로 끌고 가려고 애쓰는 것일까?

상상이 주는 즐거움

위 질문에 대한 가장 명확한 해답은 미래를 생각하는 것이 즐겁기 때문이다. 우리는 회사 야유회에서 열린 야구경기에서 결정적인 승리타를 날리는 상상을 하기도 하고, 복권에 당첨되어 큼지막한 당첨권을 들고 포즈를 취하는 모습을 상상하기도 한다. 때로는 매력적인 은행 창구 직원과 즉석에서 짧은 대화를 나누는 장면을 상상해보기도 한다. 이런 일이 실제로 일어나기를 원해서가 아니다. 단지 이런 가능성을 생각해보는 것 자체가 즐거움을 주기 때문이다. 연구에 따르면 사람들은 미래를 상상할 때, 자신이 덤벙거리며 실패하는 것보다 성취하고 성공하는 장면을 더 많이 상상한다고 한다.

실제로 미래에 관한 공상은 즐거움을 주기 때문에 우리는 간혹 그런 미래에 도달하기보다 그냥 생각하는 것을 더 좋아하기도 한다. 한 연구에서, 일련의 참가자들에게 멋진 프랑스식 레스토랑에서 무료로 저녁식사를 하려고 하는데 언제쯤이 좋겠느냐고 물었다. 당장? 오늘 저녁? 내일? 그런 저녁식사의 즐거움이 상당히 유혹적인 것임에도 대부분의 참가자는 레스토랑을 방문하는 일을 연기하려 했으며 대체로 다음주쯤이 좋다고 답했다. 왜 그런 즐거운 이벤트를 연기하는 것일까? 그 이유는 일주일 정도를 기다림으로써 그곳에서 단 몇 시간 동안 맛있는 굴 요리와 1947년산 샤또 슈발 블랑Chateau Cheval Blanc 와인을 즐기는 데 그치지 않고, 7일 동안 계속 그것에 대해 생각하며 음미할 수 있기 때문이다.

즐거움을 지연시키는 것은 맛있는 열매로부터 갑절의 달콤함을 얻어내는 기발한 기술이다. 실제로 어떤 일은 그것을 경험하는 것보다 그것에 대해 상상하는 것이 더 즐겁다누구나 원하던 상대와 사랑을 나누거나 매우 기름진 디저트를 먹었던 일을 회상해볼 때, 결국 그 일을 실제로 성취하는 것보다 그 전에 상상했던 것이 훨씬 나았다고 생각해본 적이 있을 것이다. 심지어 사람들은 그 일을 영원히 미루겠다고 결심할 수도 있다. 실례로, 한 연구에서 연구진은 참가자들에게 자신이 무척 좋아했던 한 사람에게 데이트 신청을 하는 모습을 상상해보라고 요구했다. 이때 가슴을 콩닥거리게 만들었던 사람에게 접근하는 일을 가장 정교하고 매혹적으로 상상했던 사람이, 몇 개월이 지난 후 실제로 그렇게 행동할 가능성은 가장 작은 것으로 나타났다.

우리의 사진첩 속에는 차 사고나 응급실 방문 때 찍은 사진보다는 생일파티나 휴가 때 찍은 사진으로 가득 차 있다. 왜냐하면 우리는 기억의 통로를 거닐 때 행복하길 원하기 때문이다. 그렇다면 상상의 거리를 거닐 때도 이와 똑같은 방식을 취하고 싶어 하지 않겠는가? 행복한 미래를 상상하는 것은 우리를 행복하게 만들 수 있다. 하지만 이것은 몇 가지 의도치 않은 결과를 초래하기도 한다. 연구자들이 발견한 사실에 따르면, 사람은 쉽게 상상이 되는 일일수록, 그 일이 실제로 일어날 가능성을 과대평가한다고 한다. 그리고 우리는 대부분 나쁜 일보다 좋은 일을 훨씬 더 많이 상상하기 때문에, 좋은 일이 실제로 일어날 가능성을 과대평가하는 경향이 있으며 그 결과 우리는 미래를 비현실적일 만큼 낙관적으로 보기도 한다.

실례로 미국 대학생들은 다른 사람에 비해 자신이 더 오래 살고 더 여러 해 동안 결혼생활을 유지하며, 훨씬 더 자주 유럽을 여행할 것이라고 기대한다. 또한 그들은 자신이 영재아를 낳을 것이고 큰 부를 축적해 신문에 등장할 것이라 믿으며 심장마비나 성병, 음주 문제, 교통사고, 골절, 치주질환 등에는 별로 관여되지 않을 것이라고 생각한다. 모든 연령층의 미국인은 자신의 미래가 현재보다 나아질 것이라고 기대한다. 미국인만큼 그렇게 낙관적인 것은 아니지만, 다른 나라 사람들 역시 자신의 미래가 동료들의 미래보다는 나아질 것이라고 상상하는 경향이 있다.

자신의 미래에 대한 이런 낙관적인 기대는 쉽게 사라지지 않는다. 사람들은 지진을 경험하면 그 당시에는 일시적으로 자신이 미래에 재앙으로 죽을 수도 있다는 현실적인 판단을 내리지만, 채 몇 주가 지나지 않아 근거 없는 낙관주의로 되돌아간다. 실제로 우리의 낙관적인 신념에 도전하는 사건들은 종종 우리를 덜 낙관적으로 만들기보다는 오히려 더 낙관적으로 만든다. 예를 들어 한 연구 결과에 따르면, 암 환자들은 건강한 사람들보다 자신의 미래에 대해 더 낙관적인 것으로 나타났다.

물론 우리의 뇌가 상상하는 미래에 늘 즐겁고 매혹적인 것만 있는 것은 아니다. 때로는 아주 일상적이거나 어리석은 것 혹은 불쾌하거나 무서운 것들도 있다. 그리고 미래를 상상하면서 한껏 즐기기보다는 염려를 더 많이 하는 사람들도 있다. 심지어 그들 중 일부는 미래에 대한 생각을 멈추기 위해 치료를 받기까지 한다. 마치 느슨하게 달려 있는 치아를 흔들어 뽑아내야만 직성이 풀리듯, 우리는 때로 고집스럽게 재앙과 비극을 상상해보려고 한다. 공항으로 가는 길에 우리는 미래의 시나리오를 짜면서, '내가 탑승하지 않은 채 비행기가 이륙해서 클라이언트와의 중요한 회의를 놓치면 어쩌나' 하고 걱정한다. 저녁식사 파티에 가면서도 우리는 '모두 주인에게 와인 한 병씩 건네주는데 나만 빈손으로 가서 난처해지면 어쩌지' 하는 상상을 해본다. 또한 병원에 가는 길에 의사가 자신의 가슴 X선 사진을 검사하고 난처한 표정을 지으며 "이제 우리에게 마지막으로 남은 선택은 뭐가 있는지 한 번 생각해봅시다"라고 말하는 불길한 상상을 해본다. 이런 무서운 상상은 말 그대로 우리를 공포에 떨게 만든다. 그럼에도 불구하고 우리는 왜 이런 것들을 그토록 장황하게 만들어내려고 하는 걸까?

여기에는 두 가지 이유가 있다. 첫째, 불쾌한 사건을 예견함으로써 그것이 불러올 영향을 최소화할 수 있다. 실례로 한 연구에서 참가자들에게 20번의 전기 충격을 가하면서, 각각의 전기 충격이 발생하기 3초 전에 그것을 알리는 경보음을 울렸다. 이때, 몇몇 참가자강한 전기 충격을 받은 집단는 오른쪽 발목에 강한 충격을 20번 받았고, 나머지 참가자약한 전기 충격을 받은 집단는 강한 충격 3번, 약한 충격 17번을 받았다. 실험 결과, 비록 약한 충격 집단이 강한 충격 집단보다 전체적으로는 더 적은 양의 충격을 받았지만, 두 집단 중 약한 충격 집단의 심장박동이 더 빨랐고 땀도 많이 흘렸으며 더 심한 두려움을 느낀 것으로 보고되었다. 왜일까? 그 이유는 약한 충격을 받은 집단의 참가자는 충격을 받을 때마다 서로 다른 강도의 충격을 받았기 때문에 미래를 예측할 수가 없었던 것이다. 예상치 못한 3번의 강한 충격은 예상할 수 있는 20번의 강한 충격보다 더 고통스러울 수 있는 것이다.

우리가 군이 불쾌한 사건을 상상하면서 고통을 경험하는 두 번째 이유는 공포, 염려 그리고 불안이 우리 삶에서 유용한 역할을 수행하기 때문이다. 우리는 종업원, 어린이, 배우자 그리고 애완동물에게 올바른 동기를 부여하기 위해 잘못된 행동으로 발생할 좋지 않은 결과를 과장하는 경우가 있다. 마찬가지로 우리도 자기 자신을 기다리고 있을지도 모르는 내일의 불쾌한 일들을 상상해봄으로써 스스로를 준비시킨다. 예를 들면 자외선 차단제를 조금 바르거나 달콤한 초콜릿 과자를 너무 많이 먹으면 생길 수 있는 최악의 시나리오를 상상해보며 자신의 행동을 조절하도록 만드는 것이다.

예측하는 것forecast은 공포를 내다보는 일fearcast이 될 수 있지만, 이때의 목적은 미래의 예측보다는 특정한 모습의 미래를 예방하는 데 있다. 실제로 연구 결과들을 보면 이러한 전략은 종종 사람들로 하여금 신중하고 예방적인 행동을 하도록 하는 효과적인 동기부여 방법임을 알 수 있다. 한마디로 말해 가끔 우리는 스스로 정신을 차리도록 하기 위해 어두운 미래를 그려보기도 하는 것이다.

통제에 대한 강렬한 욕구

미래를 전망하면 기분이 좋아질 수도 있고 고통을 예방할 수도 있기 때문에 우리 뇌는 고집스럽게 미래에 대한 생각들을 만들어내려고 애쓴다. 하지만 그것이 가장 중요한 이유는 아니다. 우리는 매년 수백만 달러, 때로는 수십억 달러를 정신과 치료, 투자 상담, 영적인 가르침, 기상 캐스터, 그밖에 앞을 내다볼 수 있다고 주장하는 각종 선전에 기꺼이 투자한다. 이처럼 미래를 점치는 산업에 돈을 쓰는 사람들은 그냥 재미 삼아 하는 것이 아니다. 우리는 앞으로 무슨 일이 발생할지 미리 앎으로써, 지금 그 일에 관해 무언가를 할 수 있기를 원한다. 만일 다음 달에 이자율이 천정부지로 치솟는다면, 우리는 당장 갖고 있는 돈을 채권으로 바꾸고 싶어 할 것이다. 만일 오늘 오후에 비가 올 것이라면, 아침에 우산을 챙기고 싶어 할 것이다. 이런 경우, 지식은 우리에게 큰 힘이 된다. 우리가 금붕어처럼 현재의 순간을 즐기면서 지금 여기에 머물기를 원할 때조차 우리의 뇌가 고집스레 미래를 상상하려 애쓰는 가장 중요한 이유는, 뇌는 우리가 경험할 것들을 통제하고 싶어 하기 때문이다.

그렇다면 우리는 왜 미래를 통제하고 싶어 하는 것일까? 언뜻 보면 이는 왜 TV나 차를 리모콘이나 열쇠로 통제하고 싶어 하는지를 묻는 것처럼 바보스러운 질문처럼 보인다. 하지만 내 이야기를 한번 들어보라. 우리에겐 커다란 전두엽이 있어서 미래를 내다볼 수 있다. 덕분에 예측을 할 수 있고, 예측할 수 있기 때문에 통제할 수 있다. 그렇다면 대체 미래를 통제하고 싶은 이유는 무엇일까? 왜 미래가 있는 그대로 펼쳐지도록 내버려두지 못하는 걸까? 지금은 그냥 여기에 있다가 미래는 때가 되어 도달하면 되는 것이 아닐까? 이 질문에는 두 가지 대답이 존재하는데 그중 하나는 기가 막히게 맞는 대답이고, 다른 하나는 말도 안 되게 틀린 대답이다.

기가 막히게 맞는 대답은 이것이다. 사람들은 통제력을 행사하는 데서 만족감을 느낀다. 통제력을 통해 얻는 미래 때문이 아니라, 뭔가 통제한다는 사실 그 자체가 만족감을 주는 것이다. 무언가에 변화를 일으키고 영향력을 행사하고 어떤 일이 일어나도록 만드는 유능한 존재가 되는 것은, 인간의 뇌가 자연스럽게 원하는 기본적인 욕구 가운데 하나다. 실제로 유아기부터 현재에 이르기까지 우리 행동의 대부분은 통제에 대한 이러한 욕구의 표현들이다. 첫 기저귀를 차기도 전에 우리는 이미 빨고 자고 변을 보고 뭔가 일을 만들어내는 등 들끓는 욕구를 소유한다. 하지만 뭔가 일을 만들어내려는 욕구를 충족시키려면 우리가 준비되었는지 확인해볼 수 있는 얼마간의 시간이 필요하다. 그리고 충분히 준비된 뒤에야 비로소 우리는 눈을 돌려 세상을 바라본다. 이제 막 첫 걸음을 뗀 아이는 블록 더미를 무너뜨리거나 공을 꾹 누르거나 혹은 이마로 컵케이크를 뭉개는 일을 재미있어 하면서 즐거움의 탄성을 쏟아낸다. 왜 그럴까? 그것은 바로 자기 스스로 해냈기 때문이다. "엄마, 이게 바로 제 손의 작품이에요. 저 때문에 이 방의 상태가 확 바뀌었어요. 블록을 쓰러뜨리려고 한 대 탁 쳤더니 그게 정말 쓰러졌어요. 오, 정말! 대단하지 않아요?"

인간은 통제에 대한 열정을 지니고 이 세상에 왔고, 그 모습 그대로 이 세상을 떠난다. 연구자들에 따르면 살아가는 동안 그 어느 한 시점에서라도 통제력을 상실하면 인간은 불행하고 무력하며 희망도 없고 우울해진다고 한다. 그리고 이따금 그 이유 때문에 죽기도 한다. 연구를 위해 심리학자들이 요양원에 거주하는 노인들에게 그들이 기를 수 있는 화초를 주었다. 그들 가운데 절반에게는 그 화초를 돌보고 영양을 공급하는 일을 노인들이 스스로 하도록 했고높은 통제 집단, 나머지 노인들에게는 그 화초를 기르는 일에 직원 한 명을 투입할 것이라고 통보했다낮은 통제 집단. 6개월 후 낮은 통제 집단은 30퍼센트가 사망한 반면, 높은 통제 집단은 15퍼센트가 사망했다. 추후 연구 결과, 통제력이 노인들의 복지에서 매우 중요한 자리를 차지하는 것으로 나타났지만, 더불어 예기치 못한 부작용도 나타났다.

연구진은 학생 자원자들을 모집해 그 노인들을 정기적으로 방문하도록 했다. 이때, 높은 통제 집단에게는 학생들의 방문시간과 그곳에 머무는 시간을 노인 스스로 결정하게 했다. 그러나 낮은 통제 집단에게는 그런 통제권을 주지 않았다. 2개월 후, 높은 통제 집단은 낮은 통제 집단보다 행복하고 건강하고 활동적이었으며, 더 적은 양의 약을 복용한 것으로 나타났다. 이 연구 결과를 얻고 나서 연구진은 이 시점에서 연구를 종료하였고, 학생들의 방문도 더 이상 이루어지지 않았다.

그런데 몇 개월 후, 높은 통제 집단의 노인 중에서 많은 수의 사람이 사망했다는 유감스러운 소식을 접하게 되었다. 이러한 현상이 나타나게 된 원인은 그들이 수행한 연구를 평가하는 과정에서 밝혀졌다. 즉, 통제력을 부여받아 스스로 결정하면서 유익을 얻었던 사람들은 연구가 종료되자 갑자기 통제력을 빼앗긴 셈이 되었던 것이다. 이를 통해 명백히 알 수 있는 사실은 통제력을 얻는 것은 한 사람의 건강과 안녕에 긍정적인 역할을 할 수 있지만, 그 통제력을 상실한다면 처음부터 통제력이 없었던 것보다 더 나쁜 영향을 끼칠 수도 있다는 점이다.

통제하고 싶은 우리의 욕구는 상당히 강력할 뿐 아니라 통제력이 있다는 느낌은 매우 뿌듯하기 때문에, 사람들은 종종 통제할 수 없는 것들도 통제할 수 있을 것처럼 행동하기도 한다. 예를 들어, 자신의 상대가 무능력하다고 느껴질 때 사람들은 무작위로 진행되는 내기에서조차 더 많은 돈을 건다. 약한 상대를 만났을지라도 무작위로 받게 되는 자신의 카드를 통제할 방법이 없지만, 그럴 수 있다는 착각을 하는 것이다. 또한 사람들은 복권 숫자를 자신이 정할 때 더욱 당첨될 확률이 높다고 믿으며, 주사위 게임에서도 자신이 직접 주사위를 던질 때 이길 확률이 더 높다고 생각한다. 그뿐 아니라 사람들은 이미 던져진 알 수 없는 주사위 숫자보다는 아직 던지지 않은 주사위 숫자에 더 많은 돈을 걸며, 어떤 숫자를 당첨 숫자로 할 것인지를 스스로 정할 때 더 많은 돈을 거는 경향이 있다. 만약 통제 불가능한 사건에 대해 자신이 아무것도 할 수 없다고 생각한다면, 위의 연구에서 나타나는 행동들은 모두 어리석은 것이다. 하지만 그들이 마음속 깊이 자신이 조금이라도 그 현상을 좌우할 수 있는 통제력을 발휘할 수 있다고 생각하고 그렇게 행동했다면 충분히 이해할 수 있는 행동이다.

사실 대부분의 사람이 자기 통제력에 대해 이런 착각을 한다. 지난 밤에 벌어진 축구경기 결과를 모르는 상태에서 녹화된 경기를 볼 때는 왜 현장중계로 보는 것보다 재미가 없을까? 그 이유는 게임이 이미 끝났다는 사실 때문이다. 이제는 우리가 아무리 응원을 해도 그 기운이 TV를 뚫고 케이블 시스템을 거쳐 경기장까지 도착한 다음, 공이 날아가는 궤도에 미세한 영향을 주어 골문으로 향하게 할 가능성이 전혀 없는 것이다. 통제력에 대한 착각의 가장 이상한 점은 이런 환상이 일어난다는 사실 자체가 아니라, 그 착각이 우리에게 주는 심리적인 이득이 진정한 통제력이 주는 이득과 별반 차이가 없다는 사실이다. 실제로 자신의 통제력에 대해 크게 착각하지 않는 사람들은 임상적으로 우울한 것으로 나타났다. 우울한 성향의 사람들은 대부분의 상황에서 눈앞의 현상을 어느 정도까지 통제할 수 있을지에 대해 보통사람보다 더 정확하게 예측하는 경향이 있다. 이러한 연구 결과를 근거로 일부 학자는 정신건강의 중요한 원천 중 하나로 심리적 통제감객관적 근거가 없다 할지라도을 서슴없이 꼽는다. 따라서 "우리는 왜 미래를 통제하고 싶어 하는 것일까?"라는 질문의 기막힌 정답은 바로 통제를 통해 우리가 즐거움을 경험하기 때문이다. 뭔가에 영향을 끼치는 것은 우리를 기쁘게 한다. 시간의 강을 따라 자신의 배를 스스로 조종해가는 것은 향하는 항구가 어디냐에 상관없이 커다란 기쁨의 원천이 된다.

이쯤 되면 당신은 다음의 두 가지 생각에 사로잡힐 것이다. 하나는 '시간의 강'이라는 말을 왠지 또 다시 보게 될 것이라는 생각이다. 다른 하나는 시간의 강을 따라 조종해가는 행위 자체가 즐거움과 안녕의 원천이 될 수 있다 하더라도, 그 배가 어디로 가는지가 훨씬 더 중요한 문제라는 생각이다. 선장이 되는 것은 그 자체로 분명 즐거운 일이지만, 우리가 선장이 되고자 하는 진짜 이유는 우리가 원하는 대로 저지 시Jersey City가 아닌 하나리Hanalie에 배를 정착시킬 수 있기 때문이 아니겠느냐고 자문할지도 모른다.

목적지가 어디냐에 따라 도착했을 때의 우리의 기분은 다르다. 장기적인 미래에 대해 생각할 수 있는 인간의 고유한 능력은 우리로 하여금 가장 좋은 목적지를 선택하게 하고 최악의 목적지는 피하도록 만들어준다. 우리는 앞날을 바라볼 줄 아는 원숭이로서 이 능력을 통해 우리 앞에 닥칠지도 모르는 여러 가지 가능한 운명을 탐색할 수 있고, 그중에서 가장 좋은 것을 선택할 수 있다. 다른 동물은 직접적인 경험을 통해서만 쾌락과 고통을 배울 수 있지만 우리는 겪어보지 않은 일도 상상을 통해 예견함으로써 몸소 체험하지 않고도 많은 것을 이해할 수 있다. 우리는 뜨거운 잿더미가 상처를 입힐 것인지 알고 싶다고 해서 반드시 거기에 손을 뻗을 필요가 없다. 또한 우리는 원치 않는 사건의 결말을 알아보기 위해 버려짐이나 꾸짖음, 쫓겨남, 갈등, 질병 또는 이혼을 직접 겪을 필요가 없다. 우리가 선장이기를 원하고 또한 원해야만 하는 진짜 이유는 우리가 향하는 미래에는 좋은 미래도 있고 나쁜 미래도 있기 때문이다. 우리는 아직 멀리 떨어져 있는 이 시점에서 그 둘을 구별해 우리의 배가 더 나은 쪽으로 향하도록 해야 한다.

이러한 생각은 당연한 것이라 말할 가치조차 없는 것처럼 보일지도 모른다. 그러나 이 책의 대부분을 이러한 생각에 대해 기술하려는 이유는 그것이 명백하게 틀렸기 때문이다. 그럼에도 우리가 당연하다고 믿고 있기 때문에 그것이 틀렸다는 것을 설득하려면 한두 번 말하는 것으로는 부족하다. 우리는 우리가 어디로 가야 할지를 잘 알고 있다고 생각하기 때문에 우리의 배를 스스로 조종하겠다고 고집한다. 그러나 우리의 조종은 아무런 쓸모가 없다. 배가 말을 안 듣거나 우리가 목적지를 찾지 못하기 때문이 아니라, 전망의 안경을 통해 보는 미래와 우리의 실제 미래가 본질적으로 다르기 때문이다.

우리가 현재 존재하는 대상에 대해서도 착시를 경험하고똑같은 선인데도 하나는 다른 것보다 더 길어 보이는 게 이상하지 않은가? 과거에 대해서도 착각을 하듯 분명 쓰레기봉투를 내다버렸는데 왜 기억이 안 날까? 우리는 미래를 예측하면서 착각을 한다. 그리고 나중에 소개하겠지만 이 세 가지 종류의 착각은 모두 동일한 심리원칙에 기초하고 있다.

맺음말

분명히 말해두지만, 나는 미래를 통제하려는 이유에 대해 말도 안 되게 엉뚱한 대답을 하는 선에서 그치지 않을 것이다. 그 답이 두 손 들고 포기할 때까지 그것을 두드리며 귀찮게 해보려고 한다. 그 말도 안 되게 엉뚱한 대답이 상식으로 군림하고 또한 널리 인정되고 있기 때문에, 지겹도록 도리깨질을 해야만 그것을 우리의 통념에서 없앨 수 있다는 희망이 생긴다.

이제 게임을 시작하기 전에 내 전략을 좀 엿보기로 하자.

- 제2부 '주관성'에서 나는 행복의 과학에 관해 이야기할 것이다. 우리는 모두 우리를 행복하게 만들 것이라고 생각하는 미래를 향해 스스로 인생을 조종해나간다. 그렇다면 '행복'이라는 말이 실제로 의미하는 것은 무엇인가? 어떻게 하면 '감정'이라는 복잡하게 얽힌 개념에 대해 탄탄하고 과학적인 답을 얻을 수 있을까?

- 우리는 공간을 탐색하기 위해 눈을 사용하고, 시간을 탐색하기 위해 상상을 이용한다. 때로 우리가 세상에 존재하지 않는 것들도 있는 것처럼 여기듯, 상상은 미래에 존재하지 않을 수도 있는 것을

존재하는 것처럼 예측하게 만든다. 이러한 상상은 세 가지 결함을 안고 있다.

- 제3부 '현실주의'에서는 세 가지 결함 중 첫 번째 결함에 대해 논한다. 즉, 상상은 매우 빠르면서도 조용히 그리고 효과적으로 일어나기 때문에, 정작 상상이 만들어낸 결과물에 대해 우리는 회의적으로 검토하지 않는다는 점을 이야기할 것이다.

- 제4부 '현재주의'에서는 두 번째 결함에 대해 논한다. 즉, 우리가 상상을 통해 만들어내는 미래는 사실상 우리의 현재와 매우 비슷하다는 점을 이야기할 것이다.

- 제5부 '합리화'에서는 세 번째 결함에 대해 논한다. 상상은 우리가 실제로 미래에 도달했을 때 그것에 대해 어떻게 생각할지를 정확하게 예측하지 못한다. 미래에 어떤 일이 일어날지 정확하게 예측하지 못한다면, 미래의 일이 발생할 경우 우리가 실제로 어떻게 느낄 것인지를 잘못 예측한다는 것은 분명해진다.

- 제6부 '교정'에서는 예측의 착각이 왜 개인적인 경험이나 지혜로써 쉽게 고쳐지지 않는지를 논한다. 또한 이러한 착각을 고쳐줄 간단한 치료법을 소개함으로써 이야기를 끝맺을 것이다. 물론 당신은 이 치료법에 쉽게 수긍하지 않을지도 모른다.

이 책을 다 읽고 나서, 우리 각자는 인생의 많은 시간을 노를 젓고 돛을 끌어올리는 데 투자해 나름대로의 지상낙원으로 향하지만, 왜 정작 그곳에 가면 그곳은 우리가 생각했던 것과 다르다는 것을 나중에야 발견하게 되는지 이해할 수 있게 되기를 바란다.

②

Stumbling on HAPPINESS

주관성 | Subjectivity

직접 경험을 하고 있는 당사자 외의 다른 사람에게는 보이지 않는 경험

'안'에서 '밖'을 내다보기

오, 타인의 눈을 통해 행복을 본다는 것은 얼마나 쓰라린 일인개
— 셰익스피어, 『뜻대로 하세요As You Like It』

로리 셰플Lori Schappel과 레바 셰플Reba Schappel 자매는 쌍둥이면서도
서로 많이 다르다. 레바는 내향적인 새침데기 소녀로 컨트리 음악
앨범을 녹음하여 수상한 경력도 있다. 반면, 외향적이고 당돌한 로
리는 딸기우유를 좋아하고 병원에서 근무하며, 언젠가 결혼해서 아
이를 낳고 싶다는 소망이 있다. 보통의 자매들이 그렇듯 그들 역시
종종 다투기도 하지만 서로 칭찬하기도 하고 놀리거나 맞장구를 쳐
주기도 하면서 잘 지낸다. 그러나 로리와 레바에게는 평범하지 않은
점이 두 가지 있다. 하나는 태어날 때부터 둘의 이마 앞부분이 붙어
있어 혈액, 두개골과 뇌의 일부 조직을 함께 나누고 있다는 점이다.
로리의 한쪽 이마는 레바의 한쪽 이마에 붙어 있어, 둘은 매순간을
서로 붙은 채로 얼굴을 마주대고 살아왔다. 이들의 또 다른 특이한
점은 그들이 행복하다는 사실이다. 그들은 단순히 만족감을 느끼는

것이 아니라 진심으로 즐겁고 유쾌해하며 낙관적이다. 물론 그들도 종종 인생의 난관을 만나지만, 그렇지 않은 삶이 어디 있겠는가? 분리 수술을 받을 생각이 없느냐는 물음에 레바는 둘을 대표해서 대답했다. "우리는 전혀 그럴 생각이 없어요. 온 세상의 돈을 다 준다고 해도 싫어요! 그런 수술은 우리 모두의 인생을 망쳐 놓을 거예요."

이제 당신에게 묻겠다. 만약 당신이 이들처럼 살고 있다면 당신은 그런 상황을 어떻게 받아들일 것인가? 당신도 즐겁고 유쾌하고 낙관적일 것이라고? 옳은 답을 말하려 하지 말고 그냥 솔직하게 답해보라. 아마도 당신의 정직한 대답은 "만약 그렇게 산다면 의기소침해질 뿐 아니라 절망적이고 우울하겠죠"일 것이다. 누구라도 그런 상황에서는 진정으로 행복할 수 없을 거라고 생각한다. 전통적인 의학계에서도 샴쌍둥이는 둘 중 한 사람 혹은 두 사람 모두 사망할 수 있는 위험을 무릅쓰고라도 출생 직후에 분리되어야 한다고 말한다. 한 저명한 의학 역사가는 이렇게 기술했다. "많은 바보, 특히 외과 의사들은 샴쌍둥이가 가치 있는 삶을 살 가능성은 매우 희박하다고 생각하기 때문에, 운동기능이나 생식기능 뿐 아니라 목숨까지 위협하는 위험을 감수해서라도 분리 수술을 감행해야 한다고 믿는다."

많은 사람이 샴쌍둥이는 정상인보다 훨씬 덜 행복할 거라고 생각할 뿐 아니라, 한 몸으로 사는 것은 가치 없는 삶이므로 그 위험하다는 분리 수술을 선택하는 것이 윤리적으로 옳은 결정이라고 믿고 있다. 하지만 이 문제에 대해 정작 쌍둥이 자신들은 전혀 다른 생각을 하고 있다. 로리와 레바에게 그들의 상황에 대해 어떻게 느끼고 있는지 물었을 때, 그들은 현 상태가 그대로 유지되길 원한다고 말했다. 앞서 말했던 의학 역사가는 의학 문헌들을 철저히 조사한 뒤,

"샴쌍둥이가 그 상태로 남아 있고 싶어 하는 것은 널리 발견되는 현상이며, 이것이 그런 쌍둥이들의 보편적인 입장이다"라고 결론지었다. 뭔가 단단히 잘못된 것이 아닐까?

여기에 대해서는 두 가지의 가능성이 존재한다. 로리와 레바가 행복에 대해 뭔가 잘못 알고 있거나, 아니면 그 둘을 제외한 우리 모두가 행복에 대해 오해를 하고 있는 것이다. 우리는 삼쌍둥이가 아니기 때문에 그들이 행복하다고 말하면, "그저 그렇게 말하는 것뿐이겠지.", "자신들은 행복하다고 생각할 수도 있겠지만 실제로는 그렇지 않을 거야." 또는 마치 우리는 진정한 행복이 무엇인지 아는 것처럼 "그들은 아직 무엇이 정말로 행복한 것인지 모르는 거야"라고 말하면서 그들이 틀렸다고 단정짓기 쉽다. 그럴 수 있다. 하지만 로리와 레바가 이미 반박한 주장삼쌍둥이는 불행하다는 통념—역주과 마찬가지로 우리가 로리와 레바의 행복에 대해 내세우는 주장도 일련의 주장에 지나지 않는다. 오랫동안 과학자와 철학자를 애타게 만들었던 '행복'이라는 문제의 해답으로 늘 등장했던 생각일 뿐이다. 그렇다면 우리가 행복에 대해 서로 다른 주장을 하고 있다는 얘기인데, 대체 행복이란 무엇일까?

여러 종류의 행복

행복에 관한 수천 권의 책은 대부분 행복이 무엇인가에 대한 물음을 던지며 시작한다. 이는 독자들에게 마치 긴 성지순례를 시작하는 기분을 느끼게 하는데, 이것은 처음부터 빠져나오기 힘든 웅덩이를 향해 무작정 나아가는 것과 같다. 그 이유는 '행복'은 우리를 즐겁게 해주는 무언가를 지칭하기 위해 우리가 편의상 이름붙인 단어 그 이상도 이하도 아니기 때문이다. 그것이 행복이라는 단어의 진짜 실체다. 문제는 사람들이 행복이라는 단어 하나로 각자 생각하는 무수한 것들을 지칭하려 한다는 점이다. 그래서 수많은 용어상의 혼란이 발생했고 덕분에 몇몇 훌륭한 학문적 업적이 탄생하기도 했다.

이 뒤죽박죽된 용어들을 가만히 살펴보면, 어떤 행복이 진짜 행복인지에 관한 서로 다른 주장은 행복의 구성 요소가 무엇인지에 대한 의미상의 차이에 지나지 않는다는 것을 알 수 있다. 이는 결코 무엇이 행복인지에 대한 과학적, 철학적 차이가 아니다. 행복의 요소로 가장 많이 주목받는 것에는 무엇이 있을까? '행복'이라는 단어는 최소한 세 가지 면, 즉 감정적인 행복emotional happiness, 도덕적인 행복moral happiness, 그리고 평가적인 행복judgmental happiness을 지칭하는 데 사용되어 왔다.

외계인에게는 설명할 수 없는 행복

감정적인 행복은 위의 세 가지 행복 가운데 너무나도 기초적인 것이라서 오히려 그 의미를 정의내리기가 어렵다. 마치 꼬마가 '그the'가 무슨 뜻이냐고 물을 경우 그것을 어떻게 설명해야 할지 모를 때 느껴지는 막연함과 비슷하다. 감정적인 행복은 느낌, 경험, 주관적인 상태를 표현하는 말이다. 따라서 그에 해당하는 물리적 실체는 없다. 만일 어느 골목길의 선술집을 어슬렁거리다가 다른 행성에서 온 외계인을 만났는데 그가 '느낌'이 무엇이냐고 묻는다면, 우리는 아마 주변에서 어떤 느낌을 유발할 만한 물체를 찾아보거나 아니면 그 느낌과 비슷한 또 다른 느낌에 대해 이야기할 것이다. 주관적인 경험을 묘사해야 할 때, 사실은 이 정도가 우리가 할 수 있는 전부이다.

예를 들어, '노란색'이라는 주관적인 경험을 정의하는 방법에 대해 생각해보자. 당신은 노란색이 한 가지라고 생각할 수도 있겠지만 사실은 그렇지 않다. 그것은 단지 심리적인 상태일 뿐이다. 노란색은 우리의 눈이 580나노미터 파장의 빛에 노출되었을 때 시각 장치의 작동으로 경험하게 된다. 만일 조금 전 선술집 거리에서 만난 외계인이 노란색을 보는 것이 어떤 경험인지 설명해달라고 한다면, 아마 우리는 스쿨버스, 레몬, 고무 오리 등을 가리키며 이렇게 말할 것이다. "저것들 보이시죠? 저런 것을 볼 때 일어나는 공통적인 시각 경험을 노란색이라고 부른답니다." 아니면 노란색을 보는 경험을 다른 경험에 빗대어 설명해보려고 할 것이다. "노란색 말인가요? 글쎄요, 오렌지색과 비슷하면서도 빨간색과는 좀 다른 거죠." 그러나 여전히 그 외계인이 오리, 레몬, 스쿨버스의 공통점이 무엇인지 이해하지 못하거나 오렌지색과 빨간색을 한 번도 본 적이 없다고 대답한다면 어찌할 것인가? 그때는 얼른 주제를 바꿔 아이스하키처럼 우주 어디에서나 열광하는 스포츠에 대해 이야기하는 것이 상책이다. 노란색에 대해 더 이상 어떻게 설명할 수 있겠는가?

철학자들에 따르면 주관적인 상태는 '더 이상 최소화할 수 없는 irreducible' 것으로, 다른 것을 통해 지칭할 수도 없고 빗대어 설명하는 것도 불가능하다고 한다. 또한 이러한 경험을 주관하는 신경학적 토대를 제시한다고 해서 해결되는 것도 아니다. 음악가 프랭크 자파 Frank Zappa는 "음악을 글로 표현한다는 것은 마치 건축을 춤의 양식으로 표현하는 행위dancing architecture, 즉 어불성설이다 – 역자와 같다"고 하였다. 노란색에 대해 논하는 것도 이와 비슷하다. 만일 외계인에게 색깔을 볼 수 있는 신체적 기능이 없다면, 우리가 아무리 쉽게 설명을 할지라도 그와 노란색이란 경험을 결코 공유할 수 없을 것이다.

감정적인 행복도 마찬가지다. 손녀가 처음으로 미소 짓는 모습을 보았을 때, 승진 소식을 들었을 때, 길을 잃은 관광객이 미술 박물관을 찾도록 도와주었을 때, 벨기에산 초콜릿 하나를 혀 뒤끝으로 넘겼을 때, 사랑하는 사람의 샴푸 향기를 맡았을 때, 고등학교 시절 매우 좋아했던 음악을 몇 년 만에 다시 듣게 되었을 때, 새끼 고양이 털에 볼을 비빌 때, 암을 치료했을 때, 끝내주는 코카인을 들이켰을 때 등… 이런 상황에서 우리가 공통적으로 느끼는 감정이 바로 행복이다. 물론 상황마다 구체적인 느낌은 다르겠지만 동시에 공통적인 것이 있다. 이는 마치 부동산, 주식, 금 1온스는 서로 다르지만 가치 value라는 척도에서 볼 때, 서로 다르게 나타낼 수 있는 부富의 상징인 것과 비슷하다. 코카인, 고양이 털, 승진 소식의 경험도 서로 다르지만 이 모든 것은 행복이라는 척도 어딘가에 위치하는 느낌의 한 형태이다.

이런 경험을 할 때, 우리는 보통 비슷한 형태의 신경반응을 보인다. 따라서 이러한 경험 속에는 공통점이 존재한다고 할 수 있다. 오래 전부터 이런 현상을 하나의 언어 범주에 묶어둔 이유도 바로 그 때문이다. 언어 안에서 수많은 단어가 서로 어떻게 연관되어 있는지를 분석해보면, 사람들이 행복 또는 불행을 구분하는 데 사용하는 단어의 긍정성 혹은 부정성의 정도가 단어들간의 관계를 결정한다는 사실을 알 수 있다. 톨스토이는 좀 섭섭하겠지만 '전쟁'이라는 단어는 대부분의 사람에게 평화보다는 구토라는 단어를 더 쉽게 연상시킨다.

이렇게 본다면 행복이란 "왜 그런 느낌 알죠?"라고 표현할 수밖에 없는 느낌이라고 할 수 있다. 당신이 현 세기를 살면서 나와 문화적 경험을 어느 정도 공유하고 있다면, 나의 비유와 비교를 들으면서 정확히 어떤 느낌인지 이해할 수 있을 것이다. 하지만 당신이 노란색에 관해 아직도 고민 중인 외계인이라면, 행복이라는 것은 정말로 알기 어려운 단어일 수밖에 없다. 그것은 나도 마찬가지다. 만일 외계인이 나에게 그의 행성에서 숫자를 3으로 나누는 것, 머리로 문고리를 슬쩍 두드리는 것, 화요일을 제외한 다른 날에 질소를 리듬감 있게 뿜어내는 것 등의 행동에 공통적인 느낌이 존재한다고 말한다면, 나도 황당해할 것이다. 나는 그 느낌이 무엇인지 알 수 없어 대화 중에 그 말을 부적절하게 사용하지 않기만을 바랄 것이다.

이처럼 감정적인 행복의 본질은 경험이다. 그것은 오로지 선행되는 사건, 더불어 그 경험과 연관된 또 다른 경험과의 관계 등을 통해서만 대략적으로 정의내릴 수 있다. 영국의 시인 알렉산더 포프 Alexander Pope는 그의 저서 『인간에 대한 에세이Essay on Man』의 약 1/4을 행복에 관해 다루면서 글의 마지막에 이런 질문을 남겼다. "누가 행복을 정의내릴 것이며, 누가 자신이 더 행복하다고 혹은 덜 행복하다고 말할 것인가? 이것이 행복이라고 또는 저것이 행복이라고 말할 사람은 누구인가?"

감정적인 행복을 언어로 묘사하기는 어렵지만 그것을 느낌으로 경험해보면, 행복이 존재하고 있으며 동시에 그것이 매우 중요하다는 사실을 누구나 알게 된다. 30초 이상 가만히 인간의 행동을 관찰해본 사람이라면, 사람이 행복을 느끼기 위해 얼마나 강렬하게 온

마음을 다해 노력하고 있는지 발견했을 것이다. 기쁨, 만족, 쾌락보다 절망, 좌절, 고통을 선호하는 인간 집단이 있다면 아마도 그들은 숨어지내는 데는 선수일 것이다. 아무도 그런 사람을 본 적이 없기 때문이다.

사람은 행복하길 원하고 행복 외에 바라는 모든 것은 대개 행복을 얻기 위한 수단으로서 의미를 지닐 뿐이다. 먹을 것이 있지만 다이어트를 위해 먹지 않는다거나, 잘 수 있지만 늦도록 일하는 경우처럼 그 순간의 행복을 포기하는 경우도 사실은 나중에 더 큰 행복을 얻기 위함이다. 무언가를 선호한다는 말의 사전적 의미는 "더 큰 기쁨을 얻으려는 기대감으로 이것이 아닌 다른 것을 선택하거나 원하는 것"이다. 즉, 인간 욕구의 본질에는 행복에 대한 추구가 있다. 이러한 관점에서 볼 때, 순수하게 고통이나 아픔을 선호하는 것은 정신병적 증상의 차원을 넘어 인간의 본성에 어긋나는 모습이다.

전통적으로 심리학자들은 인간 행동에 대한 이론을 행복이란 주제를 중심으로 정립해왔다. 행복의 추구가 빠진 인간에 대한 이론은 이론으로서의 제 기능을 할 수 없기 때문이다. 지그문트 프로이트 Sigmund Freud는 다음과 같이 기술하였다.

지금까지 인간의 삶의 목적이 무엇인지에 대해 수많은 질문이 제기되어 왔다. 하지만 아직도 만족스러운 답을 얻지 못했으며, 아마 앞으로도 뚜렷한 해답을 얻지는 못할 것이다… 따라서 우리는 우리의 욕심을 한 단계 낮춰, 인간의 행위를 통해 비춰지는 그들의 삶의 목적과 의의가 무엇인지 살펴볼 필요가 있다. 과연 인간이 삶 속에서 얻고자 하는 것은 무엇이며 성취하고자 하는 것은 무엇인가? 의심의 여지없이 그 해답은 바로 행복이다. 인간은 행복해지길 원하고 행복한 상태에 머물기를 원한다. 행복을 위한 노력으로는 소극적, 적극적인 두 가지 측면이 모두 존재한다. 한편으로 인간은 고통과 불쾌감을 없애고자 하며 또 다른 한편으로는 강렬한 쾌락을 경험하고자 한다.

프로이트는 이러한 견해를 성숙시키는 데 많은 공헌을 했지만, 그가 이러한 생각의 창시자는 아니다. 이런 견해는 플라톤, 아리스토텔레스, 홉스, 밀, 벤담 등의 인간심리에 대한 이론 속에서도 쉽게 찾을 수 있다. 특히, 철학자이자 수학자였던 블레즈 파스칼Blaise Pascal은 이 견해를 명료하게 정리하였다.

모든 사람은 행복을 추구하며 여기에 예외는 없다. 행복을 추구하는 수단은 저마다 다를지라도 그 모든 것은 한 지점을 향하고 있다. 전쟁을 일으키는 사람이나 그것을 막으려고 하는 사람은 모두 구체적인 이유는 다르지만, 둘 다 행복하고자 하는 동일한 소망에서 출발한다. 사람의 의지는 행복 이외의 목적에는 그다지 관심을 보이지 않는다. 행복은 모든 이들의 모든 행동의 동기이며, 심지어 스스로 목을 매달아 죽는 사람도 이 점은 같다.

고결한 행복

역사 속의 모든 사상가가 사람이 감정적인 행복을 추구한다는 사실을 알고 있었다면, 왜 그 단어의 의미를 놓고 그렇게 많은 혼란이 있었을까? 여기서 일어날 수 있는 문제 중 하나는 많은 사람이 행복의 욕구를 자연스럽게 일어나는 배설의 욕구와 별반 다르게 생각하지 않는다는 점이다. 즉, 우리에겐 두 가지 욕구가 모두 있지만, 그것을 굳이 자랑스럽게 생각할 이유는 없다는 것이다. 이런 사람의 머릿속에 있는 행복은, 소위 '멍청한 만족감'이라고 불리는 값싸고 단순한 종류의 것이다. 철학자 존 스튜어트 밀John Stuart Mill은 이렇게 말했다. "만족하는 돼지보다는 만족하지 못하는 인간이 낫다. 만족감에 도취된 바보보다는 만족하지 못하는 소크라테스가 낫다. 바보든 돼지든 나름대로 자기 생각이 있겠지만, 그것은 단지 자기편에서만 생각하는 것에 지나지 않는다."

철학자 로버트 노직Robert Nozick은 이러한 믿음이 널리 퍼져 있다는 사실을 보여주기 위해 하나의 가상현실virtual reality 기계에 대한 예를 제시하였다. 이 기계의 도움으로 사람들은 자신이 선택하는 경험은 무엇이든 해볼 수 있을 뿐 아니라, 자신이 그 기계에 연결되었다는 사실 자체도 잊게 된다. 노직은 이런 기계의 도움으로 얻는 행복은 결코 행복이라고 할 수 없으므로, 누구도 평생 그런 기계에 붙어 살아가지는 않을 것이라는 결론을 내렸다. "오판에서 비롯된 정당하지 못한 감정에 대해서는, 당사자가 아무리 기분이 좋을지라도 행복이라는 표현을 쓰지 않는다." 한마디로 말해 감정적 행복은 돼지에게는 충분하지만, 우리 같이 고상하고 복잡한 존재가 추구하기에는 너무 하찮은 것이라는 입장이다.

이제 이런 관점을 지닌 사람이 처한 난처함을 생각해보고, 그 상황을 그가 어떻게 빠져나갈지 예상해보자. 만약 당신이 행복을 좇으면서도 단지 느낌만을 추구하는 삶의 허망함을 개탄하는 부류의 사람이라면, 어떤 결론을 제시하겠는가? 아마도 '행복'은 일반적인 좋은 느낌을 지칭한다기보다 특별한 수단을 통해서만 얻을 수 있는 좋은 느낌이라고 말할 것이다. 이를테면 돼지의 삶이 아닌 소크라테스의 삶처럼 바르고 도덕적이며 보람 있고 충만한 삶을 통해 얻을 수 있는 특별하고도 좋은 느낌 말이다. 사람들이 부끄러움 없이 추구할 수 있는 그런 행복 말이다. 그리스 사람들은 이런 종류의 행복을 유데모니아eudaimonia라고 불렀다. 이 단어를 번역하면 말 그대로 '좋은 정신'을 뜻하지만, '융성한 인간', '훌륭한 삶'의 뜻에 더 가깝다.

소크라테스, 플라톤, 아리스토텔레스, 키케로 심지어 에피쿠로스쾌락주의적 행복과 연관되는 이론의 주창자—역주를 비롯한 여러 철학자에 따르면, 이런 행복을 불러일으킬 수 있는 길은 오직 자신의 의무를 고결하게 수행하는 것에 있다. 여기서 '고결하다virtuous'는 말의 정확한 의미는 철학자들 각자가 정의하도록 내버려두자. 고대 아테네의 입법의원이었던 솔론Solon은, 한 사람이 삶을 마감하기 전까지는 그가 행복했다고 말해서는 안 된다고 주장했다. 행복은 한 사람이 그의 잠재력을 충분히 발휘하였는가에 대한 평가가 뒤따라야 하기 때문에 모든 일의 결과가 어떻게 나타났는지를 알 수 있을 때까지는 행복을 판단할 방도가 없다는 얘기다. 몇 세기가 지난 후, 기독교 신학자들은 이 고전적인 개념을 한 번 더 재치 있게 꼬아 이렇게 말했다. "행복은 고결한 삶의 결과물이 아니라 고결한 삶의 보상이며, 이 보상이 반드시 이 생에서 나타난다고 볼 수는 없다."

2천 년 동안, 철학자들은 행복을 고결함덕과 연관지어 규명해야 한다는 압박을 느껴왔다. 우리가 원해야 하는 행복은 바로 그러한 것이어야 한다고 생각했기 때문이다. 한편으로 보면 이 말이 옳을 수도 있다. 그러나 인생을 도덕적으로 사는 것이 행복의 이유일 수는 있지만 그 자체를 가리켜 행복이라고 할 수는 없다. 더불어 이는 원인과 결과를 같은 이름으로 부르는 것이므로 우리의 논의를 명확하게 해주지 못한다. 나는 당신의 손을 찌르거나 뇌의 특정 부위에 전기 충격을 줌으로써 당신에게 고통을 줄 수 있는데, 그 두 가지 고통은 서로 다른 방법으로 일어났지만 동일한 느낌이다. 이 중에서 첫 번째 느낌을 진짜 고통이라 부르고, 두 번째 느낌을 가짜 고통이라고 부르는 것은 아무런 의미가 없다. 원인이 무엇이든 고통은 고통이다.

철학자들은 원인과 결과를 뒤섞어놓으면서까지 몇 가지 극단적인 주장들을 고수하려 애써왔다. 예를 들어 아르헨티나의 어느 해변에서 일광욕을 하는 나치 전쟁범은 진짜 행복을 느끼지 못하지만, 식인종에게 잡아먹히는 신실한 선교사는 행복할 것이라고 주장하는 경우가 그렇다. 키케로는 기원전 1세기에, "행복은 요동치지 않을 것이다. 하지만 수없이 고문을 당할 것이다"라고 말했다. 담력이 넘치는 멋진 표현이긴 하지만, 실제로 식인종에게 끌려가고 있는 선교사의 마음을 제대로 표현하고 있는지는 의심스럽다.

우리는 행복이라는 말을 하나의 경험 상태를 일컬을 때 사용하지, 그 경험을 만들어내는 행위를 지칭하기 위해 사용하지 않는다. "자신의 부모를 죽인 후, 프랭크는 행복하였다." 이것이 가능한가? 물론 가능하다. 우리는 그런 사람이 결코 없기를 바라지만, 이 문장은 문법적으로 틀린 것이 없으며 쉽게 이해된다. 역겹기는 해도 프랭크 자신이 행복해하고 또한 행복해보인다면, 어떤 원칙에 근거한 논리를 들어 그의 행복을 의심할 수 있을 것인가? 그러면 "수Sue는 혼수상태에서 행복하였다"라고 말하는 것은 가능한가? 이 경우는 말이 안 된다. 왜냐하면 재앙이 닥치기 전에 그녀가 아무리 많은 선행을 쌓았다고 하더라도 현재 행복을 의식하고 느끼지 못한다면, 그것은 행복한 것이 아니다. 그렇다면 이런 경우는 어떤가? "십계명을 모두

준수한 그 컴퓨터는 마치 선물을 받은 아이처럼 행복해했다." 미안하지만 이 경우도 아니다. 컴퓨터는 감정을 느낄 일말의 가능성조차 없기 때문에 설사 십계명에 따라 이웃의 아내를 탐하지 않았다고 하더라도 그 컴퓨터는 행복할 수 없다. 행복이란 느낌이다. 이에 반해 고결함virtue은 행동을 가리키며, 이 행동은 행복의 느낌을 유발할 수 있다. 그렇다고 반드시 고결함이 그리고 고결함만이 행복으로 이어진다는 얘기는 아니다.

머리로만 이해하는 행복

"왜 그런 느낌 알죠?"라고 표현하는 감정이 바로 사람들이 보통 행복이라고 부르는 감정이지만, 항상 그런 것은 아니다. 철학자들이 행복이라는 단어의 도덕적 의미와 감정적 의미를 뒤섞어놓았다면, 심리학자들은 행복에 담긴 감정적 의미와 평가적 의미를 뒤섞어놓았다. 예를 들어 어떤 사람이 "전체적으로 내 삶을 돌아봤을 때, 이 정도면 행복하다고 생각한다"라고 말했다고 하자. 이 경우, 심리학자들은 대체로 그가 행복하다고 인정할 것이다. 하지만 우리는 간혹 어떤 긍정적인 가치를 포함하는 일에 대해서도 행복하다는 말을 쓰곤 한다. 예를 들면 이런 식이다. "내 자동차 앞 유리를 깨뜨린 녀석을 잡았다니 행복하다happy." 기쁜 느낌과 전혀 거리가 멀 때조차 그렇게 말한다.

사람들이 행복이라는 말을 일종의 관점을 나타내기 위해 쓰는지, 아니면 자신의 주관적인 경험 상태를 표현하기 위해 쓰는지를 어떻게 구별할 수 있을까? 행복이라는 말이 그것 또는 …에 관하여 등의 단어 뒤에 따라올 때는 말하는 이가 자신의 느낌보다는 어떤 관점을 나타내려고 그 말을 썼다는 것을 알 수 있다. 예를 들어 배우자가 흥분된 어조로 타히티Tahiti섬에 새로 생긴 회사 지부에서 6개월간 일하게 되었다고 말했다고 하자. 당신이 홀로 남아 아이들을 돌봐야 하는 상황이라면 아마도 당신은, "나는 행복하지 않지만, 당신이 행복하다니까 나도 행복해"라고 말할 것이다. 이런 애매한 문장은 고등학교 영어 교사들조차 난감하게 만들지도 모른다. 하지만 여기 등장하는 '행복'이라는 말을 감정적인 행복으로 보지 않는다면 이 문장을 이해하기가 한결 쉽다.

다시 한 번 그 문장으로 돌아가보자. 우선 '나는 행복하지 않지만'이라는 말은 당신이 '왜 그런 느낌 알죠?'로 표현되는 행복감정적 행복을 느끼지 않는다는 사실을 상대방에게 알려주고 있다. 반면, '당신이 행복하다니까 나도 행복해'라는 말은 상대방이 행복하다는 사실을 당신이 긍정적으로 수용한다는 것평가적 행복을 표현하고 있다. 우리는 무언가에 대해happy about/happy that 행복하다고 말하는 경우가 많다. 이런 문장은 내가 실제로 행복을 경험하고 있다는 뜻이 아니라, 어떤 사건이나 상황이 사람에게 행복감을 줄 수 있는지, 혹은 주어왔는지 아니면 마땅히 주어야 하는지에 대한 나의 이해를 드러낸다. 아마도 배우자에게 이렇게 말하는 것이 속마음을 훨씬 정확하게 표현한 것이라고 할 수 있다. "나는 행복하지 않아. 하지만 당신이 행복하다는 것은 이해해. 만약 내가 타히티에 가고 당신이 집에 남아 골치 아픈 아이들을 돌봐야 한다면, 당신의 그 행복을 나도 경험할 수 있을 것 같아." 물론 속마음을 이처럼 곧이곧대로 말하려면 모든 인간관계가 끊어지는 위험을 감수해야 한다. 따라서 우리는 씁쓸함을 뒤로 두고 그 상황에 대해 적당히 표현한다. 별 수 있겠는가? 하

지만 인간이 항상 진심어린 말만 하는 것은 아니라는 사실은 기억하
도록 하자.

행복은 정말 비교 가능한가?

행복이라는 말을 즐거운enjoyable 또는 기쁜pleasurable 같은 주관적인
감정 경험에만 사용하고, 그 경험을 유발하는 행동의 도덕성이나 그
경험의 유익함을 판단하는 말로 사용하지 않기로 한다고 해보자. 그
래도 여전히 다음과 같은 의문이 생길 것이다. 길을 건너는 노인을
도와주었을 때의 행복이 바나나 크림 파이 한 조각을 맛볼 때의 행
복보다 정말로 더 크고 더 좋고 더 깊을까? 선행의 결과로 얻게 되는
행복은 다른 종류의 행복과 다르게 느껴질 수도 있다. 그렇다면 바
나나 크림 파이 한 조각을 먹을 때의 행복과 코코넛 크림 파이 한 조
각을 먹을 때의 행복은 차이가 있을까? 더 나아가 만일 바나나 크
림 파이를 선택한 경우라면, 이 바나나 크림 파이 한 조각을 먹는
것과 저 바나나 크림 파이를 먹는 것은 서로 다른 경험일까? 대체
주관적인 감정 경험이 서로 다르거나 같다는 것은 어떻게 판단할
수 있을까?

결론부터 말하자면 그러한 판단은 불가능하다. 내가 스쿨버스를
보며 노란색을 느끼는 경험과 다른 사람이 그 버스를 보며 느끼는
노란색의 경험이 완전히 같은지 확인할 수 있는 방법은 없다. 철학
자들도 이 문제에 정면으로 부딪쳐 보았지만, 남은 것은 이마의 상
처뿐이다. 두 가지 주관적 경험의 유사성을 정확하게 판별하는 유일

한 방법은 그 둘을 비교하는 사람이 두 가지를 나란히 경험해보는 방법 외에는 없다.

고분고분하게 말을 잘 듣던 어린 시절에 우리는 어머니로부터 스쿨버스를 보면서 느끼는 경험을 노란색으로 부르도록 배우고 그대로 따랐다. 나중에 유치원에 가서 다른 아이들도 스쿨버스를 보고 노란색을 경험한다는 말을 들었을 때 얼마나 기분이 좋았던가! 그러나 이렇게 같은 이름노란색으로 경험을 이야기한다고 해서 각자의 노란색 경험이 정말 같은 것은 아니다. 심지어 어떤 사람은 자신이 색맹인 줄도 모르고 남들과 같은 이름으로 같은 색을 보고 있다고 믿다가 나중에 안과 의사를 통해 그 사실을 알게 되기도 한다.

서투른 기억

두 가지 행복이 서로 다른 느낌이 드는지 아닌지를 판정하려면 각각 다른 사람의 경험을 비교하려 애쓰기보다는 두 가지를 모두 경험해본 한 사람에게 물어보아야 한다. 나의 노란색 경험이 당신의 노란색 경험과 같은지 다른지는 결코 알 수 없을지도 모른다. 하지만 나의 노란색 경험이 나의 파란색 경험과 다르다는 것은 확실히 알 수 있다. 이 경우에도 우리가 그 두 가지를 동시에 경험하는 것은 아니다. 두 경험 가운데 하나는 이미 겪었을 것이고, 다른 하나만을 현재 경험하고 있는 것이다. 따라서 누군가가 어떤 경험이 더 행복감을 주는지를 물어볼 때, 우리는 과거 경험에 대한 기억과 현재의 경험을 비교할 뿐이다. 물론 우리의 기억이 완벽하다면 이 방법에 문제가 없지만, 경험에 대한 우리의 기억은 전혀 믿을 만하지 못하다. 마술사와 과학자는 이 사실을 잘 알고 있다. 우선 마술부터 시작해

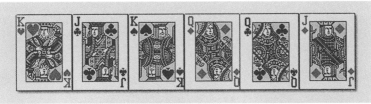

| 그림 4 |

보자.

그림 4.에 나와 있는 카드 6장을 보고, 당신이 좋아하는 카드를 하나 골라 머릿속에 기억해두라. 앞으로 몇 쪽을 더 읽는 동안 기억할 수 있도록 그 카드의 이름을 한두 번 읽어보라. 원한다면 따로 적어두어도 좋다.

이제 잠시 주제를 바꿔 기억된 경험에 대해 과학자들이 어떻게 접근해왔는지를 살펴보자. 한 연구에서 연구진은 참가자들에게 페인트 가게에 있을 법한 샘플 색 하나를 꺼내 약 5초 정도 살펴보도록 시간을 주었다. 그런 다음 그들 가운데 일부는 30초 동안 그 색을 자세히 묘사하도록 했고묘사자들, 나머지 사람들은 묘사하지 않았다비非묘사자들. 그 후 이들 모두에게 같은 색 계열의 샘플 6개를 보여주고, 그 가운데 그들이 30초 전에 보았던 색을 고르도록 하였다. 이 연구에서 첫 번째 재미있는 발견은 색을 묘사하지 않았던 사람들 가운데 73퍼센트만이 정확한 색을 골랐다는 점이다. 다시 말해 실험 참가자들 중, 노란색 경험이 30초 전에 보았던 바로 그 색인지를 정확히 판별할 수 있는 사람이 4명 중 3명도 되지 않았다. 두 번째 흥미로운 사실은, 색을 묘사하는 것이 과제 수행을 개선시키기보다 오히려 손상시켰다는 점이다. 색을 묘사했던 사람들 중에서는 오직 33퍼센트만이 그들이 처음에 보았던 색을 정확하게 골라낼 수 있었다! 이들은 자신의 색 경험을 기억하고 있었던 것이 아니라 색에 대한 자신의 묘사를 기억하고 있었기 때문에 색 자체는 잘 기억하지 못했던 것이다. 주관적 경험인 색에 대한 언어적 묘사는 완벽할 수 없으므로 묘사에 의존한 그들의 기억은 부정확할 수밖에 없었다.

누구나 이런 상황에 놓여본 적이 있을 것이다. 우리가 한 친구에게 얼마 전 동료들과 함께 분위기 좋은 시내의 한 바에 갔었는데 그곳의 샤르도네chardonnay, 와인—역주 맛이 별로였고, 바르토크Bartok, 헝가리의 작곡가—역주의 현악 4중주 연주도 실망스러운 수준이었다고 말했다고 하자. 그러나 이때도 우리가 그 와인의 실제 맛이 어땠는지, 4중주가 실제로 어떻게 들렸는지 있는 그대로 회상하는 것은 아니다. 오히려 우리는 함께 갔던 동료들에게 와인의 첫 맛은 좋았지만 끝 맛은 나빴으며, 현악 4중주 연주도 시작은 좋았는데 끝에 가서는 형편없었다고 말했던 내용을 회상한다고 볼 수 있다.

샤르도네, 현악 4중주, 선행, 바나나 크림 파이 한 조각은 모두 복잡하고 다차원적이며 이해하기 어려운 경험이다. 바로 이때 언어가 우리의 이해를 돕는 기능을 한다. 즉, 언어는 우리가 경험했던 것의 중요한 특징을 추출하고 기억하도록 도와줌으로써, 우리가 나중에 그것을 분석하고 그것에 대해 사람들과 의사소통할 수 있도록 해준다. 인터넷 판 《뉴욕타임스The New York Times》의 영화 면에는 영화에 대한 설명이 저장되어 있지 실제 영화가 있는 것은 아니다. 영화 전체를 올려놓으려면 훨씬 더 많은 용량이 필요하고, 검색하기도 힘들어진다. 더욱이 영화를 보지 않고 그 영화가 어떤 것인지 대충 알고자 하는 사람들에게는 아무런 쓸모가 없다.

경험이란 마치 몇 차원이 더 추가된 복잡한 영화와 같다. 만약 우리 뇌가 삶이라는 영화를 집약하여 정리하지 않고 전체를 그대로 저장한다면 우리의 머리는 지금보다 몇 배는 더 커야 할 것이다. 만약 자신이 본 예술 조각 공원이 가볼 만한 곳이라고 누군가에게 말해주고 싶을 땐 머릿속에서 그 관람여정 전체를 재생해야 한다. 이런 식이라면 모든 기억 행위에는 기억하려는 사건에 들어간 원래 시간과 동일한 양의 시간이 필요할 것이다. 혹시 누군가 우리에게 시카고에서의 어린 시절이 어땠는지 물어보기라도 한다면, 그날 업무는 완전히 마비된다고 보면 된다. 이런 이유로 우리는 '행복하다'와 같은 단어를 써서 우리의 경험을 압축한다. 이것이 반드시 적절하다고 볼 수는 없지만, 그래도 이 방법은 살아가면서 수없이 경험하는 일들을 편리하게 정리할 수 있도록 해준다.

눈앞의 것도 놓치는 우리

과거의 기억은 불완전하므로 현재의 경험을 과거 경험에 대한 기억 내용과 비교하는 것은 위험한 방법이다. 그러므로 좀더 다른 접근법을 시도해보자. 이는 경험과 경험 사이의 시간 간격을 줄인 뒤 두 경험을 비교해보는 것이다. 예를 들어 처음에 어떤 색을 보여주고 나서 나중에 여러 색을 보여주고, 그중 앞에서 보았던 색을 맞히게 하는 과제에서 처음 제시하는 색과 나중에 제시하는 여러 가지 색의 시간 간격을 줄여보는 것이다. 그러면 쉽게 맞힐 수 있지 않겠는가? 30초였던 시간 간격을 25초로 줄인다면 어떨까? 아니면 15초? 10초? 그것도 아니면 몇 천분의 1초? 여기에 보너스로 최초의 색을 몇 초간 보여준 뒤 아주 짧은 순간 동안만 치워두고는, 6가지 색깔을 모두 보여주는 대신 단 하나의 테스트 색을 보여주고 원래 보았던 것과 같은지를 묻는다고 생각해보자. 여기에는 기억에 혼란을 일으킬 언어적 방해도 없고, 시각에 혼란을 가져올 다른 테스트 색도 없다. 원래 색 자극과 테스트 자극을 제시하는 것 사이에 아주 실낱같은 순간만이 존재할 뿐이다. 하! 이렇게 쉽게 만든 테스트라면 모든 사람이 좋은 성적으로 성공할 것이라고 예측하는 것이 당연하지 않을까?

그러나 꼭 그렇지만은 않다. 한 연구에서 연구진이 참가자들에게 컴퓨터 스크린을 보고 몇 가지 텍스트를 읽어보라고 요구했다. 그 텍스트에는 단어 속의 대문자와 소문자가 번갈아가며 나왔다. 이를테면 다음과 같다. ‘it lOoKeD lIkE tHiS.’ 사람들은 보통 물체를 응시하는 동안 1초에 3~4번씩 눈을 깜박거린다. 이 순간에 사람의 눈을 가까이에서 관찰해보면 눈동자가 가볍게 흔들린다는 것을 알 수 있다. 연구진은 눈동자 추적 장치를 이용해 응시자의 눈이 스크린 상의 물체에 고정되어 있는 순간과 눈동자가 흔들리는 순간을 컴퓨터가 알 수 있도록 했다. 참가자의 눈동자가 아주 짧은 순간 텍스트로부터 벗어나 가볍게 흔들릴 때마다, 컴퓨터는 눈동자에 일종의 속임수를 유발했다. 즉, 그들이 읽고 있는 텍스트의 글자를 바꿔 ‘lOoKed lIkE tHiS’였던 것이 갑자기 ‘LoOkEd LiKe ThIS’와 같이 되도록 했던 것이다. 그런데 놀랍게도 참가자들은 그들이 텍스트를 읽는 동안 1초에 몇 번씩 이런 식으로 글자의 모양이 변한다는 사실을 눈치 채지 못했다! 후속 연구에서도 사람들이 이런 ‘시각의 불연속성’을 알아보지 못한다는 점이 밝혀졌다. 이런 방법을 이용해 영화 제작자들은 영화 장면 도중에 관객을 완벽하게 속이며 갑자기 여배우의 옷 스타일을 바꾼다거나 남자의 헤어스타일을 바꿀 수도 있고, 테이블 위에 있던 물건이 갑자기 사라지게 만들 수도 있다. 흥미로운 사실은 실험에 앞서 사람들에게 이러한 시각의 불연속을 알아차릴 수 있겠느냐고 물으면 그들은 꽤 자신 있어 한다는 점이다.

우리가 놓치는 것은 그런 미묘한 변화뿐이 아니다. 아주 극적인 변화까지도 종종 그냥 지나치기도 한다. 대학 캠퍼스에서 연구진이 몰래 카메라를 들고 학생들에게 접근하여 한 빌딩의 위치를 물어보았다. 연구자가 준비한 지도를 학생과 함께 보고 있는 동안, 커다란 문짝의 양쪽 끝을 잡은 건축기사 두 명이 나타났다. 그들은 학생과 연구자 사이를 무례하게 뚫고 지나가면서 학생의 시야를 가려 잠시 연구자를 볼 수 없게 했다. 그들이 지나갈 때, 원래 학생과 함께 서 있던 연구자는 문 뒤로 숨어 사라졌고, 문 뒤에 숨어 있던 또 다른 연구자가 나타나 학생과의 대화를 계속 이어나갔다. 기존의 연구자와 대체된 연구자는 키와 몸매가 서로 달랐고 목소리, 머리 모양, 옷차림새도 확연히 달랐다. 두 사람이 나란히 서 있다면 누구라도 그 둘을 쉽게 구분할 수 있을 것이다. 그렇다면 길 잃은 관광객을 도와주기 위해 발길을 멈추었던 이 착한 사마리아인은 과연 어떤 반응을 보였을까? 아무런 반응이 없었다. 놀랍게도 이 실험에 참가한 대부분의 학생이 자신과 이야기를 나누고 있던 사람이 순식간에 완전히 새로운 사람으로 바뀌었다는 사실을 알아차리지 못했다.

그렇다고 이 실험이 사람들은 자기 눈앞에서 벌어지고 있는 사건의 변화를 늘 알아채지 못한다고 주장하는 것은 아니다. 만약 그렇다면 사람들이 어떻게 정상적인 생활을 영위할 수 있겠는가. 이러한 실험이 보여주는 메시지는 우리가 과거에 직접 경험한 일들도 때로는 마치 다른 사람의 경험을 대하는 것처럼 우리 자신에게까지 불투명하게 느껴질 수 있다는 것이다. 이러한 실험에서 더욱 중요한 것은 이런 일이 언제 더 발생할 가능성이 큰지를 알려준다는 점이다.

그런 조건 중 하나는 참가자들이 변화가 일어나는 순간 자극에 주의를 기울이고 있지 않았다는 점이다. 예를 들어 앞서 말했던 읽기 연구에서 컴퓨터 스크린에 나타난 텍스트는 참가자들의 눈이 순간적으로 흔들리는 찰나에만 변화되었다. 문짝 실험에서의 연구자 교체도 커다란 나무 문짝으로 학생의 시야가 가려지는 때만 일어났다. 만일 읽기 실험에서 'this'가 'that'으로 바뀌는 과제였다면, 그리고 문짝 실험에서 학생들이 빤히 보는 눈앞에서 포킵시 Poughkeepsie, 뉴욕 남부의 도시−역주의 회계사가 엘리자베스 여왕 2세로 바뀌었다면, 실험의 결과는 달랐을 것이다. 실제로 자극이 바뀌는 순간, 세심한 주의를 기울인 참가자는 그때 일어나는 변화를 신속하고도 정확하게 알아차렸다는 연구 결과가 존재한다. 이 연구들이 던지는 메시지는 현재의 경험에서 일어나는 변화를 감지하는 데 우리가 둔감하다는 사실이 아니라, 어떤 현상적 경험이 변화되는 바로 그 순간에 우리의 마음이 세심하게 주의를 기울이지 않으면 변화가 있었는지 없었는지에 대한 판단을 기억에 의존하게 된다는 점이다.

마술사들은 수세기 전부터 이러한 사실을 알고 있었다. 앞서 당신은 카드 6장 가운데 하나를 선택했다. 이제 내가 당신이 선택한 카드를 제외한 나머지 카드를 그림 5.에 제시해놓았으니 내 능력을 한 번 시험해보라.

놀랍지 않은가? 이제 그림 4.와 그림 5.를 나란히 놓고 비교해보라. 그러면 그림 5.에는 그림 4.에 있는 카드가 한 장도 들어있지 않다는 사실을 알 수 있을 것이다. 사실 이 속임수가 인터넷상에 처음 나타났을 때, 내가 아는 명석한 과학자들은 최신 기술이 컴퓨터 서

| 그림 5 |

버로 하여금 사람들의 키보드 입력 속도와 정확성을 추적하여 사람들이 고른 카드를 추측한다고 가정하기도 했다. 그래서 나는 컴퓨터가 내 손이 만들어내는 어떤 미묘한 움직임도 측정해내지 못하도록 아예 마우스에 손을 대지 않았다. 이 카드 속임수를 3번이나 시도해보고 나서야 나는 비로소 그 비밀을 알게 되었다. 이 마술의 비밀은 첫 번째 카드 6장을 보고 있는 동안 오로지 내가 고른 카드의 이름을 기억하는 데 열중하느라 나머지 카드 5장도 나중에 함께 변했다는 사실을 미처 발견하지 못한 데 있다.

행복의 언어

로리와 레바가 행복하다고 말하는 것은 우리의 마음을 불편하게 만든다. 우리는 절대 그럴 리 없다고 확신한다. 하지만 그들의 행복과 우리의 행복을 비교해볼 믿을 만한 방법은 없다. 그들이 스스로 행복하다는데 우리가 무슨 근거로 그렇지 않다고 말할 수 있겠는가? 물론 그들이 자신의 경험을 어떻게 알고 평가하고 설명하는지 꼬치꼬치 캐물을 수도 있다. "그들은 자신이 행복하다고 생각할지도 모르지만, 그건 진짜 행복이 뭔지 모르기 때문에 그런 거야"라고 말할

수도 있다. 다시 말해 로리와 레바는 우리가 해본 경험들초원에서 뒹굴기,
그레이트 베리어 리프(Great Barrier Reef, 호주 북동부 해안의 거대한 산호초—역주)를 따라 스쿠
버다이빙 하기, 사람들의 불편한 주목을 받지 않으며 길을 거닐기 등을 해보지 않았기 때
문에 우리와는 다른 방법으로 자신들의 삶을 평가할 것이라고 추측
할 수도 있다.

　예를 들어 우리가 그 쌍둥이에게 생일 케이크를 주며 8점 척도서로
다른 행복의 강도를 8개 단계로 표현해놓은 인위적인 언어 척도를 사용하여 그들의 주관
적인 경험을 표현해보라고 한다면, 그들은 아마 8점의 기쁨을 느낀다
고 말할지도 모른다. 하지만 그들이 말하는 8점과 우리가 생각하는 8
점은 기본적으로 서로 다른 수준의 기쁨일 수도 있지 않을까? 그들
은 보통사람이 얼마나 행복한지를 제대로 알 수 없는 열악한 처지에
있기 때문에 우리와는 다소 다른 식의 '8점 표현법'을 쓰고 있는 것
은 아닐까? 우리와는 달리 그들에게는 생일 케이크를 받는 것 이상
의 좋은 일이 없을 수도 있다. 따라서 비록 그들은 최고의 기쁨을 나
타내기 위해 8점을 선택하지만, 사실 그들의 8점은 우리의 4.5점 수
준의 행복일 수도 있다. 한마디로 그들과 우리가 말하는 행복은 다른
차원의 얘기일 수 있다. 그림 6.은 한정된 경험만을 해본 사람이 사용
하는 언어는 전체 경험의 범위 중 일부만을 지칭하게 되는 경우일 수
있다는 점을 보여주고 있다. 좁은 범위 내의 경험만을 해본 사람이
사용하는 언어가 가리킬 수 있는 경험의 폭은 한계가 있기 마련이다.
이러한 현상을 '언어-축소 가설'이라고 부르겠다. 이 가설에 따르면,
로리와 레바가 황홀하다는 극적인 표현을 쓰는 경험은 사실 우리가
다소 기쁘다고 말할 때 느끼는 정도의 경험과 비슷하다.

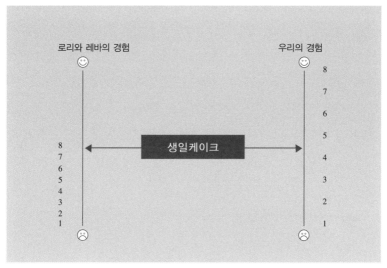

| 그림 6 | 언어-축소 가설에 따르면 로리와 레바가 생일 케이크를 받았을 때의 느낌의 강도는 당신과 똑같지만, 그 느낌에 해당하는 그들의 말은 당신 것과는 다르다.

로리Rori와 레바Reba의 착각?

언어-축소 가설의 장점은 다음과 같다. 첫째, 이 가설은 생일 케이크를 받았을 때 비록 사람들이 그 느낌을 서로 다른 말로 표현하지만 그 경험을 통해 느끼는 것은 모두 동일하다고 보기 때문에 세상을 조금 덜 복잡하게 만든다. 둘째, 로리와 레바는 그들의 주장과 달리 진정으로 행복하지는 않기 때문에, 그들의 삶보다 우리의 삶이 더 낫다는 우리의 판단이 정당해진다.

그러나 이 가설은 상당히 많은 오점을 안고 있다. 로리와 레바가 풀밭에서 뒹굴어보지 못했기 때문에 8점 척도를 우리와 다른 방식으로 사용한다고 생각한다면, 우리는 경험하지 못하고 그들만이 경험하는 경험 역시 고려해야만 한다. 예를 들어 우리는 사랑하는 자매가 언제나 곁에 있다는 생각에서 오는 말로 표현할 수 없는 평안함과 안정감을 느껴본 적이 없다. 또한 울적한 말이나 행동을 하다가 기분이 나빠지는 날에도 내가 나를 알듯 나를 알아주고, 내 희망을 함께 나누며 나만큼 나를 걱정해주는 사람이 곁에 있다는 느낌도 우리는 결코 경험해보지 못했다. 그들이 우리와 같은 경험을 해보지 못한 것처럼, 우리 역시 그들의 경험을 해보지 못했으므로 경험 부족 때문에 축소된 언어를 사용하는 사람은 바로 우리 자신일 수도 있다.

로리와 레바만이 경험할 수 있는 동반자로서의 사랑, 더 없이 행복한 일치감, 아가페적 사랑 등을 우리는 경험해본 적이 없기 때문에, 우리가 몹시 기쁘다고 말한다 해도 그들의 행복 경험보다는 한 수 아래일 수도 있다. 같은 논리로 당신이나 나 그리고 로리와 레바를 포함한 우리 모두는 우리가 지금껏 경험해왔던 것보다 훨씬 더 나은 것이 존재할 수 있다는 가능성을 늘 염두에 두어야 한다. 이를테면 비행기 없이 하늘을 나는 일, 우리의 자녀가 아카데미상이나 퓰리처상을 수상하는 일, 그리고 신과 만나는 일 등을 말이다.

결국 8점 척도의 언어는 완벽하지 못하고 그 누구도 진정한 행복을 알지 못할 가능성이 있다. 이러한 논리에 따라 우리는 솔론의 충고처럼 죽기 전까지는 절대로 우리가 행복하다고 말해서는 안 된다. 지금 행복하다고 미리 말해버리면 정말로 행복한 일을 경험했을 때, 그 행복을 표현할 말이 더 이상 없기 때문이다.

그러면 로리와 레바가 진정한 행복을 알지 못한다는 사실을 단번에 증명하기 위해 다음과 같은 실험을 상상해보자. 요술막대를 획 돌려 로리와 레바를 둘로 분리한 다음 각각 혼자서 살아가는 인생을 경험해보도록 만드는 것이다. 그렇게 몇 주를 지내고 나서 그들이 예전에 주장했던 것을 모두 취소하고 다시는 예전 상태로 돌아가지 않게 해달라고 사정한다고 가정해보자. 그렇다면 그것은 그들이 이전에 자신의 행복을 평가할 때 4점과 8점을 혼동했다는 것을 깨끗이 인정하는 셈이다.

우리는 종종 종교에 귀의한 사람, 이혼한 사람, 또는 심장마비를 이겨낸 사람이 그런 경험 후 인생에 대해 새롭게 눈을 뜨게 되었다고 말하는 것을 본다. 이들은 그런 커다란 사건을 겪은 후 생각해보니 이전의 삶은 진정으로 행복한 것이 아니었다고 말한다. 그렇다면 이처럼 엄청난 삶의 변화를 경험한 사람들의 고백을 전적으로 믿어야 할까?

반드시 그렇지는 않다. 한 연구에서 연구진이 참가자들에게 퀴즈 쇼 질문 몇 가지를 제시하고 그들이 얼마나 정확하게 정답을 맞히게 될지 추정해보도록 요구했다. 한 집단에게는 질문 내용만 보여주었고질문 집단, 또 다른 집단에게는 질문과 정답을 동시에 제시했다질문-정답 집단. 질문 집단은 그 질문이 꽤 어렵다고 생각했다. 하지만 질문파일로 판스워스Philo T. Farnsworth가 발명한 것은?과 정답TV을 동시에 제공받은 질문-정답 집단은 자신이 정답을 보지 않았더라도 쉽게 답할 수 있을 만한 질문이라고 판단했다. 일단 정답을 알게 되면 사람들은 그 질문을 매우 쉬운 것으로 여긴다당연히 TV지~! 누구라도 그것쯤은 알 텐데. 그리고는 아직 정답을 모르는 다른 사람에게는 그 질문이 어려울 수 있다는 것을 이해하지 못한다.

이러한 연구가 보여주는 사실은 일단 우리가 어떤 경험을 하고 나면, 다시는 그 경험을 하기 이전처럼 세상을 볼 수 없게 된다는 것이다. 우리가 어떤 경험을 하는 그 순간부터 그 경험은 과거, 현재 그리고 미래를 보는 렌즈의 일부가 되어 우리가 보는 것들을 조성하고 왜곡한다. 이 렌즈는 안경처럼 밤에 벗어서 침대 곁 탁자에 놓아둘 수 있는 것이 아니다. 이 렌즈는 마치 강력접착체로 우리의 눈동자에 영원히 붙여 놓은 콘택트렌즈와 같다. 일단 글 읽는 방법을 터득하면 다시는 각각의 글자를 단지 꿈틀거리는 잉크 반점들로 볼 수 없다. 한 번 재즈음악을 제대로 배우고 나면, 다시는 오네뜨 콜맨 Ornette Coleman의 색소폰 연주를 소음처럼 여기지 못한다. 반 고흐Van Gogh가 정신병 환자였고 에즈라 파운드Ezra Pound가 유대인을 배척하는 사람이었다는 사실을 알고 난 이후로는 결코 그들의 작품을 예전과 같이 대할 수 없다.

로리와 레바가 몇 주 동안 분리되어 지낸 후, 예전의 삶보다 지금이 더 행복하다고 말하는 것이 맞을 수도 있지만 틀릴 가능성도 있는 것이다. 그들도 막상 몸이 분리되어 보면, 항상 분리된 몸으로 살아온 우리처럼 몸이 붙은 인생을 고통스럽게 여길 것이다. 예전에 자신들이 어떻게 생각하고 말했었는지 모두 기억할 수 있다 하더라도, 최근에 겪은 분리된 삶의 경험이 이전 삶의 경험을 평가하는 데 상당히 큰 영향을 미칠 것이다. 분리된 삶의 경험을 해본 로리와 레바는 한 번도 홀로 살아본 적이 없는 샴쌍둥이들이 실제로 어떤 느낌을 갖는지에 대해 더 이상 확실히 말할 수 없다. 어떤 면에서 볼 때, 분리의 경험은 로리와 레바를 우리처럼 만들어놓는 셈이다. 그러므로 이제 그들도 붙어서 사는 경험을 상상해보려고 시도할 때 우리가 겪는 난제에 봉착하게 된다. 홀로 된 경험은 그들이 과거를 바라보는 관점에 영향을 미칠 것이고, 이 경험을 하지 않은 상태로 다시는 돌아갈 수 없게 되는 것이다.

정리하자면 사람들은 새로운 경험을 하고 나서는 예전에 했던 자신의 말이 빈약한 경험에서 나온 짧은 판단이었다고 주장한다. 예전에 자신이 행복하다고 말했지만 그건 진정한 행복이 아니었다고 말하는 것이다. 그러나 이 판단 역시 잘못된 것일 수 있음을 기억할 필요가 있다.

돌이킬 수 없는 경험의 힘

　로리와 레바는 행복 척도에서 우리를 최고점에 도달하게 해주는 경험들뒹굴기, 스쿠버다이빙, 당신이 지금 생각하는 그 나쁜 짓을 해보지 못했기 때문에, 그들의 행복감과 우리의 행복감에는 분명 차이가 있을 것이다. 로리와 레바가 정말로 한정된 경험을 했다고 가정해보자. 그런 상황에서 생일 케이크를 선물로 받았다고 해보자. 그들의 한정된 경험 배경이 그들의 언어적 표현이 나타내는 경험의 범위를 축소시킬 수도 있지만 그러한 생각은 설득력이 없다고 앞서 말했다. 또 다른 대안이 존재하는데 그건 바로 그들의 한정된 경험이 경험의 강도를 오히려 증폭시킬 수도 있다는 것이다. 즉, 케이크를 받았을 때 그들이 느끼는 행복 척도 8점은 우리가 호주의 환상적인 해변에서 물장난 칠 때를 8점이라고 표현할 때와 정확하게 동일한 느낌이라는 것이다. 비록 8점을 유발하는 사건은 다르지만 8점이 주는 행복의 느낌은 동일하다는 얘기다. 그림 7.은 이러한 경험-확장 가설experience-stretching hypothesis을 나타내고 있다.

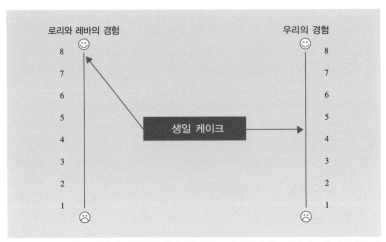

| 그림 7 | 경험-확장 가설에 따르면 생일 케이크에 대한 로리와 레바의 느낌의 강도와 당신의 느낌
의 강도는 다를 수 있다. 그러나 로리와 레바가 느끼는 감정은 그 강도에 해당하는 사건을
당신이 경험했을 때 느끼는 감정과 일치한다.

경험-확장이라는 말이 다소 어색하게 들릴지도 모르지만, 사실 그리
황당한 생각은 아니다. 불행한 상황에 있는 사람이 스스로 행복하다
고 하는 것을 보면 우리는 보통 "자신이 한 번도 해본 적 없는 경험
이 어떤지를 전혀 모르기 때문에 저렇게 말할 수 있는 거야"라고 말
한다. 그럴 수 있다. 그러나 바로 그 점이 핵심 포인트이다. 즉, 우리
에게 부족한 것이 무엇인지 모르는 상황에서는 비록 남들이 보기에
는 우리가 불행하게 보일지도 모르지만, 우리 자신은 진실로 행복을
느낄 수 있는 것이다. 다시 말해 자신에게 부족한 경험이 무엇인지
모르는 사람이 그 경험을 해본 사람보다 반드시 덜 행복한 것은 아
니다. 이러한 예는 얼마든지 찾을 수 있다.

내 경우를 한 번 들어보겠다. 나는 이따금 시가를 피우는데, 그 순
간 나는 매우 행복하다. 하지만 내 아내는 자신은 시가를 피우지 않
아도 행복할 수 있는데, 왜 나는 꼭 시가를 피워야만 행복한지 이해

하지 못한다. 경험-확장 가설에 따르면, 내가 젊은 시절에 그 시가 속 약물의 신비를 경험해보지 못했더라면 나도 시가 없이 행복할 수 있었을 것이다. 그렇지만 나는 시가 맛을 알게 되었고 시가를 피우지 않을 때면 내게 무엇이 절실히 필요한지 알게 된다. 그래서 휴가를 맞아 카우아이Kauai, 하와이의 한 섬-역주에 펼쳐진 황금빛 모래 위의 야외 의자에 기대 앉아 탤리스커Talisker 위스키 한 잔을 마시며 저물어가는 해를 바라보는 그 멋진 순간에도 나는 뭔가 부족함을 느낀다. 그때 코를 찌르는 쿠바산 시가를 한 대 물고 있어야 나의 행복감이 완성되는 것이다.

물론 나는 언어-축소 가설을 내세워 아내에게 반박할 수도 있다. 이를테면 몬테크리스토 no. 4 Montecristo no. 4 시가의 심오한 맛을 한 번도 느껴보지 못한 그녀의 한정된 경험 때문에 진정한 행복이 무엇인지 모른다고 말해줄 수도 있다. 그러나 이 경우 내 주장이 더 틀렸다. 사실은 내가 시가 맛을 알게 된 이후 스스로 시가 없이 행복할 수도 있는 경험들을 부지불식간에 망쳐버렸기 때문이다. 원래는 8점짜리였던 하와이의 석양이었지만, 시가와의 만남 이후 그것은 내게 7점짜리의 석양이 되고 만 것이다.

그렇다면 둘 중 어떤 가설이 옳은 것일까? 불행히도 우리는 판단을 내릴 수 없다. 우리가 말할 수 있는 것은 행복에 관한 어떤 주장도 누군가의 관점에서 비롯되었다는 점이다. 그 관점은 현재의 경험을 평가하기 위한 맥락, 렌즈 혹은 배경 역할을 하는 과거 경험들로부터 영향을 받는다. 개인적인 관점이 끼어들지 않은 행복은 존재하지 않는다. 일단 어떤 경험을 하고 나면, 그 후로는 그 경험을 하기 전처럼 세상을 바라볼 수가 없다. 비록 우리가 과거에 생각하고 말했던 것을 기억할 수 있을지는 몰라도 다시 그때로 돌아간 것처럼 당시의 마음 상태로 그것을 평가할 수는 없는 것이다. 분리 수술을 받은 샴쌍둥이는 예전에 둘이 붙어서 살던 시절에 대해 현재 어떻게 느끼는지는 정확하게 말해줄 수 있지만, 분리 수술을 받지 않은 샴쌍둥이가 어떻게 느끼는지에 대해서는 이제는 말해줄 수가 없는 것이다. 따라서 레바와 로리가 말하는 8점이 우리가 느끼는 8점과 정말 같은지는 영원히 밝힐 수가 없다.

맺음말

1916년 5월 15일 아침, 북극 탐험자 어니스트 쉐클턴Ernest Shackleton은 역사상 가장 험난한 모험 중 하나였던 탐사의 마지막 단계에 첫 발을 내디뎠다. 그의 탐험선 Endurance호는 웨델Weddell 바다로 침몰했고, 그와 선원들은 엘러펀트Elephant 섬에 좌초되었다. 7개월이 지난 뒤, 쉐클턴과 선원 5명은 작은 구명보트를 타고 극한의 해양을 8백 마일이나 항해하면서 3주를 보내게 되었다. 굶주리고 동상에 걸려 있던 그들은 남 조지아 섬South Georgia Island에 도착한 뒤 그 섬 반대쪽에 있는 고래잡이 정박장에 도달하려는 희망으로 그 섬을 걸어 횡단하기 시작했다. 그러나 그 누구도 살아남기 어려운 모험이었다. 죽음이 눈앞에 닥친 어느 날 아침 쉐클턴은 이렇게 적고 있다.

우리는 거친 암석과 흔들리는 해초 사이로 좁은 길을 헤쳐 갔고, 동쪽으로 방향을 틀었습니다. 안개를 헤치고 나타난 태양이 물결치는 바다에 만들어내는

행복에 걸려 비틀거리다

불꽃들을 보면서 우리는 흥겹게 항해를 했죠. 그 밝은 아침과는 잘 어울리지 않는 희한한 집단이었지만, 우리는 행복했습니다. 심지어 노래를 부르기도 했죠. 아마도 사람들이 우리를 보았다면 노르웨이의 피오르드fjord나 뉴질랜드 서부 해안의 아름다운 해협을 항해하면서 파티를 즐기고 있다고 오해할 수도 있었을 것입니다.

쉐클턴의 이 말은 과연 진심이었을까? 그의 행복이 우리의 행복과 같은 것일까? 만일 그렇다면 어떻게 증명할 수 있을까? 우리가 지금까지 살펴본 것처럼, 행복은 본질적으로 주관적인 경험이기 때문에 우리 자신과 남에게 설명하기가 어렵다. 따라서 사람들이 행복하다고 말할 때, 그 말의 진위를 평가하기란 매우 힘든 일이다.

CHAPTER 3

'밖'에서 '안'을 들여다보기

그대의 가슴 속으로 들어가보라. 가서 문을 두드리고 마음이 무엇을 알고 있는지 물어보라.
– 셰익스피어 『법에는 법으로Measure for Measure』

심리학 교수들을 주제로 한 농담거리는 별로 많지 않아 우리는 그 몇 안 되는 이야기를 우리고 또 우려먹는다. 그중 하나가 이것이다. 심리학 교수 두 명이 복도를 지나가다가 우연히 마주친다면 과연 무슨 말을 할까? "오, 자네는 잘 지내는 것 같아 보이네만. 나는 잘 지내고 있나?" 별로 재미없는 농담이라고? 나도 안다. 하지만 이 농담이 재미있어야 하는 이유가 있다. 우리에겐 다른 사람이 어떻게 느끼는지는 모를 수 있지만, 우리 자신이 어떻게 느끼는지는 알고 있어야한다는 믿음이 있다. 따라서 "잘 지내시죠?How are you?"라는 말은 친숙한 반면 "나는 잘 지내고 있나?How am I?"라는 말은 이상하게 들릴 수밖에 없다. 그러나 우리가 자신의 감정을 잘 모르는 경우도 심심찮게 있다.

　로리와 레바가 스스로 행복하다고 주장할 때, 우리는 그들이 그렇게 '생각할' 뿐 실제로는 그들이 잘 모르고 있다고 의심한다. 그러나 행복하다는 사람의 말을 의심하기 전에 과연 사람들이 자신의 감정을 모를 수 있는지 또한 그런 일이 이론적으로나마 가능한지를 먼저 짚어보아야 한다. 물론 세상에는 우리가 잘 모르는 것이 아주 많다. 예를 들면 콩의 가격, 진드기의 수명, 플란넬의 역사 등이 있다. 그렇다면 우리가 자신의 감정 경험에 대해 잘 모른다는 것이 말이 되는가? 우리가 느끼지 않는 것을 느끼고 있다고 믿을 수 있을까? 답은 '그렇다'이다.

감정에 대한 우리의 무지

잠시 책을 내려놓고 당신의 엄지손가락을 자세히 살펴보라. 내가 장담하건대, 당신은 지금 나의 제안을 받아들이지 않고 계속 책을 읽고 있을 것이다. 엄지손가락을 살펴보는 일이 별 게 아니라고 생각한다면, 우리 주변에 있는 어떤 대상을 보기 위해 얼마나 복잡한 과정을 거쳐야 하는지 한 번 짐작해보라. 그 물체 표면에 반사된 빛이 당신의 눈에 도달하는 시간과 그 물체의 정체를 최종적으로 인식하는 순간의 아주 짧은 간격 동안, 우리의 뇌는 그 물체의 특징을 추출하고 분석해서 기억 속에 있는 정보와 비교한다. 이를 통해 그 물체가 무엇이고 지금 어떤 행동을 취해야 할지 결정한다. 이는 실로 복잡한 일이다. 이 과정은 너무 복잡해서 어떤 과학자도 그것이 어떻게 일어나는지 아직 정확하게 이해하지 못했고, 그 어떤 컴퓨터도 이 방법을 흉내 낼 수 없다. 하지만 우리의 뇌는 상상도 못할 속도와 정확성으로 이 복잡한 작업을 실행하고 있다.

보는 행위가 어떻게 일어나는지 한번 생각해보자. 백지 상태에서 당신이 뇌를 설계한다면, 아마도 당신은 주위에 있는 물체의 정체를 확인하고(날카로운 이빨, 갈색 털, 낮게 들려오는 이상한 콧김 소리, 뜨거운 침, 저건 분명 오소리다!, 그 다음에 어떤 행동을 할지 결정하는 단계를 거치는 뇌를 만들 것이다(도망치는 것이 현재로서는 최상이다. 하지만 인간의 뇌는 이렇게 만들어지지 않았다. 뇌의 가장 중요한 기능이 먼저 설계되고 덜 중요한 기능은 수십만 년의 세월을 거치며 서서히 추가되었다. 따라서 우리의 뇌에서 가장 중요한 부위는 뇌 밑바닥에 깔려 있고 생존에 절대적인 영향을 끼치지 않는 부위, 예를 들면 기질을 통제하는 부위는 마치 콘 위에 얹어놓은 아이스크림처럼 뇌 윗부분에 놓여 있다. 사실 오소리로부터 급히 달아나는 것이 그게 오소리인지 개인지 그 정체를 파악하는 일보다 훨씬 더 중요하다. 왜냐하면 '도망치는 것'은 포유동물이 살아남기 위한 필수적인 생존 수단이기 때문이다.

진화 과정을 통해 우리의 뇌는 '저게 뭘까?' 라는 질문에 앞서 '내가 지금 뭘 해야 하지?' 라는 질문에 먼저 반응하도록 설계되었다. 여러 실험 결과를 보면 우리가 어떤 물체와 마주쳤을 때, 우리의 뇌는 즉시 그 물체의 몇 가지 주요 특징을 분석하고 거기에서 포착된 몇 개의 단서를 통해 먼저 '이 물체는 내가 당장 반응해야 할 정도로 중요한 것일까?' 라는 질문에 대한 결정을 내린다. 무서운 오소리, 우는 아이, 날아오는 돌, 서로를 부르는 암수 동물, 움츠러든 먹이, 이 모두는 생존게임에서 매우 중요한 것이다. 이런 것을 만나면 즉시 적절한 행동을 취해야지 그것에 대해 논문을 쓸 시간이 없다. 이처럼 우리의 뇌는 우선 어떤 물체가 중요한지 아닌지 결정을 내리고 그 다음에 그 물체가 무엇인지 결정한다. 즉, 당신이 왼쪽으로 고개를 돌리는 아주 짧은 순간에 당신의 뇌는 오소리라는 것은 알지 못해도, 뭔가 무시무시한 것을 보았다는 것은 알고 있다.

어떻게 이런 일이 가능할까? 뭔지도 모르면서 어떻게 그것이 무시무시하다고 생각할 수 있을까? 예를 들어 넓은 사막 한가운데서 당신을 향해 걸어오는 어떤 사람을 확인하려 한다고 생각해보자. 처음엔 저 멀리 지평선 부근에 어떤 움직이는 물체가 눈에 들어올 것이다. 뚫어지게 쳐다보고 있으면 그 움직이는 물체가 당신을 향해 오고 있음을 알아차리게 된다. 점점 가까이 다가올수록 그것이 생물체라는 사실을 알게 되고, 다음으로 그 생물체가 두 발을 가진 사람인 동시에 여성이라는 사실을 알게 된다. 좀더 가까이 오면 그 사람이 버드와이저 티셔츠를 입은 검은 머리의 뚱뚱한 여성이라는 것을 알게 된다. 그러다가 어느 순간 "어, 마벨Mabel 이모, 이 사하라 사막엔 웬일이야?"라고 소리친다. 이처럼 마벨 이모를 알아보는 일은 일련의 과정을 거친다. 처음에는 아주 모호하게 시작하여 점차 구체적인 것을 보게 되고, 결국 이 경우는 사막에서 이모를 만나는 것으로 마무리된다.

마찬가지로 당신 곁에 다가온 오소리의 정체를 확인하는 것도, 비록 몇 천분의 일 초의 순간이지만 시간을 두고 진행된다. 그리고 정체를 확인하는 작업은 일반적인 요소를 관찰하는 것으로부터 구체적인 요소를 관찰하는 과정의 순서로 진행된다. 연구에 따르면, 정체를 규명하는 초기단계에서는 대략적인 정보만 가지고도 사람들은 그 물체가 위험한지 아닌지를 판별할 수 있다고 한다. 그러나 그것이 정확히 무엇인지를 인식하기에는 불충분하다. 일단 우리 뇌가 무언가 두려운 것을 만났다고 판단하면, 체내의 호르몬선에서 높은 생리적 각성 상태_{혈압 증가, 심박 수 증가, 동공축소, 근육 긴장 등}를 일으키는 호르몬을 생산하라는 지시를 내린다. 이에 따라 우리는 행동을 개시할 준비를 하게 된다. 뇌가 충분한 분석을 거쳐 그 물체가 오소리라는 사실을 알아차리기도 전에 이미 우리 몸은 도망갈 사전준비가 되어 있는 것이다.

정확히 '무엇' 때문인지도 모르면서 우리가 생리적으로 흥분할 수 있다는 이 사실은 우리가 우리의 정서 상태를 정확히 모를 수도 있음을 시사한다. 한 연구진이 밴쿠버 북부의 카필라노_{Capilano} 강 위로 230피트 높이에 매달린 나무판자와 굵은 철사로만 만들어진 길고 좁은 다리를 건너는 젊은 남성들을 연구하였다. 한 매력적인 젊은 여성이 각각의 남성에게 접근하여 설문조사를 부탁하고, 그 여성은 설문조사를 마친 사람에게 자신의 전화번호를 건네주면서 그가 전화하면 그 조사에 대해 보다 자세히 설명해주겠다고 했다. 이 연구의 핵심은 이것이다. 한 집단의 남성에게는 그들이 다리를 건너고 있는 동안에 설문조사원이 접근했고, 나머지 남성에게는 그들이 다리를 건넌 후에 접근했다. 연구 결과, 두 집단의 남성 중 다리를 건너는 동안에 여성을 만났던 남성이 그 여성에게 전화할 가능성이 훨씬 크게 나타났다. 왜 그럴까? 다리 한가운데서 그 여성을 만났던 남성들은 위험스럽게 흔들리는 다리 때문에 아주 높은 수준의 심리적 흥분을 경험하고 있었다. 그러한 상황에서 그들은 매력적인 여성과 인터뷰를 했고, 그들의 흥분과 긴장이 공포가 아니라 성적 매력에서 유발되었다고 착각했던 것이다. 깎아지른 듯한 높이에서 느껴지는 공포를 속이 비치는 블라우스를 입은 매력적인 여성이 유발한 관능적인 욕구로 착각한 셈이다. 이는 사람들이 자신의 느낌에 대해 틀릴 수도 있음을 단적으로 보여준다.

실제 경험하는 감정을 자각하지 못하는 인간

언젠가 소설가 그래함 그린Graham Greene은 "증오와 사랑은 같은 호르몬을 유발하는 것 같다"라는 말을 했다. 연구에 따르면 동일한 생리적 각성도 서로 다르게 해석될 수 있고, 그 각성을 유발했다고 믿는 것에 따라 해석이 달라진다고 한다. 그래서 공포를 욕정으로, 염려를 죄책감으로, 수치심을 불안으로 오해하는 일이 가능한 것이다. 하지만 우리가 자신의 감정 경험을 뭐라고 부를지 모른다고 해서, 그 경험 자체가 무엇인지 모른다는 말은 아니다. 그 경험을 뭐라고 불러야 할지 그리고 무엇이 그것을 유발했는지는 몰라도, 우리는 그게 어떤 느낌인지는 항상 알고 있지 않을까? 과연 그럴까?

우리의 시각 경험과 그 경험에 대한 우리의 자각은 뇌의 서로 다른 영역을 통해 이루어진다. 그렇기 때문에 특정한 뇌 손상특히 V1이라고 알려진 일차 시각 피질의 손상은 이 시각 경험과 그 경험의 자각 중 하나만을 손상시킴으로써 평소에 긴밀하게 연결되어 있는 경험과 자각을 분리하는 결과를 낳는다. 예를 들어 '맹시'라는 현상을 경험하는 사람은 자신이 보는 것을 자각하지 못하고, 자신이 정말로 볼 수 없다고 말한다. 이런 사람들의 뇌를 촬영해보면 시각 경험에 대한 자각과 관련된 뇌 부위의 활동이 감퇴되었음을 알 수 있다. 따라서 어떤 자극을 보지 못했다는 그들의 말은 타당하다고 할 수 있다.

뇌 촬영 결과가 보여주는 또 다른 사실은, 시각과 관련된 이들의 뇌 영역에서는 지극히 정상적인 활동이 나타난다는 점이다. 우리가 벽에 있는 한 점에 빛을 비추고 그에게 그 빛을 보았느냐고 물으면, "당연히 못 봤죠. 여기 맹인안내견을 보세요. 저는 맹인입니다"라고 말할 것이다. 하지만 그에게 틀려도 좋으니 그 빛이 비춘 장소를 대충 추측하게 하면, 우연이라고 보기 힘들 정도로 정확하게 '추측' 해낸다. 만일 '본다' 는 말이 빛을 경험하고 그 위치에 대한 정보를 얻는 것을 뜻한다면, 그는 지금 보고 있는 것이다. 하지만 '보지 못한다' 라는 말이, 자신이 본다는 사실을 자각하지 못한다는 것을 뜻한다면 그는 보지 못하고 있다. 마치 그의 눈이 머릿속에 있는 작은 영화 스크린에 현실이라는 영화를 상영해주고 있지만, 정작 관객은 지금 로비에서 팝콘을 사고 있는 것과 다름없다.

중요한 점은 자각과 경험 사이의 이러한 불일치가 감정의 측면에서도 나타난다는 것이다. 어떤 사람은 자신의 기분과 감정을 예리하게 인식해 마치 소설가처럼 자신의 세밀한 감정까지 정교하게 표현한다. 반면 어떤 사람은 '괜찮아good', '별로 안 좋아not so good', '아까 말했잖아already told you' 정도의 표현만으로도 자신의 감정 세계를 충분히 표현한다.

우리의 감정 표현력 결핍이 깊고 오래 되어 도무지 고쳐지지 않는다면 감정표현 불능증alexithymia이라는 병명으로 진단받을지도 모른다. 이 증상은 말 그대로 '감정 상태를 표현하는 단어의 부족' 증상을 일컫는다. 감정표현 불능증 환자에게 무엇이 느껴지느냐고 물어보면, 대개 "아무것도 느껴지지 않아요"라고 대답하며, 어떤 느낌이

드느냐고 물어보면 "잘 모르겠군요"라고 대답한다. 안타깝게도 이러한 증상은 휴대용 단어 사전을 들고 다니거나 단어 훈련 코스를 밟는다고 해서 뚝딱 치료될 수 있는 것이 아니다. 그들에게 정작 부족한 것은 감정과 관련된 단어에 대한 지식이 아니라, 그 감정 상태에 대한 내적인 자각이기 때문이다. 물론 그들에게도 감정은 있지만, 그들은 그것을 모르고 있다. 실제로 신체 절단 수술이나 교통사고 같이 쉽게 감정을 불러일으킬 만한 끔찍한 사진들을 보여주었을 때, 감정표현 불능증 환자의 생리적인 반응은 정상인과 비교해 뚜렷한 차이가 나타나지 않았다. 그런 그들에게 그 사진이 주는 불쾌감을 평가하도록 요구하면, 절단 수술이나 교통사고 사진을 무지개나 강아지 같은 사진과 별 차이가 없는 것처럼 표현한다.

감정표현 불능증은 뇌의 대상 피질 전엽의 기능저하로 발생한다고 하며, 뇌의 이 영역은 우리가 자신의 내적 상태를 포함한 많은 것을 자각하도록 조절해주는 부위로 알려져 있다. 시각 경험과 그 경험에 대한 자각이 분리되면 맹시가 유발되는 것처럼, 감정 경험과 그에 대한 자각이 분리되면 이른바 무감각numbfeel이라고 하는 현상이 일어난다. 결론적으로 행복, 슬픔, 지루함 혹은 호기심 같은 감정을 실제로는 경험하고 있으면서도 그것을 자각하지 못하는 일은 충분히 있을 수 있다.

행복을 측정하는 것이 가능한가?

아주 오래 전, 지구를 평평하게 만든 콧수염이 길게 난 신이 있었다. 이 신이 지구를 하늘 한가운데 붙여놓았고, 인간은 자신이 모든 것의 중심에 있다고 믿었다. 그러나 물리학이 소위 빅뱅Big Bang, 쿼크quarks, 브레인branes, 초끈superstring 이론 등을 발전시키면서 우주를 아주 복잡하게 만들어놓았다. 심리학도 인간의 직관적인 자기 이해의 허점을 들춰냄으로써 이런 저런 문제를 만들어내기 시작했다. 어쩌면 우주는 아주 큰 차원들 내에 여러 하위 차원을 담고 있어서, 어디에선가는 시간이 멈추거나 뒤로 역행할 수 있을지도 모른다. 물론 우리 같은 사람은 그것을 전혀 이해할 수 없겠지만 말이다. 그렇지만 우리의 경험은 우리가 언제든 믿고 의지할 수 있는 것이 아닌가?

철학자이자 수학자인 르네 데카르트Rene Descartes에 따르면, 경험은 우리가 완벽하게 확신할 수 있는 유일한 것이며 우리가 안다고 생각하는 모든 것은 이 경험으로부터 유추해낸 것이라고 한다. 하지만 지금까지 살펴본 것처럼 우리는 행복을 말하면서도 스스로 행복하다고 자신하는 두 사람의 느낌이 동일한 것인지 여전히 알 수 없고, 과거의 행복 경험이 현재의 행복 경험과 정말로 다른지도 알 수 없다. 더 나아가 우리가 정말로 행복을 경험하기는 하는 것인지 등에 대해 여전히 알지 못한다. 그런 점에서 우리가 한때 완벽하게 이해한다고 생각했던 현상에 대해 갑자기 자신감을 잃고 무지한 느낌이 들도록 만드는 것이 과학의 목적이라면 심리학은 대성공을 거둔 셈이다.

사실 과학이라는 개념도 행복과 마찬가지로 말하는 사람에 따라 그 의미가 모두 다를 수 있다. 저명한 생물학자인 내 아버지는 최근에 내게 "심리학은 진정한 과학이 될 수 없다"고 하셨다. 이유인즉 과학이라면 어떤 방법으로든 전기를 사용해야 하기 때문이라는 것이다. 심리학자들이 발목에 전기 충격을 줄 때 쓰는 전기가 내 아버지에게는 통하지 않는 것 같다. 과학에 대한 나의 정의는 아버지의 정의보다 조금 더 융통성이 있지만, 그래도 나와 내 아버지 그리고 대부분의 과학자가 동의하는 점이 하나 있다. 그것은 바로 측정이 불가능한 현상은 과학적으로 연구할 수 없다는 점이다.

물론 혹자는 측정을 통해 수량화할 수 없는 것을 연구하는 것이 가능할 뿐 아니라 지금까지 과학이 밝힌 그 어느 것보다 더 값지다고 주장할 수도 있다. 그러나 과학적 탐구의 대상은 반드시 측정되어야만 한다. 만약 사물이나 현상을 시계나 자와 같은 측정 도구로 측정할 수 없다면 그것은 과학적 물음의 대상이 될 수 없다. 그런데 우리가 살펴본 것처럼 한 개인의 행복을 측정하고 그 값의 신뢰도와 타당도를 확신하는 것은 매우 어렵다. 사람들은 자신이 어떻게 느끼는지 모르거나 어떻게 느꼈는지 기억하지 못할 수도 있다. 설사 그 느낌을 다 알고 기억한다고 하더라도, 과학자들은 그들의 경험과 그 경험의 묘사가 서로 얼마나 일치하는지 정확하게 알 수 없다. 주관적 경험을 과학적으로 연구하는 것이 결코 만만치 않은 이유는 바로 이 때문이다.

그렇다고 행복을 측정하는 것이 불가능하다는 얘기는 결코 아니다. 다음의 세 가지 전제를 받아들인다면 행복을 측정할 수도 있다.

제대로 측정하기

여기 목공일을 해본 사람이라면 누구라도 공감할 수 있는 첫 번째 전제가 있다. 그것은 완벽하지 못한 연장은 골칫거리이긴 하지만, 그래도 자신의 이로 못을 박는 것보다는 훨씬 낫다는 점이다. 주관적 경험은 그 특성상 완벽한 행복 측정기happyometer, 즉 조금의 오차도 없이 사람의 행복을 재고 기록하고 또한 그 값을 다른 사람의 것과 비교 가능하도록 해주는 도구를 만드는 일은 하지 못한다. 그 정도 수준의 완벽성을 고집한다면 우리의 눈동자 추적기, 뇌 촬영기 같은 최신 측정 도구들을 싸들고 가 주관적 경험에 대해 수천 년 동안 고민해온 시인들에게 우리의 일을 부탁할 수밖에 없다. 하지만 우리가 그런 결정을 내린다면, 주관적 감정 경험뿐 아니라 다른 모든 것에 대한 연구도 그들에게 넘겨주어야 옳을 것이다. 과학자들이 연구대상을 측정하는 데 사용하는 정밀시계나 온도계, 기압계, 분압계 같은 측정 도구 또한 그 정도로 완벽하지는 않기 때문이다.

어떠한 측정 도구도 어느 정도는 오류가 있게 마련이다. 그렇기 때문에 정부와 대학들은 해마다 어마어마한 돈을 들여 조금이라도 더 나은 도구를 만들기 위해 노력한다. 정말로 완벽한 도구만을 고집한다면 심리학과 물리학뿐 아니라 법, 경제, 역사 등도 다 폐기 처분해야 할 것이다. 요컨대, 우리가 완벽한 기준만을 고수하려 한다면, 우리에게 남는 것이라고는 수학 그리고 화이트 앨범White Album, Beatles의 10번째 앨범-역자 뿐일 것이다. 그러므로 관찰과 측정이 지닌 어느 정도의 모호함을 받아들이기로 하자.

두 번째 전제는 우리가 측정할 수 있는 주관적 경험의 측정치 가운데 가장 결함이 적은 것은 한 개인이 주의를 기울여 제공하는 실시간 보고라는 점이다. 물론 행복을 측정하는 데는 여러 가지 방법이 있고, 그중 어떤 방법은 행복을 느끼는 당사자의 말보다 더 정밀하고 과학적이며 객관적인 것처럼 보일 것이다. 예를 들어 근전도 검사는 안면근육으로 발생하는 전기적 신호들을 측정하는 것으로 우리가 뭔가 불쾌한 일을 경험할 때 눈썹을 찡그리게 하는 눈썹 주름 corrugator supercillia, 웃을 때 입이 귀 쪽으로 당겨지도록 하는 대관골근 zygomaticus major 등의 변화를 측정할 수 있다. 그밖에도 우리가 강렬한 감정을 경험할 때 변화를 보이는 자율신경계의 피부전기 활동, 호흡 활동 그리고 심장 활동들을 측정할 수 있다. 또한 우리가 긍정적 혹은 부정적 감정을 느낄 때 활성화하는 좌우 전전두엽 피질상의 전기적 활동과 혈류를 측정하기 위해 뇌파 전위 기록기, 양전자 단층촬영기, 자기공명영사기를 사용할 수도 있다. 심지어 간단한 시계 하나도 행복을 측정하는 유용한 장치로 활용할 수 있다. 사람은 두렵거나 불안할 때보다 행복을 느낄 때 눈을 더 천천히 깜박이는 경향이 있기 때문이다.

실시간 자기 보고에 의존하는 과학자들은 종종 이러한 보고가 위의 생리적 측정치와 밀접한 상관관계가 있다는 것을 보여줘야 한다는 압박을 느끼기도 한다. 그러나 어떤 면에서 보면 이것은 앞뒤가 뒤바뀐 논리다. 왜냐하면 근육 움직임에서 피질 혈류에 이르기까지의 여러 신체적 증상들을 행복의 지표로 받아들이게 된 이유는 바로 그러한 경험을 할 때 사람들이 행복하다고 말하기 때문이다. 현재 과학자들은 광대뼈 근육이 수축하고 눈을 더 천천히 깜빡이며 좌측 전뇌 영역이 혈액으로 가득 차는 현상을 행복의 신체적 증상으로 이해하고 있다.

가령, 이러한 신체적 변화를 경험할 때 사람들이 불같이 화가 난다거나 심각한 우울을 느낀다고 말한다고 하자. 그러면 우리는 이러한 생리학적 변화를 행복한 감정 대신 불쾌한 감정과 관계된 것으로 해석할 수밖에 없다. 한 사람이 어떻게 느끼는지 알고 싶다면, 그것에 대해 가장 정확한 관점을 제공할 수 있는 사람은 오직 그 사람뿐이라는 사실을 명심해야 한다. 그 사람은 예전에 자신이 무엇을 느꼈는지 항상 기억하지 못할 수도 있고, 지금 자기가 무엇을 느끼고 있는지 늘 자각하지 못할 수도 있다. 그의 말에 우리는 당황할 수도 있고 그의 기억을 의심할 수도 있으며, 그의 말을 전적으로 신뢰하지 않을 수도 있다. 그러나 아무리 미심쩍어도 '밖에서 안을 들여다보는 관점'을 제공해줄 수 있는 실낱같은 가능성이라도 있는 사람은 오직 당사자뿐이라는 점을 인정해야 한다. 이러한 이유로 행복에 대한 당사자의 판결이 다른 모든 종류의 측정치의 기준점이 되는 것이다. 물론 자기 보고를 통해 우리가 그 사람의 내면세계를 확실하게 파악할 수 있는 것은 아니다. 그러나 관찰자인 우리의 입장에서는 자기 보고가 그의 내면세계에 가장 근접하고 있음을 받아들여야 하며 그것에 만족해야 한다.

여러 번 측정하기

세 번째 전제는 측정이 불완전하다는 사실을 모르는 것이 치명적일 수 있다는 점이다. 예를 들어 안경에 깊이 긁힌 자국이 생겼는데 그 사실을 모르고 있다고 하자. 그러면 우리는 우리 앞의 허공에 틈이 생겨 그것이 우리가 가는 곳마다 끈질기게 따라다닌다고 잘못 생각할 것이다. 반면, 그것이 안경의 긁힌 자국 때문이라는 사실을 알면 허공에 틈이 생긴 것이 아니라, 단지 우리가 사용하는 도구에 흠이 난 것으로 이해한다. 그리고는 그 흠 때문에 생긴 왜곡을 최대한 보정하려고 한다. 그렇다면 주관적 경험에 대한 자기 보고에 존재하는 오류를 극복하기 위해서는 어떻게 해야 할까? 그 해답은 통계학자들이 '다수의 법칙law of large numbers' 이라고 부르는 현상에서 찾을 수 있다.

우리는 큰 수와 작은 수의 차이를 단순한 수준에서만 생각한다. 단지 큰 수가 작은 수보다 더 많은 것이라고만 생각하는 것이다. 그런 양적인 차이만 생각할 뿐, 큰 수가 작은 수에 비해 질적으로 무언가 다른 작용을 한다고는 생각하지 않는다. 예를 들어, 두 신경세포가 축색돌기와 수상돌기를 통해 전기적인 신호를 상호 교환하는 현상 자체는 의식consciousness이 아니다. 신경세포가 하는 일이라고는 고작 그들에게 도달하는 화학물질에 반응하여 또 다른 종류의 화학물질을 분비하는 것이다. 이런 단순한 장치가 백억 개 모였을 때, 이를 단순한 일을 백억 개를 할 수 있다고 양적으로만 생각하면 큰 오산이다. 이렇게 모인 세포는 신경세포 2천 개, 3천 개, 혹은 만 개로는 할 수 없는 질적으로 전혀 다른 일을 해내며 그것이 바로 인간의 의식consciousness 작용이다.

우리의 '의식' 은 이런 창발적인 속성emergent property을 지닌다. 양자 역학도 이와 비슷한 교훈을 준다. 원자 내의 입자들은 한 번에 두 개의 장소에 존재할 수 있는 이상하고도 매혹적인 능력이 있다. 그렇다면 무수한 양의 이러한 입자들로 이루어진 물체가 이와 같은 속성을 지닌다고 가정하면, 아마 소들은 같은 시간에 여러 외양간에 동시에 있어야 할 것이다. 소들이 이곳저곳에 동시에 있지 않은 이유는 엄청나게 작은 것이 수없이 모여 상호작용을 하면 '고착fixedness' 이라고 하는 전혀 새로운 속성을 빚어내기 때문이다. 각각의 개별 수준에서는 이 고착이라는 현상이 존재하지 않는다. 단적으로 말해 '더 많다' 는 것은 단순히 수가 더 많음을 의미하지 않으며 종종 적은 것과는 질적으로 다른 그 무엇이 되기도 한다.

　이런 다수의 마법이 주관적 경험을 측정할 때 나타나는 여러 가지 문제를 제거해줄 수 있다. 동전 하나를 여러 차례 던지면, 그중 절반은 앞면이 나오고 나머지 절반은 뒷면이 나온다는 사실을 우리는 알고 있다. 만약 당신이 화요일 저녁에 별로 할 일이 없다면, 하버드 광장에 있는 그래프턴가Grafton Street의 맥주집으로 나를 만나러 오라. 복잡한 생각은 집어치우고 즐겁게 댄Daniel−저자과 함께 술값내기 게임을 하자. 게임 방법은 이렇다. 내가 앞면, 당신이 뒷면을 정하고 동전을 던져 진 사람이 술집 주인 폴에게 맥주 값을 낸다. 만일 내가 동전을 4번 던져 3번을 이기면 당신은 운이 좋지 않다고 하면서 다트게임으로 바꾸자고 제안할 것이다. 하지만 만일 동전을 4백만 번 던져 내가 3백만 번을 이긴다면, 당신과 당신의 친구들은 뭔가 호되게 당하고 있다는 생각을 할 것이다. 당신이 확률 이론을 전혀 모를지라도 직관적으로 생각하기에 숫자가 적을 때는 갑자기 바람이 한 번 획 불었다든지, 손에 땀이 났다는 등의 우스운 이유가 동전 던지기 결과를 좌우할 수 있다고 생각할 수도 있다. 하지만 동전 던지기 횟수가 많아지면 그런 의외의 요인들의 영향력은 거의 없어진다. 동전을 4번만 던졌을 때 예상보다 앞면이 자주 나온 것은 동전에 땀이 조금 묻어 있거나 갑자기 바람이 불어서 생긴 우연이라고 간주할 수도 있다. 그렇다면 의외의 요인들 때문에 앞면이 뒷면보다 백만 번이나 더 많이 나올 수 있을까? 직관적으로 생각해봤을 때, 그것은 거의 불가능한 확률이다.

　동일한 논리가 주관적인 경험의 문제에도 적용될 수 있다. 예를 들어 우리가 행복감을 유발하기 위해 어떤 한 사람에게는 백만 달러를 주고, 다른 한 사람에게는 작은 권총을 주었다고 하자. 그런 다음 그들에게 얼마나 행복한지를 물었다. 백만 달러를 거머쥐고 갑자기 갑부가 된 사람은 기쁨에 겨워 어쩔 줄 모르겠다고 말하고, 총을 받은 사람은 그저 조금 기쁘다고 말했다. 이 경우, 두 사람이 실제로는 똑같은 주관적 경험을 하면서 단지 표현만 달리한 것일까? 그럴 수도 있다. 갑자기 백만장자가 된 사람은 예의를 차리느라 상대방이 기대하는 큰 기쁨을 표현했을 수도 있다. 혹은 권총을 새로 얻은 사람은 최근에 호주의 아름다운 해변에서 이상형의 미인과 데이트를 하는 멋진 경험을 했기 때문에 지금의 기쁨을 단지 만족스럽다는 정도로 표현했을 수도 있다. 따라서 우리는 두 사람의 보고만을 토대로 돈이 총보다 더 중요하다고 단정해서는 안 된다.

그러나 만약 우리가 총과 돈 봉투를 백만 명에게 나눠주었는데, 돈을 받은 사람들 중 90퍼센트가 총을 받은 90퍼센트의 사람들보다 더 행복하다고 말한다면 단지 사람들이 사용하는 언어적 표현의 특이함에 우리가 속고 있다고 말하기는 어려울 것이다. 마찬가지로 어떤 사람이 우리에게 어제 먹은 코코넛 크림 파이보다 오늘 먹은 바나나 크림 파이가 더 행복감을 준다고 말한다면, 그가 어제의 경험을 잘못 기억하고 있을 가능성도 고려해야 한다. 그러나 먹은 순서와 무관하게 수백, 수천 명의 사람들이 일관되게 바나나 크림 파이가 코코넛 크림 파이보다 맛있다고 한다면, 그 두 파이를 먹을 때의 사람들의 경험은 실제로 다르고 그 두 경험 중 하나가 다른 것보다 더 좋다고 결론짓는 것은 합리적이다. 왜냐하면 모든 사람이 바나나 파이의 맛은 실제보다 좋게 기억하고 코코넛 파이의 맛은 실제보다 나쁘게 기억할 확률은 극히 낮기 때문이다.

결론은 이렇다. 사람들이 신경 써서 제공하는 자기 보고가 그들의 내면 경험을 나타내주는 불완전한 근사치라 할지라도, 그것이 우리가 사용할 수 있는 전부다. 따라서 보다 확실한 것을 원한다면 다수의 법칙에 의거하여 불완전함이 상쇄될 때까지 반복적으로 측정하면 된다. 한순간에 어디든 존재할 수 있는 유동적인 입자들이 엄청나게 많이 모이면 그때는 그 유동성을 잃게 된다. 그렇기 때문에 이러한 입자들의 무수한 덩어리인 소, 자동차, 프랑스계 캐나다인 등으로 불리는 물체가 떠다니지 않고 고정되어 있는 것이다. 동일한 논리로 주관적 경험에 대한 보고가 불완전하지만 그것이 무수하게 모이면 그 오류는 없어진다. 모든 과학에서처럼 행복의 과학에서도 확률게임을 할 수밖에 없고, 그렇기 때문에 이 과정에서 얻게 되는 정보에는 항상 오류가 있을 위험성이 있다. 만일 그 위험성 때문에 나와 내기를 하고 싶다면 해도 좋다. 단, 내가 마실 기네스Guinness 한 병을 미리 주문해놓으시라.

맺음말

대중음악 중에서 나를 가장 짜증나게 하는 노래 중 하나는 이런 가사로 시작된다. "Feelings, nothing more than feelings.느낌, 느낌일뿐" 이 노래가 나를 짜증나게 만드는 이유는 "Jesus, nothing more than Jesus예수, 오직 예수"로 시작하는 찬송가처럼 들리기 때문이다. 느낌일 뿐이라고? 아니, 대체 그 무엇이 인간의 느낌보다 더 중요하다는 얘기일까? 물론 전쟁이나 평화 같은 단어가 떠오를 수도 있겠지만, 전쟁과 평화가 중요한 이유도 그것이 수많은 느낌을 만들어내기 때문이지 않은가? 전쟁이 고통과 괴로움을 유발하지 않는다면, 또한 평화가 기쁨을 만들어내지 않는다면 그것이 우리에게 무슨 의미가 있다는 말인가? 전쟁, 평화, 예술, 돈, 결혼, 탄생, 죽음, 질병, 종교와 같은 중요한 주제들 때문에 사람들은 피도 많이 흘렸고 잉크도 많이 썼다.

하지만 이런 것들이 굉장히 중요한 주제인 이유는 오직 하나다. 그 각각의 주제가 모두 인간 감정의 강력한 원천이기 때문이다. 그것이 우리로 하여금 들뜨고 절박하고 감사하고 절망적인 감정을 느끼도록 만들지 않았다면, 인간이 그 많은 양의 피와 잉크를 쓸 일은 없었을 것이다. 플라톤의 질문처럼 "이 모든 것이 결국 쾌락을 주고 다른 한편으로 고통을 없애거나 고통을 다른 데로 돌릴 수 있다는 점을 제외하고 나면, 무슨 유익이 있겠는가?" 사실, 느낌 그 자체가 중요하다기보다는 그것이 어떤 것의 중요함을 결정짓는 기준이 되기 때문에 중요한 것이다. 그 어떤 피조물도 화상을 입어 고통을 느낀다면 그 경험을 나쁘다고 말하며, 음식을 먹고 기분이 좋았다면 먹는 행위를 좋다고 부를 것이다. 윤리 철학자들은 수세기 동안 좋음과 나쁨을 정의하기 위해 애써 왔지만, 어느 누구도나를 포함 성공적으로 정의하지 못했다.

우리가 무언가가 좋다고 말하기 위해서는 그것이 무엇을 위해 좋은지를 말해야 한다. 인류가 좋다고 평가하는 많은 사물과 경험을 모두 가져다놓고 과연 그것이 무엇을 위해 좋은 것인지 묻는다면 그 대답은 오직 한 가지다. 그 모든 것은 우리가 행복을 느끼는 데 좋은 것들이다.

느낌은 이토록 중요하기 때문에 느낌이 무엇이며 그것을 어떻게 측정할 수 있는지 정확하게 말할 수 있다면 정말 좋을 것이다. 우리가 지금까지 살펴본 것처럼 우리는 과학자들이 바라는 만큼 정확하게 느낌을 측정할 수 없다. 하지만 과학이 개발한 방법론적, 개념적 도구가 한 사람의 느낌을 완벽하게 측정하지는 못해도, 최소한 그것을 가지고 수많은 사람을 반복해서 측정해 완벽성을 높일 수는 있다.

이제 우리가 직면한 문제를 보자. 그것은 상당히 풀기 어렵지만, 그냥 내버려두기에는 너무 중요하다. 그 문제는 바로 "왜 우리는 무엇이 우리를 미래에 행복하게 만들어줄지 모르는 것일까?"이다. 최근의 연구들은 이 물음에 매우 흥미로운 해답을 제시해준다. 그것을 자세히 살펴보는 것이 다음 장부터 할 일이다.

3

Stumbling on HAPPINESS

현실주의 | Realism

어떤 사물이 마음에 보이는 것처럼 현실에도 존재한다는 믿음

CHAPTER 4

마음의 눈에 존재하는 맹점

상상이 마음속에 모든 것을 나타내듯, 시인의 펜은 미지의 것에 형상을 부여하고
주소 없는 것에게 머무를 장소와 이름을 부여해 주는구나.
— 셰익스피어, 「한여름 밤의 꿈A Midsummer Night's Dream」

아돌프 피셔Adolph Fischer는 그 폭동을 주도하지 않았다. 이것은 우리가 확신할 수 있는 사실이다. 또한 그는 그 폭동이 일어나도록 조장하지도 않았다. 사실 그 경찰관이 살해되던 날 밤, 그는 폭동이 일어난 곳의 근처에도 가지 않았다. 그가 소속된 노동조합은 시카고의 강력한 자본주의자들이 공장에서 온갖 힘든 일을 도맡았던 남자, 여자 그리고 어린이들에게 가했던 착취와 억압에 저항했다. 그 저항은 19세기가 저물 무렵까지 계속되었다. 그러자 자본주의자들은 이 노동조합에 따끔한 맛을 보여주어야겠다고 벼르게 되었다. 그래서 아돌프 피셔가 희생양이 된 것이다. 검은돈이 오고갔다는 조작된 증언을 토대로, 그는 그가 저지르지도 않은 죄목으로 사형을 선고받았다. 1887년 11월 11일, 마침내 그는 교수대 위에 섰고 다음과 같은

최후의 말을 남겨 모든 사람을 깜짝 놀라게 했다. "바로 지금이 내 인생에서 가장 행복한 순간입니다." 그리고 몇 초 후, 바닥의 들창이 떨어지자 줄이 그의 목을 팽팽하게 조이면서 그는 삶을 마감했다.

피셔가 교수형을 당하고 난 1년 뒤, 한 젊은이가 건판 사진 과정을 완성시켜 혁명적인 코닥Kodak 카메라 사업을 시작했다. 그는 순식간에 전 세계에서 최고의 부자가 되었다. 그 후 수십 년이 흐르는 동안 이 젊은이, 조지 이스트먼George Eastman은 혁신적인 경영철학을 발전시켜 그의 종업원들에게 좀더 단축된 노동시간, 장애인 편익, 은퇴후 연금지급, 생명보험, 이익배분 등을 제공했고, 나중에는 회사 주식의 1/3을 종업원들에게 배당하기에 이르렀다. 1932년 3월 14일, 사랑받는 발명가이자 인도주의자였던 그는 책상 앞에 앉아 짧은 글을 남기고 만년필 뚜껑을 닫은 뒤 시가 한 대를 피웠다. 그리고 스스로 목숨을 끊어 모든 사람을 놀라게 했다.

피셔와 이스트먼은 절묘한 대조를 이룬다. 두 사람 모두 평범한 노동자도 동등한 임금과 합리적인 작업 환경에서 일할 권리가 있다고 믿었으며, 또한 산업 시대의 초기에 사회를 변화시키기 위해 자신의 삶을 헌신적으로 바쳤다. 그러나 피셔는 패배의 나락으로 떨어지면서 비난을 받으며 가난한 범죄자로 세상을 떠난 반면, 이스트먼은 크게 성공하여 부를 얻고 존경받으며 챔피언으로서 삶을 마감했다. 그렇다면 왜 뚜렷하게 이렇다 할 업적을 이루지 못한 가난한 사람은 스스로 폭력적 제재 앞에 행복하게 서 있던 것에 반해, 성공한 부자는 스스로 목숨을 끊었던 것일까? 피셔와 이스트먼이 자신의 상황에 반응한 모습은 매우 대조적이고, 서로 뒤바뀐 것처럼 보인다.

혹자는 그들의 행동을 그릇된 허세나 정신 이상 탓으로 돌리며 비난하고 싶어 할지도 모르겠다. 피셔는 비참하게 남겨진 자신의 최후의 날에 행복을 느꼈고, 이스트먼은 만족스러운 자신의 최후의 날에 불행을 느꼈다. 만일 우리가 그 둘 가운데 한 사람의 처지였다면, 아마도 우리는 그들과 정확하게 정반대의 감정을 경험했을 것이다. 그럼 대체 이들은 무엇이 잘못되었던 것일까? 내가 당신에게 부탁하고 싶은 말은, 그들에게서 잘못을 찾을 것이 아니라 오히려 당신에게 잘못된 점이 있을지도 모른다는 일말의 가능성을 고려해보라는 것이다. 그 이유는 우리 모두가 안고 있는 취약점이 하나 있기 때문이다. 그것은 우리가 '그것은 어떤 느낌일까?' 하고 상상할 때, 체계적인 오류를 범한다는 사실이다.

'그것은 어떤 느낌일까?' 하고 상상해보는 것은 마치 허무맹랑한 공상처럼 느껴진다. 하지만 사실 그것은 우리가 행하는 가장 중요한 정신적 행위 중 하나이며, 우리는 이것을 날마다 하고 있다. 우리는 누구와 결혼할 것인지, 어디에서 일할 것인지, 자녀는 언제 가질 것인지, 은퇴한다면 어디로 갈 것인지 등 수많은 결정을 내린다. 이러한 결정은 대부분 다른 어떤 사건이 아닌, '이 사건이 일어난다면 어떤 느낌일지'에 대한 우리의 예상에 기초하여 이루어진다. 우리의 삶은 항상 우리가 희망하고 계획한대로 실현되지는 않는다. 그러나 만약 우리가 원하는 모습 그대로 미래가 찾아온다면, 우리는 무한한 행복을 느끼고 슬픔은 저 멀리 사라질 것이라 확신한다. 늘 원하는 것을 얻을 수는 없을지라도, 우리는 우리가 무엇을 원하는지를 처음부터 확실하게 알고 있다고 생각한다. 공장의 조립라인이 아닌 골프장에 있을 때, 나의 연인으로 리사가 아닌 라나가 곁에 있을 때, 배관공이 아닌 도예가일 때, 아프가니스탄이 아닌 애틀랜타에 있을 때, 행복을 찾을 수 있을 거라고 생각한다. 우리가 이런 사실을 알고 있는 이유는, 아직 존재하지 않는 미래의 세상을 머릿속에서 떠올려볼 수 있기 때문이다. 생선튀김 하나를 더 먹을까, 아니면 다른 튀김을 먹어 볼까? 캔자스Kansas에 있는 일자리를 받아들일까, 아니면 좀 더 기다리면서 승진을 바라볼까? 무릎 수술을 받을까, 아니면 물리치료를 먼저 받을까? 등 결정을 내려야 하는 온갖 상황에서, 우리는 여러 대안이 제공할 미래를 상상해보고 각각의 상황에서 우리가 어떤 느낌을 받게 될지 생각해본다 '만약 수술이 성공적이지 않는다면, 물리치료를 먼저 받지 않은 것을 평생 후회하겠지'.

우리는 교수대에서 죽게 될 운명보다는 《포춘Fortune》지 선정 500대 회사의 CEO가 더 행복할 거라는 사실을 쉽게 짐작해볼 수 있다. 우리는 무언가를 미리 떠올려보는 원숭이이기 때문에 피셔나 이스트먼의 삶을 직접 살아보지 않아도 그 인생이 어떤 느낌일지 알고 있다.

문제는 피셔나 이스트먼은 우리가 상상을 통해 내린 결론과는 다른 모습을 보였다는 점이다. 피셔는 행복하다고 말했고, 이스트먼은 행복하지 않은 사람처럼 행동했다. 그러므로 이 두 사람이 각각 자신의 삶에서 느낀 감정에 잘못된 점이 없다면 혹시 우리의 판단에 문제가 있는 것은 아닌지 고려해봐야 한다. 우리가 피셔나 이스트먼의 상황에 놓인다면 어떤 느낌일지 상상할 때, 우리가 상상의 어느 부분에서 오류를 범했을 수도 있다. 우리가 최상의 삶이라고 예상했던 것이 실제로는 최악의 것일 수 있고 그 반대도 가능하다. 따라서 이 시점에서 우리는 상상을 통해 우리가 미래를 선택할 때 결정적으로 중요한 실수를 범할 수 있고 또한 그 실수로 인해 우리가 잘못된 선택을 할 수도 있다는 점을 고려해볼 필요가 있다. 어쩌면 피셔나 이스트먼의 관점에서 모든 것을 바라보려 시도하는 과정에서 우리가 어떤 실수를 저지른 것인지도 모른다.

과연 그 실수는 무엇일까? 상상은 '아무것도 없는 상태'에서도 우리에게 어떤 이미지를 만들어주는 도구이다. 그러나 다른 모든 도구와 마찬가지로 상상이라는 도구에도 결점은 있다. 따라서 이번 장과 다음 장에서는 그 첫 번째 결점을 이야기하고자 한다. 상상미래를 볼 수 있게 해주는 능력의 이 특별한 결점을 이해할 수 있는 최선의 방법은 기억과거를 볼 수 있도록 해주는 능력의 결점과 지각현재를 볼 수 있도록 해주는 능력의 결점을 이해하는 것이다. 앞으로 알게 되겠지만, 과거를 잘못 기억하고 현재를 잘못 지각하게 만드는 그 결점이 우리로 하여금 미래를 잘못 상상하도록 만든다. 그 결점은 당신의 뇌가 매일, 매시간, 매분 당신에게 걸고 있는 속임수 때문에 생겨난다. 아마 지금 이 순간에도 당신의 뇌는 당신에게 그런 속임수를 펼치고 있을 것이다. 뇌의 이런 심술궂은 비밀을 이제 이야기해보려고 한다.

현실을 왜곡하는 뇌의 마술

마르크스 형제Marx Brothers, 미국의 희극 영화배우 4형제—역주의 초기 영화를 보면 불가사의한 장면이 많이 나온다. 하포Harpo라는 천사 같은 광대가 그의 헐렁한 트렌치코트에 손을 넣으면 거기서 김이 모락모락 나는 커피 한 잔이 나오기도 하고 그밖에 나팔, 욕조, 때로는 양 한 마리가 나오기도 했다. 세 살쯤 되면, 우리는 대부분 큰 것은 작은 것안으로 들어갈 수 없다는 사실을 깨우친다. 따라서 누군가 주머니에서 욕조나 가축을 끄집어내는 것을 보면 그것을 상식을 깨뜨리는 코믹으로 이해한다. 어떻게 코트 주머니에 나팔을 넣을 수 있을까? 어떻게 조그만 차 안에 그 많은 광대들이 들어갈 수 있을까? 마술사의 조수는 어떻게 몸을 접어 그 작은 상자 속으로 들어갈 수 있을까? 물론 그들이 그렇게 하지 못한다는 사실을 우리도 잘 안다. 그렇기 때문에 우리는 그들이 연출해내는 착각현상에 매료되는 것이다.

뇌가 채워 넣는 기억

인간의 뇌도 이와 비슷한 착각을 연출한다. 당신이 즐겨보는 텔레비전 프로그램의 한 시즌 분량을 컴퓨터 하드 드라이브에 모두 저장해보려고 시도한 적이 있다면, 세상의 것을 있는 그대로 다 담으려면 얼마나 많은 공간이 필요한지 알 것이다. 하지만 우리의 뇌는 수백만 개의 스냅샷snapshot을 찍어내고 수백만 개의 소리를 기록하며 또한 수많은 냄새, 맛, 감촉, 공간적 느낌, 시간적 순서, 그리고 거기에 붙는 자잘한 코멘트까지 기억 속에 추가하고 있다. 뇌는 기억의 저장고에 하루 종일, 매일, 매년 이러한 세상의 표상들을 저장할 뿐 아니라 필요하면 어떤 장면이라도 즉시 재생시켜 준다. 따라서 어느 날 갑자기 초등학교 시절, 친구가 새로 치아교정한 것을 보고 놀리다가 맞아 죽을 뻔했던 기억을 떠올릴 수도 있다.

우리는 어떻게 그 방대한 양의 경험을 두 귀 사이에 있는 조그만 저장고에 모조리 집어넣을 수 있을까? 우리도 위의 영화에 나왔던 하포와 같은 방식을 사용한다. 즉, 속임수를 쓰는 것이다. 이전 장에서 알게 되었겠지만, 우리는 경험 전체를 있는 그대로 기억 속에 저장하지 않는다. 그 경험들은 저장을 위해 몇 가지 중요한 실마리로 축소되고 압축된다. 이를테면 간단한 어구그 저녁식사는 형편없었다 또는 몇 가지 중요한 특징질긴 고기, 코르크 냄새가 났던 와인, 지저분했던 물으로 압축한다. 그리고 나중에 우리가 그 경험을 기억하고자 할 때, 뇌는 그 경험을 실제 그대로 복원하지 않고 압축해놓은 정보 덩어리를 재조합한다. 이러한 위조는 매우 빠르고 쉽게 일어나기 때문에 우리는 그 전체 사건이 내내 머릿속에 있었다고 착각하게 된다. 마치 관객이 솜씨 좋은 마술사를 보면서 착각을 하듯 말이다.

기억으로 재구성된 것이 있는 그대로의 과거를 충실히 반영하는 것은 아니라는 사실은 많은 연구가 보여주고 있다. 실례로 한 연구에서, 빨간색 자동차가 양보 신호를 받고 나아가다가 우회전을 한 뒤 행인을 치는 일련의 슬라이드 사진들을 실험 참가자들에게 보여주었다. 그런 다음 몇몇 참가자에게는 아무런 질문도 하지 않았고무질문 집단, 나머지 사람에게는 질문이 주어졌다질문 집단. 이들이 받은 질문은 다음과 같다. "빨간색 자동차가 정지 신호를 받아 멈춰 서 있을 때, 그 옆으로 또 다른 차가 지나갔나요?" 이런 질문을 하고 나서, 모든 참가자에게 두 가지 그림을 보여주었다. 하나는 빨간색 자동차가 양보 신호로 접근해가는 그림이었고, 또 다른 하나는 빨간색 자동차가 정지 신호로 접근해가는 그림이었다. 실험 참가자들은 두 그림 가운데 아까 그들이 실제로 보았던 장면을 골라야 했다. 그들이 자신이 본 것을 기억 속에 저장했다면, 두 그림 가운데 양보 신호로 접근해가는 빨간 차를 골라야 한다. 실제로 질문을 받지 않은 집단은 90퍼센트 이상이 그 그림을 선택했다. 하지만 질문을 받은 집단은 80퍼센트가 정지 신호로 접근해가는 그림을 가리켰다. 연구진이 했던 질문이 참가자들의 이전 경험의 기억을 바꿔 놓은 것이다. 그들의 뇌는 슬라이드를 본 경험을 재현한 것이 아니라, 경험했던 것 중 기억나는 것을 짜 맞춘 것이라고 볼 수 있다.

　수많은 심리학자가 다양한 실험을 통해 사건이 발생한 후에 습득한 정보가 사건 그 자체에 대한 나중 기억을 변화시키는 현상을 밝혀냈다. 이 현상으로 많은 과학자가 다음의 두 가지에 대해 확신하게 되었다. 첫째, 기억 행위는 실제로 저장되지 않았던 세부사항을 나중에 '채워 넣는' 것까지 포함한다. 둘째, 채워 넣는 작업은 무의식적으로 재빠르게 일어나기 때문에 이 작업이 펼쳐지고 있다는 것을 우리는 간파하지 못한다. 실제로 이 현상은 매우 강력해서 누군가 우리를 속이려 한다는 사실을 미리 알고 있어도 나타난다. 예를 들어 다음의 단어 목록을 읽어보라. 다 읽고 난 후에 손으로 이 목록을 재빨리 가리길 바란다. 그 후, 내가 당신을 속일 것이다.

침대	휴식	깨어 있는
피곤함	꿈	일어나기
졸기	담요	꾸벅꾸벅
선잠	코골기	낮잠
평화	하품하기	나른한

　자, 여기 그 속임수가 있다. 다음의 단어들 가운데 목록에 없던 단어는 무엇인가? 침대, 졸기, 잠자기, 가솔린? 물론 정답은 가솔린이다. 하지만 또 다른 정답이 있다. 그것은 잠자기다. 나를 못 믿겠다면 책을 가렸던 손을 떼도 좋다. 만일 당신이 대다수의 사람들과 같

다면, 가솔린이 목록에 없었다는 것은 알았어도 잠자기는 아까 분명 읽었다고 잘못 기억했을 것이다. 이는 목록에 있던 모든 단어가 밀접하게 연관되어 있기 때문에, 당신의 뇌는 그 각각의 단어를 모두 기억하기보다 단어의 핵심 '잠자기와 관련된 단어의 집합' 만 저장했던 것이다. 대개의 경우, 이것은 기억을 위한 매우 지능적이고 경제적인 전략이다. 핵심 단어는 당신의 뇌가 경험 조각들을 다시 짜 맞추도록 하는 일종의 지령이 되고, 당신이 보았던 단어들을 읽었다고 '기억' 하게 만든다. 하지만 이 경우는 그 핵심 단어가 실제 목록에 없었기 때문에 당신의 뇌는 속은 것이다. 당신의 뇌가 경험을 다시 짜 맞추는 과정에서 핵심 단어로부터 영향을 받아 목록에 없던 단어 하나를 잘못 포함시킨 셈이다. 마치 이전 연구에서 그들이 본 슬라이드에는 실제로 나타나지 않았던 정지 신호를 질문을 받고 난 뒤 실수로 기억 속에 포함시킨 것처럼 말이다.

이 실험은 여러 가지 다른 단어 목록을 사용해 수십 번도 넘게 행해졌는데, 이 연구에서 두 가지 놀라운 결론을 얻었다. 첫째, 사람들은 핵심 단어를 보았다고 막연하게 회상하지도 않았고, 단순히 추측하지도 않았다. 오히려 그들은 그 단어를 생생하게 보았고 그 단어가 목록에 있었다고 확신했다. 둘째, 실험에 앞서 사람들에게 이 현상을 미리 경고해주어도 이러한 현상이 나타났다. 당신이 문제의 그 단어를 보았다고 잘못 회상하도록 연구진이 속임수를 쓸 계획임을 알고 있는 경우에도 잘못된 회상이 발생한 것이다.

뇌가 채워 넣는 경험

채워넣기 현상은 과거에 대한 우리의 기억을 왜곡한다. 그리고 그 현상은 우리의 지각 과정에도 영향을 준다. 어느 심심한 화요일 오후, 만약 당신이 당신의 눈동자를 꺼내 분해해본다면 망막 뒤편에서 시신경들이 눈과 구불구불한 통로들을 지나 뇌로 들어가는 길목인 한 지점을 발견하게 될 것이다. 눈동자는 시신경이 붙어 있는 곳에는 이미지를 입력할 수 없는데, 그 지점을 맹점blind spot이라고 부른다. 맹점에는 시각 수용기가 하나도 없기 때문에 누구도 이 지점에 들어오는 사물의 상像은 볼 수 없다. 그러나 그렇다고 해서 당신의 매부가 소파에 앉아 치즈소스를 맛있게 먹는 모습을 볼 때, 그 맹점이 자리한 지점이 검은 점으로 나타나지는 않는다. 왜 그럴까? 이는 당신의 뇌가 그 맹점 주변에 있는 정보들을 토대로 맹점 자리에 무엇이 보일지를 추측하여, 빈 장면들을 절묘하게 채워 넣기 때문이다.

그렇다! 당신의 뇌는 없는 것을 발명하고 창조하며 만들어낸다! 당신의 자문을 구하지도 않으며 당신에게 승인을 받지도 않는다. 최선의 추측을 토대로 현재 빠진 부분을 알아서 채워 넣는 것이다. 뇌가 이렇게 창의적으로 만들어낸 시각 경험과, 실제 치즈를 먹고 있는 매부의 얼굴은 너무나 유사하다. 당신의 눈에 이 둘은 완벽하게 똑같아 보인다. 이 사실을 직접 확인하고 싶으면 왼쪽 눈을 한 번 감아보라. 그리고 오른쪽 눈을 그림 8.에 나오는 마술사에 집중한 다음 이 책을 천천히 당신 쪽으로 가까이 가져가보라. 마술사에게 계속 초점을 맞추면 지구 그림이 맹점으로 들어오는 순간, 그것이 마치 사라지는 것처럼 보일 것이다. 당신은 갑자기 원래 지구 그림이 있던 자리가 하얗게 되는 것을 보게 된다. 당신의 뇌가 지구 그림 주위가 하얀 것을 보고, 당신의 맹점에 하얀 것이 있을 거라고 잘못 추측하기 때문이다. 그러다 결국 당신의 코가 토끼와 닿는 순간이 되면 남들 눈에 당

| 그림 8 | 오른쪽 눈으로 마술사를 계속 응시하면서 당신 코 쪽으로 책을 천천히 끌어당기면, 지구 그림이 맹점 위치에 오게 되면서 사라져버릴 것이다.

신의 모습이 얼마나 우습게 보일지 생각해볼 필요도 있다.

이 '채워넣기' 속임수는 단지 시각 세계에만 국한된 것이 아니다. 한 연구진이 'The state governors met with their respective legislatures convening in the capital city주지사들은 수도에 모여 그들 각각의 주의회 의원들과 만났'라는 문장을 테이프에 녹음했다. 그리고 이 테이프를 조작하여 'legislatures'라는 단어의 첫 번째 's' 발음을 기침으로 대체했다. 실험 참가자는 모두 아무 문제없이 기침소리를 들었다. 그러나 그들은 원래 테이프에는 없는 's' 소리도 들었다. 심지어 실험 전에 빠진 소리를 찾아보라는 지시를 받고 수천 번 연습을 한 경우에도 그들은 빠진 소리를 듣지 못했다. 그들의 뇌는 그 발음이 그곳에 있어야만 한다고 판단했기 때문에 친절하게도 스스로 그것을 채워 넣은 것이다.

이보다 더 놀라운 연구가 있다. 이 실험에서 참가자들은 한 번의 기침소리앞으로 *로 표시한다에 이어 'eel'이라는 단어가 녹음된 테이프를 들었다. 그들은 이 단어가 'The *eel was on the orange*eel이 오렌지에 붙어 있었다' 라는 문장 속에 들어가 있을 때는 'eel'을 'peel껍질'로 들었다. 하지만 이 단어가 'The *eel was on the shoe*eel이 신발에 붙어 있었다' 라는 문장 속에 들어가 있을 때는 'eel'을 'heel신발 뒤축'로 들었다. 이 연구 결과는 아주 놀랄만한 것이다. 마지막 단어만 다르고 두 문장이 모두 동일하므로 이는 실험 참가자들의 뇌가 두 번째 단어의 빠진 정보를 보완하기 위해 문장의 마지막까지 기다렸다는 것을 의미하기 때문이다. 하지만 뇌가 이 작업을 재빠르게 해냈기 때문에 실제로 참가자들은 그 철자가 제자리에서 발음이 된 것으로 들었다.

　이러한 실험을 통해 우리는 뇌가 보여주는 놀라운 마술 쇼의 비밀을 엿볼 수 있다. 물론 당신이 마술 쇼의 뒤쪽으로 가서 철사나 거울, 함정 문 등을 실제로 보고 난 뒤, 다시 객석으로 돌아와 쇼를 보면 그것은 더 이상 재미있지 않을 것이다. 일단 속임수의 원리를 알게 되면 더 이상 속지 않는다는 얘기다. 그렇지 않은가? 글쎄 그럴까? 당신이 그림 8.의 속임수에 재도전해 보면 시각 맹점에 대한 과학적 이해와는 상관없이 그 속임수는 여전히 효력을 발휘한다는 것을 알게 될 것이다. 시각 체계에 대해 아무리 심오하게 이해해도, 토끼를 아무리 오랫동안 바라보아도 그 속임수는 실패하지 않는다. 어떻게 이런 일이 일어날 수 있을까? 나는 지금까지 눈에 보이는 것이 항상 사실은 아니라는 점을 강조했다. 그러나 지금부터는 눈에 보이는 것을 믿지 않는다는 것이 얼마나 힘든 일인지 보여줄 생각이다.

현실과 주관적 경험 사이의 혼동

어린시절을 휙 건너뛰고 곧바로 주택융자 등과 같은 골치 아픈 문제에 발목이 잡힌 사람이 아니라면 누구나 『오즈의 마법사』에 나오는 한 장면을 기억할 것이다. 둥둥 떠다니는 거대한 머리처럼 보이는 무서운 오즈 앞에서 도로시와 그의 친구들이 벌벌 떠는 장면이 기억나는가? 그때 갑자기 끈에서 풀려난 강아지 토토가 방의 구석에 있는 스크린에 달려가 부딪치고, 그 뒤에 숨어 기계를 조작하고 있던 작은 사람을 발견한다. 주인공들이 깜짝 놀라 어쩔 줄 모르는 사이, 허수아비는 그 작은 사람을 사기꾼으로 몰아버린다.

"그래 맞아!" 그 작은 남자가 허수아비에게 두 손을 비비며 다소 안도하듯 말했다. "나는 사기꾼이야."

"다른 사람들은 당신이 사기꾼인 것을 모르나요?" 도로시가 물었다.

"너희 넷, 그리고 나 외에는 아무도 그 사실을 몰라." 오즈가 대답했다. "나는 오랫동안 모든 사람을 속여 왔기 때문에 절대로 비밀이 밝혀지지 않을 거라고 생각했어."

"그렇지만, 이해할 수가 없네요." 도로시가 어리둥절한 표정으로 말했다. "어떻게 아까는 그토록 거대한 머리처럼 보인 거죠?"

"그게 바로 내 속임수라고 할 수 있지." 오즈가 대답했다.

"당신은 정말 나쁜 사람이군요." 도로시가 말했다.

"오, 아니란다. 꼬마야, 나는 정말로 좋은 사람이야. 단지 나쁜 마법사일 뿐이라고."

이상주의자와의 만남

18세기가 저물 무렵, 철학자들은 도로시가 경험했던 획기적인 경험과 비슷한 경험을 했다. 그리고 그리 달갑지는 않지만 인간의 뇌는 매우 좋은 기관인 동시에 나쁜 마법사라고 결론을 내렸다. 그 이전 시대의 철학자들은 우리의 감각은 사물이 지닌 정보와 속성이 사물 그 자체로부터 나와 마음으로 들어올 수 있도록 해주는 도랑 역할을 해준다고 생각해왔다. 그리고 마음을 마치 사물이 재방송되는 영화 스크린으로 여겼다. 그런데 이따금 방송 사고로 사람들은 스크린에서 다소 이상한 것들을 보는 경우도 있었다. 그래도 감각이 정상적으로 기능할 때는 스크린에 나타나는 것이 그 사물의 원래 모습이라고 생각하였다. 1690년, 존 로크John Locke는 이러한 현실주의Realism 이론을 다음과 같이 묘사했다.

우리의 감각이 어떤 관념을 이해의 영역으로 옮겨올 때, 우리와는 상관없이 그 무언가가 실제로 존재하고 있었다는 사실을 받아들이게 된다. 그리고 그 사실은 우리 감각에 영향을 끼치며 그로 인해 우리의 지각 체계가 사물을 알아챈다. 그 후에야 비로소 우리가 감지하고 있다는 생각을 만들어낸다. 아직까지 우리는 감각이 만들어낸 것들을 의심할 수가 없다. 우리가 감각을 통해 외부세계를 관찰할 때, 한데 모인 간단한 생각의 모임이 실제로 존재한다는 것을 의심할 이유가 없다.

다시 말해, 뇌는 무엇을 믿는 것이지 믿는 척하는 것이 아니다. 『오즈의 마법사』의 한 장면처럼 둥둥 떠다니는 거대한 머리를 보았을 때, 그들은 실제로 그런 시각 경험을 하고 있는 것이다. 심리학적 관점을 지닌 철학자들의 유일한 의문점은, 뇌가 어떻게 이처럼 놀랍도록 믿을 만한 형상을 제공하느냐는 것이었다. 하지만 1781년 은둔하던 임마누엘 칸트Immanuel Kant라는 독일 교수가 뛰쳐나와 오즈의 마법사에서처럼 스크린을 걷어내고 그 뒤에 숨은 최고의 사기꾼은 우리 뇌라고 주장하였다. 칸트의 새로운 이상주의Idealism 이론에 따르면, 우리가 무언가를 지각하는 경험은 우리 눈이 세상의 이미지를 그대로 뇌로 전달할 때 일어나는 생리적인 과정의 결과가 아니라는 것이다. 오히려 지각 현상은 눈이 보는 것들이 우리가 이미 생각하고 느끼고 알고 원하고 믿던 것들과 합쳐지는 심리적인 과정을 통해 이루어진다는 것이다. 결국 현실 지각은 감각 정보와 현존하던 지식이 조화를 이루어 만들어내는 합작품인 셈이다.

칸트는 다음과 같이 말했다. "그 무엇도 직관으로만 이해할 수는 없으며, 감각 또한 그 자체만으로는 아무것도 생각하지 못한다. 오로지 그 둘이 조화를 이룰 때 지식이 나타날 수 있다." 역사가 윌 듀런트Will Durant는 그 복잡하다는 칸트의 생각들을 한 문장으로 요약하는 놀라운 업적을 남겼다. "우리가 보는 세상은 하나의 건축물이자 완성된 결과물이며, 누군가는 그것을 하나의 제조된 물품이라고 할 수도 있을 것이다. 여기에서 사물이 형태를 만들어내는 데 자극제 역할을 한다면 우리의 마음은 그 형태를 주조하는 데 기여한다." 칸트는 어떤 사람이 둥둥 떠다니는 머리를 보는 것은, 둥둥 떠다니는 머리에 대한 그 사람의 기억, 신념, 욕구 그리고 간혹 둥둥 떠다니는 머리가 실제로 존재하는 사실 등 여러 요소가 함께 어우러져 구성된 것이라고 말했다. 지각은 하나의 그림이지 사진이 아니며, 이 그림에는 묘사된 사물의 속성과 아울러 그것을 그린 화가의 재주도 담겨 있다.

이 이론은 획기적인 것이었고 이후로 수세기 동안 심리학자들은 이 이론을 확장해 세상을 이해해나가는 인간의 인지적 성장 과정에까지 적용했다. 1920년대에 심리학자 장 피아제Jean Piaget는 어린아이들이 종종 자신이 지각한 사물의 모습과 사물 자체가 보유한 실제 속성간의 차이를 구분하지 못한다는 사실을 발견하였다. 아이들은 자신의 눈에 보이는 모습으로만 사물을 이해하고, 다른 사람은 그 사물을 다르게 볼 수 있다는 사실을 인식하지 못한다. 두 살짜리 어린이가 친구와 함께 놀고 있는데, 그 친구가 방을 비운 사이에 한 어른이 쿠키 상자에 있던 쿠키 하나를 꺼내 서랍 속에 감춘다. 그러면 남아 있던 아이는 방을 나갔던 친구가 나중에 돌아와 서랍 속에서 쿠키를 찾을 것이라고 예상한다. 방을 비웠던 그 친구는 어른이 쿠키 상자에서 쿠키를 꺼내 서랍 속에 넣는 모습을 보지 못했음에도 말이다. 왜 그럴까? 그 두 살짜리 어린이는 자신이 쿠키가 서랍 속에 있다는 사실을 알기 때문에 다른 사람 역시 그 사실을 안다고 믿는 것이다. 그 어린이는 세상에 있는 것과 마음속에 있는 것의 차이를 구분하지 못하기 때문에, 사람들 각자가 그들의 마음속에 각기 다른 생각을 품을 수 있다는 점을 이해하지 못한다.

어린이들은 성장하면서 극단적인 현실주의자에서 이상주의자로 옮겨간다. 그들은 지각 경험은 세상의 사물을 있는 그대로 나타내는 것이 아닌, 일종의 관점이라는 것을 서서히 깨닫게 되는 것이다. 이에 따라 같은 사물에 대한 두 사람의 지각 경험이나 믿음이 다를 수 있다는 점을 이해하게 된다. 피아제는 "어린이들은 현실주의적인 사고에서 출발한다. 이러한 초기의 현실주의로부터 스스로를 해방시켜 가는 과정이 바로 발달이다"라고 말했다. 다시 말해 철학자들과 마찬가지로 보통사람도 현실주의자로 출발하지만 시간의 흐름과 함께 현실주의를 탈피하는 것이다.

현실주의로부터의 탈출

그러나 현실주의를 탈피한다고 해서 그렇게 멀리가는 것은 아니다. 연구자들에 따르면, 특정한 상황에서는 성인들조차 현실주의자처럼 행동한다고 한다. 한 연구에서 성인 참가자 한 쌍이 그림 9.에 제시한 것처럼 네모난 칸으로 구성된 작은 장식장 양쪽에서 서로를 마주 보며 앉았다. 그리고 몇 가지 물건을 각각의 네모 칸 위에 올려놓았다. 이 네모 칸 가운데 몇몇은 양쪽이 뚫려 있어 큰 트럭과 중간 크기의 트럭은 두 사람 모두 볼 수 있었다. 다른 네모 칸은 한쪽 면만 뚫려 있어 작은 트럭 같은 경우는 한 사람에게는 보이지만 맞은편에 앉은 사람에게는 보이지 않았다. 이러한 상황에서 참가자들은 한 가지 게임을 했다. 그것은 시야가 폐쇄된 사람지시자이 완전한 시야를 확보한 사람수행자에게 특정 물건을 정해진 위치로 옮기라고 지시하는 것이다. 이 상황에서 지시자가 "작은 트럭을 맨 밑 칸으로 옮기세요"라고 말한다면, 어떤 일이 벌어질까? 수행자가 이상주의자였다면, 아마 중간 크기의 트럭을 옮겼을 것이다. 왜냐하면 지시자의 관점에서는 중간 크기의 트럭이 가장 작은 트럭이라는 것을 알아챘기 때문이다. 한편, 수행자가 현실주의자라면 지시자의 관점에서 말하는 작은 트럭이 사실은 중간 트럭임을 고려하지 않는다. 그래서 세 트럭 중 가장 작은 트럭을 옮길 것이다. 실제 연구에서 실험 참가자들은 어떤 트럭을 옮겼을까?

당연히 중간 크기의 트럭을 옮겼다. 당신은 그들이 다른 사람의 관

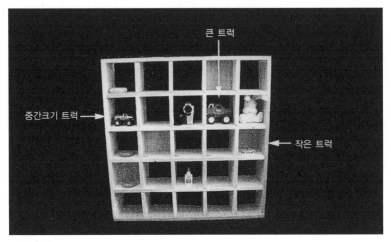

큰 트럭

중간크기 트럭 ←

작은 트럭 ←

|그림9|

점을 고려하지 못하는 어리석음을 범했을 거라고 생각하는가? 그렇지 않다. 그들은 정상적인 성인이었다. 완전한 뇌를 가졌고 좋은 직장에 다니며 통장도 있고 좋은 테이블 매너 등 기본적인 것을 갖춘 사람들이다. 그들은 지시자가 "작은 트럭을 옮기세요"라고 말했더라도 단지 자신과 관점이 다를 뿐, 실제로는 중간 트럭을 의미한다는 사실을 알고 있었다. 그런데 완벽한 이상주의자처럼 행동한 이 성인들의 손동작에서 드러나지 않은 사실이 하나 있다. 연구진은 실험 참가자의 손 움직임을 측정하는 것과 더불어 눈 움직임까지 측정하기 위해 눈 추적 장치를 동원했다. 눈 추적 장치는 참가자가 "작은 트럭을 옮기세요"라는 말을 들었던 바로 그 순간에 눈이 어디로 움직이는지를 보여주었다. 결과적으로 참가자들은 그 지시를 듣는 짧은 순간, 중간 크기의 트럭지시자들이 가장 작다고 생각했던 트럭을 보지 않고 자신에게만 보이는 가장 작은 트럭을 바라보았다는 사실이 드러났다. 다시 말해 참가자들의 뇌는 처음에 지시자의 관점이 다르다는

점을 잊고, '작은 트럭'이라는 말을 자신의 관점에서 볼 때 가장 작은 것이라고 해석한 것이다. 반사적으로 가장 작은 트럭을 옮기려던 직전에야 비로소 그 상황에 적합한 중간 트럭을 옮기라는 지시를 뇌가 손에게 내린 것이다. 손은 이상주의자처럼 행동했을지라도 뇌는 순간적으로 현실주의자였다는 사실이 눈의 움직임을 통해 드러난 것이다.

위 실험을 통해 우리는 현실주의를 극복하는 학습을 할지라도 그 성향을 완전하게 버리지는 못한다는 것을 알 수 있다. 성인이 되어도 우리의 지각 과정에는 현실주의적인 버릇이 남아 있다. 이 논리를 연장시킨다면 우리는 어떤 사물에 대한 우리의 주관적 경험이 그 사물의 속성을 있는 그대로 담고 있다고 자동적으로 가정하고 있는 것이다. 우리는 항상 나중에 가서야, 그것도 충분한 시간과 에너지 그리고 능력이 우리에게 있는 경우에만 눈에 보이는 것과 실제 세계는 다를 수도 있다는 가능성을 고려한다. 피아제는 현실주의를 '어떤 사물 자체와 그것의 상징을 자연스럽고도 즉각적으로 혼동하는 경향성'이라고 묘사했다. 연구에 따르면, 사물에 대한 우리의 주관적 느낌과 그 사물의 객관적 속성을 동일시하는 경향성은 평생 자발적으로 자연스럽게 나타난다고 한다. 이러한 경향성은 영원히 없어지지도 않고 이따금 자리를 비우지도 않는다. 세상에 대한 우리의 지각은 간결하면서도 불분명하고 재빠르게 나타나는 이 현실주의적인 습성으로부터 시작된다. 우리는 우선 보이는 그대로를 믿고, 굳이 그 믿음을 버려야 한다면 그때 가서야 그 믿음을 저버린다.

이 모든 것을 종합해보면, 심리학자 조지 밀러George Miller의 다음과 같은 기술이 옳다는 것을 알 수 있다. "뇌의 가장 특출한 지적 성취는 바로 실제 세계이다." 우리의 양쪽 귀 사이에 있는 3.5파운드의 고깃덩어리는 단순한 기록 장치가 아니라 기막히게 영리한 컴퓨터 다. 이 컴퓨터는 정보를 모으고 재빠른 판단과 추측으로 최선의 해 석을 우리에게 제공한다. 이러한 해석은 대개 매우 훌륭하고 실제 세계에 나타난 것과 놀랍도록 비슷해서 우리는 우리가 해석 판을 보 고 있다는 사실을 깨닫지 못한다. 그 대신, 우리는 깨끗한 눈동자를 통해 바깥세상을 있는 그대로 보고 있다고 생각한다. 우리는 뇌가 기억과 지각의 조각을 다시 짜 맞추는 고도의 사기를 벌이고 있다는 사실을 잊곤 한다. 이렇게 뇌가 짜 맞춘 기억과 지각의 구체적인 내 용 하나하나는 매우 강력해서 그것의 허구성을 밝혀내기가 무척 어 렵다.

어떤 면에서 볼 때, 우리는 저마다 가짜 지폐를 찍어내고는 그 종 이조각을 기분 좋게 받는 사기꾼이라고 할 수 있다. 그러나 우리는 우리 자신이 범죄자인 동시에 잘 조작된 속임수의 희생자라는 사실 을 까맣게 모르고 있다. 이제 곧 보게 되겠지만, 우리는 종종 이 중 요한 사실을 망각해 막대한 대가를 치르곤 한다. 우리가 순간적으로 채워넣기 속임수를 무시하고 우리의 기억과 지각이 맞는다고 생각 할 때 범하는 실수는, 우리가 미래를 상상하면서 저지르는 실수와 같은 종류의 것이기 때문이다.

뇌가 말해주지 않았던 부분

존 레논John Lennon은 우리에게 "어떤 나라도 없다고 상상해보라

imagine there are no countries"라고 했다가 재빨리 "그것은 별로 어려운 일이 아니다It isn't hard to do"라고 덧붙였다. 그렇다. 상상에는 별다른 노력이 들지 않는다. 점심식사로 먹을 쇠고기 샌드위치를 생각할 때 혹은 엄마가 지난주에 소포로 보냈다고 우기는 새 잠옷을 생각할 때 굳이 시간을 따로 내서 소매를 걷어 올려가며 샌드위치와 잠옷에 대한 이미지를 연상할 필요는 없다. 최소한의 의욕만 있다면 우리 뇌가 이미 알고 있는 빵집과 점심, 그리고 소포와 엄마에 관한 정보들을 이용해 마음의 그림들따뜻한 쇠고기, 어두운 호밀의 빛깔, 토끼 발 모양이 수놓인 격자무늬의 잠옷을 구성할 수 있다. 그리고 우리는 이 상상의 결실을 머릿속에서 경험한다. 지각과 기억처럼 이런 마음속 그림도 마치 기정사실인 것처럼 우리의 의식 속으로 들어온다. 우리는 상상이 이처럼 유용한 서비스를 손쉽게 제공한다는 것에 감사해야 한다. 하지만 이러한 마음의 그림은 의식의 감독 없이 자체적으로 구성되기 때문에, 우리는 처음에 기억과 지각 경험을 정확한 것으로 받아들이듯, 상상도 정확한 것으로 가정하고 시작한다.

예를 들어 지금 스파게티 한 접시를 상상하고 내일 저녁에 그것을 먹는다면 얼마나 좋을지 한 번 생각해보라. 여기서 두 가지 주목할 점이 있다. 첫째, 이것이 결코 어려운 일이 아니라는 점이다. 당신은 헐렁한 잠옷을 입고 어슬렁거리면서 온종일 스파게티를 상상할 수 있다. 둘째, 당신이 상상한 스파게티는 내가 요구한 것보다 훨씬 정보가 풍부한 것일 수 있다는 사실이다. 당신이 상상한 스파게티는 통조림에서 쏟아낸 끈끈한 덩어리일 수도 있고, 윤기가 자르르 흐르는 볼로냐 소스를 얹은 바질 향의 로즈마리 스파게티일 수도 있다. 또한 소스는 토마토소스, 크림소스, 조개소스, 심지어 포도젤리소스였을 수도 있다. 면은 사람들이 흔히 먹는 미트볼이 밑에 한두 개 깔린 것일 수도 있고, 오리 소시지 대여섯 개를 위에 얹은 것 혹은 소나무 열매를 뿌린 것일 수도 있다. 당신은 한 손에는 신문을, 다른 한 손에는 콜라를 들고 부엌에 서서 스파게티를 먹는 상상을 했을 수도 있고, 이태리 풍의 작은 레스토랑의 벽난로 옆 테이블에서 웨이터가 따라준 1990년산 바롤로Barolo 와인을 마시며 스파게티를 먹는 것을 상상했을 수도 있다.

무엇을 상상하든 내가 스파게티라고 말했을 때 당신은 스파게티 면발을 머릿속에 그려보기 전에 내게 소스의 종류는 무엇이며, 스파게티를 먹는 장소는 어디인지 물어보겠다는 생각은 하지 않았다. 그 대신 마치 대충 그린 연필 스케치를 다양한 색깔을 담은 유채화로 바꾸기로 계약한 화가처럼, 당신의 뇌가 모든 세부사항들을 임의로 채워 넣고 아주 특별한 상상의 스파게티를 당신 앞에 차려준 것이다. 내 질문의 의도와 상관없이 말이다. 물론 당신이 내일 저녁에 즐길 스파게티를 예측하기 위해 머릿속에 떠올린 스파게티를 대하는 태도는 당신이 기억이나 지각 경험을 대할 때의 태도와 같았을 것이다. 즉, 그 이미지에 담긴 모든 구체적인 것이 전적으로 그 물체의 속성에서 비롯되었다고 생각하는 것이다. 뇌의 조작 가능성에 대해서는 여전히 별다른 의심을 하지 않고 말이다.

당신이 범하는 이러한 실수 때문에 당신은 미래에 스파게티를 먹으며 후회할지도 모른다. '내일 저녁식사 때 먹을 스파게티'라는 말은 사실 하나의 개별 사건을 지칭하기보다는 일련의 사건들을 포함하고 있다. 그리고 당신이 그 일련의 것들을 구체적으로 어떻게 생각했느냐에 따라 스파게티에 대한 당신의 예측은 바뀌게 된다. 사실 어떤 스파게티를 먹을지도 모르면서 스파게티 한 접시를 먹고 얼마나 좋아할지를 예측한다는 것은, 마치 어떤 차페라리, Ferrari 아니면 셰비, Chevrolet의 애칭—역주를 살지도 모르면서 차 값으로 얼마나 쓸지를 예측해보는 것과 같다.

'스파게티'라는 주제 아래는 무수한 변수가 있고, 그중 당신이 구체적으로 어떤 모습의 스파게티를 상상했느냐에 따라 당신이 그것을 얼마나 즐기느냐가 좌우된다. 당신이 상상하고 있는 사건에 당신이 어떻게 반응할지를 정확하게 예측하려면 세부사항들을 명확하게 파악해야 한다. 세부사항이 밝혀지지 않은 상태라면 당신은 그 스파게티에 대한 예측을 보류하는 것이 현명하다. 아니면 적어도 나중에 당신이 빠져나갈 수 있도록 복잡한 단서라도 붙여 놔야 한다. 예를 들어 "만약 그것이 훈제된 뽀모도로pomodoro가 곁들여진 알덴테aldente 면발이라면 내가 좋아할 것 같은데"라고 말하는 것도 한 방법이다.

하지만 장담컨대 당신은 그 판단을 보류하지도, 빠져나갈 구멍을 마련해놓지도 않았을 것이다. 대신 셰프 보야디Chef Boyardee, 공룡 모양의 파스타를 고안해 높은 매출액을 올린 유명한 식품회사—역주보다 더 빨리 멋진 상상의 스파게티 한 접시를 만들어내, 그 음식에 대해 당신이 어떤 느낌일지 자신 있게 예측했을 것이다. 그러지 않았다면 스스로에게 메달을 하나쯤 걸어주어도 좋다. 그러나 성급한 예측을 했을지라도 당신만 그런 것은 아닐테니 너무 낙담할 것 없다.

연구 결과에 따르면 사람들은 미래 사건에 대한 자신의 반응을 예측할 때 뇌가 항상 채워넣기 속임수를 사용한다는 것을 제대로 고려하지 않는다. 실례로 어느 연구에서 실험 참가자들에게 다양한 미래 상황에서 그들이 어떻게 행동할 것인지 예측하도록 했다. 예를 들어 전화 설문에 몇 번이나 기꺼이 응해줄 것인지, 특별한 기념일을 축하하기 위해 샌프란시스코의 레스토랑에서 돈을 얼마나 쓸지 등의 질문이었다. 아울러 자신의 예측을 얼마나 확신하는지 말하도록 했다. 일부 참가자에게는 미래 사건에 대한 예측을 하기 전에 그 사건을 구체적으로 상상하고 '나는 지금 자드니어 식당에서 구운 뿌리채소와 파슬리 꿀리 coulis를 곁들여 와인에 절인 갈비를 먹는 것을 상상하고 있다' 그 상상 속의 모든 세부사항을 사실로 가정하도록 지시하였다. 나머지 참가자에게는 세부사항을 묻지도 않았고 어떠한 가정도 요구하지 않았다. 실험 결과, 세부사항을 사실로 가정한 사람이나 그렇지 않은 사람 모두 자신의 예측을 확신했다. 왜일까? 사실은 저녁식사에 대해 물어보았을 때, 설명도 가정도 하지 않았던 사람들조차 무의식적으로 재빨리 특정 레스토랑에서 먹는 특별한 음식의 심상을 떠올렸다. 그런 다음 이들은 그 모든 세부사항이 허무맹랑한 이미지로 구성된 것이 아니라 정확한 내용에 근거한 것이라고 가정했다.

우리는 종종 미래에 대해 그런 식으로 생각한다. 배우자가 다음주 금요일 밤의 파티에 함께 가자고 하면, 우리의 뇌는 즉시 시내의 고급 호텔에서 벌이는 칵테일파티의 이미지를 만들어낸다. 검은 넥타이의 웨이터들이 은쟁반에 오르되브르hors d'oeuvres, 식사 전에 가볍게 먹는 음식-역주를 들고 다니고, 그 옆에는 약간 지루해보이는 하프 연주자가 있는 그런 장면을 연상하는 것이다. 생각할수록 하품만 나온다. 그러나 여기서 우리가 잊고 있는 것은 세상에는 다양한 종류의 파티가 있으며생일 파티, 갤러리 개관 파티, 요트 파티, 사무실 파티, 광란의 파티 등, 그 각각의 파티에 우리가 어떻게 반응할지는 잘 모른다는 점이다. 그래서 배우자에게 이끌려 하품이 나올 것 같은 파티에 억지로 가지만, 막상 가서는 의외로 즐거운 시간을 보내게 된다. 왜 그럴까? 알고 보니 그 파티는 고풍스런 음악과 해초 크래커가 아닌 싸구려 맥주와 훌라후프 댄스가 있는 파티였기 때문이다. 우리의 예상은 뇌가 최선을 다해 마련해준 이미지에 기초한 것이지만, 이 경우는 그 이미지가 실제와는 완전 딴판이다. 요점은 미래를 예측하는 작업은 종종 우리 마음에 있는 맹점에서 이루어지기 때문에 감정적 반응을 일으킬 미래의 사건 그 자체에 대해 틀린 그림을 그리는 경우가 많다는 것이다.

이런 문제는 파티, 레스토랑, 스파게티 같은 일상적인 예측에서만 나타나는 것이 아니다. 우리 대부분은 의심의 여지없이 이스트먼으로 사는 것이 피셔로 사는 것보다 즐거울 거라고 생각한다. 그러나 우리의 뇌가 얼마나 민첩하게 두 삶의 빈 내용을 채워 넣는지, 또한 그렇게 채워진 내용이 얼마나 근거 없는 것인지를 감안해서 지나친 확신은 재고해야 한다. 이제 피셔와 이스트먼의 이야기 중 당신이 모르고 있는 부분을 살펴보자.

가령 당신이 19세기의 북적대고 지저분한 시카고에 사는 젊은 독일 이민자라고 하자. 아모스Armours家, 맥코믹McCormicks가, 스위프트Swifts가, 그리고 필드Fields가 등 몇몇 부유층이 사업을 독점하고 있어 당신과 당신의 가족은 마치 기계나 말처럼 이용당하고 있다. 당신은 신문의 사설들이 사회정의를 외치고는 있지만, 그러한 글이 세상을 변화시키지 못한다는 사실을 알고 있다. 쉬지 않고 돌아가는 공장에서는 종이, 돼지고기, 트랙터가 끝없이 생산되고, 이것을 위해 피땀을 쏟은 피곤한 노동자가 지친 기색을 보이면 처참하게 내버려진다. 당신은 있으나마나한 존재다. 그러던 어느 날 저녁, 헤이마켓 광장

Haymarket square에서 공장 노동자들과 지역 경찰들 사이에 언쟁과 폭동이 벌어진다. 비록 그 일의 시작부터 당신이 그 자리에 있었던 것은 아니지만, 당신이 '무정부주의자 대표들'과 함께 서 있게 되면서 그 폭동의 주동자로 몰리게 된다. 갑자기 당신의 이름이 주요 신문의 맨 앞장을 장식하고, 당신은 당신의 의견을 널리 알리기 위해 전국적인 단체도 조직한다. 그러나 판사가 날조된 증거에 기초해 당신에게 형을 선고할 때, 당신은 '헤이마켓의 순교자'로 역사에 남게 되리라는 것을 깨닫는다. 그리고 그 희생은 당신이 그렇게 바랐지만 힘이 없어 이룰 수 없었던 개혁의 새로운 분기점이 될 것이라 생각한다. 물론 당신은 죽음을 준비하면서 긴장을 떨치진 못한다. 하지만 마음속 깊은 어디에선가 당신에게 찾아온 이 행운의 순간은 인생의 꿈을 이루는 절정의 순간이라는 생각이 솟아난다. 어쩌면 그 순간이 당신 인생에서 가장 행복한 순간이라는 생각까지 들지 모른다.

그러면 두 번째 이야기로 넘어가보자. 한창 대공황을 겪고 있는 1932년 뉴욕 주의 로체스터Rochester. 당신은 자신의 왕국을 건설하고 기술을 발전시켜 수백만 명의 삶을 개선해준 도서관, 음악회관, 대학, 치과병원을 짓는 데 자신의 재력을 쏟아 부은 77살의 노인이다. 당신의 인생에서 가장 행복했던 순간은 카메라를 만지작거리거나 유럽의 미술관 여행, 낚시, 사냥, 아니면 노스캐롤라이나에 있는 별장에서 목공일을 할 때였다. 하지만 이제 당신은 척추질환으로 늘 즐기던 것을 더 이상 즐길 수 없고, 매일 침대에서 시간을 보내며 한때 잘나가던 자신을 그리워한다. 다시는 젊어진다거나 더 건강해질 수 없다는 사실을 생각하면서 말이다. 좋은 시절은 다 지나갔고, 앞으로 남은 인생은 오직 노쇠를 의미할 뿐이다. 어느 월요일 오후, 당신은 책상 앞에 앉아 당신이 좋아하던 만년필 뚜껑을 열고 종이에 이런 글을 쓴다. "사랑하는 친구들이여, 내가 할 일은 다 끝난 것 같소. 이제 무엇을 더 기다리겠소." 그리고 당신은 시가의 마지막 한 모금까지 들이마신 뒤, 재를 털어 끄고는 가슴에 총부리를 조심스럽게 갖다 댄다. 당신의 손 아래로 급격하게 뛰고 있는 심장이 느껴진다. 방아쇠를 당기려는 순간, 긴장한다. 그러나 마음속 깊은 곳 어디에선가, 그 총알 한 발이 아름다운 과거를 간직한 채 쓰디쓴 미래로부터 도피할 수 있도록 도와줄 거라는 생각이 떠오른다.

두 이야기는 여기까지다. 아돌프 피셔와 조지 이스트먼의 삶은 그랬다. 하지만 그것을 논하고자 하는 것이 아니다. 생각하기에 따라 갑부의 삶이 그리 대단해보이지 않을 수도 있고, 사형수의 삶이 그리 끔찍하지 않을 수도 있다는 점이 중요하다. 당신이 두 사람이 마지막 순간에 보인 반응을 의아하게 생각하는 이유는 그들이 처해 있던 상황의 세세한 내용을 잘못 상상했기 때문이다. 그리고는 당신은 마치 골수 현실주의자처럼 당신의 뇌가 만들어낸 상상을 현실로 받아들인 것이다. 물론 모르는 것을 상상한 것이 당신의 실수는 아니다. 어차피 상상이란 그런 목적으로 존재하는 것이 아닌가? 당신의 실수는 상상을 마치 사실인 것처럼 취급했다는 데 있다. 그런 의미에서 당신은 좋은 사람이지만 동시에 나쁜 마법사다.

맺음말

당신에게 뇌를 스스로 선택하라고 했다면, 아마도 온갖 수작을 부리는 뇌를 선택하지는 않을 것이다. 그러나 우리에겐 그런 선택권이 없다. 채워넣기 기술을 모르는 뇌를 가졌다면 당신은 아마 불완전한 기억, 형편없는 상상력, 그리고 가는 곳마다 작은 블랙홀 같은 것이 따라다닌다고 느낄 것이다. "개념이 없는 지각은 맹목적인 것이다" 라는 칸트의 말은, 우리에게 채워넣기 기술이 없다면 우리는 현재와 같은 주관적 경험을 할 수 없다는 뜻을 담고 있다. 우리는 실제로 존재하지 않는 것을 보며, 실제로 일어나지 않은 것을 기억한다. 언뜻 수은중독 증상처럼 보이는 이 모습은 현실에 자연스러운 매끄러움을 더하는 중요한 역할을 한다. 그러나 이 자연스러움과 매끄러움은 대가를 요구한다. 우리는 뇌가 채워넣기 속임수를 쓰고 있다는 것을 어느 정도 알고 있지만, 그래도 왠지 미래가 우리의 상상대로 펼쳐질 것 같은 느낌을 떨쳐버리지 못한다. 그러나 이제 곧 보게 되겠지만, 더 큰 골칫거리는 뇌가 상상에 첨가하는 내용보다 거기에서 빠뜨리는 내용 때문에 생긴다.

CHAPTER 5

존재하지 않는 것들의 위력

오, 증오스러운 실수, 애수의 자식이여, 너는 왜 있지도 않은 것들을 인간의 생각 속에 보여주느냐.
— 셰익스피어, 『줄리어스 시저Julius Caesar』

어느날 갑자기 유명한 경주마 실버 브레이즈Silver Blaze가 사라졌다. 얼마 지나지 않아 검사관 그레고리Gregory와 로스Ross 대령은 어느 낯선 사람을 도둑으로 지목했지만, 셜록 홈스Sherlock Holmes는 그들보다 한 수 위였다. 로스 대령이 홈스에게 다가와 말을 걸었다.

"뭔가 짚이는 거라도 있소?"

"그날 밤 그 자리에 있던 개의 반응이 아주 흥미로워 보이는군요."

"그 개는 그날 밤 아무것도 하지 않았소."

"바로 그 점이 흥미롭다는 거요." 셜록 홈스가 말했다.

침입자가 도둑질을 하는 동안 사육사 두 명은 자고 있었고, 그들 곁에는 개 한 마리가 있었다. 홈스는 이 두 가지 사실을 바탕으로 재빨리 다음과 같은 추론을 끌어냈다.

"나는 그 개의 침묵이 무엇을 의미하는지 알아냈소. 누군가가 들어와 말을 끌어가는데도 개가 마구간 다락에서 자고 있던 두 젊은이가 깨어나도록 짖지 않았다는 것은, 분명 한밤중에 들어왔던 그 사람을 개가 잘 알고 있다는 증거요."

검사관과 대령은 마구간에서 무슨 일이 일어났는지 알고 있었고, 그들은 오로지 그것에만 집중했다. 그러나 홈스는 무슨 일이 일어나지 않았는지개가 짖지 않았다는 점에 주목했다. 경찰이 지목한 그 낯선 사람은 분명 도둑이 아니었다. 홈스는 발생하지 않은 일이 무엇인지를 주의 깊게 살펴봄으로써 자신이 보통사람과 달리 뛰어난 인물임을 스스로 증명했던 것이다. 이제 곧 알게 되겠지만, 사람들은 미래를 상상할 때 자신의 상상이 무엇을 놓치고 있는지 좀처럼 인식하지 못한다. 그리고 그렇게 놓치는 부분은 우리가 생각하는 것보다 훨씬 더 중요한 것들이다.

보이지 않는 정보들의 위력

만약 당신이 높은 빌딩 숲에 둘러싸인 도시에서 산다면 비둘기에게 얼마나 기괴한 능력이 있는지 알고 있을 것이다. 그들은 당신의 비싼 스웨터에 명중하도록 정확한 순간에 적절한 속도로 볼 일을 본다. 그런데 마치 저격수처럼 놀라운 재능을 발휘하는 비둘기가 그보다 훨씬 간단한 것을 배우지 못한다는 것을 알고 있는가? 예를 들어 비둘기 한 마리가 새장에 있고, 새장 안에 짧은 순간 동안 교대로 깜박거릴 수 있는 레버 두 개가 있다고 하자. 비둘기는 보상으로 모이를 얻으려면 두 레버 가운데 깜박거리는 레버를 눌러야 한다는 점은 쉽게 배운다. 하지만 똑같은 보상을 얻기 위해 불이 켜지지 않는 레버를 눌러야 한다는 것은 절대로 배우지 못한다. 비둘기는 불빛 신호가 모이를 얻을 기회를 알려준다는 점은 쉽게 알아채지만, 불빛 신호가 존재하지 않는 것이 똑같은 기능을 한다는 사실은 배우지 못하는 것이다.

학자들은 사람도 이 점에서 비둘기와 비슷하다고 주장한다. 실험을 위해 사람들에게 추론게임을 즐기도록 했다. 우선 참가자들에게 세 글자로 된 단어의 조합, 예를 들면 SXY, GTR, BCG 그리고 EVX를 보여주었다. 그런 다음, 그 조합들 가운데 한 조합을 가리키며 이 단어조합은 다른 조합과 달리 특별한 것이라고 말해주었다. 참가자들의 과제는 그 단어조합이 다른 단어조합과 다른 이유를 밝혀내는 것이었다. 즉, 특별하다고 지목된 단어조합의 어떤 특징이 다른 단어조합들과 구분되는지를 찾는 것이다. 참가자들에게는 여러 세트의 단어조합이 제시되었고, 각 세트마다 하나의 특별한 단어조합을 선정해주었다. 그 특별한 단어조합에서 눈에 띄는 특징을 추론해내기까지 참가자들은 과연 몇 개의 단어조합 세트를 보아야 했을까?

이때, 절반의 참가자에게 보여준 단어조합의 유일한 차이점은 그 조합들만이 알파벳 T를 포함하고 있다는 것이었다. 이 조건에서는 평균 34개의 단어조합 세트를 보고 나서야 알파벳 T를 포함한 것들이 특별한 단어조합이라는 사실을 추론하였다. 그런데 나머지 절반의 참가자에게 보여준 특별한 단어조합에는 모두 알파벳 T가 빠져있었다. 놀랍게도 이 조건에서는 아무리 많은 수의 세트를 보더라도 결코 이 원리를 찾아내지 못했다. 다시 말해 특징적인 알파벳 하나의 존재를 눈치 채기는 쉬웠지만, 마치 개 짖는 소리처럼 그 알파벳 하나가 존재하지 않는다는 사실을 간파하기는 불가능했던 것이다.

현재 존재하지 않는 것들을 무시하는 특성

이러한 경향성이 단순히 새의 모이나 단어조합에만 국한된 것이었다면, 그리 큰 주목을 받지는 못했을 것이다. 그러나 연구를 통해 어떤 것의 부재를 생각하지 못하는 현상은 우리의 일상생활에서 벌어지는 많은 오류의 중요한 원천이라는 것이 밝혀졌다. 앞에서 비둘기에게 행인들의 옷에 볼 일을 보는 비상한 재주가 있다고 믿는 사람이 있음을 지적했다. 왜 그렇게 생각하는 걸까? 그 까닭은 우리가 우연히 새 똥을 맞았던 경험만 지나치게 잘 기억하기 때문이다. 사실, 공중에서 보자면 사람들의 머리는 매우 작은 목표물일 수밖에 없다. 비둘기가 우리를 맞추려는 의도로 그런 행동을 했다고 결론을 내리려면, 비둘기가 있는 곳을 지나칠 때 아무 일도 없었던 경우도 반드시 계산에 포함시켜야 한다. 다시 말해 비둘기가 품고 있는 악의와 저격술을 올바로 계산하려면 우리 옷에 비둘기 똥이 묻은 경우와 묻지 않았던 경우 모두를 고려해야 한다. 비둘기가 우리를 10번 중 9번을 맞췄다면, 우리는 비둘기의 정확성을 마땅히 인정해야 한다. 하지만 비둘기가 9천 번 가운데 9번을 맞췄다면, 우리가 말하는 비둘기의 저격술이나 나쁜 심보 따위는 단순히 우리가 운이 나빴던 것으로밖에 볼 수 없다. '빗나간 경우'를 고려해야만 '맞힌 경우'에 대한 정확한 추론이 가능한 것이다.

실제로 과학자들은 두 사건 사이의 관계를 밝히려고 할 때예를 들어

인공구름 씨와 비, 심장마비와 콜레스테롤 등, 두 사건이 동시에 존재하는 경우동시 발생. 콜레스테롤 수치가 높은 사람들 가운데 몇 명이나 심장마비를 일으키는가?에 대한 수학적 지표뿐 아니라, 두 사건 중 하나만 존재하는 경우비 동시 발생. 콜레스테롤 수치가 높은 사람들 가운데 얼마나 많은 사람이 심장마비에 걸리지 않는가? 그리고 콜레스테롤 수치가 높지 않은 사람들 가운데 얼마나 많은 사람이 심장마비를 일으키는가?에 대한 지표도 계산한다. 또한 두 사건 모두 존재하지 않는 경우동시 부재. 콜레스테롤 수치가 높지 않은 사람들 가운데 얼마나 많은 이들이 심장마비를 일으키지 않는가?의 수치도 반드시 계산에 포함한다. 서로 다른 두 가지 변수 사이에 인과 관계가 있는지를 제대로 파악하려면 이런 정보가 모두 필요한 것이다.

통계학자에게는 당연한 이런 사실이 보통사람에게는 전혀 그렇지 않은가 보다. 여러 연구 결과에 따르면 보통사람은 두 현상이 인과적으로 관련되어 있는지를 알아내려 할 때, 대개 발생했던 일에는 주의를 기울이고 기억을 하지만 발생하지 않았던 일에 대해서는 무시하거나 기억하지 않는다고 한다. 이런 오류는 꽤 오래 전부터 존재했던 모양이다. 약 4세기 전의 철학자이자 과학자인 프랜시스 베이컨 경Sir Francis Bacon은 사람들이 오류를 범하는 형태를 기술하면서 '존재하지 않는 것absence'을 고려하지 못하는 실수를 가장 심각한 것으로 간주하였다.

인간의 이해understanding에서 가장 큰 방해 요인은 여러 사물 가운데 감각을 직접적으로 자극하는 것을 중시한다는 점이다. 아무리 중요한 요인이라도 그것을 감각을 통해 경험하지 않으면 경시하게 마련이다. 따라서 무언가를 심사숙고하는 행위는 '보는 것'에 국한되고, 보이지 않는 것에는 거의 주의를 기울이지 않는다.

베이컨은 자신의 주장을 쉽게 설명하기 위해, 로마 성으로 가는 한 방문객의 이야기사실, 이 이야기는 키케로가 17세기 전에 이야기했던 것을 베이컨이 인용한 것이다를 예로 제시했다. 로마 사람들은 로마 신의 능력을 보여주기 위해 그 방문객에게 신앙심이 깊은 몇몇 뱃사람의 초상화를 보여주었다. 그 뱃사람들은 깊은 신앙심 때문에 최근의 조난 사고에서 살아남았다고 자랑스레 들려주었다. 이 사실이 '기적'이 존재한다는 것을 보여주는 증거가 아니겠느냐는 로마 사람들의 주장에, 그 방문객은 영리하게도 "그러면 신께 맹세했음에도 결국 죽게 된 사람들의 초상화는 어디에 있죠?"라고 물었다. 심리학 연구 결과에 따르면, 우리 같은 보통사람은 그 초상화 속에서 사라진 선원을 찾는 경우는 거의 없다고 한다.

어떤 현상의 부재를 고려하지 못하는 경향 때문에 우리는 종종 이상한 판단을 내리게 된다. 약 30년 전, 어느 연구진이 미국인들에게 실론과 네팔 그리고 동독과 서독, 이 두 쌍 가운데 어떤 나라들이 서로 더 비슷한지 물어보았더니 대부분 동독과 서독을 골랐다. 반대로 어떤 나라들이 서로 더 다르냐고 물었더니, 이번에도 대부분의 미국인은 동독과 서독을 골랐다. 어떻게 한 쌍의 나라가 다른 한 쌍의 나라보다 서로 더 비슷한 동시에 서로 다를 수 있단 말인가? 물론 그럴 수는 없다. 사람들에게 두 나라의 유사성을 물어보면, 그들은 비슷한 점동독과 서독의 유사성, 이를 테면 국가 이름은 찾아내지만, 보이지 않는 비슷한 점은 무시해버리는 경향을 보인다. 이들에게 두 나라의 서로 다른 점을 물어보면, 그들은 차이점동독과 서독의 경우, 서로 다른 정부은 찾아내지만, 보이지 않는 차이점은 무시해버리는 경향을 나타낸다.

존재하지 않는 것들을 무시하는 이 경향성은 개인적인 의사결정에도 영향을 미친다. 예를 들어 당신이 다음의 두 섬 가운데 하나로 휴가를 떠날 준비를 하고 있다고 상상해보라. 'Moderacia' 섬은 보통 날씨, 평범한 해변, 평범한 호텔, 그리고 평범한 유흥시설을 갖추고 있고, 'Extremia' 섬은 환상적인 날씨와 해변이 있지만 호텔이 별로이고 유흥시설도 전혀 없다. 자, 이제 결정을 내려야 한다. 어느 섬으로 갈 텐가? 대부분의 사람은 이 중 Extremia 섬을 선택한다.

이제 당신이 그 두 섬에 갈 수 있는 티켓을 확보하고 있고 그중 하나를 취소해야 한다고 상상해보자. 어느 섬을 취소하겠는가? 이 경우에도 대부분의 사람은 Extremia 섬의 티켓을 취소한다. 사람들은 왜 Extremia를 선택하면서 동시에 거부하는 것일까? 이는 우리가 선택할 때는 대안들의 장점에 주목하지만, 거부 결정을 내릴 때는 주로 대안들의 단점을 고려하기 때문이다. Extremia에는 좋은 특성과 부정적인 특성이 동시에 존재한다. 따라서 사람들이 어떤 것을 골라야 할 때 좋은 특성이 있는 Extremia를 고르게 되고, 또 어떤 것을 취소해야 할 때도 부정적인 특성이 있는 Extremia를 취소하게 되는 것이다. 휴가지를 선정할 때는 어떤 장단점이 존재하는지와 함께 어떤 장단점이 존재하지 않는지를 모두 고려해야 하지만 사람들은 대개 그렇게 하지 않는다.

미래를 상상할 때 존재하지 않는 것들을 무시하는 오류

보이지 않는 것에 주의를 기울이지 않는 경향성은 미래를 생각하는 우리의 방식에도 영향을 끼친다. 우리가 과거 사건의 모든 세부사항을 기억하지 못하고당신은 고등학교 졸업식 날 무슨 색 양말을 신었는지 기억하고 있는가?, 현재 진행되고 있는 사건의 모든 세세한 것을 보지 못하는 것처럼 지금 이 순간, 당신 뒤에 있는 사람은 무슨 색 양말을 신고 있는가? 우리는 어떤 미래 사건의 모든 세부사항까지 상상하지는 못한다. 지금 이 순간 눈을 감고 36밸브 5.5리터 V-12 엔진이 장착된 은색의 메르세데스 벤츠 SL600을 운전하는 모습을 상상해보라. 차의 곡선과 앞 유리의 기울어진 정도 그리고 검은색 가죽에서 나는 새 차 냄새까지 상상할 수 있을 것이다. 충분한 시간을 상상하라. 그러나 당신이 아무리 오랜 시간을 상상하더라도 내가 그 자동차의 번호를 물어본다면 결코 답하지 못할 것이다. 그런 세부사항은 당신의 상상에서 빠져버린 것이다.

물론 모든 것을 상상할 수 있는 사람은 없다. 모든 세부사항까지 상상하는 사람이 있다면 오히려 그 사람이 이상한 것이다. 문제는 우리가 상상 속에서 존재하는 것에 대해 발생 가능성을 더 크게 지각하는 경향이 있듯, 상상 속에서 빠뜨린 것에 대해 그것이 실제로도 일어나지 않을 것처럼 생각하는 오류를 범할 수 있다는 점이다. 다시 말해 우리가 상상의 과정에서 존재하지 않는 것을 존재하는 것처럼 채워 넣는 것을 알지 못하듯, 실제로 존재하는 것을 얼마나 많이 빠뜨리는지도 깨닫지 못한다.

이 점을 설명하기 위해 내가 종종 사람들에게 물어보는 것이 하나 있다. 그것은 '첫 아이가 갑작스럽게 죽게 된다면, 그 후로 2년 쯤 지난 뒤에 어떤 느낌이 들 것 같은가?'라는 질문이다. 파티장에서 이 질문을 던지면 모든 사람이 나를 이상하게 쳐다보곤 한다. 끔찍한 질문이기 때문에 강요하지는 않겠지만, 만일 당신이 이 질문에 대답했다면, 그 대답은 아마 다른 모든 사람이 내게 말한 것과 같을 것이다. 이를테면 "아니, 당신 정신나갔습니까? 나는 아마 몹시 비참해질 거요. 아침에 침대에서 일어나지도 못하겠죠. 어쩌면 죽고 싶을지도 모르겠군요. 대체 누가 당신 같은 사람을 오늘 파티에 초대했는지 원…"과 같은 대답일 것이다. 그 시점에서 나와 대화를 나누던 사람이 칵테일을 들고 다른 곳으로 가지 않는다면, 나는 그 사람을 좀더 탐색하기 위해 왜 그런 생각을 하게 되었는지 물을 것이다. 자식의 갑작스런 죽음을 떠올리며 어떤 생각과 이미지가 마음속으로 들어왔으며, 어떤 정보를 고려했는지 등을 말이다.

사람들은 대개 사망 소식을 막 전해들었을 때의 상황, 장례식에 참석한 일, 혹은 그 자녀의 텅 빈 방문을 열어보는 이미지를 상상했다고 대답한다. 나는 이 질문을 수없이 해왔고 심지어 이 질문 때문에 내가 속해 있던 사회적 모임으로부터 따돌림을 당한 적도 있다. 그러나 그들 중 단 한 사람도 아이가 사망한 후 2년 동안 가슴이 찢어지는 듯한 우울한 이미지 말고 뭔가 다른 것도 상상했다고 말해주는 사람은 없었다. 예를 들어 사망한 자녀 외에 다른 아이들의 학교 장기자랑에 가는 일이나 배우자와 사랑을 나누는 일, 따뜻한 여름밤에 맛있게 사과 스낵을 먹는 일, 책을 읽거나 책을 쓰는 일, 자전거타는 일 등 자녀 사망 후 2년 동안 일어날 수 있는 다양한 활동에 대해 이야기한 사람은 단 한 명도 없었다.

물론 달콤한 사탕 하나를 먹는다고 해서 자녀를 잃은 슬픔을 보상받을 수 있다고 말하는 것은 절대 아니다. 그 점을 지적하고자 하는 것이 아니다. 요점은 비극적인 사건 뒤의 2년이라는 기간 동안, 첫 아이의 사망 사건 말고도 다른 어떤 에피소드나 사건들도 겪게 된다는 것이다. 그리고 그런 에피소드와 사건은 나름대로의 감정적인 결

과를 동반한다. 따라서 그런 사건이 큰 일이든 작은 일이든, 긍정적
이든 부정적이든 그 사건이 가져다주는 감정적인 결과를 고려해보
지 않고는 내가 던진 질문에 정확하게 대답할 수 없다. 하지만 내가
아는 사람들 가운데, 내 질문을 듣고 연상되는 단 하나의 끔찍한 사
건첫 아이의 죽음 이외에 다른 것을 상상했던 사람은 한 명도 없었다. 그
들은 미래를 상상할 때, 아주 많은 것을 상상하지 않았는데 그들이
놓친 것들은 매우 중요한 것이었다.

이 사실은 버지니아대학의 학생들에게 행해진 한 연구에서도 잘
드러난다. 연구자는 노스캐롤라이나대학과의 풋볼 시합을 앞둔 상
태에서, 학생들에게 자기 학교 팀의 승패를 알고 난 뒤 며칠 후 어떤
느낌이 들지 예측해보라고 지시했다. 그 전에 학생들 가운데 한 집
단묘사자에게는 자신의 일상적인 일을 묘사해보라고 했고, 다른 한 집
단비 묘사자에게는 물어보지 않았다. 풋볼 시합이 끝나고 며칠 후에 학
생들에게 실제로 지금 얼마나 행복하냐고 물었는데, 비 묘사자 집단
만 풋볼 시합의 승패가 그들에게 끼칠 영향을 과대평가한 것으로 나
타났다. 왜 그럴까? 그 이유는 비 묘사자 집단은 미래를 상상할 때,
그 시합이 끝난 후에 일어날 수 있는 일의 세부사항들을 빠뜨렸기
때문이다. 예를 들어 그들은 자기 팀이 지면슬픈 일 친구들과 함께 술
을 한 잔 걸치러 갈 것재미있는 일이라는 사실, 팀이 이기면기쁜 일 도서관
에 가서 기말고사 준비를 할 것하기 싫은 일이라는 사실은 고려하지 않
았던 것이다. 비 묘사자 집단은 풋볼 시합의 결과라는 단 하나의 미
래 사건에만 초점을 맞췄다. 그래서 진탕 취하는 파티나 시험과 같
이 그들의 행복에 영향을 끼칠 다른 미래 사건들은 상상하지 못했던

것이다. 한편, 묘사자 집단은 보다 정확한 예측을 했는데, 그 이유는 그들이 사전에 비 묘사자 집단이 빠뜨린 세부사항들을 생각해보았기 때문이다.

우리가 주의를 기울이고 있는 대상으로부터 주의를 돌려 우리가 빠뜨리고 있는 점을 고려해보기란 참으로 어려운 일이다. 그렇기 때문에 우리는 미래 사건들에 대한 우리의 감정적인 반응을 잘못 예측하곤 한다. 예를 들어 대부분의 미국인은 캘리포니아에 살면서 그곳에 살고 있다는 사실에 행복해하는 사람과 캘리포니아에 살지 않으면서 거기서 살면 행복할 거라고 생각하는 사람들 중 하나에 속한다. 하지만 연구에 따르면 캘리포니아에 사는 사람들은 실제로 다른 주 사람들보다 더 행복하지 않다. 그럼에도 불구하고 캘리포니아에 사는 사람들을 포함해 모든 사람이 왜 캘리포니아에 사는 것이 더 행복하다고 믿는 것일까?

캘리포니아는 미 대륙에서 가장 아름다운 경치와 최상의 날씨를 자랑하기 때문에, 캘리포니아에 살지 않는 사람들은 캘리포니아라는 이름만 들어도 즉각 햇볕이 내리쬐는 해변과 장대같이 큰 삼나무들을 상상한다. 캘리포니아 주의 로스앤젤레스 기후가 오하이오 주의 콜럼버스보다 더 좋다 할지라도 기후는 사람의 행복을 결정하는 많은 요인 가운데 하나일 뿐임에도 불구하고 나머지 중요한 요인들은 사람들의 상상 속에서 빠지고 마는 것이다. 우리가 근사한 해변과 멋진 소나무라는 상상에다 교통, 슈퍼마켓, 공항, 스포츠 팀, 케이블 속도, 집값, 지진, 산사태 등 우리의 상상 속에서 빠진 부분들을 더한다면, 로스앤젤레스(더 좋은 날씨)와 콜럼버스(덜 혼잡한 교통)는 서로 다른 면에서 각각 다른 장점이 있다는 사실을 깨닫게 될 것이다. 이처럼 우리가 고려하지 못한 부분들은 우리의 판단에 결정적인 영향을 줄 수 있다.

캘리포니아 사람들의 행복을 과대평가하게 만드는 이런 마음의 습관은, 우리로 하여금 만성 장애와 질병이 있는 사람들의 행복 상태를 과소평가하도록 만든다. 실례로 시력이 정상인 사람에게 맹인이 되는 것을 상상해보라고 하면, 그들은 시력이 전부인양 반응한다. 맹인들은 앞을 볼 수는 없지만, 그들도 시력이 정상인 사람들이 하고 있는 다른 많은 일을 하고 있다. 소풍도 가고 세금도 내고 음악도 듣고 꽉 막힌 교통체증도 겪는다. 따라서 그들도 시력이 정상인 사람과 똑같이 행복할 수 있다. 물론 그들이 시력이 정상인 사람들이 할 수 있는 모든 것을 할 수는 없겠지만, 시력이 정상인 사람도 맹인이 할 수 있는 모든 것을 할 수 없기는 마찬가지다. 맹인의 삶은 단순히 시력을 잃었다는 것보다는 훨씬 다양한 것들을 담고 있다. 그러나 정상인이 맹인의 삶을 상상할 때는 그런 다양한 삶의 측면을 고려하지 않기 때문에 그 삶이 제공하는 만족도를 필요 이상으로 과소평가하는 우를 범하게 되는 것이다.

사건의 지평선

약 50년 전, 켄지Kenge라는 이름의 피그미인이 어떤 인류학자와 함께 처음으로 자신이 살던 아프리카의 빽빽한 열대우림을 벗어나 대평원으로 여행을 떠났다. 저 멀리 밝은 햇살 아래 작은 점처럼 보이는 물소들을 발견한 켄지는 그 광경을 흥미롭게 바라보더니 인류학자에게 그것이 어떤 종류의 곤충이냐고 물었다. 그 인류학자는 "제가 켄지에게 그것은 곤충이 아니라 물소라고 말해주었더니, 그는 크게 웃으며 그런 말도 안 되는 거짓말은 하지 말라고 하더군요"라고 적고 있다. 물론 그 인류학자의 말은 거짓이 아니었다. 켄지는 지평선을 전혀 볼 수 없는 빽빽한 정글 속에서 평생을 살아왔기 때문에 사물을 멀리에서 보면 그 크기가 다르게 보인다는 것을 알지 못했던 것이다. 우리는 넓은 공간에서 멀리까지 바라보는 것에 익숙하기 때문에 곤충과 물소를 혼동하지 않는다. 그리고 우리는 어린시절에 사물이 가까이 있을 때보다 멀리 있을 때 우리 망막에 더 작은 이미지가 생긴다는 사실을 배웠다. 그렇다면 우리의 뇌는 어떻게 해서 망막에 맺힌 이미지가 가까이에 있는 작은 물체인지 아니면 멀리 있는 큰 물체인지를 구별할 수 있는 것일까?

바로 세부사항이 그것을 가능하게 한다. 우리의 뇌는 가까이에 있는 물체의 표면은 세밀한 세부사항을 제공하지만, 물체가 멀리 있을 때는 그렇지 않다는 것을 안다. 따라서 뇌는 눈과 물체 사이의 거리를 추정하기 위해 우리가 볼 수 있는 세부사항이 어느 정도인지에 의존한다. 망막 이미지가 모기 머리에 있는 가는 털과 셀로판 같은 날개 재질까지도 알아볼 수 있을 만큼 세부적이라면 우리 뇌는 이 물체가 우리 눈에서 1인치 정도의 거리에 있다고 가정한다. 반대로 그리 세부적이지 않고 물소들의 몸에서 나타나는 모호한 윤곽과 그림자만 볼 수 있다면, 뇌는 그 물체가 몇 천 야드나 떨어져 있다고 가정한다.

공간적으로 우리에게 가까이 있는 사물이 멀리 있는 것보다 더 세밀하게 보이는 것과 마찬가지로 시간적으로도 우리에게 가까이 있는 사건은 더 세밀하게 보인다. 가까운 미래는 아주 세세하게 보이는 반면, 먼 미래는 흐릿하고 모호해보인다. 예를 들어 젊은 커플들에게 '결혼' 하면 무엇이 떠오르는지 물어보면, 그 상황이 지금으로부터 한 달 정도 떨어져 있는 커플_{한 달 후에 결혼을 하거나 혹은 한 달 전에 결혼을 했거나}은 결혼을 꽤 추상적이고 막연한 방식으로 상상한다. 결혼이란 '서로에게 전적으로 충실한 것' 이라거나 '인생의 실수' 와 같은 상위 수준의 묘사를 하는 것이다. 그러나 바로 다음날 결혼하게 될 커플은 '웨딩 촬영을 하는 것' 또는 '아주 특별한 옷을 차려입는 것' 등과 같은 구체적인 세부사항들을 상상한다.

    마찬가지로 사람들에게 내일 문을 잠그고 있는 자신을 마음속에 그려보라고 하면, 그들은 '자물쇠에 열쇠를 꽂는' 것 같은 세부적인 문구로 자신이 떠올린 것을 묘사한다. 하지만 내년에 문을 잠그고 있는 자신을 상상해보라고 하면, '집을 지키는 것' 등과 같은 추상적인 문구로 자신이 떠올린 것을 설명한다. 아주 먼 과거나 먼 미래의 사건을 생각할 때, 우리는 그 사건이 발생했던 이유나 발생하게 될 이유_{why}를 추상적으로 떠올리는 경향이 있다. 그러나 가까운 과거나 가까운 미래 사건을 생각할 때는, 그 사건이 어떻게_{how} 일어났는지 혹은 앞으로 어떻게 발생할 것인지를 구체적으로 생각하곤 한다.

    시간적으로 보는 것은 공간적으로 보는 것과 비슷하다. 그러나 공간적인 지평선과 시간적인 지평선 사이에는 한 가지 결정적인 차이점이 존재한다. 우리가 멀리 있는 물소를 지각할 때, 뇌는 그 물소가 멀리 있기 때문에 윤곽이 희미하게 보이며 망막 이미지에 세부적인 사항들이 빠져 있다는 사실을 인지하고 있다. 뇌는 결코 그 물소 자체가 희미하거나 세부 특징이 없다고 잘못 결론내리지 않는다. 그러나 뇌는 시간적으로 멀리 떨어진 사건을 기억하거나 상상할 때도 시간의 거리에 비례해 세부적인 사항들이 상상 속에서 빠지게 된다는 점은 간과한다. 그래서 뇌는 그 사건이 우리가 그것을 상상하고 기억할 때처럼 실제로도 단순하고 희미할 것이라고 잘못 결론내린다.

예를 들어보자. 중요한 약속을 하고 나서 정작 약속을 지켜야 할 순간이 다가왔을 때 굉장히 후회했던 경험이 있을 것이다. 다음달에 조카들을 돌봐주겠다고 약속하고 그것을 수첩에 기록까지 해두며 그 약속을 꼭 지키겠다고 결심한다. 하지만 조카들에게 햄버거 세트를 사주고 바비 인형놀이 세트를 꾸며주느라 NBA 플레이오프 경기를 놓쳐야 하는 상황이 닥치면, 조카들을 돌봐주겠다고 약속한 걸 후회한다. 조카들을 돌봐준다고 약속했을 때 당신은 아마도 조카를 돌봐주는 구체적인 방법보다는 그 이유와 명분을 고려했을 것이다. 상상 속의 조카 돌보기에는 세부사항들이 모두 빠져 있었지만, 실제로 아이들을 돌보는 행위는 온갖 세부적인 것들로 가득 차 있다. 다음달에 아이들을 돌봐주는 일이 '사랑의 행위'라면 지금 당장 아이를 돌봐주는 일이란 구체적인 '점심 챙겨주기 행위'이다. '사랑을 표현하는 행위'는 단순히 '감자튀김을 사주는 행위'가 주지 못하는 만족감을 주는 것이다.

한 달 전에 약속을 할 때, 세부사항들을 상상하지 않는다는 사실은 그리 놀라운 일이 아닐 수도 있다. 정작 놀라운 사실은 그 모든 세부사항이 마침내 눈앞에 닥쳤을 때 우리가 매우 놀란다는 점이다. 미래에 하게 될 아이 돌보기는 마치 멀리 떨어져 있는 옥수수 밭이 단순한 사각형으로 보이는 것과 같은 착각을 일으킨다. 물론 우리는 옥수수 밭이 실제로는 그리 단순하지 않고, 그저 멀리서 바라보았을 때만 그렇게 보인다는 사실을 알고 있다. 그러나 시간적으로 멀리 떨어져 있는 사건에도 동일한 원리가 적용된다는 점은 모르고 있다.

어떤 연구에서 연구진이 참가자들에게 "기분 좋은 날을 상상해보세요"라고 요구했다. 그 결과, 참가자들은 좋은 날이 일 년 뒤일 때보다 내일이라고 지시했을 때 더 다양한 일들을 상상했다. 내일 펼쳐지게 될 좋은 날은 상당히 세부적인 내용까지 상상할 수 있기 때문에, 좋은 일"늦잠을 자고 일어나 신문을 읽고 영화 보러가고 그리고 가장 친한 친구 녀석을 만나겠죠"뿐 아니라 몇 가지 불쾌한 것"아, 마당의 낙엽들도 치워야할 것 같군요"도 함께 상상한다. 반면, 일 년 뒤에 나타날 좋은 날에 대한 상상에는 그저 행복한 에피소드만 두루뭉술하게 표현한다.

이 연구에서 더욱 흥미로운 점은 사람들에게 자신이 상상한 가까운 미래와 먼 미래가 얼마나 현실성이 있는지를 물었을 때, 두 미래 모두 현실 가능성이 있다고 말했다는 점이다. 그런 점에서 우리는 마치 비행기에서 내린 후, 상공에서 보았을 때는 노란 사각형으로 보였던 것이 실제로 보니 노란 옥수수로 가득 찬 옥수수 밭이라는 것을 알고는 깜짝 놀라는 형편없는 조종사와 같다. 인간의 지각perception, 상상imagination, 그리고 기억memory은 많은 공통점을 지니고 있지만 적어도 한 가지 면에서만 보자면 그중 지각이 가장 현명하다고 할 수 있다. 왜냐하면 우리는 멀리 있는 물소를 바로 옆에 있는 곤충이라고 잘못 보는 일은 거의 없기 때문이다. 그러나 지평선이 공간이 아니고 시간일 때 우리는 그 피그미인이 범했던 것과 같은 실수를 범하고 만다.

우리가 가까운 미래와 먼 미래를 서로 다르게 상상하기 때문에 가까운 미래와 먼 미래 사건에 대한 평가 또한 달라진다. 한 달 뒤에 배달되는 브로드웨이 공연 티켓이나 사과 파이보다는 바로 오늘 오후에 얻게 될 티켓과 사과 파이를 얻기 위해 사람들은 돈을 더 지불하려고 한다. 이는 당연하다. 무언가가 지연되는 것은 고통스럽기 때문에 그렇게 연기된 것을 참아야 한다면 가격이라도 싸야 이치에 맞다. 그런데 흥미로운 점은 사람들은 동일한 기다림이라도 그것이 먼 미래에 발생할 때보다는 가까운 미래에 발생할 때 더 고통스러울 것이라고 상상한다는 점이다. 실례로 대부분의 사람은 364일 뒤에 19달러를 받기보다 1년 뒤에 20달러를 받고자 한다. 지금으로부터 먼 미래의 일이라면 하루쯤 연기되는 것은 그저 작은 불편함 정도로 보이기 때문이다. 그러나 대부분의 사람은 내일 20달러를 받기보다는 오늘 19달러를 받고 싶어 한다. 하루가 지연되는 것의 고통이 가까운 미래에 일어날 때는 참을 수 없는 고문처럼 보이기 때문이다. 하루를 기다리는 것의 고통은 그 기다림이 언제 발생하든 동일해야 하지만, 사람들은 그것이 가까운 미래에 발생할 때 더 고통스러울 것이라고 생각하기 때문에 그냥 1달러 정도를 포기해버리고 마는 것이다. 그러나 그 기다림이 먼 미래에 있으면 그 고통을 가볍게 여기고, 하루쯤 그 고통을 견뎌 1달러를 더 얻는 선택을 하게 된다.

왜 이런 일이 발생하는 것일까? 먼 미래의 일보다는 세밀한 세부 사항으로 가득 찬 가까운 미래의 일이 더 생생한 경험으로 다가서기 때문이다. 어떤 일이 먼 미래보다 가까운 미래에 일어날 것으로 상상할 때 훨씬 더 흥분하고 긴장하게 된다. 실제로 뇌에서 쾌락과 흥분을 담당하는 부분은 돈과 같은 보상을 가까운 미래에 얻는다고 상상할 때는 활동하지만, 먼 미래에 받는다고 상상할 때는 활동하지 않는다. 길거리에서 직접 파는 걸스카우트 쿠키는 많이 사봤지만, 나중에 집으로 쿠키를 배달해주겠다고 주문을 받는 경우에는 거의 사본 적이 없다면 당신도 이런 현상을 직접 경험해보았다고 할 수 있다. 이처럼 우리가 상상을 통해 미래를 파악하고자 할 때, 한 시간 뒤의 사건에 대한 상상과 일년 뒤의 사건에 대한 상상이 그 구체성에서 다르기 때문에 다양한 실수를 범하게 되는 것이다.

맺음말

베이커 가Baker Street로 다시 발걸음을 옮기기에 앞서, 셜록 홈스는 자신의 파이프를 잘 닦아 그레고리 검사관 눈에 한 번 찔러주고 가야만 속이 시원할 것 같았다. 홈스는 왓슨에게 "상상의 가치를 한 번 생각해보시오. 그레고리에게는 바로 그 능력이 없소. 우리는 어떤 일이 발생했을지 상상했고 그 가정에 따라 행동했소. 결국 우리가 옳았던 거요"라고 털어놓았다.

제대로 한 방 날리는 말이다. 하지만 홈스의 이 지적은 틀렸다. 그레고리 검사관의 문제는 상상력 부족에 있는 것이 아니라 오히려 자신의 상상력을 믿었다는 점에 있었다. 뇌는 채워넣기filling-in도 하지만 동시에 빠뜨리기leaving-out도 한다. 따라서 우리가 상상하는 미래에는 우리 뇌가 채워 넣은 세부사항도 있지만 우리 뇌가 빠뜨려 존재하지 않는 부분도 있다. 물론 우리 뇌가 어떤 것은 채워 넣고 어떤 것은 빼버린다는 사실 자체가 문제는 아니다. 문제는 우리 뇌가 이런 수법을 능수능란하게 쓰고 있어, 우리가 그런 수법을 쓰고 있다는 사실을 자각하지 못한다는 데 있다. 그렇기 때문에 우리는 뇌가 상상해낸 미래를 비판 없이 받아들이고, 뇌가 상상해낸 그 세부사항대로 미래가 펼쳐질 거라고 기대하게 된다. 우리의 뇌는 채워넣기와 빠뜨리기를 우리 자신도 모르게 자유자재로 한다는 단점과 더불어 지나치게 보수적이라는 또 다른 단점도 지니고 있다. 다음 장에서 이것을 다룰 것이다.

4

Stumbling on HAPPINESS

현재주의 | Presentism, pre.zen.tism

현재를 통해 과거와 미래를 바라보는 경향성

CHAPTER 6

현재의 경험으로 미래를 예측하다

당신의 편지들은 나로 하여금 이 무지한 현실을 넘어서서, 한순간에 미래를 느끼도록 하는군요.
— 셰익스피어, 『심벨린Cymbeline』

웬만한 규모의 미국 도서관들은 1950년대에 미래학자들이 기술한 미래예측서들을 찾기 쉽게 한편에 분류해놓고 있다. 그중에는 『원자시대 속으로Into the Atomic Age』나 『내일의 세계The World of Tomorrow』 등과 같이 잘 알려진 책들도 있다. 그런데 이런 책들을 살펴보면, 진정으로 미래의 모습을 기술하고 있다기보다는 책이 쓰일 '당시'의 모습을 더 잘 드러내고 있음을 알 수 있다. 예를 들어 책을 몇 장 넘겨보면, 영화배우 도나 리드Donna Reed의 헤어스타일을 한 짧은 치마의 아내가 남편의 로켓 자동차 소리를 기다리며 부엌에서 참치 요리를 하고 있는 그림을 보게 된다. 좀더 넘겨보면 어떨까? 이번에는 유리 돔dome 천장 아래 건설된 현대적 도시의 모습을 발견할 수 있다. 거기에는 핵 전차와 반 중력의 차들, 그리고 컨베이어 보도에 올라타 부드럽게 활주하며 지나가는 잘 차려입은 도시인의 모습이 그려져 있다.

무언가 빠져 있다는 느낌이 들지 않는가? 바로 현재의 모습 즉, 그런 책이 쓰일 당시에 예측했던 미래의 모습들이 빠져 있다. 예를 들어 남성이 아이를 안고 있거나 여성이 서류가방을 든 모습, 아이들이 눈썹이나 배꼽에 피어싱을 한 모습은 전혀 찾아볼 수 없다. 더욱이 그저 찍찍대는 쥐들만 있을 뿐 컴퓨터의 마우스 따위는 눈을 씻고 봐도 없다. 스케이트보드, 노숙자, 자동기능 전화, 기능성 음료, 스판덱스, 라텍스, 고어-텍스Gore-Tex, 아멕스Amex, 페덱스FedEx, 월마트Wal-Mart 같은 것도 당연히 없다. 그뿐 아니라 아프리카, 아시아, 히스패닉 계 사람들도 등장하지 않는다. 그저 1950년대 기준에서 예측한 미국의 모습만 있을 뿐이다. 이런 책들이 오늘날 우리의 흥미를 끄는 커다란 이유는 그 내용이 우리의 현실과 상당히 다르기 때문이다.

오늘과 비슷한 내일을 예측하는 실수

미래가 현재와 다를 것이라는 점을 과소평가하는 경향성은 최근의 현상이 아니다. 윌리엄 톰슨 켈빈William Thompson Kelvin 경은 19세기의 뛰어난 물리학자다우리가 켈빈 온도라는 절대기호 측정치를 사용하는 것만 봐도 알 수 있다. 하지만 그런 그도 "공기보다 더 무거운 기계는 하늘을 날 수 없다"라고 자신 있게 예측했다. 물론 많은 다른 과학자도 그의 예측에 동조하였다. 실제로 저명한 천문학자 시몬 뉴컴Simon Newcomb은 1906년에 "현존하는 어떤 형태의 물질이나 기계, 그리고 동력을 조합하더라도 장거리를 비행할 수 있는 기계를 만든다는 것은 불가능하다. 이는 분명한 사실이다"라고 주장하였다.

켈빈과 뉴컴이 틀렸다는 점을 증명했던 라이트 형제의 윌버 라이트Wilbur Wright조차 1901년 동생 오빌 라이트Orvill Wright에게 보낸 편지에서 "50년 안에 사람이 비행에 성공하기는 어려울 거야"라고 말하면서 그들의 말을 일부 인정했다. 그런 그가 1903년에 최초 비행에 성공했으니 그 자신의 예측 또한 48년이나 틀린 셈이다. 비행기 제작이 불가능할 것이라고 선언했던 유명한 과학자와 발명가는 매우 많다. 그러나 그 숫자는 우주여행, 텔레비전 세트, 전자레인지, 핵에너지, 심장이식, 여성 상원의원 등이 불가능할 것이라고 말했던 사람들의 숫자보다는 훨씬 적다. 이처럼 잘못된 미래 예측의 사례들은 셀 수 없을 정도로 많다. 그러나 우리는 그런 사례들을 일일이 기억하기보다는 그런 실수의 공통점에 주목해야 한다.

작가 아더 클라크Arthur C. Clarke는 '클라크의 제1법칙'이라고 알려진 주장에서 "나이가 지긋한 과학자가 어떤 현상에 대해 가능하다고 진술한다면 그 말은 십중팔구 옳다. 하지만 그가 어떤 현상에 대해 불가능하다고 말한다면 이는 대부분 사실이 아니다"라고 기술하고 있다. 과학자들이 범하는 실수가 있다면 그것은 거의 대부분 미래가 현재와 굉장히 비슷할 것이라고 예측하는 것이다.

과거를 회상할 때 작동하는 현재주의

평범한 사람들이 미래를 예측하는 방식 또한 이와 다르지 않다. 앞서 우리는 뇌가 과거를 기억하거나 미래를 상상할 때 '채워넣기filling-in'를 자유자재로 한다는 점을 살펴보았다. '채워넣기'는 말 그대로 마치 이빨에 난 구멍을 메우기 위해 뭔가를 채워 넣는 것과 비슷하다. 다시 말해 뇌는 어제와 내일을 개념화하면서 그 사이의 빈 곳을 오늘이라는 재료를 사용하여 채워 넣는다. 우리가 과거를 기억해내려고 할 때, 이런 현상이 얼마나 자주 일어나는지 생각해보자.

대학생들을 대상으로 실시한 한 연구에서 매우 설득력 있는 연설을 들려주자, 그들은 자신의 정치적 태도를 바꾸었다. 그럼에도 이들은 자신이 과거에도 그런 태도를 지녔던 것처럼 생각했다. 마찬가지로 현재 교재 중인 커플에게 2개월 전에 자신의 연인에 대해 어떻게 생각했는지를 회상하게 하면, 그들은 당시에도 지금과 같은 느낌이었다고 잘못 기억한다. 또한 학생들은 시험성적을 통보받을 때, 자신이 시험을 보기 전에도 지금과 동일한 정도로 걱정했다고 기억한다. 두통 환자에게 전 날의 두통 정도를 회상하게 하면 그들 역시 어제의 두통이 현재의 두통 정도와 비슷했다고 회상한다. 그뿐 아니라 중년의 성인에게 혼전 성관계에 대한 자신의 과거 견해, 정치적 이슈에 대한 과거의 태도, 또는 대학시절의 주량을 기억해보라고 하면 그들의 기억은 현재의 태도나 주량에 영향을 받는 것으로 나타났다. 사별한 사람에게 배우자가 사망했던 당시의 슬픔의 강도에 대해 물으면 그들은 현재 느끼는 슬픔의 정도에 기초해 당시의 슬픔을 회상한다. 이런 연구가 보여주는 중요한 교훈은 사람들은 그들이 현재 생각하고 행하고 말하는 것을 예전에도 그렇게 생각하고 행하고 말했었다고 회상하는 오류를 범한다는 점이다.

이렇게 과거 기억의 빈 공간을 현재의 경험으로 채우는 경향성은 특히 우리의 '과거 감정'을 기억할 때 더욱 강력하게 나타난다. 1992

년, 로스 페로Ross Perot가 한 텔레비전 토크쇼에서 대통령 선거에 나가겠다는 발표를 했을 때 그는 많은 유권자의 열렬한 지지를 받았고 그들에게 그는 메시아 같은 존재로 떠올랐다. 그는 사람들에게 미국 역사상 최초로 한 번도 공직을 맡아본 적도 없고, 그렇다고 주요 정당의 후보로 지명된 적도 없는 사람이 지구상에서 가장 막강한 권력자가 될 수도 있다는 흥분을 불러일으킨 것이다.

그의 지지자들은 당연히 고무되었고 낙관적이었다. 그러나 1992년 7월 16일, 페로는 갑자기 불출마를 선언했고 그를 지지하던 사람들은 비탄에 빠졌다. 그런 그가 또 다시 같은 해 10월에 재출마를 선언했지만, 결국 11월 선거에서 패배하고 말았다. 그 일련의 과정에서 그의 지지자들은 매우 다양하고 격한 감정의 변화들을 경험하였다. 흥미롭게도 이 과정에 대한 연구가 이루어졌는데, 연구진은 7월에 페로가 선거를 포기했을 때 지지자들이 경험했던 감정과 11월 선거에서 패배하고 난 이후의 감정을 측정하였다. 11월 선거가 끝난 이후에는 당시의 감정만을 물은 것이 아니라 7월에 페로가 선거를 포기했을 때 지지자들이 느꼈던 감정을 회상하게 하였다. 그 결과, 선거 패배 이후에도 페로를 지지했던 사람들은 7월에 페로가 자신의 기대를 저버렸을 때도 자신은 별로 실망하지 않았다고 회상했다. 물론 그들이 7월에 경험했던 실제 감정을 보면 매우 큰 실망을 한 것으로 나타났다. 또한 11월에 페로를 지지하지 않게 된 사람들은 7월에도 자신은 페로에게 큰 희망을 걸지 않았다고 회상했다. 다시 말해 페로의 지지자들은 그에 대한 자신의 현재 감정에 근거해 과거 감정을 회상했던 것이다!

미래를 상상할 때 작동하는 현재주의

과거가 여기저기 구멍 뚫린 벽이라면 미래는 큰 구멍 자체이다. 과거에 대한 기억은 채워넣기 속임수를 사용하지만, 미래에 대한 상상은 그 자체가 채워 넣는 속임수다. 현재가 우리 기억 속에서 과거 일부분의 색을 바꾸는 것이라면, 미래에 대한 상상은 현재에 의해 완전히 창조되는 것이라고 할 수 있다. 다시 말해 사람들은 오늘과 전혀 다른 내일을 상상하지 못한다. 사람들은 현재의 생각, 소망, 감정과 전혀 다른 생각, 소망, 감정을 미래에 경험할 것이라고 예측하지 못한다. 예를 들면 일부 10대들은 무시무시한 문구가 언제까지나 굉장히 매력적일 거라고 자신하면서 아무렇지도 않게 문신을 새겨 넣는다. 이제 막 엄마가 된 어떤 사람은 아이의 양육을 위해 집에 있는 것이 계속해서 굉장히 보람 있을 것이라 예측하며 아주 유망한 직업을 포기한다. 또한 방금 담배 한 대를 피운 흡연자는 이후로 자신이 담배를 쉽게 끊을 수 있고, 지금 니코틴이 조금 몸에 들어갔다고 해서 금연 결심이 흔들리는 일은 절대 없을 것이라고 자부한다.

심리학자도 그리 다르지 않다. 내 기억 속의 추수감사절을 떠올려 보면(사실 거의 모든 추수감사절이 그랬다), 나는 늘 숨을 쉴 수 없을 정도로 엄청나게 먹어댔던 것 같다. 폐가 운동할 공간이 없어서 호흡이 곤란해지고 더 이상은 호박 파이 한 조각도 넘길 수 없을 정도가 되어서야 비틀거리며 거실로 가서 의자에 완전히 뻗어버리곤 했다. 그리고는 소화가 될 때까지 가만히 누워 속으로, '다시는 내가 뭘 먹나 봐라' 라고 생각했다. 물론 나는 그 이후에 다시 무언가를 먹었고, 채 24시간도 지나지 않아 칠면조 고기를 먹어치웠다.

이런 일을 경험할 때마다 나는 몇 가지 이유에서 정말 당황스럽다. 우선, 내가 정말이지 돼지처럼 많이 먹었다는 사실이다. 둘째, 배불리 먹은 돼지가 또 다시 먹이통으로 가듯 나 역시 다시 음식을 먹게 되리란 사실은 알았지만, 그래도 이번만큼은 며칠 혹은 몇 주 아니면 그 이상 먹지 않을 수도 있을 거라고 사뭇 진지하게 생각했다는 점이다. 이런 행동은 나에게만 나타나는 것이 아니다. 실험실 연구와 슈퍼마켓 현장에서 진행된 연구들을 보면, 막 음식을 먹고 난 후 다음 주에 먹을 음식을 구매할 때 사람들은 자신의 미래 식욕을 과소평가하고 조금밖에 사지 않는다. 이는 단순히 그들이 방금 전에 먹었던 걸쭉한 밀크셰이크, 치킨 샐러드 샌드위치, 고추에 절인 소시지 등이 일시적으로 그들의 지적 능력을 떨어뜨렸기 때문이 아니다. 그보다는 사람들이 배가 부를 때는 배가 고플 때의 심정을 상상하지 못해서, 결국 찾아오게 될 미래의 허기를 대비하지 못하기 때문이다. 그래서 아침식사를 든든히 하고 쇼핑을 하러 가면, 몇 개의 식료품만 사오게 된다. 그리고는 그날 밤 코코넛 아몬드 아이스크림이 무척 먹고 싶어져 왜 그렇게 시원찮게 장을 봐왔는지 속상해한다.

배가 부른 상태에서 미래의 배고픔을 상상하지 못하듯 우리의 마음 또한 그러하다. 한 연구에서 연구진이 참가자들에게 지리에 관한 다섯 가지 문제를 제시했다. 그리고 그들이 각각의 문제에 답하고 나면, 두 가지 가운데 하나를 보상으로 주겠다고 알려주었다. 하나는 문제에 대한 정답을 알려주는 것이고, 다른 하나는 정답을 알려주는 대신 초콜릿 바 하나를 제공하는 것이었다. 이때 참가자 가운데 몇몇은 문제를 풀기에 앞서 자기가 받을 보상을 미리 선택했고,

나머지 사람들은 퀴즈를 풀고 난 후에 보상을 선택했다. 그랬더니 흥미롭게도 참가자들은 문제를 보기 전에는 초콜릿 바를 더 선호했지만, 문제를 풀고 난 후에는 정답을 더 알고 싶어 했다. 다시 말해 시험을 치르는 동안 사람들은 정답이 궁금해 미칠 지경이 되어 초콜릿 바보다 질문의 정답에 더 가치를 두게 된 것이다.

이런 일이 발생하리라는 것을 그들이 미리 알았을까? 이것을 알아보기 위해 또 다른 참가자들에게 다른 참가자들이 시험 전후에 어떤 보상을 선택할 것인지를 예측해보라고 요구하였다. 그랬더니 그들은 두 가지 조건 모두에서 사람들이 초콜릿 바를 선택할 것이라고 예측했다. 문제를 풀어보면서 그 강렬한 호기심을 경험해보지 못했기 때문에, 단지 여러 도시나 강에 관한 따분한 사실을 알고 싶어 초콜릿 바를 포기할 수도 있다는 사실을 전혀 상상하지 못했던 것이다.

이 얘기를 하고 나니 1967년에 상영된 〈유혹Bedazzled〉이라는 영화의 멋진 장면 하나가 생각난다. 거기에 나오는 악마는 며칠 동안 책방에 틀어박혀 각종 미스터리 소설의 마지막 쪽을 모두 찢어버렸다. 이것이 당신에게는 그다지 악한 행위가 아니라고 여겨질 수도 있겠지만 한 번 생각해보라. 당신이 아주 재미있는 추리 소설을 읽다가 드디어 마지막 쪽까지 왔는데, 범인이 누구인지 말해주는 내용이 사라져버렸다면 어떨까? 아마도 사람들이 왜 자기 영혼을 팔아서라도 그 사실을 알고 싶어 하는지 이해할 수 있을 것이다. 호기심은 아주 강렬한 욕구다. 하지만 당신이 무언가를 알고 싶어 미칠 지경이 되기 전까지는, 그 호기심이 얼마나 당신을 좌우할지 상상하기란 어려운 일이다.

대체 미래에 대한 상상은 왜 실패하는 것일까? 사실 인간의 상상이야말로 우주여행, 유전자 치료, 상대성 이론을 가능하게 한 것이 아닌가! 아무리 상상력이 떨어지는 사람일지라도 지극히 황당무계하고 이상한 것들을 상상할 수 있다. 예를 들면 국회의원에 당선되는 상상, 헬리콥터에서 떨어지는 상상, 몸에 온통 자줏빛 페인트를 칠하고 아몬드 속으로 빨려 들어가는 상상 등 온갖 것들을 상상할 수 있다. 또는 바나나만 먹고 사는 것, 잠수함 속에 들어가 사는 것도 상상해볼 수 있다. 아니면 노예, 전사, 보안관, 식인종, 창부, 스쿠버다이버 등이 되는 상상도 가능하다. 그럼에도 불구하고 무슨 이유에서인지 으깬 감자와 크랜베리 소스를 곁들인 음식을 배터지게 먹고 나면 도무지 미래의 허기진 상태를 상상할 수가 없다. 어째서 그럴까?

미리 느껴보기prefeeling의 특징

이 질문에 대답하기 위해서는 상상의 본질을 좀더 깊이 이해할 필요가 있다. 우리가 펭귄, 노 젓는 배 또는 스카치테이프와 같은 사물을 상상할 때는 머릿속에 있는 그 사물의 이미지를 '실제로 보는' 경험을 한다. 누군가 당신에게 펭귄의 물갈퀴가 펭귄의 발보다 긴지 짧은지를 묻는다면, 당신은 아마 그 답을 알아내기 위해 마음속으로 그 모습을 떠올려 실제로 그것을 '보는' 듯한 감각을 경험할 것이다. 이때 당신이 떠올린 모습은 실제 펭귄과 비슷하게 느껴질 것이고,

실제로 보는 것과 크게 차이가 없다. 그 이유는 시각 피질이라 불리는 뇌의 영역은 마음의 눈으로 어떤 것의 모습을 탐색할 때도 눈으로 그 사물을 실제로 볼 때와 마찬가지로 활성화하기 때문이다.

다른 감각도 마찬가지다. 예를 들어 내가 당신에게 '생일 축하합니다'라는 노래에서 어느 부분이 가장 높은 음까지 올라가는지를 묻는다면, 당신은 아마 상상 속에서 그 멜로디를 읊어보고는 어느 부분이 가장 높이 올라가는지 알기 위해 그것을 '들어 볼' 것이다. 이 경우, '마음의 귀로 듣는다'라는 말은 단순히 비유적인 표현이 아니라 실제로 듣는 것과 같다. 사람들이 소리를 상상할 때 청각 피질이라는 뇌의 영역이 활성화하는데 이 영역은 귀로 실제 소리를 들을 때 활성화하는 부분이기도 하다.

이런 결과는 뇌가 어떻게 상상하는지에 대해 중요한 정보를 제공해준다. 다시 말해, 뇌는 실제 세계에 있는 형상을 상상하고자 할 때 뇌의 감각 영역의 도움을 받는다.그림 10. 지금 우리 눈앞에 놓여 있지 않은 어떤 특정한 물체의 형태를 알고 싶을 때는 기억에서부터 그 물체에 관한 정보를 꺼내 시각 피질로 보낸다. 그렇게 해서 우리는 마음속으로 그 물체의 모습을 보게 된다. 마찬가지로 우리가 특정 멜로디를 알고 싶을 때는 기억으로부터 그 멜로디 정보를 꺼내 청각 피질로 보내고, 마음속으로 그 소리를 듣게 된다.

펭귄들은 남극에 살고 '생일 축하합니다'라는 노래는 생일에만 부르기 때문에, 우리가 보고 싶거나 듣고 싶다고 해서 그것이 항상 우리 앞에 제시될 수는 없다. 따라서 우리는 그 정보들을 기억으로부터 끄집어내 보고 듣는 것이다. 우리 뇌가 이런 원리로 작동하기 때문에 펭귄 물갈퀴가 발보다 길다는 사실과 생일 축하 노래 속에서

'사랑하는'에 해당하는 가사가 음이 가장 높게 올라간다는 것 등의 정보는, 설사 우리가 혼자 벽장 속에 갇혀 있어 그것을 직접 보고 들을 수 없다고 해도 알아낼 수 있는 것이다.

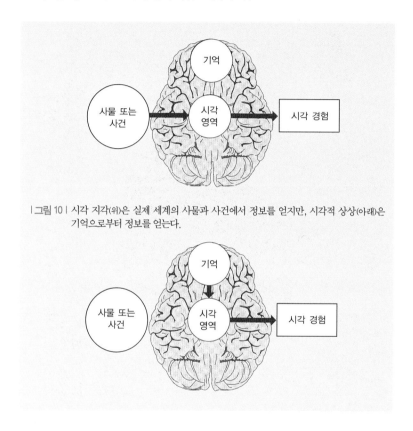

| 그림 10 | 시각 지각(위)은 실제 세계의 사물과 사건에서 정보를 얻지만, 시각적 상상(아래)은 기억으로부터 정보를 얻는다.

상상을 하는 데 뇌의 시각과 청각 영역이 사용된다는 점은 그야말로 독창적인 방법이라고 할 수 있다. 그렇다면 상상 속에서 '보고 듣는 것'은 우리가 추수감사절에 배터지게 먹는 것과 무슨 연관성이 있는가? 한 연구에 따르면 우리가 벽장 속에 갇혀 있을 때조차 펭귄의 생김새를 발견할 수 있도록 해주는 상상의 과정은, 우리가 현재

에 갇혀 있으면서도 미래의 모습을 상상하는 것과 동일한 과정이라고 한다. 누군가로부터 당신의 배우자가 우체부와 함께 침대에서 뒹구는 장면을 목격했을 때 어떤 느낌이겠느냐는 질문을 받았다고 해보자. 그러면 펭귄의 물갈퀴 길이를 알아내기 위해 마음속으로 탐색해보는 것처럼, 당신은 아내가 간통하는 장면을 떠올리고는 그때 경험하는 감정적 느낌을 통해 당신의 감정을 예측할 것이다.

실제 사건에 정서적으로 반응하는 뇌의 영역은 상상 속의 사건을 대할 때도 마찬가지로 반응한다. 그렇기 때문에 이런 기분 나쁜 상황을 상상하는 것만으로도 당신의 동공은 커지고 혈압이 올라간다. 상상 속에서 경험하는 감정을 통해 미래의 감정을 예측하는 것은 어찌 보면 매우 영리한 방법이다. 왜냐하면 우리가 어떤 것을 상상할 때 경험하는 감정은 실제로 그 일이 발생할 때 우리가 어떻게 느낄지에 대한 좋은 신호가 되기 때문이다. 아내의 간통 장면을 상상할 때 질투와 분노가 솟구친다면, 그런 사건이 실제로 발생할 경우 그 강도는 더 클 것이라고 예측할 수 있다.

이 사실을 증명하기 위해 간통처럼 정서적으로 매우 극단적인 상황을 제시할 필요도 없다. 우리는 매일 'Pizza sounds good to me'와 같은 말을 하곤 한다. 이때 우리가 말 그대로 피자 속 모짜렐라의 소리가 정말 듣기 좋다고 말하는 것은 아니다. 오히려 피자 먹는 장면을 상상하면서 그 상상 속의 경험에 기초해 실제로 피자를 먹을 때 더 크고 짜릿한 즐거움을 경험할 것이라고 예측하는 것이다. 어떤 중국 사람이 애피타이저로 살짝 튀긴 거미나 바삭바삭한 메뚜기를 주었다고 하자. 이때 우리가 그걸 얼마나 싫어할지 알고 싶다고 해서 실제로 그 음식을 씹어볼 필요는 없다. 대다수 북미 사람은 벌레를 먹는다는 생각만으로도 역겨워 몸서리를 칠 것이기 때문이다. 그리고 그 역겨움을 통해 실제로 그걸 먹는다면 정말 토할 지경이 될 것이라고 예측하는 것이다.

결국 내가 말하고자 하는 요지는 우리가 미래의 사건을 상상할 때, 종이에 그 사건의 장단점이 무엇인지 논리적으로 기록하지는 않는다는 것이다. 그 대신 그 사건을 상상 속에서 시뮬레이션해보고 그 상상에 대한 우리의 정서적 반응에 기초해 미래를 예측한다. 다시 말해 우리의 상상은 사물을 미리 보게preview 해주며, 또한 사건을 미

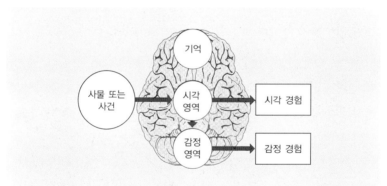

| 그림 11 | 느낌(위)과 미리 느껴보기(아래)는 모두 시각 영역을 통해 정보를 얻지만 정보의 소스는 다르다.

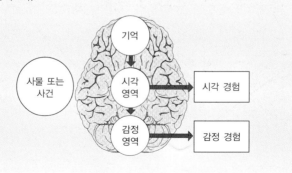

리 느껴보게prefeel 해준다. 그림 11.

미리 느껴보기의 장점

우리의 감정을 예측할 때는 논리적 분석보다 앞에서 소개한 미리 느껴보기가 더 정확할 수도 있다. 한 연구에서 연구진은 참가자들에게 인상주의 화가들의 작품 사본과 고양이가 나오는 만화가필드의 우스꽝스러운 포스터를 보여주었다. 몇몇 사람에게는 두 그림 가운데 하나를 고르게 한 뒤 왜 하나는 좋아하고 다른 하나는 싫어하는지 논리적으로 생각하도록 요구했고논리적 사고자 집단, 나머지 사람에게는 그림을 보는 순간 즉시 떠오르는 감정에 기초해 그림을 선택하도록 했다미리 느껴보기 집단. 커리어 상담원이나 컨설턴트들은 올바른 결정을 내리려면 항상 오랫동안 진지하게 생각해야 한다고 조언한다. 그러나 이 연구는 꼭 그렇지만은 않다는 점을 보여준다. 연구진이 나중에 참가자들과 전화 인터뷰를 하면서 자신이 고른 그림을 얼마나 좋아하는지 물었더니 논리적 사고자 집단이 더 만족하지 않는 것으로 나타났다.

논리적 사고자 집단은 집 안에 그림을 걸어놓는 장면을 상상을 하면서 기분이 좋아지는 그림을 선택한 것이 아니었다. 그들은 자신의 미리 느껴보기 경험을 무시하고 커리어 상담원이나 금융 컨설턴트들이 좋아할 법한 이유에 주목한 것이다'모네 그림의 올리브 녹색은 커튼 색과 어울리지 않을 것 같군. 하지만 가필드 포스터를 걸어두면 우리 집에 오는 사람들은 내게 번뜩이는 재치가 있다고 생각할 거야'. 그러나 미리 느껴보기 집단은 자신의 느낌을 따랐다. 즉, 자기 집 벽에 걸릴 그림을 상상하면서 자신이 어떻게 느낄지를 떠올렸던 것이다. 그리고 벽에 걸린 그림을 상상하는 것이 자신을 기분 좋게 한다면, 실제로 그 그림을 보게 되더라도 똑같이 기분 좋을 것이라고 가정했던 것이다. 그들의 판단은 옳았다. 미리 느껴보기 집단이 논리적 사고자 집단보다 더 정확하게 미래의 만족도를 예측할 수 있었던 셈이다. 현재 상태에서 감정을 미리 느껴보지 못하면 미래에 느낄 감정을 예측하는 것은 어려워질 수밖에 없다.

그러나 상상을 통해 미리 무언가를 느껴보는 것이 미래의 느낌을 예측하는 데 항상 좋은 지침이 되는 것은 아니다. 무언가를 마음속에 그려볼 때 왜 눈을 감는가? 어떤 노래의 멜로디를 기억하려고 할 때 왜 두 손으로 귀를 막는가? 그것은 당신의 뇌가 시각과 청각을 담당하는 대뇌 세포를 사용하여 시각, 청각의 상상 행위를 해야 하기 때문이다. 따라서 만약 뇌의 이 영역들이 이미 다른 중요한 일실제 상황에서 보고 듣는 일을 하느라 바쁘다면, 상상하는 데 쓸 여력이 없게 된다. 당신이 타조를 보느라 정신없는 순간에 펭귄을 상상하기란 쉽지 않다. 상상하는 데 필요한 뇌의 일부를 이미 시각이 사용하고 있기 때문이다. 달리 표현하면 만일 우리가 뇌에게 실제 사물과 상상의 사물을 동시에 보도록 요구한다면, 뇌는 실제 사물을 보지 상상 속의 사물을 보지는 않는다.

뇌는 실제 상황을 지각하는 일을 최우선적 임무라고 생각하므로, 상상하는 데 사용하기 위해 잠시 시각 피질을 빌리려는 당신의 요구는 철저히 무시되고 만다. 뇌가 이처럼 현실을 우선시하지 않는다면 당신이 빨간 신호를 보고 있는 상황에서 녹색 신호를 상상할 때 빨간 신호에도 계속 차를 몰고 가게 될 것이다. 타조를 보면서 펭귄을 상상하기 어렵게 만드는 이 현실 우선 원리 때문에, 우리는 역겨움을 경험하는 동안에는 열정을 상상하지 못하고 화를 경험하면서 애정을 상상하지 못하며 포만감을 경험하는 동안에는 허기 상태를 상상하지 못한다. 마찬가지로 만약 한 친구가 당신의 차를 망가뜨리고 나서 다음 주에 벌어질 야구경기에 데리고 가는 것으로 무마시키려고 할 때, 당신의 뇌는 부서진 차에 반응하기에 바빠 야구경기에 대한 정서적 반응을 시뮬레이션할 수 없다. 미래 사건이 우리 뇌의 정서적인 영역에 접근하고자 자리를 요구할지라도, 현재의 사건은 그 자리를 꿰차고 앉아 물러서지 않는다.

미리 느껴보기의 한계

우리는 동시에 두 가지를 보거나 느낄 수 없다. 뇌는 무엇을 보고 듣고 느낄지 그리고 어떤 것을 무시해버릴지에 대해 엄격한 우선순위를 갖추고 있다. 그런 과정에서 상상이 요구하는 것들은 거의 언제나 무시되곤 한다. 감각과 감정의 체계 모두 이런 현실 우선 원리를 수행한다는 점에서는 동일하지만, 둘 사이에는 결정적인 차이가 존재한다. 즉, 우리는 우리의 감각 체계가 상상의 요구를 무시한다는 점은 알고 있지만, 감정 체계도 그렇다는 점은 모르고 있는 것이다. 쉽게 말해 우리가 타조를 보면서 펭귄을 상상하고자 할 때 뇌는 그것을 허락하지 않는다. 따라서 우리는 현재 보고 있는 '목이 긴 커다란 새_{타조}'가 자신이 상상하고자 했던 펭귄이라고 착각하지 않는다.

실제 세계에서 얻은 정보를 통한 시각 경험을 '시각_{vision}'이라 하며, 기억에서 얻은 정보를 통한 시각 경험을 '심상_{mental imagery}'이라고 한다. 시각 경험의 가장 큰 특징은 실제 세계에서 얻은 정보와 상상을 통해 얻은 정보를 구별할 줄 안다는 점이다. 하지만 감정적인 경험은 다르다. 실제 세계에서 얻은 정보의 결과로 생기는 감정적인 경험을 느낌feeling이라고 한다면, 기억에서 얻은 정보의 결과로 생기는 감정적인 경험은 미리 느껴봄prefeel이라고 할 수 있다. 그런데 이 둘이 구별되지 않고 마구 뒤섞여버리는 일이 흔하게 나타난다.

연구를 위해 한 연구진이 전국 각지에 사는 사람들에게 전화를 걸어 삶의 만족도를 묻는 조사를 실시했다. 그런데 그날 날씨가 좋았던 지역의 사람들은 자신이 비교적 행복하다고 말했지만, 그날 날씨가 궂었던 지역의 사람들은 자신이 상대적으로 불행하다고 말했다. 이들은 모두 자기 삶을 상상하면서 그 상상을 통해 어떤 느낌이 드는지에 기초해 만족도를 말하려고 하였다. 그러나 그들의 뇌는 현실 우선 원리를 따라 상상 속의 삶보다는 현재의 날씨에 반응하고 있었던 것이다. 그럼에도 불구하고 사람들은 자신의 뇌가 이런 작용을 하는지 깨닫지 못해, 현실에서 경험하는 느낌을현재 날씨에 대한 감정 상상 속에서의 미리 느껴보기 감정으로 착각해버린 것이다.

또 다른 연구에서 연구진은 헬스센터에서 운동을 하고 있던 사람들을 대상으로 하이킹을 하다가 길을 잃어 음식도 물도 없이 하룻밤을 숲 속에서 보낸다면 어떤 느낌이 들지 상상하게 하였다. 특히 허기와 갈증 두 가지 가운데 어느 것이 더 고통스러울 것 같은지를 물었다. 이때 일부 사람은 러닝머신에서 막 운동을 끝낸 후에 질문을 받았고목마른 집단, 다른 사람은 러닝머신에서 운동을 하기 전에 질문을 받았다목마르지 않은 집단. 실험 결과, 목마른 집단의 92퍼센트가 산 속에서 길을 잃게 된다면 배고픔보다는 갈증이 훨씬 더 고통스러울 거라고 말했지만, 목마르지 않은 집단에서는 61퍼센트만이 목마른 것이 더 불쾌할 것이라고 말했다! 목마른 집단도 분명 연구자의 질문에 대답하기 위해 음식과 물이 없는 숲 속에서 길을 잃은 자신을 상상하며 스스로 어떻게 느낄지 자문했을 것이다. 하지만 그들의 뇌는 현실 우선 원리에 따라 상상 속의 하이킹 장면보다는 실제 운동 상황에 반응하고 있었다. 이들은 자신의 뇌가 이런 작용을 하는지 깨닫지 못했기 때문에, 현재 느낌과 미리 느껴보기를 혼동한 것이다.

당신도 비슷한 경험을 해보았을 것이다. 고양이가 카펫에 볼 일을 봤다거나 세탁기가 고장 나는 그리 유쾌하지 않은 순간에, 내일 저녁 당신의 친구와 카드게임을 하면 얼마나 재미있을지를 상상한다고 생각해보라. 당신은 아마도 애완동물과 세탁기에서 비롯된 느낌짜증을 상상 속의 당신의 친구에게로 잘못 귀결시킬 것이다"닉은 잔소리가 많아. 내일은 별로 놀고 싶지 않아".

우울증의 징후 가운데 하나는 미래를 예측할 때 그리 긍정적으로 생각하지 않는다는 것이다. "방학? 낭만적인 연애? 도시에서의 하룻밤? 나는 사양할래. 그냥 이 어두컴컴한 곳에 가만히 앉아 있을 거야." 그의 친구들은 익숙한 말로 그를 위로할 것이다. 이를테면 "이런 기분은 금방 지나갈 거야", "새벽이 가까울수록 밤은 더욱 깊어진다고 하잖아", "모든 사람에겐 다 때가 있는 법이라잖아" 등의 진부한 표현을 읊어댈 것이다. 하지만 우울한 사람의 입장에서 보면, 현재가 행복하지 않기 때문에 미래를 상상하면서 행복해질 것이라고 예측하는 것은 당연히 어려운 일이다. 현재의 감정이 미래에 대한 상상을 지배해, 내일은 행복할 것이라고 믿는 것이 이들에게는 결코 쉽지 않다.

현재의 일로 기분이 나쁠 때, 미래를 긍정적으로 상상하기란 어려운 일이다. 하지만 우리는 불쾌한 기분의 원인을 뇌의 현실 우선 원리로 인한 어쩔 수 없는 결과로 받아들이기보다 우리가 떠올린 미래의 사건 그 자체 때문이라고 잘못된 판단을 한다. 물론 우리가 깨닫지 못하는 이 점을 우리를 지켜보는 제3자는 분명하게 볼 수 있을 것이다. "이봐, 아버지는 늘 술에 절어 사시고 어머니는 그런 아버지를 때려 감옥까지 가셨으니 기분이 말이 아니겠지. 더욱이 네 차까지 빼앗겼잖아. 하지만 기운 내. 다음주가 돌아오면 네 앞에는 다시 새로운 일들이 펼쳐질 거고, 아마 그때가 되면 우리랑 같이 콘서트에 가고 싶어질 걸." 일리 있는 말이다. 그럼에도 불구하고 당장의 우울한 기분을 애써 무시한 채 내일의 기분을 예상하는 행위는 마치 쓸개를 씹으면서 마시멜로를 먹으면 어떤 맛일지 상상하려는 것과 같다. 미래를 상상하며 그것이 어떤 느낌일지를 생각해야 하는 것이 마땅함에도 우리 뇌는 현재 상황에 먼저 반응하도록 되어 있기 때문에 내일 역시 오늘과 동일한 느낌일 거라는 잘못된 결론을 내리게 되는 것이다.

맺음말

나는 이 만화를 누군가에게 보여주기 위해 매우 오랫동안 보관해 왔다. 1983년, 한 신문에서 이 만화를 발견해 스크랩한 이후 줄곧 벽에 꽂아 두었고, 이것을 볼 때마다 상당히 유쾌해지곤 했다. 이 만화에서 해면의 친구는 해면에게 무엇이든 원하는 것은 다 이루어질 수

| 그림 12 |

있을 거라 상상하고 자신이 되고 싶은 가장 특이한 것이 무엇인지 말해보라고 하였다. 그런데 해면이 생각해낸 답은 고작 따개비_{바다 바닥에 붙어사는 동물}였다. 이 만화는 해면을 풍자하는 것이 아니라, 실은 인간의 모습을 풍자하고 있다.

시간, 장소, 상황에 얽매여 있는 우리는 그런 제약의 한계를 뛰어넘으려는 '상상'을 시도하지만 그리 성공적이지 못하다. 만화 속의 해면처럼 우리의 틀을 깨고 그 이상의 것을 생각하려 해도, 그 틀이 얼마나 큰지 볼 수가 없기 때문에 실패하는 것이다. 상상은 현재의 경계를 쉽게 뛰어넘지 못한다. 그 이유 가운데 하나는 상상을 담당하는 뇌의 영역이 동시에 지각을 담당하는 영역이기 때문이다. 이처럼 상상과 지각이 동일한 뇌 영역에서 일어나기 때문에 우리는 종종 둘을 착각하게 된다.

우리는 미래를 상상하면서 경험하는 정서적 상태가 미래가 닥쳤을 때 실제 경험하는 우리의 정서와 같을 것이라고 추측한다. 그러나 우리가 미래를 상상하면서 경험하는 정서는 사실 현재 벌어지고 있는 일에 대한 우리의 정서적 경험에 따라 결정된다. 이처럼 지각과 상상을 동시에 하고 있다는 점이 현재주의를 유발하는 요인이긴 하지만, 그것만이 전부는 아니다. 그러므로 지금 당신이 서 있는 정거장에 아직 지하철이 들어오지 않았거나 잠자리에서 아직 불을 끄고 잠잘 준비가 되지 않았다면, 또는 당신이 지금 스타벅스에 앉아 있는데 옆에서 걸레질을 하고 있는 직원이 자리를 비우지 않는다며 당신을 이상한 눈초리로 보고 있지 않다면, 좀더 책을 읽으면서 현재주의를 유발하는 또 다른 요인이 무엇인지 다음 장을 읽어보라.

CHAPTER 7

시간을 상상할 수 없다는 치명적인 약점

아무리 많은 키스를 한다 해도 그대의 입술이 싫증나게 하지 않고,
온갖 신선한 키스로 그대 입술을 붉고도 창백하게 물들여 주리라.
그리하여 오히려 그 풍요로움 속에서 더욱 갈증을 느끼게 해주리라.
열 번의 키스는 한 번 같이 짧고, 한 번은 스무 번 같이 길리라.
시간을 잊게 하는 그런 유희와 함께 보내면 긴 여름날도 한 시간 같이 짧으리.
— 셰익스피어, 『비너스와 아도니스Venus and Adonis』

위네바고Winnebago, 10미터가 넘는 자동차—역주가 날아가는 것을 목격한 사람은 아무도 없겠지만 시간이 흘러가는 것은 모두가 알고 있다. 그럼에도 불구하고 시간의 흐름을 상상하는 것보다, 자동차가 날아다니는 모습을 상상하는 것이 더 쉬운 이유는 무엇일까?

물론 2천 파운드에 달하는 캠핑카가 날아다니는 것은 어렵겠지만, 만일 난다면 그 차는 적어도 어떤 물체처럼 보일 것이고 그에 대한 심상도 어렵지 않게 만들어낼 수 있다. 어떤 사물의 심상을 만들어낼 수 있는 능력은 우리를 물리적 세계에 잘 적응하도록 만들어준다. 동그란 오트밀 상자 꼭대기에 놓인 포도송이를 상상해보라. 만일 이 상자가 한쪽으로 기운다고 상상하면 당신은 그 포도송이가 떨어질 것이라고 쉽게 상상할 수 있다. 이러한 상상을 통해 우리는 상상 속의 것에 대해 사고할 수 있고, 실생활의 중요한 문제를 해결할

수 있다. 그러나 시간은 포도송이가 아니다. 시간은 색도 모양도 크기도 촉감도 없다.

시간은 찔러보거나 껍질을 벗길 수도 없으며 자극하거나 밀거나 색을 칠하거나 뚫어볼 수 있는 것도 아니다. 시간은 구체적인 사물이 아니라 추상적인 것이므로 상상의 대상이 될 수 없다. 그래서 영화를 만드는 사람은 시간의 흐름을 보여주기 위해, 달력 몇 장이 바람에 날아가버리는 장면이나 시계추가 엄청난 속도로 돌아가는 장면처럼 눈으로 볼 수 있는 사물을 비유적으로 보여준다. 우리가 미래의 우리 감정을 예측할 때는 과거와 현재, 미래를 오가며 상상을 해야 한다. 그러나 만일 시간이 추상적인 것이라 그 심상을 만들어내지 못한다면, 대체 어떻게 마음속에서 시간에 대해 생각할 수 있을까?

시간을 공간처럼 생각하다

사람들은 어떤 추상적인 것을 생각할 때, 그 추상적인 것과 비슷한 '구체적인 사물'을 떠올려 그것으로 추상적인 것을 대신한다. 대부분의 사람이 추상적인 시간과 비슷하다고 생각하는 구체적인 것은 공간이다. 연구에 따르면 사람들은 시간을 공간적인 것으로 상상한다고 한다. 그래서 흔히 '과거는 우리 뒤에 있다', '미래가 우리 앞에 놓여 있다', '노년으로 향해 간다', '유아 시절을 뒤돌아본다', '하루하루가 우리 옆을 지나간다'와 같은 표현을 사용한다. 우리는 마치 저쪽에 위치한 어제로부터 떠나와 180도 반대 방향에 있는 내일을 향해 가고 있는 것처럼 생각하고 말한다. 시간의 흐름을 선으로 나타낼 때, 영어권 사람들은 보통 과거를 왼쪽에 놓고, 아랍어를 사용하는 사람들은 오른쪽에 놓는다. 중국어권 사람들은 과거를 밑바닥에 놓는다. 그러나 모국어가 무엇이든 중요한 점은 우리가 과거나 미래를 어떤 장소에 놓는다는 점이다.

예를 들어 "만약 신문을 읽고 아침을 먹은 후에 강아지를 산책시켰다면, 무슨 일을 가장 먼저 한 거지?"라고 묻는다면 어떻게 대답을 찾는가? 우리는 대부분 그 세 가지 일을 하나의 선 위에 펼쳐놓은 상상을 하고, 어떤 것이 가장 왼쪽에(물론 사용하는 언어에 따라 가장 오른쪽 혹은 가장 아래) 있는지 확인한다. 이처럼 우리는 상상할 수 없는 것을 상상할 수 있는 그 무엇인가에 빗대어 생각하는 방법을 통해 추상적인 것을 떠올린다.

시간을 공간적인 것으로 유추하여 상상하는 데는 장점과 단점이 동시에 존재한다. 예를 들어 당신이 친구와 함께 세 달 전에 예약을 하고 기다려야 하는 고급 레스토랑에 간신히 자리를 하나 잡았다고 상상해보라. 메뉴를 살피다가 당신과 친구는 고추냉이를 덮은 꿩 요리가 먹고 싶어졌다. 하지만 그런 고급 레스토랑에서 두 사람 모두 똑같은 메뉴를 주문하는 것은 마치 다른 사람과 똑같은 꽃 장식을 달고 있는 것처럼 세련된 행동이 아니라는 것쯤은 알고 있기 때문에, 한 사람은 꿩 요리를 주문하고 다른 한 사람은 사슴 요리를 주문하기로 했다. 이렇게 하면 촌스러운 관광객으로 오해받을 일도 없지만, 사실 더 중요한 것은 '다양성'이 인생의 묘미란 점을 알기 때문이다. 실제로 식사 후 만족도를 측정해본다면, 둘이 꿩 요리만을 먹었을 때보다 서로 다른 음식을 주문해 나눠먹은 것이 더 행복하게 나올 것이다.

그런데 이 문제를 시간과 관련시켜 보면 신기하게도 이상한 일이 발생한다. 그 레스토랑 지배인이 당신과 당신의 친구가 보여준 교양 있는 행동에 감동하여, 다음해 내내 매월 첫째 주 월요일에 레스토랑을 방문하면 가장 좋은 테이블에서 무료 식사를 제공하겠다는 제안을 했다고 상상해보자하지만 안타깝게도 당신 혼자만 초대되었다. 그 지배인은 레스토랑 주방에서는 종종 음식 재료가 모자라는 일이 생기기 때문에 당신이 앞으로 올 때마다 무엇을 먹을 것인지 지금 결정해달라고 부탁한다. 그래야만 당신의 마음에 들도록 완벽하게 준비할 수 있을 테니 말이다. 그래서 당신은 메뉴를 죽 훑어본다. 토끼 고기는 싫어하고 송아지 고기는 너무 비싸고 채소 라자냐는 그다지 끌리지 않는다. 나머지 목록을 살펴보니 당신이 정말 좋아하는 음식 네 가지가 눈에 띈다. 꿩 요리, 사슴 스프 요리, 검은 민물고기 마히마히mahimahi 요리, 그리고 해물 리조또. 그중에서도 꿩 요리를 제일 좋아한다. 그렇다고 1년 내내 꿩 요리를 먹을 생각을 하니, 그건 너무 촌스러워 보인다. 더구나 그렇게 하면 다양성이라는 인생의 묘미를 놓치는 것 같아 결국 그 지배인에게 두 달에 한 번씩 꿩 요리를 준비해주고, 나머지 여섯 달은 사슴 요리, 마히마히 그리고 리조또를 준비해달라고 부탁한다.

당신에게 톡톡 튀는 패션 감각이 있을지는 모르지만, 음식에 관해서라면 형편없다는 것이 드러나고 말았다. 왜 그런지 한 연구를 살펴보자. 이 연구에서 연구진은 참가자들을 한 주에 한 번씩 수주에 걸쳐 실험실로 오게 해 스낵 한 가지를 먹도록 하였다. 이 중 일부 참가자에게는 방문 전에 미리 자신이 몇 달 동안 먹을 스낵을 고르게 하였는데, 대부분 다양한 스낵을 선택하였다. 다른 참가자에게는 미리 고르게 한 것이 아니라 매주 실험실에 오면 그들이 가장 좋아하는 스낵을 제공했다다양성이 없는 집단. 또 다른 참가자에게는 주로 그들이 가장 좋아하는 스낵을 주면서 때로 그들이 두 번째로 좋아하는 스낵도 제공했다다양성이 있는 집단. 연구가 진행되는 동안 참가자들의 만족도를 측정해본 결과, 놀랍게도 다양성이 없는 집단이 다양성이 있는 집단보다 더 큰 만족을 느끼는 것으로 나타났다. 다시 말해, 다양성이 사람을 더 행복하게 만들기보다 덜 행복하게 만든 것이다. 이상하지 않은가? 왜 친구와 함께 고급 레스토랑에서 식사할 때는 다양한 선택이 인생의 묘미가 되는 데 반해, 연속해서 몇 주 동안 먹을 음식을 고를 때는 다양성이 만족도를 높여주지 못하는 것일까?

인생에서 가장 잔인한 진실 중 하나는 정말로 멋진 일도 처음 일어났을 때는 매우 감격스럽지만, 그것이 반복될수록 그 놀라움이 시들해진다는 점이다. 당신의 아이가 처음으로 "엄마!" 하고 부르던 순간, 당신의 배우자가 처음으로 "사랑해"라고 말하던 순간을 나중의 순간과 비교해보면 무슨 말인지 금방 알 수 있을 것이다. 소나타를 듣거나 특별한 사람과 사랑을 나누거나 창가에서 석양을 바라보는 경험을 할 때도, 그 일들이 반복되면 우리는 재빠르게 그 상황에 적응하기 시작하고 즐거움의 강도는 점점 줄어들게 마련이다. 심리학자들은 이러한 현상을 습관화habituation라 부르고, 경제학자들은 한계효용체감declining marginal utility이라고 부른다일반 사람들은 이를 '결혼'이라고 부른다.

인류는 이 문제를 해결하기 위해 두 가지 장치를 고안해냈는데 그것은 바로 '다양성'과 '시간'이다. 다시 말해 습관화를 이기는 한 방법은 다양한 경험을 해보는 것이다"자기야, 좀 이상한 생각이긴 하지만 우리 이번에는 부엌에서 해지는 장면을 구경해보자". 습관화를 극복하는 또 다른 방법은 반복되는 경험 사이사이의 시간 간격을 늘리는 것이다. 만일 매일 밤 샴페인 잔을 부딪치며 연인과 키스를 나눈다면 이는 금세 지루한 일이 되어버리고 말 것이다. 하지만 새해 첫 날 밤에 이런 시간을 보내고 다시 1년 후에 그런 시간을 보낸다면 이 경험은 끝임없는 즐거움을 줄 것이다. 1년이라는 시간 간격은 습관화를 막을 수 있을 만큼 충분히 긴 시간이기 때문이다. 여기서 반드시 기억해야 할 점은 다양성과 시간 중 하나만 있으면 다른 것은 필요치 않다는 점이다. 즉, 같은 사건이 충분한 시간 간격을 두고 반복되면, 다양성은 굳이 필요하지도 않을뿐더러 오히려 손해가 될 수도 있다.

몇 가지 가정을 전제로 해서 왜 그런지 증명해보자. 먼저 사람의 즐거움을 측정하는 쾌락측정기가 있다고 하고 그것의 측정단위를 헤돈hedon이라고 해보자. 당신이 꿩 요리를 처음 한 입 먹었을 때 50헤돈을 느끼고, 사슴 요리를 처음 한 입 먹었을 때는 40헤돈의 기쁨을 누린다고 가정해보자. 이는 당신이 사슴 요리보다 꿩 요리를 더 좋아한다는 의미다. 두 번째 가정은 습관화의 속도에 관한 것으로, 만일 어떤 음식을 한 입 먹고 나서 다시 그 음식을 한 입씩 먹을 때마다 1헤돈씩 기쁨이 감소한다고 하자. 그리고 그 감소가 10분 동안만 발생한다고 하자. 마지막은 소비 속도에 대한 가정인데, 당신이 음식 한 입을 먹는 속도가 30초라고 해보자. 이 모든 가정을 나타낸 것이 그림 13.이다.

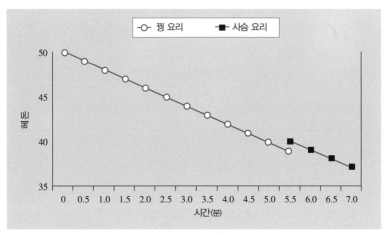

| 그림 13 | 소비 속도가 **빠를** 때 다양성은 즐거움을 늘려준다. 만일 당신이 꿩 요리를 꽤 **빠른** 속도로 먹는다면, 시간이 지날수록 먹는 즐거움은 시들해지고 결국 사슴 요리로 메뉴를 바꿔야만 기분이 좀 나아질 것이다.

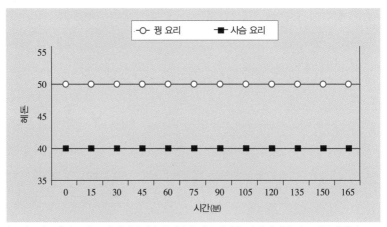

| 그림 14 | 소비 속도가 느릴 때 다양성은 즐거움을 감소시킨다. 만일 당신이 꿩 요리를 충분히 천천히 먹는다면 시간이 지난다 해도 그 즐거움은 사라지지 않을 것이며, 이때 사슴 요리로 메뉴를 바꾸면 오히려 더 나쁜 결과를 가져오게 된다.

　　그림 13.을 자세히 보면 당신의 즐거움을 최대화하기 위해서는 처음에 꿩 요리를 열한 입 먹은 후에 사슴 요리로 바꿔야함을 알 수 있다. 왜냐하면 그래프의 선이 나타내듯 꿩 요리를 열두 번째 먹을 때

행복에 걸려 비틀거리다

약 5.5분 소요 느끼는 기쁨은 단지 39헤돈에 지나지 않지만 사슴 요리를 처음 한 입 먹을 때는 40헤돈의 즐거움을 느끼기 때문이다. 따라서 바로 이 순간이 당신과 당신의 친구가 서로의 음식을 교환해야 하는 시점이다.

하지만 그림 14.에는 완전히 다른 상황이 그려져 있다. 여기에서는 당신의 소비 속도를 늘려 놓았기 때문에아까는 30초에 한 입이었는데, 이번에는 15분에 한 입이다 위와 같은 일이 발생하지 않는다. 따라서 이때는 사슴 요리를 먹는 것이 꿩 요리를 먹는 것보다 더 좋아지는 일은 절대로 일어나지 않는다. 다시 말해, 충분히 간격을 두고 천천히 먹는다면 당신은 굳이 여러 가지 음식을 먹어볼 필요가 없으며, 오히려 음식을 바꿀 때 만족도가 더 떨어질 수도 있다.

당신과 친구가 레스토랑에서 두 가지 서로 다른 요리를 주문한 것은 현명하다. 왜냐하면 음식을 빠른 속도로 먹기 때문에 그림 13.과 같은 상황이고, 따라서 두 요리를 시켜 다양성을 추구하는 것이 옳다. 그러나 레스토랑 지배인이 앞으로 한 달에 한 번씩 먹게 될 요리를 미리 주문하라고 요구했을 때는 상황이 그림 14.와 비슷한데도, 왜 다양한 선택을 했을까? 시간과 다양성 중 시간이 있었음에도 왜 다양성까지 추가로 원하는 우를 범했을까?

그 이유는 시간을 공간적인 것으로 비유해서 생각했기 때문이다그림 15 참조. 음식을 한꺼번에 먹을 때, 즉 한 공간에 여러 음식이 배치되어 있을 때는 다양한 음식을 선택하는 것이 현명하다. 그 누가 한 테이블에 앉아 똑같은 꿩 요리를 열두 접시나 받고 싶어 하겠는가? 그래서 사람들은 시식 코너나 모둠 접시, 뷔페를 좋아한다. 1회만 소비할 때는 다양한 것을 경험해보기를 원하고 또 원해야 하기 때문이

다. 문제는 우리가 1년 동안 시간 간격이 충분한 열두 번의 식사를 하게 될 때도, 마치 테이블 위에 놓인 열두 가지 요리를 동시에 먹는 것으로 착각한다는 것이다. 순차적으로 일어나는 일들을 같은 공간에서 동시에 발생하는 일이라고 착각한다는 말이다. 충분한 시간 간격을 두고 순차적으로 발생하는 일은 사이사이에 충분한 시간이 존재하기 때문에 다양성은 오히려 기쁨을 감소시킬 수 있다.

현재를 출발점으로 미래를 생각하다

시간을 상상하는 일은 매우 어렵기 때문에 사람들은 위에서 말한 것처럼 시간을 공간적인 것으로 비유하여 상상한다. 물론 시간에 대해 전혀 상상하지 않을 때도 있다. 우리가 미래 사건들을 상상할 때 우리의 심상에는 대개 그와 관련된 사람, 장소, 단어, 행동이 포함된다. 그러나 정작 그 사람이 그 장소에서 하는 말과 행동이 언제 일어나는지에 대한 시간적 단서는 상상 속에 들어 있지 않다. 예를 들어 12월 31일 밤에 배우자가 우편배달부와 간통하는 장면을 목격하는 상상을 할 때, 우리의 심상은 부림절Feast of Purim 유대인의 축제—역주이나 할로윈 데이 혹은 부활절에 그런 장면을 목격하는 상상을 할 때와 별반 다르지 않다. 그러나 '배우자'가 아닌 '이발사'와 우편배달부의 간통을 상상하거나 배우자가 우편배달부와 침대에 누워 있는 장면이 아니라 대화하고 있는 장면을 상상하게 하면, 배우자가 12월 31일 밤 우체부와 침대에 누워 있는 장면을 상상하는 것과는 완전히 다른 장면을 떠올릴 것이다. 다시 말해 등장하는 사람이나 장면을 바꾸면 심상에 큰 변화가 일어나지만, 시간을 바꾸는 것은즉, 12월 31일 밤의 간통을 추수감사절의 간통으로 바꾸는 것 심상에 큰 변화를 일으키지 않는다. 누가 어디에서 무엇을 하는지는 볼 수 있지만, 언제 그들이 그런 일을 하는지는 알 수가 없다. 일반적으로 심상에는 시간이 들어 있지 않다.

그렇다면 어떤 일에 대한 미래의 우리 감정은 어떻게 예측할 수 있을까? 그 해답은 다음과 같다.

먼저 우리는 그 일이 현재 일어난다면 어떻게 느낄지를 상상한다. 그 후에 현재와 미래가 같을 수는 없다는 사실을 고려해 우리의 느낌을 조정한다. 예를 들어 혈기 왕성한 사춘기 남자에게 버드와이저 맥주를 홍보하기 위해 비키니를 입은 멋진 몸매의 여성이 지금 문 앞에 나타났다면 어떤 기분이 들지 물어본다고 하자. 그의 반응은 불을 보듯 뻔하다. 얼굴 가득 미소를 흘리면서 눈동자는 커지고 동공은 수축되며 볼은 벌겋게 달아오를 것이다. 똑같은 질문을 다른 남성에게 던지되, '지금'을 '50년 뒤'로 고쳐서 물어본다고 가정해 보자. 그도 처음에는 앞의 남성과 똑같은 반응을 보일 것이다. 상상 속의 사건이 반세기 후에나 일어날 일이라는 것은 까맣게 잊고 그저 자극적인 입술에 벌거벗은 여인의 심상만 상상할 것이라고 예측할 수 있다. 그러나 조금만 시간이 지나면 그 남성은 상상의 사건이 언제 일어날 것인지를 깨닫고 젊은 남성과 할아버지는 서로 욕구가 다르다는 점을 떠올리고는 처음의 열광적인 상상에서 벗어나게 된다. 그리고 자신이 그 나이가 된다면 문 앞에서 갑자기 매력적인 여성을 만난다고 해도 남성호르몬이 충만한 지금처럼 그리 자극적이지는 않을 것이라는 결론에 이를 것이다. 이런 상반된 반응은 사람들이 미래 사건을 상상할 때 우선 그 사건이 당장 일어나는 것처럼 상상하고, 그런 다음에야 비로소 그 일이 미래에 일어날 것이라는 점을 고려한다는 사실을 보여준다.

이 이야기가 우리의 논의와 무슨 상관이 있는 걸까? 두 번째 남성은 최종 결론을 내리면서 현재와 50년 뒤는 같지 않을 것이라는 사실을 고려하였다. 결국 미래가 현재와 다르다는 점을 고려했으므로 큰 문제가 없어 보이는 이 행동에는 결정적으로 중요한 의미가 있다. 이 남성은 일단 그 사건이 지금 일어난다고 상상한 다음, 그 일이 나중에 일어날 것이라는 사실을 참조하여 처음의 상상을 수정하는 판단 전략을 사용했는데 이러한 전략은 필연적으로 큰 오류를 저지른다고 알려져 있다. 이 오류의 본질을 이해하기 위해 다음 연구를 생각해보자.

이 연구에서 연구진은 실험 참가자들에게 아프리카에서 유엔에 소속되어 있는 나라가 몇 개국인지 추정하도록 했다. 이때 몇몇 참가자에게는 유엔에 소속된 아프리카 국가의 수가 10보다 큰지 혹은 작은지에 답하게 했고, 나머지 참가자에게는 60보다 큰지 작은지를 물었다. 다시 말해, 참가자들은 각각 임의의 초기값을 부여받았고 그 초기값을 조정해 최종 판단을 내리도록 한 것이다. 마치 앞의 두 번째 남성이 매력적인 여성이 지금 나타났다고 상상한 것을 초기값 으로 하고'와, 매우 흥분되는 걸', 나중에 가서야 자신의 나이를 고려하여 판단을 정정한 것과 같다'그렇지만 실제 그 일이 발생하는 건 내 나이 67세 때이니 지금 처럼 좋지는 않겠지'.

이런 판단 전략의 가장 큰 문제는 초기값이 최종 판단치에 커다란 영향을 준다는 점이다. 초기값을 10으로 시작한 참가자들은 유엔에 속한 아프리카 국가들이 대략 25개국 정도일 것이라고 추측했다. 반면, 초기값을 60에서 시작한 참가자들은 대략 45개국이 유엔에 속해 있을 것이라고 추측했다. 초기값에 따라 최종 판단치가 이렇게 다른 이유는 참가자들이 자신에게 제시된 초기값이 정답인지 아닌지를 물으면서부터 판단을 시작하기 때문이다. 생각이 전개되면서 그 초기값이 정답이 될 수 없다는 것을 알고는 보다 그럴 듯한 추정치로 조금씩 조정해 나간 것이다"10은 답이 아닐 거야. 12는 어떨까? 아냐. 그건 너무 적은 듯해. 14? 아니면 25 정도?". 그런데 이런 조정 과정에는 시간과 노력이 필요 하기 때문에 10에서 시작한 집단과 60에서 시작한 집단이 정 중앙에 서 서로 만나기도 전에 지쳐버린다. 사실 이는 그리 이상한 현상이 아니다. 만일 당신이 한 아이에게는 0부터 세어 올라가게 하고 또 다른 아이에게는 백만부터 세어 내려오라고 시킨다면, 그들은 결국 지 쳐서 숫자 세기를 포기해버릴 것이고 아마도 서로 다른 숫자에서 멈추게 될 것이다. 이렇듯 우리의 최종 판단치는 대개 초기값에서 크게 벗어나지 않기 때문에 초기 정보가 우리의 판단에 미치는 영향력은 매우 크다.

똑같은 원리가 미래에 대한 상상 과정에도 적용된다. 미래 사건을 일단 현재에 일어나는 일처럼 상상한 후에, 그 사건이 미래에 일어난다는 점을 고려해서 판단을 수정하기 때문에 동일한 실수를 범하게 된다는 얘기다. 실례로, 어느 연구에서 연구진은 참가자들에게 다음날 아침이나 오후에 스파게티와 고기 소스를 한 입 먹는다면 얼마나 즐거울지 예측하도록 했다. 참가자들 가운데 몇몇은 예측하는 그 시점에 배가 고픈 상태였고, 나머지는 그렇지 않았다. 정상적인 상태에서 이런 예측을 내릴 때, 참가자들은 스파게티를 아침에 먹는 것보다는 오후에 먹는 것이 더 즐거울 것이라고 예측했고, 이 예측은 배가 고픈 조건이나 그렇지 않은 조건에서 동일하게 나타났다.
하지만 참가자들 가운데 몇몇은 좀 색다른 조건에서 이 예측을 했다. 그들은 스파게티 예측 과제와 동시에 어떤 음의 높낮이를 구분해야 하는 또 다른 과제를 수행했던 것이다. 연구에 따르면, 이처럼 두 가지 과제를 동시에 수행하는 것은 사람으로 하여금 초기 판단치에 더 머무르게 하는 효과가 있는 것으로 알려져 있다. 이 연구에서도 음의 높낮이 과제를 풀면서 스파게티 예측 과제를 동시에 수행한 참가자들은 아침이든 오후든 스파게티가 주는 느낌은 똑같을 것이라고 예측했다. 또한 현재의 배고픔이 판단에 큰 영향을 주었다. 다시 말해 예측 당시 배고픔을 느꼈던 참가자는 다음 날 아침이든 오후든 스파게티는 동일하게 좋을 것이라고 예상한 반면, 별로 배가 고프지 않았던 참가자는 다음날 아침이든 오후이든 스파게티를 먹는 것은 별로 좋지 않을 것이라고 예상했던 것이다.

이 패턴은 참가자들이 '초기값 설정 → 조정'이라는 판단 절차를 밟았음을 잘 보여준다. 즉, 그들은 먼저 지금 스파게티를 먹는다면 얼마나 좋을지를 상상했다_{만약 당신이 배고프다면 "음~좋은데!"라고 할 것이고, 배가 부른 상태라면 "우웩!"이라고 할 것이다}. 그리고 그 느낌을 내일의 즐거움을 예측하기 위한 초기값으로 사용했다. 그런 다음 앞의 남성이 멋진 몸매의 여성에게 열광하는 현재 상태가 50년 후에는 달라질 거라는 점을 생각하고 자신의 판단을 조정했듯, 이 실험 참가자들도 스파게티를 실제로 먹을 시간을 고려하여 자신의 판단을 수정했다_{"저녁식사로 스파게티를 먹는다면 정말 환상적이겠지만, 아침에 스파게티를 먹는다니 속이 메스껍겠군"}. 그러나 음의 높낮이를 구별해야 하는 과제를 동시에 수행했던 참가자들은 그 과제에 집중하느라 그들의 초기 판단을 충분히 조정할 수 없었다. 그래서 그들의 최종 판단은 초기 판단에서 크게 벗어날 수 없었던 것이다. 이처럼 우리가 미래의 느낌을 예측하려고 할 때, 우리는 자연스럽게 현재의 느낌을 그 시작점으로 사용하기 때문에 실제보다 훨씬 더 미래가 현재와 비슷할 것이라고 상상하게 된다.

미래에 대한 생각은 현재에서 출발해 현재로 끝난다

특별한 재능이나 특이한 신체적 특징이 없음에도 불구하고 기네스북에 이름을 올리고 싶다면, 여기 당신이 한 번 시도해볼 만한 것이 있다. 월요일 아침, 당신의 상사를 찾아가 당당하게 말하라. "저는 그 동안 이 회사에서 일할 만큼 일해 왔습니다. 저는 제 업무 능력이 충분히 월등하다고 생각하므로 이제 제 봉급을 15퍼센트 감봉해주셨으면 합니다. 물론 지금 당장 회사가 그것을 감당할 수 없다면 10퍼센트만 감봉해주셔도 좋습니다"라고 말해보라. 만일 당신이 그렇게 한다면 기네스 측에서 당신에게 큰 관심을 보일 것이다. 왜냐하면 노사관계의 긴 역사를 통해, 누구도 자발적으로 감봉을 요구하는 일은 없었기 때문이다.

실제로 사람들은 감봉을 싫어한다. 그런데 연구를 보면 사람들이 싫어하는 것은 돈의 '절대 액수가 줄어드는 것'이 아니라 '상대적 삭감'이다. 예를 들어 첫 해에 3만 달러를 벌고 그 다음해에 4만 달러 그리고 3년째에는 5만 달러를 벌게 되는 일과, 첫 해에 6만 달러 그 다음해에 5만 달러 그리고 3년째에 4만 달러를 버는 일 가운데 어떤 것을 더 선호하느냐고 물어보면, 사람들은 대개 해마다 봉급이 늘어나는 쪽을 택한다. 그러나 3년이라는 시간을 통틀어 보면 전자는 12만 달러를 받고, 후자는 15만 달러를 받는다. 대체 왜 사람들은 월급이 이전보다 줄어드는 것을 피하기 위해 총액 자체가 적은 경우를 택하는 우스꽝스러운 선택을 하는 것일까?

과거와의 비교

한밤중에 텔레비전 소리가 쩌렁쩌렁 울리는데도 불구하고 단잠을 잤거나 반대로 아주 작은 발소리에 깨어난 적이 한 번이라도 있다면, 당신은 이미 위의 질문에 대한 답을 알고 있다. 사람의 뇌는 자극의 절대 강도에 민감하지 않다. 오히려 뇌는 '차이'와 '변화'에 놀라울 정도로 민감하다. 즉, 자극의 절대 강도보다는 상대 강도에 민감한 것이다. 예를 들어 눈을 감은 채로 손바닥 위에 나무 블록 하나를 올려놓고 있다고 가정해보자. 이 상태에서 내가 그 나무 블록 위에 껌 하나를 올려놓는다면 당신은 눈치 챌 수 있겠는가? 정답은 "경우에 따라 다르다"이다. 다시 말해 나무 블록의 무게에 따라 눈치 챌 수도 있고 그렇지 못할 수도 있다. 만일 나무 블록의 무게가 1온스밖에 안 된다면, 5온스짜리 껌 한 통을 올려놓았을 때 무게의 증가 5백 퍼센트를 즉각 눈치 챌 것이다. 그러나 나무 블록의 무게가 10파운드라면, 껌 한 통 올려놓았을 때 거의 눈치 채지 못할 것이다. "사람들이 5온스를 간파해낼 수 있을 것인가?"라는 질문에는 정답이 있을 수 없다. 왜냐하면 뇌는 온스 자체에 민감한 것이 아니라 온스라는 단위 상에서 나타나는 변화와 차이에 민감하기 때문이다. 중요한 점은 이 사실이 무게뿐 아니라 사물의 모든 물리적 속성에 동일하게 적용된다는 점이다.

사람들이 절대 강도보다 상대 강도에 더 민감하게 반응하는 경향성은 무게, 밝기, 부피 등과 같은 물리적 속성에만 국한되지 않고 가치, 재화, 부와 같은 주관적인 속성에서도 나타난다. 예를 들어, 대부분의 사람들은 100달러짜리 라디오를 50달러 싸게 살 수 있다면 기꺼이 다른 도시까지 차를 타고 나가지만, 10만 달러짜리 자동차를 50달러 깎아 보겠다고 그렇게 하지는 않는다. 라디오를 사는 경우에 50달러 할인은 횡재하는 느낌이지만"와, 그 백화점은 똑같은 라디오를 50퍼센트나 싸게 파는 군!", 차를 사는 경우의 50달러 세일은 새 발의 피 정도로 느껴지기 때문이다"아니, 내가 겨우 0.05퍼센트 깎아보겠다고 차를 몰고 다른 도시까지 가겠어? 말도 안 되지".

경제학자들은 사람들의 이런 비합리적인 행동에 머리를 절레절레 흔들며, 당신의 은행 계좌는 돈을 절대 액수로 담고 있는 것이지 '몇 퍼센트 인하'와 같은 상대 액수로 담고 있는 것은 아니라고 훈계할 것이다. 만약 50달러를 절약하기 위해 다른 도시로 차를 모는 것이 값어치 있는 일이라면, 무엇을 사면서 그 돈을 절약하든 상관이 없다. 왜냐하면 절약한 돈으로 기름을 주유하거나 식료품을 산다고 가정해보라. 가게 주인은 그 돈이 라디오를 사면서 절약한 돈인지 아니면 자동차를 사면서 절약한 돈인지 알지도 못하고 또한 신경 쓰지도 않기 때문이다.

이런 경제학의 논리가 쇠귀에 경 읽기나 마찬가지인 이유는 사람들이 돈의 절대 액수보다 상대 액수에 민감하기 때문이다. 50달러라는 돈은 비교 대상에 따라 상대적으로 큰돈이 될 수도 있고, 그렇지 않을 수도 있다. 바로 이런 이유 때문에 사람들은 뮤추얼 펀드 매니저가 자신이 투자한 돈의 0.5퍼센트 또는 0.6퍼센트를 가져가는 것은 별로 개의치 않으면서, 몇 푼 하지 않는 치약 한 통을 사면서는 40퍼센트 할인 쿠폰에 열광하는 것이다.

장사꾼이나 정치가, 그밖에 우리를 설득하려는 사람들은 우리가 상대적 변화에 민감하다는 점을 자신에게 유리한 방향으로 이용한다. 그들이 사용하는 오래된 책략 중 하나는 이것이다. 일단 누군가에게 과도한 요구"다음주 금요일에 우리 곰 살리기 모임에 나오시고 토요일에는 함께 동물원 앞에서 있을 시위에 동참하시겠어요?"를 한다. 사람들이 거절하면 그 다음에 처음의 요구보다 적은 요구"괜찮습니다. 그렇게 하지 않으시겠다면, 그냥 우리 단체에 5달러 정도 기부하실 수 있겠습니까?를 한다. 연구에 따르면, 사람들은 큰 요구를 받았다가 다시 작은 요구를 받으면 받아줄 가능성이 크다고 한다. 왜냐하면 상대적으로 두 번째 요구가 소소하게 느껴지기 때문이다.

같은 논리로 상품의 주관적인 가치도 상대적이기 때문에 어떤 상품과 비교되느냐에 따라 그 가치가 달라진다. 나는 매일 아침 출근길에 동네에 있는 스타벅스에 들러 1.89달러를 주고 20온스짜리 커피를 마신다. 스타벅스에서 그 커피를 만드는 데 얼마가 드는지 혹은 그들이 왜 그만큼의 돈을 받는지는 전혀 알지 못한다. 그러나 만일 내가 스타벅스에 갔는데 갑자기 커피 가격이 2.89달러로 인상되었다면, 아마도 나는 다음의 두 가지 가운데 하나의 행동을 할 것이다.

첫째, 새 가격과 이전 가격을 비교해보고 스타벅스 커피 값이 너무 올랐다고 결론내린 다음, 휴대용 보온 머그잔을 사다가 집에서 커피를 직접 만들어 출근한다. 둘째, 오른 가격의 돈으로 할 수 있는 다른 것들을 떠올리고 그것과 스타벅스 커피 값을 비교한다예를 들어, 2.89 달러면 펜 2개, 32인치 인공 대나무 1개. 그리고 그 돈으로 스타벅스 커피를 마시는 것이 더 나은 선택이라는 결론을 내리고 계속 커피를 사 마신다.

이론적으로 보면, 두 가지 모두 가능한데 실제로 어떤 선택을 하게 될까? 나는 좀더 쉬운 선택을 하게 될 것이다. 다시 말해 커피가 2.89달러로 올랐을 때, 그 전날 똑같은 커피를 사기 위해 지불했던 가격을 떠올리는 일은 쉽지만, 그 돈으로 내가 다른 어떤 것들을 살수 있을지를 상상해보기는 쉽지 않다. 과거를 기억하는 것이 새로운 가능성을 상상하는 것보다 훨씬 더 쉽기 때문에, 합리적으로 보자면 새로운 커피 가격과 그 돈으로 할 수 있는 다른 가능한 일들을 비교하는 것이 마땅하지만 사람들은 현재를 과거와만 비교하는 경향을 보인다.

어제, 지난주, 또는 후버Hoover 행정부 당시에 커피가 얼마나 했었는지는 현재 중요하지 않다. 지금 이 순간 나는 내가 사용할 수 있는 만큼의 돈을 가지고 있고, 내게 가장 중요한 일은 그 돈으로 만족을 극대화하는 것이다. 만약 커피 열매 수출이 금지되어 갑자기 커피 한 잔의 가격이 만 달러까지 치솟는다고 하자. 그때 내가 나에게 마땅히 물어야 할 질문은, '만 달러를 가지고 커피 마시는 일 외에 무엇을 할 수 있을까? 그 일이 과연 커피 한 잔보다 더 큰 만족을 줄까? 아니면 커피만큼 만족을 주지 못할까?' 이다. 만일 그 질문에 대한 답이 '커피보다 더 큰 만족을 준다' 라면 커피를 포기할 것이고, '커피만큼은 못하다' 라는 답을 얻는다면 커피 한 잔을 마실 것이다.

가능한 대안들을 생각해내는 일보다 과거를 기억하는 편이 훨씬 더 쉽다는 사실 때문에 우리는 종종 잘못된 결정을 내린다. 예를 들어 사람들은 하루 전까지 3백 달러에 세일해서 팔리던 휴양지 패키지 티켓이 4백 달러로 오르면 주저하지만, 똑같은 패키지가 6백 달러에 팔리다가 5백 달러로 인하되면 선뜻 사려고 한다. 휴양지 티켓의 현재 가격을 이전 가격과 비교하는 것이 쉽기 때문에, 과거에 아주 좋았던3백 달러 옵션이 이제 조금밖에 좋지 않다고 해서4백 달러, 과거에 아주 형편없었던 옵션6백 달러이 조금 덜 형편없게 된 경우5백 달러를 선택하는 실수를 범하는 것이다.

이런 경향성 때문에 우리는 '기억할 수 있는 과거' 가 있는 것과 그렇지 않은 것을 다르게 취급하곤 한다. 예를 들어, 지금 당신의 지갑에 20달러짜리 지폐 한 장과 20달러짜리 콘서트 티켓 한 장이 있다고 상상해보라. 그런데 콘서트장에 도착한 순간, 그 티켓을 오는 길에 잃어버렸다는 사실을 알게 되었다. 이 상황에서 당신은 새 티켓을 사겠는가? 대부분의 사람들은 사지 않겠다고 말한다.

그럼 이번에는 20달러짜리 지폐와 20달러짜리 티켓 대신, 20달러짜리 지폐 두 장을 가지고 있다고 상상해보라. 그런데 콘서트장에 도착했을 때, 그중 한 장을 잃어버린 것을 알았다면 새 티켓을 사겠는가? 이때는 대부분의 사람들이 사겠다고 말한다. 두 경우가 본질적으로 같다는 점에는 의심의 여지가 없다. 두 경우 모두 20달러의 값어치에 해당하는 종이 한 장을 잃어 버렸고_{그것이 티켓이든 지폐든}, 콘서트에 필요한 티켓을 사는 데 남은 돈을 쓸 것인지 아닌지를 결정해야 한다. 그럼에도 불구하고 현재를 과거와 비교하는 우리의 고집 때문에 두 경우에 완전히 다른 생각을 하게 된다.

20달러짜리 지폐만 두 장 가지고 있다가 지폐 한 장을 잃어버린 경우, 콘서트는 아직 과거가 없다. 따라서 콘서트를 보는 데 드는 비용을 다른 가능성_{상어가죽 장갑을 살까?}과 비교할 수 있다. 하지만 이전에 구입한 티켓을 잃어버린 경우, 콘서트는 과거가 있다. 따라서 콘서트 티켓을 다시 구입하게 될 경우의 비용_{40달러}을 과거와 비교_{20달러 티켓}하고는 비용이 2배나 뛰었기 때문에 사려고 하지 않는 것이다.

가능한 대안들과 비교하기

사람들이 현 상태를 가능한 대안들과 비교하지 않고 과거와 비교하기 때문에 실수를 범한다는 것은 앞에서 소개하였다. 그러나 사실 우리는 현재 주어진 대안과 새로운 가능성을 비교하게 되는 상황에서도 실수를 한다. 예를 들어 만약 당신이 나와 비슷하다면, 당신 집의 거실에는 의자와 램프, 오디오, 텔레비전 세트에 이르기까지 다양한 물품들이 있을 것이다. 이 물품들을 구매하기 전에 당신은 여기저기 둘러보고, 최종적으로 살 물품들을 몇몇 다른 제품과 비교해 보았을 것이다. 이를테면 같은 카탈로그에 있던 다른 램프들이나 같은 전시실에서 보았던 다른 의자들, 또는 똑같은 선반 위에 놓여 있던 다른 오디오세트나 동일한 쇼핑몰에서 보았던 다른 텔레비전 세트 같은 것들 말이다. 이 경우, 당신은 돈을 쓸 것인지 말 것인지를 결정하기보다는 돈을 어떻게 쓸 것인지를 결정하게 된다. 당신이 돈을 소비할 수 있는 모든 가능한 방법은 이미 당신 앞에 제시되어 있다. 그리고 여기저기 서 있는 친절한 점원들은 당신이 과거와 현재를 비교하는 자연스러운 경향성 "이 텔레비전이 예전 것보다 정말로 훨씬 나은 걸까?"을 극복할 수 있도록 도와준다 "고객님께서 파나소닉 제품과 소니 제품을 나란히 두고 비교해보신다면, 파나소닉 제품의 화질이 훨씬 더 세밀하다는 사실을 아실 거예요". 안타깝게도 우리는 나란히 놓고 비교하는 일에 쉽게 속고 만다. 그렇기 때문에 상인들은 우리가 그런 비교를 하도록 부단히 노력한다.

한 예로 사람들은 가장 비싼 물품은 사기를 꺼려한다. 그래서 판매자들은 실제로는 아무도 사지 않는 비싼 제품들 몇 개를 같이 진열함으로써 판매를 증진시키려 한다 "세상에, 1982년산 샤트 오브리오 페삭 라오닝 Chateau Haut-Brion Pessac-Leognan 와인은 한 병에 5백 달러나 하네". 매우 비싼 몇몇 제품은 실제로는 아무도 사지 않지만 그것과 비교해봄으로써 다른 제품이 훨씬 싼 것처럼 보이도록 만들어준다. 따라서 사람들은 "에이, 그냥 60달러 주고 진판델Zinfandel, 캘리포니아산 흑포도주―역주이나 사야겠다"라고 결정한다. 상술 좋은 부동산 중개인은 고객에게 먼저 안마시술소 혹은 마약을 거래하는 곳에나 자리 잡고 있을 법한 초라한 집을 보여준다. 그들이 정말로 사고 싶어 하는 평범한 집들은 나중에 보여준다. 초라한 집은 평범한 집을 대단해 보이도록"여보, 저것 좀 봐요. 잔디밭에 주사기 같은 것은 하나도 없네요!" 만들어주기 때문이다. 이처럼 선택사항을 나란히 놓고 비교하는 상황에서는 고급스런 와인이나 초라한 집 같이 극단적인 대안이 큰 영향을 끼친다.

또한 대안을 추가하는 것도 우리의 결정에 영향을 끼칠 수 있다.

한 연구에서 내과 의사들에게 약물 X에 대한 정보를 준 뒤, 그 약물을 관절염 환자에게 처방하겠느냐고 물었다. 연구에 참여한 의사들 중 28퍼센트가 그 약물을 처방하지 않겠다고 대답했고, 나머지 의사들은 그 약에 긍정적인 자세를 보였다. 또 다른 내과 의사들에게는 동일한 질병이 있는 환자들에게 약물 X를 처방할 것인지 아니면 똑같은 효력을 지닌 약물 Y를 처방할 것인지를 물었다. 즉 대안을 하나 더 추가한 것이다. 그랬더니 40퍼센트의 의사들이 두 가지약물 중 어느 것도 처방하지 않겠다고 대답했다! 똑같은 효력의 다른 약물을 기존의 약물에 추가할 경우, 두 가지 가운데 하나를 선택하는 것이 어려워지므로 대부분의 의사들이 아무것도 선택하지 않은 것이다. "두 영화 가운데 어느 것 하나를 고르긴 너무 힘든 것 같군. 그냥 집에서 텔레비전 재방송이나 봐야겠다"라고 말해본 적이 있다면, 아마 이 내과 의사들이 왜 아무것도 처방하지 않는 실수를 저질렀는지 이해할 수 있을 것이다.

나란히 놓고 비교할 때 발생하는 가장 위험한 사실 중 하나는, 비교 대상이 되는 여러 대안들을 서로 구별하도록 해주는 것은 그것이 무엇이든 우리의 주의를 끈다는 점이다. 나는 단 15분이면 충분했을 쇼핑에 몇 시간이나 허비했던 악몽 같은 경험을 한 적이 있다. 가벼운 소풍을 가는 길에 나는 상점에 들러 잠시 주차를 하고 소형 디지털 카메라 하나를 사려고 했다. 그런데 대형 매장에 들어서는 순간, 수많은 소형 카메라가 연이어 진열된 것을 보고 나의 시간 개념은 무너지고 말았다. 어떤 특징은 내가 어차피 고려하려고 했던 것이었지만"이 정도 크기라면 내 셔츠 주머니에 쏙 들어가겠는걸. 그럼 어디든 가지고 갈 수 있겠군", 다른 특징들은 여러 카메라를 동시에 놓고 비교하기 전까지는 한 번도 생각해보지 않았던 것이었다"올림푸스 카메라는 플래시 출력 보강 장치가 있는데, 니콘 제품은 없군. 그런데 플래시 출력 보강 장치라는 게 뭐지?". 여러 가지를 나란히 놓고 비교할 때는 카메라가 각각 어떤 면에서 다른지 모두 고려해야 하기 때문에, 결국 나는 내가 정말로 중요시하는 점들보다는 비교 맥락에서 눈에 띄는 차이점들을 고려하게 되었다.

　예를 들어 당신이 사전 하나를 새로 산다면 어떤 점을 고려할 것인가? 어느 연구에서 연구진이 사람들에게 1만 단어가 수록되고 품질이 최상인 사전 가격을 매겨보라고 요구했다. 평균적으로 사람들은 24.31달러를 가격으로 책정했다. 또 다른 사람들에게 2만 단어가 수록되었지만 겉장이 찢어진 사전의 가격을 매겨보라고 했더니 사람들은 20달러로 책정했다. 그런데 세 번째 집단에게 앞서 제시한 두 사전을 동시에 비교하게 하자, 그들은 1만 단어짜리 사전에는 19달러를, 2만 단어를 수록하고 있지만 겉장이 찢어진 사전에는 27달러를 책정했다. 이는 두 사전이 나란히 제시되는 경우에는 갑자기 단어 수가 사람들의 주의를 끌어 그들이 그 정보에 더 영향을 받게 된다는 점을 보여준다.

비교하기와 현재주의

그렇다면 비교하기에서 나타나는 이러한 특징이 미래의 감정을 상상하는 데 어떤 영향을 줄 것인지를 생각해보자. 그 특징을 다시 정리하면 다음과 같다. (a)어떤 것의 주관적 가치는 비교를 통해서 결정된다. (b)어떤 경우든 우리가 할 수 있는 비교가 한 가지 종류만 있는 것은 아니다. (c)따라서 어떤 종류의 비교를 하느냐에 따라 어떤 것의 가치가 크게 느껴질 수도 있고 작게 느껴질 수도 있다. 이러한 사실은 어떤 일에 대한 미래의 우리 감정을 예측하고자 할 때 우리가 미래의 그 시점에서 그 일과 비교하게 될 대상이 무엇인지를 고려해야지, 현재의 대안과 비교해서는 안 된다는 점을 시사한다. 그러나 아쉽게도 사람들은 현재 우리가 하는 비교와 미래에 우리가 하게 될 비교가 반드시 같은 것은 아니라는 점을 인식하지 못한다.

한 연구에서 연구진은 참가자들에게 테이블에 앉아 몇 분 뒤에 감자튀김을 먹는다면 얼마나 좋을지 예측하도록 했다. 그들 가운데 몇몇은 테이블 위에 놓인 감자튀김 한 봉지와 초콜릿 바 하나를 보았고, 나머지 사람들은 감자튀김 한 봉지와 함께 생선 통조림 한 통을 보았다. 감자튀김과 함께 놓인 음식이 참가자들의 예측에 영향을 끼쳤을까? 물론이다. 참가자들은 생선 통조림과 감자튀김이 함께 놓여 있는 조건에서 감자튀김이 더 맛있을 거라고 예측했다. 하지만 그들의 예측은 잘못된 것이었다. 그들이 실제로 감자튀김을 먹었을 때는 함께 놓여 있던 생선 통조림과 초콜릿은 감자튀김에 대한 만족도에 어떠한 영향도 끼치지 못했다. 입 안 가득 바삭하고 짭짤하면서도 기름진 감자튀김을 먹고 있으면, 같은 테이블에 놓인 다른 음식들은 대개 관심 밖으로 밀려나고 만다. 이는 마치 당신이 현재 누군가와 한창 섹스를 하고 있다면, 잠자리를 함께하고 싶어 했던 어떤 사람에 대한 상상이 별로 중요하지 않은 것과 같은 이치다. 위 실험에서 참가자들이 미처 깨닫지 못했던 것은 상상할 때 행한 비교"오, 감자튀김 좋지. 그렇지만 초콜릿이 훨씬 더 맛있을 거야"는 실제로 감자튀김을 먹으면서 행하는 비교와 다르다는 점이다.

대부분의 사람들이 이런 비슷한 경험을 해보았을 것이다. 크기가 작고 우아해보이는 스피커와 커다랗고 네모난 모양의 커다란 스피커를 비교하고는 큰 스피커의 소리에 압도되어 덩치 큰 스피커를 구입한다. 그러나 일단 그 스피커를 집에 가져오면 더 이상 그 상점에 있던 다른 스피커들은 비교의 대상이 아니다. 오히려 예전에 집에 있던 우아하고 낡은 스피커가 비교 대상이 된다.

또 다른 예로 프랑스에 여행을 가서 같은 나라 사람을 만난다면 그들과 즉시 친해질 것이다. 우리가 프랑스어를 구사할 줄 모르면 달갑지 않게 여기고 어설프게 구사하면 더더욱 싫어하는 프랑스 사람들에 비해, 이들이 얼마나 따뜻하고 친절하게 느껴지겠는가! 우리는 이런 친구를 만났다는 사실이 무척 즐거워 훗날에도 지금처럼 그들을 좋아할 거라고 생각한다. 하지만 막상 여행에서 돌아와 한 달 정도 후에 그들과 저녁식사를 하게 되면 나의 원래 친구들과 비교했을 때 그들이 너무나 따분하고 재미없는 사람들임을 알게 된다. 스스로도 놀랄 정도로 말이다. 물론 그들과 파리를 함께 여행한 것은 잘못된 일이 아니다. 문제는 그 당시 했던 비교"리사와 월터는 르 그랜드 콜버트Le Grand Colbert의 웨이터보다 훨씬 더 좋은 사람들이야"가 미래 시점에 하게 될 비교 "사실 리사와 월터는 토니나 댄보다는 별로지"와 서로 다르다는 사실을 알아채지 못한다는 점에 있다.

새 물건을 사면 무척 좋아하다가 금방 시들해지는 것도 같은 이유다. 선글라스 하나를 장만하려고 쇼핑을 시작할 때 우리는 현재 가지고 있는 낡고 유행이 지난 선글라스와 상점에서 볼 수 있는 최신 유행의 선글라스를 비교한다. 그리고 일단 새 것을 사고 나면 낡은 것은 서랍 속에 처박아둔다. 그러나 새로 산 선글라스를 며칠 쓰게 되면, 우리는 더 이상 그것을 옛날 것과 비교하지 않는다. 결국 두 선글라스를 비교하면서 느꼈던 처음의 즐거움은 증발해버리고 마는 것이다 .

시간에 따라 비교 대상이 달라진다는 사실과, 그럼에도 불구하고 사람들은 이러한 사실을 인식하지 못한다는 점은 지금껏 이해하기 어려웠던 몇 가지 현상을 이해할 수 있게 해준다. 경제학자들과 심리학자들에 따르면 사람들은 1달러를 얻는 것보다 1달러를 잃는 것에서 더 큰 영향을 받는다고 한다. 자산을 두 배로 늘려줄 수 있는 85퍼센트의 가능성과 그것을 잃어버릴 15퍼센트의 가능성이 있는 내기를 거부하는 이유도 바로 이 때문이다. 큰 이득을 볼 가능성이 매우 크다고 해도, 같은 크기의 손실이 일어날 가능성이 조금이라도 있으면 불안을 해소하지 못하는 것이다. 그러나 우리가 무언가를 이득으로 볼 것인지 혹은 손해로 볼 것인지는 그 당시 우리가 행하는 비교에 달려 있다.

예를 들어, 1993년에 생산된 마쯔다 미아타Mazda Miata는 얼마만큼의 값어치가 있다고 생각하는가? 미국 보험회사 기준에 따르면, 2006년의 기준에서 봤을 때 그 차의 가치는 약 2천 달러라고 한다. 하지만 1993년식 마쯔다 미아타를 소유하고 있는 나는, 여기저기 움푹 긁힌 자국들과 흥겹게 덜커덩거리는 그 멋진 차를 누군가가 2천 달러에 사겠다고 한다면 죽을 때까지 그 차를 팔지 않을 것이다. 물론 당신은 내 생각과 다를 것이다. 아마도 당신은 2천 달러의 가격에는 그 차뿐 아니라 덤으로 자전거 한 대, 잔디 깎는 기계 한 대, 그리고《애틀랜틱The Atlantic》지의 평생 구독권까지도 공짜로 줘야 한다고 생각할지도 모른다. 왜 당신과 나는 내 차의 적정 가격에 의견 차이를 보이는 것일까?

그 이유는 당신은 그 거래를 '이득 상황'으로 보고 있지만"내가 지금 느끼는 걸로 봐서, 내가 이 차를 갖게 된다면 얼마나 행복하게 될까?", 나는 그 거래를 '손실 상황'"내가 지금 느끼는 걸로 봐서, 내가 이 차를 잃게 된다면 얼마나 행복하게 될까?"으로 보고 있기 때문이다. 따라서 나로서는 커다란 손실을 보상해 줄 만한 높은 가격을 기대하는 반면, 당신은 그 차가 그렇게 큰 이득이라고 생각하지 않는 것이다. 당신이 놓치고 있는 점은 당신도 일단 내 차를 소유하게 되면 관점이 나처럼 변해서, 내가 하고 있는 비교를 당신도 하게 되리라는 점이다. 같은 논리로 내가 놓치고 있는 점은, 만일 내가 그 차를 소유하고 있지 않다면 나 역시 당신과 같은 관점에서 당신이 하고 있는 비교를 할 거라는 점이다.

우리가 차 가격에 서로 동의하지 못하고, 서로의 정직성과 어릴 적

가정교육까지 의심하게 되는 상황이 벌어지는 이유는 판매자와 구매자가 서로 다른 비교를 하고 있다는 점을 깨닫지 못하기 때문이다. 또한 구매자가 물건을 구입해 소유자가 되고 나면 자연스럽게 소유자의 관점을 지니게 되고, 판매자도 물건을 팔고 나면 다시 구매자의 심리를 지니게 된다는 점을 놓치고 있기 때문이다.

요약하자면, 우리가 하는 비교들은 우리의 감정에 중대한 영향을 끼친다. 더불어 우리는 오늘 하는 비교가 내일 하게 될 비교와 같지 않다는 사실을 깨닫지 못하기 때문에, 미래의 우리 감정이 현재의 감정과 다를 것이라는 점을 심각하게 과소평가한다.

맺음말

역사가들은 역사상의 인물들을 현대적인 기준으로 판단하는 경향성을 가리켜 현재주의presentism라는 말로 표현한다. 오늘날 우리는 인종차별주의와 성차별주의를 경멸하지만, 이러한 차별도 사실은 최근 들어서야 비난의 대상이 되었다. 따라서 노예를 부리고 있었다고 해서 토머스 제퍼슨Thomas Jefferson을 비난한다거나 여성을 폄하했다고 해서 지그문트 프로이트Sigmund Freud를 힐난하는 것은, 마치 1923년에 안전벨트를 매지 않고 운전한 누군가를 지금에서야 체포하는 것과 비슷하다. 그럼에도 불구하고 현재의 안경을 쓰고 과거를 바라보려는 유혹의 힘은 대단하다. 미국역사학회American Historical Association 회장도 "현재주의에는 특별한 해결책이 없다. 역사에 대한 해석을 할 때 현대적 관점에서 벗어나기란 너무도 어려운 일이다"라고 말한

적이 있다.

한 가지 희소식이 있다면, 우리 대부분은 역사학자가 아니기 때문에 과거를 해석하는 데 영향을 미치는 현재주의에서 빠져나올 탈출구를 찾지 않아도 된다는 사실이다. 그러나 나쁜 소식은 우리는 모두 나름대로 미래학자라고 할 수 있는데, 현재주의의 문제는 과거를 돌아볼 때보다 미래를 예측할 때 더 심각해진다는 점이다. 미래에 대한 예측이 현재에 이루어지기 때문에, 이 예측은 현재의 영향을 받을 수밖에 없다. 지금 이 순간 우리가 느끼는 감정"나는 지금 몹시 배가 고프다", 지금 이 순간 우리의 생각"역시 큰 스피커가 작은 것보다 음질이 좋군"은 미래의 감정에 대한 우리의 예측에 강력한 영향력을 발휘한다.

시간은 파악하기가 상당히 어려운 개념이기 때문에 우리는 미래를 현재와 비슷한 모습으로 상상하는 경향이 있다. 현재 경험하는 현실이 매우 강력하고 생생해 그에 기초한 미래는 현재로부터 완전히 벗어나지 못한다. 현재주의는 우리가 미래 시점에서 세상을 보는 방식과, 현재 시점에서 세상을 보는 방식이 다르다는 점을 깨닫지 못하기 때문에 생긴다. 이제 다음 장에서 알게 되겠지만, 미래의 자기 자신의 관점을 고려하지 못하는 이런 근본적인 무능함이야말로 어설픈 미래학자인 우리가 직면하고 있는 가장 위험한 문제이다.

Stumbling on HAPPINESS

합리화 | Rationalization

무언가를 합리적으로 만들거나 합리적으로 보이도록 만드는 행위

CHAPTER 8

우리만의 천국

세상에 좋고 나쁜 것이란 없으며, 오직 우리의 생각이 그것을 만드는 것이리라.
– 셰익스피어 『덴마크의 왕자, 햄릿Hamlet Prince of Denmark』

요가나 지방흡입술 따위에 더 이상 기대지 않아도 좋다. 기억 증진, 기분 향상, 머릿결 회복, 성기능 강화 등을 보장해준다고 장담하는 각종 약초 보조제들도 다 잊어라. 행복하고 건강해지고 싶은가? 박봉에 시달리며 허구한 날 불평을 늘어놓는 지금의 당신을 모든 꿈을 실현하고 만족해하는 모습으로 바꾸고 싶은가? 여기 그 비법이 있으니 한 번 시도해보라. 우선 그 비법의 혜택을 누린 사람들의 생생한 증언을 들어보라.

"내 삶은 신체적, 재정적 그리고 정신적인 모든 면에서 이전보다 훨씬 나아졌다."–텍사스Texas에서 JW.

"정말 의미 있는 경험이었죠."–루이지애나Louisiana에서 MB.

"예전에는 지금처럼 다른 사람에게 감사하며 살지 못했죠."–캘리포니아California에서 CR.

대체 이런 넘치는 만족감을 고백하는 사람들은 누구이며, 그들이 사용했다는 기적과도 같은 비법은 과연 무엇일까? 짐 라이트Jim Wright, JW는 전 미국 하원 의장으로 윤리규범을 69번이나 위반했다는 이유로 모욕적인 사임을 강요당했던 사람이다. 모리스 빅햄Moreese Bickham, MB은 또 누구인가? 그에게 총을 쏘았던 KKKKu Klux Klansmen 에 맞서 정당방위를 하다 감옥에 수감되어 37년이나 무고하게 복역한 사람으로 감옥에서 풀려난 직후 감옥에서의 경험을 위에서처럼 표현한 것이다. 그리고 '수퍼맨Superman'에서 명연기를 펼쳤던 크리스토퍼 리브Christopher Reeve, CR는 낙마하여 목 아래 부위가 모두 마비되는 사고를 당해 산소호흡기 없이는 숨조차 쉴 수 없는 지경에 이른 후에 위와 같은 말을 남겼다.

이 이야기들이 주는 교훈은 무엇인가? 행복, 건강, 부, 지혜를 얻고 싶다면 비타민이나 성형수술 같은 것은 접어두고, 이들처럼 공개적으로 수모를 당하거나 무고하게 혐의를 뒤집어쓰거나 아니면 사지가 마비되는 것 같은 경험을 해보라는 것이다!

지난 1세기 동안 심리학자들은 사랑하는 사람과 사별하거나 폭력적인 범죄의 희생자가 되는 것 같은 비극적인 사건은 피해 당사자들에게 매우 심각한 부작용을 지속적으로 남긴다고 가정해왔다. 이 가정은 당연시되어 이런 사건을 겪고도 아무런 정서적 반응을 보이지 않는 사람은 '슬픔 상실'이라는 병리적인 상태에 있다고 진단받기도 했다. 그러나 최근 연구에 따르면, 우리의 이러한 생각은 잘못된 것이며 슬픔을 보이지 않는 것도 정상적인 것일 수 있다고 한다. 더불

행복에 걸려 비틀거리다

어 대다수의 사람들은 심리학자들이 가정했던 것처럼 꽃과 같이 연약한 존재가 아니라 외상trauma을 경험하고 나서도 놀라운 회복력을 보이는 탄력적인 존재임이 밝혀졌다. 물론 부모나 배우자를 잃는 것은 슬픈 일이고 때로는 비극적이기도 하다. 그렇지 않다고 주장하는 사람들은 돌팔매질을 당해도 싸다. 그러나 실제 연구를 보면 유족들은 상당 기간 비통에 잠기지만, 그중 극히 소수만이 만성우울증을 경험할 뿐이고 대부분의 사람들은 그 슬픔을 잘 견뎌낸다.

미국인의 절반 이상이 인생을 살아가는 동안 강간, 신체적 폭력, 자연재해 등과 같은 외상을 경험하지만, 그 가운데 외상 후 병리를 보이거나 전문적인 치료를 받아야 하는 사람은 극소수에 불과하다. 실제로 연구자들은 "자아탄력성은 외상 사건 경험 이후에 나타나는 아주 흔한 현상이다"라고 주장한다. 주요 외상 사건들을 겪고 살아남은 사람들을 연구한 결과, 대다수의 사람들이 그 이후로도 매우 잘 지내며 상당수의 사람은 그런 경험을 통해 자신의 삶이 강화되었다고 진술했다. 물론 이런 주장이 무슨 노래 가사에나 나올 법한 이야기처럼 미심쩍게 들릴 수도 있다. 그러나 분명한 사실은 불행한 일을 경험한 후에도 사람들은 꽤 잘 살아간다는 점이다.

정말로 '탄력성resilience'이 우리의 기본 속성이라면, 위와 같은 통계에 그리 놀랄 이유는 없지 않은가? 우리가 그렇게 탄력적인 존재라는 것을 알고 있다면, 사람들의 탄력성을 보여주는 연구 결과에 굳이 놀랄 필요는 없다는 얘기다. 그렇다면 우리가 놀라는 이유는 무엇일까? 오랜 기간의 감옥생활을 '대단한 경험'으로, 사지가 마비되는 것을 인생의 '새로운 방향'을 제시해준 '특별한 기회'로 믿기 어려운 이유는 무엇일까? 도대체 우리는 왜 어떤 운동선수가 수년간의 혹독한 암 치료를 받고 나서 "나는 이 모습 그대로가 좋다"라고 말하거나, 영구적인 장애를 갖게 된 어떤 음악가가 "다시 산다고 하더라도 지금과 똑같은 상황이 벌어졌으면 해요"라고 말하는 것을 들을 때, 그 말을 믿지 못하고 고개를 절레절레 흔드는 것일까? 우리는 왜 전신마비에 걸린 이들이 다른 사람 못지않게 행복하다고 말할 때 그것을 믿지 못할까? 엄청난 사건을 경험했던 사람들이 하는 이런 말들은 그런 일을 그저 상상만 해본 사람들에게는 터무니없게 들릴 것이다. 하지만 그 일을 직접 경험해본 사람들의 말을 믿어야 하지 않을까?

부정적인 사건이 우리에게 영향을 끼치는 것은 사실이다. 그러나 우리가 상상하는 만큼은 아니다. 실직이나 이별을 겪게 되면 어떨까? 자신이 지지하는 후보가 중요한 선거에서 떨어지거나 자신이 응원하는 운동 팀이 중요한 게임에서 패했을 때 또는 면접, 시험, 콘테스트에서 떨어졌을 때 어떻게 느낄지 사람들에게 예측해보라고 하면, 그들은 자신이 좋지 않은 기분을 얼마나 강렬하게 그리고 얼마나 오랫동안 느낄지를 과대평가한다. 신체장애가 있는 사람들이 그 장애를 없애기 위해 기꺼이 지불하겠다는 비용보다는, 장애가 없는 사람들이 그런 장애들을 피하기 위해 지불하겠다는 비용이 훨씬 큰 법이다. 왜 그럴까? 그것은 장애가 없는 사람들이 장애를 가진 사람들의 행복을 과소평가하기 때문이다.

한 연구진은 "자신에게 만성질환과 장애가 있다고 상상하게 한 사람들보다 실제로 그런 질환과 장애가 있는 환자들이 자신의 삶을 더 만족스럽게 평가한다"라고 지적했다. 건강한 사람들이 '죽기보다 싫은' 것이라고 말하는 질환에는 83가지가 있지만, 실제로 그런 상태에 있는 사람들이 스스로 목숨을 끊는 경우는 극히 드물다. 이처럼 부정적인 사건이 우리가 생각하는 것만큼 극심한 피해를 주지 않음에도 불구하고, 왜 우리는 그럴 것이라고 예상하는 것일까? 그것은 바로 우리에게 모호한 상태를 자신에게 유리한 방향으로 이용하려는 경향이 있기 때문이다. 무슨 말인지 모호하다면 조금만 더 읽어보라.

경험의 모호함

건초 더미에서 바늘 하나를 찾는 일보다 더 힘든 일은 바늘 더미에서 바늘 하나를 찾는 일이다. 어떤 사물이 그와 비슷한 것들에 둘러싸여 있을 때, 그 사물은 자연스럽게 그 속에 섞여 들어간다. 반면 그리 비슷하지 않은 것들 사이에 끼어 있는 사물은 자연스럽게 눈에 띈다. 그림 16.을 보라. 당신에게 밀리 초까지 측정할 수 있는 스톱워치가 있다면, 위 상자와 아래 상자에서 글자 O를 찾아보며 그 시간을 재보라. 그러면 아래 상자에서 글자 O를 찾는 것글자 O가 다른 글자들에 둘러싸여 있음보다 위의 상자글자 O 주변에 숫자들이 있음에서 글자 O를 찾는 것이 약간 더 빠르다는 것을 확인할 수 있을 것이다. 숫자 사이에서 글자를 찾는 것보다 글자 사이에서 글자를 찾는 것이 더 힘들기 때문에 당연한 결과다. 같은 논리로 '글자 O' 대신 '숫자 0'을 찾아보라고 한다면, 위의 상자보다 아래 상자에서 찾는 편이 조금 더 빠

1	5	9	3	1	5	4	4	2	9
6	8	4	2	1	6	2	2	3	3
9	2	7	6	9	7	5	5	1	1
5	3	7	2	7	6	2	7	8	9
3	7	5	9	6	8	8	2	9	8
4	8	3	1	2	1	6	8	1	8
4	3	4	2	3	9	1	7	0	9
6	2	4	1	8	6	7	5	2	3
7	6	4	2	9	6	5	4	4	5
9	5	2	3	6	7	8	4	5	3

L	G	V	C	L	G	E	E	P	V
I	T	E	P	L	I	P	P	C	C
V	Q	R	I	V	R	G	G	L	L
G	C	R	P	R	I	P	R	T	V
C	R	G	V	I	T	T	P	V	T
E	T	C	1	P	1	I	T	L	T
E	C	E	P	C	V	L	R	0	V
I	P	E	L	T	I	R	G	P	C
R	I	E	P	V	I	G	E	E	G
V	G	Q	C	I	R	T	E	G	C

| 그림 16 | 위의 단어 격자에서는 숫자 0을 찾을 때보다 글자 O를 찾을 때 동그라미를 찾기가 더 쉽다. 하지만 밑의 단어 격자에서는 반대로 숫자 0을 찾을 때 더 빨리 찾게 된다.

를 것이다. 우리는 시각이라는 기본적인 감각 능력을 이해하기 위해서는 그 구조를 알면 된다고 생각한다. 시각 능력을 이해하려면 광도, 시각 대비, 간상세포·추상세포시신경의 두 종류―역주, 시신경, 망막 등 세세한 시각 구조를 이해하면 될 것이라고 생각하는 것이다. 그러나 그 모든 정보를 알고 있을지라도 그림 16.의 두 상자 가운데 왜 한쪽 상자에서 동그라미를 더 빨리 찾게 되는지는 설명할 수 없을

것이다. 그것을 설명하기 위해서는 사람들이 그 동그라미가 무엇을 의미하는지즉, 글자 O인지 숫자 0인지를 알아야만 한다.

기본적인 심리과정에서도 '의미'는 매우 중요한 역할을 한다. 그러나 심리학자들은 초기에 아주 분명해보이는 이 사실을 거의 무시했다. 실험 심리학자들은 쥐가 미로 사이를 뛰어다니는 시간을 재기도 했고, 비둘기가 먹이를 쪼는 몸짓을 관찰하기도 했다. 이들은 제시된 '자극'과 그 자극을 받은 유기체가 나타내는 '반응' 사이의 관계를 파악하는 것이 행동을 이해하는 최상의 길이라고 믿었다. 빛, 소리 그리고 음식 조각 같은 물리적인 자극 앞에서 유기체가 보이는 행동을 조심스럽게 관찰함으로써 심리학자들은 관찰 가능한 자극과 관찰 가능한 반응을 연결시키고자 했던 것이다. 그러나 '의미'처럼 막연하고 손에 잡히지 않는 개념은 철저히 배격했다.

이런 생각은 애초에 틀릴 수밖에 없었다. 왜냐하면 쥐와 비둘기는 제시된presented 자극에 반응하지만, 사람은 마음속에 표상된represented 자극에 반응하기 때문이다. 객관적인 자극은 사람들 마음속에 주관적인 자극을 창출해내며, 사람들은 이러한 주관적인 자극에 반응한다. 예를 들어 그림 17.에 있는 두 단어의 가운데 글자를 보라. 두 글자는 물리적으로 동일한 자극이다. 하지만 영어를 쓰는 사람이라면 위아래 두 경우에서 그 글자를 각기 다르게 보고, 다르게 발음하여 결국 다르게 기억할 것이다. 한 경우에 이 글자는 알파벳 H로, 다른 경우에는 알파벳 A로 표상되기 때문이다. 어쩌면 둘 가운데 하나는 실제로 H이고, 다른 하나는 A라고 해야 더 적절할지도 모르겠다. 우리가 글자를 이해하는 데는 잉크의 흐름이라는 객관적 속성이 아니라, 우리가 주관적으로 그 글자를 어떻게 해석하는지가 더 중요하다

THE
CAT

| **그림 17** | 서로 다른 맥락에서 가운데 글자의 모양은 다른 의미를 지닌다.

는 의미다. 우리가 쥐나 비둘기와 다른 점이 바로 여기에 있다. 우리는 자극 그 자체가 아니라 자극이 우리에게 주는 의미에 반응하는 것이다.

자극의 모호함을 해소하는 방법

대부분의 자극은 모호하기 때문에 한 자극은 여러 가지 의미를 내포할 수 있다. 따라서 중요한 질문은, 우리가 어떻게 그 모호함을 해결하느냐 하는 것이다. 다시 말해 우리가 어떤 도구를 동원해 특정 상황에서 특정 의미만을 보게 되느냐 하는 것이다. 연구 결과에 따르면 맥락context · 빈도frequency · 최신성recency이 그런 도구들 중 특히 중요하다.

• 맥락 : 영어에서 'bank'는 두 가지 뜻을 지닌다. 하나는 '돈을 보관하는 장소은행'이고, 다른 하나는 '강어귀에 자리 잡은 땅둑'을 뜻한다. 하지만 "The boat ran into the bank"라든지 "The robber ran into the bank"와 같은 문장을 잘못 이해하는 경우는 전혀 없다. 배boat, 강도robber라는 단어가 각각의 경우에서 bank가 무엇을

의미하는지 알 수 있도록 우리에게 맥락을 제시하기 때문이다.

• 빈도 : 과거에 어떤 자극을 접해본 경험이 있다면, 그 자극의 어떤 의미들 중 특정 의미를 더 쉽게 떠올릴 것이다. 예를 들어, 대출과 관련된 일을 담당하는 직원은 "Don't run into the bank"라는 문장을 해석할 때, bank를 자신의 직장은행에서 찾아볼 수 있는 경고 문구로 이해할 수는 있어도 보트를 조종하는 것과 관련된 문구라고 생각하지는 않을 것이다. 이 사람은 자신의 일상생활에서 bank라는 단어를 해양과 관련되는 경우보다 금융과 관련된 상황에 훨씬 더 자주 사용했기 때문이다.

• 최신성 : 심지어 보트를 운전하는 사람도 최근에 개인금고 광고를 본 적이 있다면 "Don't run into the bank"라는 문장을 보면서 bank를 강둑보다는 은행으로 해석할 것이다. 또한 이 문단 내내 내가 bank를 말하고 있었으므로, "He put a check in the box"라는 문장을 보고 은행금고에 수표를 보관하는 심상을 떠올리지, 설문지 응답 상자에 체크하는 심상을 떠올리지는 않을 것이다.

쥐나 비둘기와 달리 우리는 의미에 반응하며, 맥락·빈도·최신성을 사용해 모호한 자극의 의미를 결정한다. 그러나 그 세 가지에 결코 뒤지지 않는 중요한 요인이 하나 더 존재한다. 사람·쥐·비둘기는 모두 욕망이나 소망, 욕구를 지니고 있다. 우리는 단지 세상을 수동적으로 구경하고 있는 것이 아니라 거기에 정서적으로 개입해 때로는 어떤 모호한 자극의 여러 가지 의미 가운데 특정 의미를 보고 싶어 한다.

그림 18.에 나온 상자 그림을 한번 살펴보자. 이 정육면체는 1832 년 스위스의 결정학Crystallography 연구자 네커Necker가 발견했다고 해 서 네커 정육면체라고 한다. 본질적으로 이 물체는 모호한 자극이 다. 당신이 이 정육면체를 몇 초간 응시해보면, 왜 이 모양을 모호한 자극이라고 말하는지 금방 알 수 있다. 어떤 경우에는 검은 점이 상 자 오른쪽 안쪽 모서리를 나타내는 것으로 보이기도 하지만, 다른 경우에는 이 점이 정면 오른쪽 아래 모서리를 나타내는 것으로 보인 다. 이 그림은 두 가지의 동등한 의미 해석이 가능하기 때문에, 당신 의 뇌는 그 두 가지 의미 사이를 자유자재로 왔다갔다하다가 결국 당신이 피곤해서 지칠 때까지 이 그림을 즐기게 한다.

그런데 이 그림의 두 가지 의미 가운데 하나가 다른 하나보다 당신 에게 더 유리한 결과를 가져다준다면 어떨까? 다시 말해, 당신이 이 그림을 보면서 어느 한 가지 해석을 선호한다면 어떨 것인가? 일련 의 실험에서 참가자들에게 두 가지 해석 중 어느 하나를 보면 보상 을 주겠다고 약속했다. 그랬더니 참가자들은 그들에게 보상이 약속 된 형태의 상자가 즉각 보인다고 말했다. 이처럼 한 자극을 여러 가 지 방식으로 해석할 수 있을 때, 뇌는 자신이 원하는 대로 자극을 해 석한다. 결국 당신의 선호는 맥락 · 빈도 · 최신성처럼 자극을 해석 하는 데 영향을 주는 것이다.

이런 현상은 애매하게 보이는 그림을 해석할 때만 나타나는 것이 아니다. 예를 들어, 당신이 스스로를 재능 있는 사람이라고 생각하

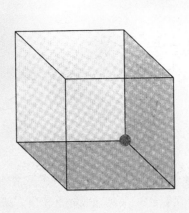

| **그림 18** | 네커 정육면체(Necker cube)를 응시하고 있으면, 그 모양의 중심이 이동하는 것처럼 보이는 것을 발견할 수 있을 것이다.

는 이유는 무엇인가아니라고 말하지 말라. 당신은 그렇게 생각하고 있지 않은가? 연구자들은 이 물음의 해답을 얻고자 몇몇 참가자에게 '재능 있다'가 의미하는 바가 무엇인지 써보고 그 정의를 기준으로 삼아 스스로 얼마나 재능 있는 사람인지를 평가하도록 했다. 또 다른 참가자에게는 첫 번째 집단이 써 놓았던 정의를 제시하면서 그 기준에 따라 스스로 얼마나 재능이 있는지를 추정하도록 했다.

흥미롭게도 '재능 있다'가 의미하는 바를 스스로 정의내렸던 사람들은, 그렇지 않았던 사람들보다 스스로를 더 재능 있다고 평가했다! 정의를 내렸던 참가자들은 '재능 있다'의 정의를 자기 맘대로 내릴 수 있었기 때문에 자기가 잘하는 영역에 집중해 본인에게 유리한 방향으로 정의내린 것이었다. "내 생각에 재능 있다는 것은 뛰어난 미적 성취를 의미해. 내가 막 끝마친 이 그림과 같은 거지." 혹은 "재능 있다는 것은 뭔가 뛰어난 것을 타고났음을 의미하지. 예를 들면 다른 사람보다 힘이 세다거나 하는 것처럼 말이야. 내 힘 한 번

볼래?"와 같이 정의내린 것이다. 그 정의에 따르면 그들은 정말 재능 있는 사람이다. 우리가 스스로를 재능 있다, 친절하다, 현명하다, 공정하다처럼 긍정적으로 생각하는 이유 중 하나는 이런 말이 네커 정육면체와 같아서 자신에게 유리한 방향으로 해석할 수 있기 때문이다.

경험의 모호함을 해소하는 방법

중요한 점은 우리가 모호함을 스스로에게 유리한 방향으로 이용하는 것이 단어나 문장 혹은 도형의 모양을 해석하는 데만 한정되지 않는다는 것이다. 오히려 삶의 경험들을 해석하는 과정에서 더 자주 나타난다. 네커 정육면체는 두 가지로 해석할 수 있고, 재능이라는 말은 열네 가지 정도로 해석할 수 있다고 해보자. 그렇다면 집을 떠나는 것, 병에 걸리는 것, 우체국 직원이 되는 것 등의 경험은 수백 또는 수천 가지로 해석할 수 있다. 결혼, 양육, 취직, 의원직 사퇴, 감옥 수감, 신체 마비 등과 같이 우리에게 발생하는 일들은 단순히 흘려 쓴 글자나 정육면체 같은 것과는 비교도 할 수 없을 만큼 복잡하다. 그만큼 주관적으로 해석할 수 있는 모호함이 다양하다는 의미다.

어떤 연구에서 참가자들에게 맛은 있지만 건강에는 별로 좋지 않은 아이스크림을 먹게 될 것이라고 알려주었다아이스크림 시식자. 다른 참가자들에게는 맛은 쓰지만 건강식인 케일 한 접시를 주겠다고 했다케일 시식자. 그리고 연구진은 참가자들이 실제로 음식을 먹기 전에 그들에게 아이스크림과 케일, 스팸한국에서와 달리 미국에서는 별로 맛없는 음식으로 여김—역주을 포함한 다양한 음식이 서로 얼마나 비슷한지를 분별하게 하였다.

그 결과, 아이스크림 시식 예정자들은 스팸이 아이스크림보다는 케일과 더 비슷한 음식이라고 했다. 왜냐하면 아이스크림 시식 예정자들은 음식을 맛의 관점에서 생각했기 때문이다. 그런 관점에서 보면 케일이나 스팸은 맛이 없고 아이스크림은 맛이 좋은 것이라고 생각되었던 것이다. 한편, 케일 시식 예정자들은 스팸이 케일보다는 아이스크림과 좀더 가까운 음식이라고 했다. 이들은 음식을 건강의 측면에서 판단했기 때문에, 케일과는 달리 아이스크림과 스팸은 건강에 별로 좋지 않은 것으로 평가하였던 것이다.

아이스크림은 살찌는 음식이지만 동시에 맛있는 음식이기도 하며, 케일은 건강에 좋은 음식이지만 동시에 맛이 씁쓸하다. 마치 네커 정육면체가 두 가지 형태의 해석을 담고 있는 것과 같은 논리다. 음식을 단순히 머릿속으로만 생각하는 경우, 우리 뇌는 맛과 건강의 두 가지 해석 사이에서 왔다갔다한다. 그러나 음식을 실제로 먹으려고 하면, 뇌는 우리에게 유리한 방향으로 해석하기 시작한다. 즉, 맛있는 아이스크림으로 생각하거나 혹은 건강에 좋은 케일로 해석을 통일하는 것이다. 그리고 막상 그 음식을 먹으면서 경험하는 불유쾌한 것아이스크림의 경우 건강, 케일의 경우 맛들도 가능한 한 기분 좋게 해석하기 위한 방식을 찾으려 든다.

경험은 본래 모호한 것이다. 그러나 그 모호한 경험에서 '긍정적인 면'을 찾아내는 것은 네커 정육면체의 두 가지 해석 가운데 하나를 찾아내는 것만큼이나 쉽고 간단하다. 실제로 많은 연구 결과가 대부분의 사람들이 이런 일을 매우 자주, 그리고 곧잘 한다는 것을 보여준다. 예를 들어 소비자들은 빵 굽는 기계를 평가할 때 자신이 구입한 물건은 구입하기 전보다 더 긍정적인 평가를 한다. 구직자들은 자신이 얻은 직업을 더 좋게 평가한다. 고등학생들은 자신이 입학한 대학을 더 좋게 평가한다. 경마 도박꾼들은 특정 말에 배팅하려고 줄을 서서 기다릴 때보다 배팅을 끝마친 후에 자신이 선택했던 말에 더 후한 점수를 준다. 유권자들은 투표장에 들어갈 때보다 투표를 마치고 나올 때 자신이 선택한 후보자를 더 좋게 평가한다. 빵 굽는 기계나 직장, 대학, 말 그리고 국회의원은 모두 좋고 멋진 것이다. 하지만 그것이 나의 빵 굽는 기계, 회사, 대학 또한 내가 선택한 말, 내가 뽑은 국회의원이 되면 그 즉시 예전보다 더 좋고 굉장한 것들로 평가가 바뀐다. 이런 연구를 통해 우리는 어떤 것이 자기 것이 되면 사람들은 그것을 더 긍정적으로 보게 된다는 점을 알 수 있다.

사실을 자기에게 유리한 방향으로 조작하기

볼테르Voltaire의 고전 소설 『캉디드Candide』에서 모든 학문에 박식한 팽글로스Pangloss 박사는 자신이 인간이 살 수 있는 환경 중 가장 최상의 상태에서 살고 있다고 믿는다. 그는 이렇게 말한다. "모든 것에는 그 나름의 방식이 존재한다. 그 모든 것은 특정한 목적을 지니고 창조되어 왔다. 그리고 그 목적은 여러 가지 가운데 반드시 최상의 목적이어야만 한다. 예를 들어 코는 안경을 받쳐주기 위해 만들어졌기에 우리는 안경을 착용할 수 있다. 누구나 알고 있듯 사람의 다리는 짧은 바지를 입기 위해 만들어졌기 때문에 우리는 그런 바지를 입는다. 돌은 성곽을 축조하기 위해 만들어졌다. 그래서 군주께서 그렇게 좋은 성을 가지시고, 그 성읍에 사는 높은 계급의 남작들은 가장 좋은 집을 차지하는 것이다. 돼지는 식용의 목적으로 창조되었기 때문에 우리는 일 년 내내 돼지고기를 먹는다. 따라서 누군가가 이 세상의 모든 것은 그럭저럭 잘 돌아간다고 말한다면 이것은 어리석은 발언이다. 모든 것은 최상의 상태로 존재한다고 말해야 옳다."

지금까지 소개한 모든 연구 결과는 사람은 본질적으로 팽글로스 박사와 같다는 점을 보여준다. 생각해낼 수 있는 경험의 수보다는 같은 경험이라도 그 경험을 해석하는 방식의 수가 더 많다. 그리고 사람들은 그 많은 해석 중에서 자신에게 가장 유리한 것을 찾아내는 데 탁월한 능력을 지니고 있다. 이것이 사실이라면, 왜 우리는 크게 웃으면서 치질의 신비로움이나 사돈의 꼴불견을 놓고 신께 감사드리지 않는 것일까? 그것은 우리가 늘 우리의 마음을 속일 수는 없기 때문이다. 우리가 경험하는 것은 엄연히 현실과 이상 사이의 타협이다. 즉, 우리는 명백한 현실과 낙관적인 환상의 적절한 조합을 경험하고 있다. 실제와 착각 가운데 어느 하나를 완전히 버릴 수는 없다. 세상을 있는 그대로 경험한다면 아마 너무 우울해져 아침에 자리에서 일어나기조차 싫어질 것이다. 반대로 우리가 원하는 대로 세상을 경험한다면, 완전히 망상에 빠져 아침에 일어나면서 어디가 어디인지 구분하지도 못하게 될 것이다.

비유를 하자면 우리는 장밋빛 색안경을 쓰고 세상을 보고 있다. 그 색안경은 완전히 불투명하지도 그렇다고 완전하게 투명하지도 않다. 우리는 세상 속에 직접 뛰어들어 살아야 하기 때문에 우리의 색안경이 완전히 불투명이어서는 안 된다. 예를 들어 헬리콥터를 조종하고 옥수수를 재배하고 아기의 기저귀를 갈아주는 등의 생존에 필요한 일을 하기 위해서는 세상을 제대로 볼 줄 알아야 한다. 그렇다고 세상을 너무 선명하게만 볼 수도 없다. 우리가 헬리콥터를 디자인하고 "나는 이게 분명 날 거라고 확신해" 옥수수를 심으며 "올해에는 최고급 곡식을 추수해야지", 아기의 뒤치다꺼리를 참아내는 "이게 다 행복이지 뭐" 등 우리 스스로에게 동기를 부여하기 위해서는 세상을 긍정적인 방향으로 해석할 필요가 있기 때문이다. 따라서 우리는 현실 없이도 살 수 없고, 착각 없이도 살 수 없다. 그것은 각각 나름대로의 목적을 수행하고 서로의 한계점을 보안해준다. 우리의 세상 경험은 이 두 가지 거친 경쟁자들의 슬기로운 타협의 결과라고 할 수 있다.

따라서 모든 사람을 팽글로스로 간주하기보다는 심리 면역체계를 가진 존재라고 보는 것이 타당하다. 신체 면역체계가 질병에 대항해 몸을 지키는 것과 같은 방식으로 심리 면역체계도 불행에 대항해 우리의 마음을 보호한다고 보면 된다. 이 비유는 이상하게 들릴 수도 있겠지만 적절한 표현이다. 신체 면역체계는 두 가지 상충하는 필요 사이에서 균형을 유지해야 한다. 하나는 바이러스나 박테리아 같은 외부 침입자를 인식해 파괴할 필요성이고, 다른 하나는 몸속 세포들을 인식하고 지켜줄 필요성을 의미한다. 신체 면역체계의 활동이 떨어지면, 몸속에 들어오는 미세한 천적들에 대항해 몸을 보호할 수 없고 결국 질병에 감염되고 만다. 반면 신체 면역체계가 과잉 활동하면 실수로 몸속 세포를 침입자로 착각하고는 공격하게 된다. 따라서 건강한 신체 면역체계는 이처럼 상충되는 필요들의 균형을 유지하면서 우리를 잘 보호할 수 있는 방법을 찾아내야 한다.

마찬가지로 거절·상실·불운·실패 등에 직면했을 때, 우리의 심리 면역체계는 우리를 방어하되 지나치게 방어해서는 안 된다. 이를테면 "나는 너무 완벽하기 때문에 사람들이 싫어하는 거야"라고 지나친 방어를 해서는 안 된다. 그와 동시에 심리 면역체계는 우리를 충분히 지켜줄 수 있어야 한다. "나는 낙오자야. 나 같은 사람이 살아서 뭘 한담" 하는 것처럼 행동하게 해서는 안 된다는 말이다.

건강한 심리 면역체계는 우리가 당면한 상황에 대처할 수 있도록 충분히 좋은 기분을 유지하게 해주는 동시에 그런 상황에 적절히 대응할 수 있도록 때로는 불편감도 줄 수 있어야 한다. 이를테면, "이번에는 정말 형편없게 일처리를 했군. 기분이 정말 찜찜해. 하지만 언제라도 기회는 다시 잡을 수 있으니 괜찮지 뭐." 이런 자세를 지닐 수 있게 해야 한다는 얘기다. 즉, 우리는 보호받아야 하지만 그렇다고 지나치게 방어적인 태도를 보이면 안 된다. 우리의 마음은 자연스럽게 사물을 보는 최상의 관점을 찾아야 하며, 그 관점은 가능하면 현실에서 동떨어지지 않아야 한다. 이런 이유에서 사람들은 자신을 긍정적으로 보려고 하는 동시에 비현실적일 정도로 긍정적으로 보려고 하지는 않는다. 예를 들어 대학생들은 기숙사의 룸메이트가 자신을 좋게 생각하지 않는다고 여겨지면 방을 새로 배정받고 싶어 한다. 반대로 그 룸메이트가 자신을 지나치게 좋게 생각한다고 느껴질 때도 다른 방을 배정받고 싶어 한다. 아무리 기분 좋은 것일지라도 지나치면 오히려 경계심이 생기는 것이다. 현실과 착각 사이에서 절묘한 균형을 유지하기 위해 우리는 긍정적인 관점을 지니고자 하지만 그 관점은 동시에 믿을 만해야 한다. 그렇다면, 무엇이 어떤 관점을 믿을 만하다고 생각하게 만드는 것일까?

자기에게 유리한 사실만을 수집하기

우리 대부분은 과학자의 말을 신뢰한다. 그 이유는 과학자의 결론이 사실을 수집하고 분석해서 나온 것이라고 믿기 때문이다. 누군가 당신에게 흡연은 건강에 해롭고, 운동은 유익하다고 생각하는 이유가 무엇이냐고 물어본다고 하자. 또는 지구는 둥글고 은하계는 평평하다고 믿는 이유가 무엇인지, 왜 세포는 작고 분자는 그보다 더 작은지를 물었다고 치자. 그러면 당신은 그것에 관한 '사실'을 얘기할 것이다. 물론 그 사실들은 당신이 개인적으로 알아낸 것이 아닐 수도 있다. 그래도 당신은 과거 어느 시점에서 실험복을 입은 열성적인 사람들이 청진기, 망원경, 현미경 등을 대고 이리저리 관찰해 그 관찰과 분석의 결과를 기록했다는 것, 그리고 그 결과가 우리에게 건강과 우주의 구조, 생물학 등에 대해 무엇을 믿고 무엇을 믿지 말아야 할지를 가르쳐주었다고 설명할 수 있다.

과학자의 주장이 믿을 만한 이유는 그것이 관찰에 기반하고 있기 때문이다. 경험주의자들이 교조주의자들을 누르고 고대 그리스 의학의 대가로 자리매김할 때부터 지금에 이르기까지, 서양 문화에서는 직접 볼 수 있는 자료에 기초한 결론이 중시되어 왔다. 따라서 우리 자신에 대한 생각이나 욕망, 욕구가 공상에 기초하지 않고 관찰 가능한 사실에 기초하고 있을 때 더욱 신뢰를 받는다는 것은 그리 놀라운 일이 아니다. 우리는 모든 사람이 우리를 사랑한다거나 우리가 영원히 살 수 있을 것이라고 믿고 싶어 할 수도 있다. 또한 주식

시장에서 IT 관련주가 다시 한 번 붐을 형성할 것이라고 믿고 싶어할 수도 있다. 우리의 두개골 밑 부분에 작은 버튼 하나를 장착해, 그 버튼을 누르면 즉시 우리가 원하는 것들을 믿게 된다면 아주 간편할 것이다. 하지만 믿음이란 그렇게 생겨나지 않는다. 인간 진화의 오랜 시기를 거치는 동안 뇌와 눈은 일종의 계약 관계를 발달시켜 왔다. 그래서 뇌는 눈이 보는 것을 믿고, 눈이 부인하는 것은 믿지 않는다. 따라서 우리가 무언가를 믿으려면 그것은 사실의 뒷받침이 있어야 하고, 적어도 사실과 지나치게 모순 되지 않아야 한다.

어떤 관점이 믿을 만한 경우에만 수용되고 또한 믿을 만한 관점은 오직 사실에 기초해야 한다면, 우리는 어떻게 해서 자신과 자신의 경험을 긍정적으로 바라볼 수 있는 것일까? 때로는 교통사고도 내고 애인을 실망시키기도 하며 김빠지고 맛없는 요리를 만들어본 적이 있으면서 우리는 어떻게 스스로를 능숙한 운전자, 연애 박사, 훌륭한 요리사라고 생각할 수 있는 것일까? 답은 간단하다. 우리는 사실을 조작한다. 사실을 수집하고 해석하고 분석하는 데는 한 가지가 아니라 다양한 기법이 존재한다. 그리고 이런 서로 다른 기법들은 서로 다른 결론을 도출할 수 있다. 그렇기 때문에 과학자들도 동일한 사안예를 들면 지구 온난화, 황제 다이어트에 대해 의견 차이를 보일 수 있는 것이다. 이런 상황에서 훌륭한 과학자들은 가장 적절한 기법에 따라 도출된 결론은 설사 그것이 자기 마음에 들지 않더라도 그대로 수용한다. 그러나 형편없는 과학자들은 자신이 좋아하는 결론을 정해놓고 그 결론을 도출해줄 것 같은 기법을 선택한다. 그런데 수십 년간 이루어진 심리학 연구들을 종합해보면, 우리는 자신의 모습과 경험에 관련된 사실들을 모으고 분석할 때 형편없는 과학자들이 취하는 것과 똑같은 태도를 보인다는 것을 알 수 있다.

예를 들어 표본을 추출하는 문제를 생각해보자. 과학자들이라고 해서 모든 박테리아와 소행성, 비둘기 또는 모든 사람을 관찰할 수는 없기 때문에 연구 대상 전체 집단으로부터 일부 표본을 뽑아내 연구를 수행한다. 이 표본이 전체 모집단을 대표하기 위해서는 모집단에 속한 모든 구성원이 골고루 잘 선정되어야 하는데, 이는 과학의 가장 기본적인 법칙이라고 할 수 있다. 당신이 만일 어떤 이슈에 대한 국민들의 의견을 묻는 설문조사를 하면서, 오렌지카운티Orange County의 공화당 지지자들이나 무정부주의자들의 고위급 임원단에게만 전화를 걸어 설문조사를 한다면 이것은 하나마나한 조사가 될 것이다. 그런데 우리는 우리에게 유리한 결론을 도출하기 위해 바로 그런 일을 하고 있다. 한 연구에서 연구진이 실험 참가자들에게 그들이 지능검사에서 아주 낮은 점수를 얻었다고 이야기해주고는, IQ검사에 관한 신문기사 여러 개를 정독할 기회를 주었다. 그 결과, 참가자들은 IQ검사의 타당성을 인정하는 기사보다는, 그 검사의 타당성을 의심하는 내용들로 구성된 기사들을 읽는 데 더 많은 시간을 보냈다. 또 다른 연구에서 참가자들은 감독관으로부터 매우 좋은 평가를 받았다. 그러자 그들은 그 감독관을 비난하는 정보보다 그의 유능함과 통찰력을 칭찬하는 정보를 더 관심 있게 읽었다. 자신에게 유리한 정보를 선택적으로 수집함으로써 자신의 판단을 특정 방향으로 유도한 것이다.

아마 당신도 비슷한 경험을 해보았을 것이다. 새 차를 뽑았을 때를 한 번 생각해보라. 당신이 도요타Toyota 대신 혼다Honda 자동차를 구입하기로 결정한 다음부터, 아마도 잡지에 나온 혼다 광고는 뚫어지게 쳐다보면서도 도요타 광고는 대충 훑어보고 넘어갔을 것이다. 당신의 이런 모습을 보고 한 친구가 다가와 왜 그러느냐고 묻는다면, 당신은 아마도 당신이 선택하지 않은 차보다는 선택한 차에 대해 더 많은 것을 배우기 위해서라고 답할 것이다. 그러나 '배운다'라는 말은 핑계에 불과하다. 왜냐하면 통상 배운다는 말은 어떤 지식을 균형적으로 얻고자 할 때 쓰는 말이기 때문이다. 자기가 산 혼다 광고만을 읽는 것은 이미 균형을 잃은 행동이다. 광고는 그 제품의 장점에 관한 정보만 담고 있지 단점에 대한 정보는 담고 있지 않기 때문에 자기가 산 제품에 대한 광고만을 보는 것은 결과적으로 당신이 옳은 선택을 했다는 결론만 강화시켜줄 뿐이다.

우리가 우리에게 유리한 사실들만 선택적으로 수집하는 행위는 단지 잡지 광고에서만 그런 것이 아니라, 우리의 기억에서 정보를 끄집어낼 때도 일어난다. 한 연구에서 참가자들에게 외향적인 사람이 내향적인 사람보다 더 높은 봉급을 받고 더 많은 승진 기회를 누린다는 것을 보여주는 증거들을 제시했다외향-성공 집단. 또 다른 참가자들에게는 정반대의 증거들을 제시했다내향-성공 집단. 그 후, 자신이 외향적인지 혹은 내향적인지를 판단해볼 수 있도록 과거의 구체적인 행동들을 회상해보라고 요구하였다. 그랬더니 외향-성공 집단은 자신이 낯선 이들에게 다가가 스스로를 소개했던 때를 기억했지만, 내향-성공 집단은 누군가를 좋아하면서도 수줍음 때문에 인사조차 건네지 못했던 때를 기억하는 경향을 보였다!

우리의 결정이 얼마나 현명한지, 우리 능력은 어느 정도인지 그리고 우리의 활기찬 성격이 얼마나 매력적인지를 알 수 있는 가장 풍부한 정보는 우리의 기억이나 잡지가 아니라 타인에게서 나온다. 따라서 우리가 원하는 결론을 지지해줄 정보에만 자신을 노출시키려는 경향성은 우리가 곁에 둘 사람들을 선택할 때 특히 강하게 나타날 수밖에 없다. 그 누구도 친구나 연인을 닥치는 대로 고르지는 않는다. 어디까지나 나를 좋아해줄 사람, 나와 비슷한 사람들과 어울리기 위해 어마어마한 시간과 돈을 투자한다. 따라서 우리가 주위 사람들에게 조언이나 의견을 물어볼 때, 그들이 우리가 원하는 결론을 확신시켜 주는 경향이 있다는 사실은 그리 놀랄 일이 아니다. 그들이 정말로 우리와 의견이 비슷해서 그럴 수도 있지만 상처를 주기 싫어서 그랬을 수도 있다.

심지어 주변 사람이 원하는 대답을 들려주지 않을 것 같을 때, 우리는 그렇게 하도록 교묘하게 유도하기도 한다. 심리학 연구에 따르면, 사람들은 교묘하게 자신이 얻고자 하는 답을 끌어내기 위해 유도질문을 한다고 한다. "당신이 사귀어 봤던 사람 가운데 내가 가장 좋은 연인이야?"라고 묻는 것은 위험하다. 그 질문에는 우리를 정말로 행복하게 해줄 답이 오직 하나밖에 없기 때문이다. 하지만 "나랑 연애하면서 제일 좋은 게 뭐야?"라고 묻는 것은 정말 똑똑한 방법이다. 그 질문에서 우리를 비참하게 만들 답은 하나밖에 없기 때문이다. 여러 연구 결과를 보면, 사람들은 자신이 듣고 싶어 하는 대답을 유도하는 질문을 던진다는 것을 알 수 있다. 그리고 실제로 원하는 대답을 들으면, 자신이 남들로부터 유도해낸 그 답을 그대로 믿는 경향이 있다. 그렇기 때문에 "사랑한다고 말해줘"라고 요구하는 말이 그렇게 인기가 있는 것이다. 결론적으로 우리는 우리가 듣고 싶어 하는 답을 말해줄 만한 사람들을 미리 선택해놓고, 더불어 그들에게 우리가 듣고 싶어 하는 말을 하도록 교묘하게 유도하고는 그들이 우리가 원하는 말을 하게 되면 그걸 그대로 받아들이는 존재라고 할 수 있다.

설상가상으로 우리는 다른 사람과 대화 한 번 나누지 않고도, 그들이 우리가 선호하는 결정을 내릴 방법까지 구비하고 있다. 다음의 경우를 생각해보자. 훌륭한 운전사, 멋진 연인이 되고 싶다고 해서 눈을 가리고 멋지게 주차를 한다거나 단번에 수많은 여성을 녹아내리게 하는 키스를 할 필요는 없다. 또한 솜씨 좋은 요리사가 되고 싶다고 해서 정말로 환상적인 파트어휴떼pate a feuilletee, 프랑스 파이—역주를 만들어 프랑스의 전 인구가 즉시 자기 나라의 음식을 버리고 우리집 부엌으로 달려오게 만들 필요도 없다. 오히려 대부분의 사람들이 하는 것보다 조금만 더 잘 주차하고 연인에게 키스해주고 요리하면 된다. 대부분의 타인들이 얼마나 잘하는지 어떻게 아느냐고? 그건 주위를 둘러보면 된다. 물론 우리는 주위를 둘러본다. 그러나 우리는 보고 싶어 하는 것들만 보기 위해 선택적으로 주위를 둘러볼 뿐이다.

어떤 연구에서 실험 참가자들에게 사회적 민감성을 재는 검사를 한다고 알려주었다. 그리고 검사 후에 그들이 대부분의 문항에서 틀리게 답했다고 말해주었다. 그런 다음 참가자들에게 그들보다 잘했거나 혹은 잘못했던 다른 학생들의 검사 결과를 훑어볼 기회를 주었더니, 그들은 그들보다 더 잘한 사람의 검사는 무시해버리고 그들보다 더 못한 사람들의 검사 결과를 보는 데 시간을 보냈다. C의 점수도 D와 비교하면 그리 나쁜 것이 아니기 때문이다.

이렇게 나보다 더 좋지 않은 상태에 있는 사람들의 정보만 구하는 경향성은 일의 중요성이 큰 경우에 더 강하게 나타난다. 예를 들어, 암과 같이 생명을 위협하는 병을 앓고 있는 사람들은 자기보다 심각한 상태에 있는 사람들과 자신을 비교한다. 이 사실은 왜 암 환자들의 96퍼센트가 자신이 다른 암 환자보다 더 건강하다고 믿는지를 설명해준다. 만일 우리가 우리보다 형편없는 사람들을 찾을 수 없다면, 어쩌면 우리는 밖에 나가 그런 사람들을 만들어낼지도 모른다.

한 연구에서 참가자들은 어떤 테스트에 참여한 후, 그들의 친구가 똑같은 검사를 치를 때 도움이 되거나 혹은 방해가 되는 힌트들을 줄 수 있는 기회를 제공받았다. 이 경우 그 테스트가 단순히 일종의 게임이라고 했을 때는 참가자들이 도움이 되는 힌트를 주었지만, 그 테스트가 지적 능력을 측정하는 중요한 수단이라고 말해주었을 때는 도리어 친구에게 방해가 되는 힌트를 제공하였다. 사람들은 친구가 자신보다 뒤처지는 것을 좋아하기 때문에 필요하다면 친구가 실패하도록 친절하게 도와주기까지 한다는 점을 보여주는 연구다. 일단 우리가 그들의 수행을 성공적으로 방해하고 그들이 실패했다는 것이 확실해지면 그들은 우리의 완전한 비교 대상이 된다. 결론을 내리자면 이렇다. 우리의 뇌는 눈이 보는 것을 믿기로 일종의 계약을 맺었다. 그리고 그 반대급부로 눈은 뇌가 원하는 것을 찾아주겠다고 약속한 것이다.

자신에게 불리한 사실에 딴죽걸기

우리에게 유리한 정보만 선택하거나 그런 정보를 줄 사람들을 선택함으로써 우리는 우리에 대해 긍정적이면서도 신뢰할 수 있는 견해를 얻는다. 축구경기나 정치토론을 당신과 견해가 다른 사람과 함께 본 적이 있다면, 자신의 견해에 상반되는 사실이 제시될 때 사람들이 얼마나 쉽게 그것을 외면해버리고 심지어 자신의 관점에서 달리 해석해버리는지 경험해봤을 것이다. 미국 다트머스대학과 프린스턴대학의 학생들은 두 대학간의 풋볼 게임을 보고난 후, 모두 상대방 팀 선수들이 더 비신사적이었다고 주장하였다. 또한 민주당원과 공화당원은 텔레비전 대선 토론을 보고 나서 분명 자기 당 후보가 토론을 더 잘했다고 평가하였다. 이스라엘 사람들과 아랍 사람들은 똑같은 중동 관련 뉴스를 보고 나서 그 뉴스가 상대편에게 더 우호적으로 편향적이라고 주장하였다. 이 모든 예가 분명하게 보여주는 것은 사람들은 자신이 보고 싶어 하는 것만을 보는 경향이 강하다는 점이다.

하지만 살다 보면 때로는 달갑지 않은 사실이 분명히 드러나 도저히 어찌해 볼 수 없는 순간들도 있다. 예를 들어 우리 팀의 수비수가 손에 놋 조각을 착용하고 수비를 했다거나 우리 당의 후보가 공중파 방송에 나와 공금횡령 사실을 자백한 경우, 그런 것은 무시해버리거나 잊기가 쉽지 않다. 이렇듯 자신에게 불리한 사실이 분명히 존재하는 경우, 우리는 어떻게 우리가 원하는 결론을 유지할 수 있을까? '사실fact'이라는 단어는 의심의 여지가 없고 반박의 근거가 없는 현상을 의미하는 것처럼 보이지만, 실제로 '사실'이란 정해놓은 어떤 기준에 부합하는 증거가 있는 추측에 지나지 않는다. 만일 그 증거 기준을 충분히 높게 잡는다면, 그 어떤 것도 증명할 수 없다. 심지어 우리 자신이 존재한다는 '사실'도 증명이 어렵다.

반면 증거 기준을 충분히 낮게 잡는다면 모든 것이 사실로 인정될 것이다. 예를 들어, 허무주의와 포스트모더니즘은 우리를 그리 만족시켜 주지 못하는 철학이기 때문에 우리는 그 두 가지 생각 사이의 어디엔가 우리의 기준을 세우는 경향이 있다. 그 기준을 어디에 세워야 할지는 누구도 정확히 말할 수 없다. 기준을 어디에다 세우든 중요한 점은 우리가 좋아하는 사실과 그렇지 않은 사실을 평가할 때 동일한 기준을 적용해야 한다는 점이다. 교사가 자기가 좋아하지 않는 학생보다 자기가 좋아하는 학생에게 더 쉬운 시험 문제를 내준다면 공정하지 않은 것이다. 또한 연방정부가 국내 제품보다 외국 제품에 더 엄격한 안전 검사를 실시한다면 이 또한 공정하지 않은 처사다.

그러나 이런 이중적인 잣대가 바로 우리가 하는 행위다. 우리가 원하는 결과에 부합하는 사실과 그렇지 않은 사실을 판단할 때 우리는 불공정한 잣대를 들이댄다.

한 연구에서 참가자들에게 범죄를 예방하는 측면에서 사형 제도의 효율성을 검토한 두 개의 서로 다른 연구 결과를 평가하라고 요구했다. 한 연구는 소위 '주 간between-states' 비교기법을 사용하였는데, 구체적으로 사형 제도를 실시하는 주의 범죄율과 사형 제도를 실시하지 않는 주의 범죄율을 비교했다. 다른 연구는 '주 내within-states' 비교를 사용해 한 주 내에서 사형 제도를 도입하기 전후 혹은 폐지하기 전후의 범죄율을 서로 비교하였다. 일부 참가자들이 읽은

'주 간 연구'에서는 사형 제도가 효율적이라는 결론을, '주 내 연구'에서는 그렇지 않다는 결론을 내리고 있었다. 나머지 참가자들은 그 반대의 연구 결과를 읽게 되었다.

그런 다음 각 연구의 기법들을 평가하게 하였다. 그러자 두 가지 기법주 간 비교 vs 주 내 비교이 무엇이든 참가자들은 사형 제도에 대한 자신의 견해와 일치하는 결론을 내린 기법은 호의적으로, 그렇지 않은 기법은 부정적으로 평가했다. '주 내' 비교 연구가 자신의 견해에 상반되는 결론을 내린 경우, 참가자들은 '주 내' 비교기법이 전혀 믿을 수 없다고 지적하였다. 예를 들어, 취업률이나 수입이 시간에 따라 변하기 때문에 어느 한 시점80년대의 범죄율을 다른 시점90년대의 범죄율과 비교한다는 것은 말이 안 된다고 주장했던 것이다. 반대로 '주 간' 비교 연구가 자신의 견해와 다른 결론을 내린 경우, 참가자들은 고용과 수입 요인이 지역에 따라 다르기 때문에 한 지역앨라배마, Alabama의 범죄율을 다른 지역매사추세츠, Massachusetts의 범죄율과 비교할 수는 없다고 주장하였다.

참가자들은 자신이 선호하는 결론에 부합하지 않는 연구를 보았을 때, 그 연구에서 사용한 연구 방법에 대해 훨씬 더 높은 기준을 적용한 것이다. 이런 이중 잣대 행위를 통해 우리는 자신과 자신의 경험에 대해 긍정적인 관점을 계속 유지할 수 있는 것이다.

한 연구에서 참가자들에게 그들이 사회적 감수성 검사에서 매우 우수한 혹은 매우 저조한 결과를 얻었다고 알려주었다. 그런 다음 그 사회적 감수성 검사의 타당성을 연구한 두 가지 연구 결과를 읽고 평가하게 하였다. 한 연구는 그 검사가 매우 타당하다는 결론을 내렸고, 다른 검사는 타당성이 결여되어 있다는 결론을 내렸다. 그 결과, 그 검사에서 성적이 좋았다는 피드백을 받은 참가자들은 그 검사의 타당도를 높게 평가한 연구가 훨씬 탁월한 연구 방법을 동원하였다고 평가하였고, 저조한 성적을 거두었다는 피드백을 받았던 참가자들은 그 검사의 타당도가 결여되어 있다고 결론내린 연구 방법이 매우 우수하였다고 평가하였다.

우리가 원하는 결론과 반대되는 사실을 접하게 될 때, 우리는 그 사실을 더 비판적으로 살펴보고 더욱 꼼꼼히 분석한다. 그리고 보통의 경우보다 훨씬 더 많은 양의 증거를 요구한다. 예를 들어 당신이 어떤 사람을 '지적이다'라고 의심 없이 결론내리기 위해서는 얼마만큼의 정보가 필요한가? 고등학교 성적이면 충분하겠는가? 아니면 IQ 검사 점수? 그 사람의 학창 시절 교사나 현재 직장 상사의 평가도 필요할까?

한 연구에서 참가자들에게 어떤 한 사람의 지적 능력을 평가하라고 요구했다. 그랬더니 그들은 그 사람이 정말로 지적인지 아닌지 확실히 결론내리기 전에 꽤 많은 양의 증거들을 요구했다. 무엇보다 흥미로운 점은 자신이 평가할 그 사람이 재밌고 친절하고 다정한 사람일 때보다는, 마음에 안 들고 꼴도 보기 싫을 때 훨씬 더 많은 증거를 요구했다는 점이다. 누군가가 똑똑하다고 믿고 싶다면_{맘에 들기 때문에} 추천서 한 장으로도 족하다. 하지만 그 사람이 똑똑하다는 것을 믿고 싶지 않을 때는_{맘에 들지 않기 때문에} 성적표, 각종 자격증, 그밖에 산더미 같은 증빙 자료를 요구한다.

우리 자신에 관한 정보를 처리할 때도 동일한 원리가 작용한다. 한 연구에서 참가자들은 실험을 위해 건강 검사를 받았다. 이 검사는 췌장 기능의 장애를 유발하는 효모가 결핍되어 있는지 아닌지를 알아보는 일종의 자가 검사였다. 참가자들은 얇고 평범한 종이 한 장에 타액 한 방울을 떨어뜨렸고, 연구진은 거짓으로 이 종이가 그 검사에 사용되는 종이라고 말해주었다. 몇몇 참가자에게는 그 종이가 10~60초 안에 초록색으로 바뀌면 그들에게 그 효모가 결핍되어 있는 것이라고 말해주었다양성 결과 집단. 나머지 참가자에게는 10~60초 안에 그 종이가 초록색으로 변하면 효모가 결핍되지 않은 상태라고 말해주었다음성 결과 집단. 실제로 그 종이는 그냥 평범한 종이이기 때문에 어떤 경우에도 초록색으로 바뀌지 않았다.

그런데 음성 결과 집단은 양성 결과 집단보다 타액을 떨어뜨린 후, 그 검사가 최종적으로 완료되었다고 스스로 판단하기까지 오랜 시간을 기다렸다. 다시 말해 참가자들은 자신이 건강하다는 사실을 증명하기 위해서는 오랜 시간을 기다렸지만, 자신이 아프다는 사실을 증명하기 위해서는 훨씬 적은 시간을 할애했던 것이다. 우리가 똑똑하고 건강하다는 것을 스스로 확신하는 데는 그리 많은 시간이 걸리지 않지만, 그와 반대되는 사실을 확신하기 위해서는 많은 시간이 걸리는 것이 확실하다. 결국 우리는 우리가 원하는 결론을 내리게 해주는 정보에 대해서는 관대하지만, 우리가 원하지 않는 결론을 내리게 하는 정보에 대해서는 훨씬 엄격한 증거를 요구하는 것이다.

맺음말

2004년 7월, 이탈리아 몬자Monza 시의회에서 '둥그런' 금붕어 어항을 만들어서는 안 된다는 이례적인 조항을 발표하였다. 금붕어는 직

사각형 모양의 어항에서 길러야지 둥근 어항에서 기르면 안 된다는 것이 의원들의 논리였다. 그 이유는 "둥근 어항에서는 시야가 왜곡 되기 때문에 물고기들이 고통을 받게 된다"는 것이었다. 금붕어에게 맛없는 먹이를 준다거나 시끄러운 펌프 소리를 듣게 한다거나 시시한 플라스틱 성을 어항에 장식으로 넣어주는 것 등에 대해서는 전혀 언급이 없었다. 그들의 핵심은 둥근 어항은 그 속에 사는 금붕어들의 시각 경험을 변형시켜 금붕어가 세상을 있는 그대로 볼 권리를 빼앗는다는 것이었다.

하지만 몬자의 정치가들은 현명하게도 사람들도 이 금붕어와 동일한 권리, 즉 왜곡되지 않은 관점을 누려야 한다고 제안하지는 않았다. 아마도 그들은 현실을 왜곡해서 바라보는 사람들의 관점은 쉽게 없어지지 않거나, 그렇게 왜곡하는 편이 그렇지 않을 때보다 더 행복할 것이라는 점을 알았던 모양이다. 우리의 현실 왜곡은 우리의 경험이 본질적으로 모호하기 때문에 발생한다. 하지만 우리의 현실 지각이 터무니없지 않다는 것을 믿기 위해 뇌는 눈이 보는 것을 수용한다. 동시에 우리의 현실 지각을 긍정적으로 만들기 위해서 눈은 뇌가 보고 싶어 하는 것을 찾아낸다. 우리를 섬기는 뇌와 눈의 이런 음모로 우리는 엄연한 현실과 낙관적인 자기 착각의 지렛대 사이에서 살고 있는 것이다. 이러한 사실은 미래의 감정을 예측하는 데 어떤 영향을 줄까? 다음 장에서 자세히 소개하겠지만, 대다수의 사람들은 현실과 착각의 지렛대 사이에서 살면서도 정작 그것을 모르고 있다.

CHAPTER 9

현실에 대한 면역

내 등을 앞세워 나의 배를 수호하고, 내 재치를 앞세워 나의 간계를 지키노라.
내 비밀을 앞세워 나의 정절을 수호하고, 내 아름다움을 지키려 가면을 쓰노라.
— 셰익스피어, 『트로일러스와 크레시다Troilus and Cressida』

앨버트 아인슈타인은 20세기의 가장 뛰어난 천재이다. 하지만 그가 사람도 아닌 한 마리 말 때문에 하마터면 그 자리를 내줄 뻔했다는 사실을 과연 몇 명이나 알고 있을까? 1891년 퇴직 교사였던 빌헬름 본 오스텐Wilhelm von Osten은 영리한 한스Clever Hans라고 불렸던 그의 종마가 시사 사건이나 수학 문제, 그리고 다른 많은 주제에 대한 질문에 앞발로 바닥을 탁탁 두드리는 방법으로 답을 맞힐 수 있다고 주장하였다. 예를 들어 오스텐이 영리한 한스에게 3 더하기 5가 무엇이냐고 물으면, 그 말은 주인의 질문이 끝날 때까지 기다렸다가 발로 바닥을 8번 두드리고는 멈추었다. 때로 오스텐은 그 말에게 질문을 말로 물어보지 않고 카드에 적어 영리한 한스가 읽을 수 있도록 손에 들었다. 영리한 한스는 질문을 글로 적어 주어도 문제를 맞혔다. 물론 영리한 한스가 '모든' 질문에 답할 수 있었던 것은 아니지만 적어도 다른 어떤 발굽 동물보다 똑똑하다는 점은 확실해보였다. 한스는 곧 베를린의 명물이 되었다.

1904년, 베를린 심리연구소 소장은 자기 학생들 중 오스카 풍스트Oskar Pfungst라는 학생을 보내 한스에 대한 체계적인 조사를 지시하였다. 풍스트는 한 가지 흥미로운 점을 발견하였는데, 오스텐이 한스 앞에서 질문하지 않고 뒤에서 질문하거나, 오스텐 자신이 어떤 질문에 대한 답을 모를 때는 한스도 못 맞히는 것이었다. 일련의 실험 끝에 '영리한 풍스트'는 '영리한 한스'가 읽을 수 있었던 것은 말의 내용이나 글이 아니라 오스텐의 몸짓 언어body language였다는 점을 밝혀냈다. 오스텐이 몸을 약간 구부리면 영리한 한스는 바닥에 발을 두드리기 시작했다. 그리고 오스텐이 몸을 다시 펴거나 머리를 조금 기울이거나 미세하게 눈썹을 올리면 발 구르기를 멈추었다. 다시 말해 오스텐이 영리한 한스에게 언제 발을 구르고 멈춰야 할지에 대한 신호를 제공했던 것이다.

영리한 한스는 천재가 아니었다. 그러나 중요한 점은 오스텐도 사기꾼이 아니었다는 것이다. 사실 그는 그 말에게 수학 지식과 시사 사건들을 가르치기 위해 많은 시간을 투자하였다. 그렇기 때문에 자신의 무의식적인 행동이 한스에게 정답을 유도했다는 사실을 알고는 엄청난 충격을 받았다. 오스텐의 속임수는 정교하고도 효과적이었는데, 그 이유는 그것이 오스텐도 모르는 무의식적 수준에서 이루어졌기 때문이다. 그러나 이 점은 앞 장에서 살펴보았듯 오스텐뿐 아니라 우리 모두에게 해당된다. 우리는 우리에게 유리한 사실을 접하면 그것에 특별한 관심을 두고 잘 기억하며, 그 사실의 진위여부에 대한 판단 기준도 관대하게 적용한다. 다만 오스텐이 자신의 무의식적 속임수를 눈치 채지 못했듯 우리도 우리의 이런 속임수를 인식하지 못하고 있을 뿐이다.

우리의 심리적 면역체계가 사용하는 이런 속임수를 '책략'이나 '전술'이라 부르는데 이런 말들은 '사전계획', '심사숙고' 등의 뉘앙스를 풍기기 때문에, 마치 우리가 자신을 긍정적으로 바라보기 위해 의도적으로 이런 속임수를 사용하는 약삭빠른 음모자인 것처럼 보이게 한다. 그러나 심리학 연구에 따르면 사람들은 어떤 행위를 할 때 대개는 자신이 왜 그런 행동을 하는지 인식하지 못한다고 한다. 물론 사람들은 자신의 행동에 대한 이유에 대해 질문을 받으면 그럴 듯한 이유를 만들어낼 수는 있다.

일련의 실험에서 아주 짧은 순간몇 밀리 초 동안 어떤 단어들을 컴퓨터 화면에 나타냈다. 그것은 매우 빠른 속도로 제시되었기 때문에 실험 참가자들은 어떤 단어가 제시되었는지 전혀 인식하지 못했다. 그러나 놀라운 것은 그런 경우에도 사람들은 제시된 단어의 영향을 받는다는 점이다. 예를 들어 '적대적인hostile'이라는 단어가 반짝 비춰졌을 때, 참가자들은 다른 사람들을 부정적으로 판단하였다. '나이가 지긋한elderly'이라는 단어가 나왔을 때, 참가자들은 좀더 느리게 걸었다. 또한 '어리석은stupid'이라는 단어가 나오면, 참가자들은 여러 테스트에서 문제를 잘 풀지 못했다. 참가자들에게 실험 도중에 타인을 부정적으로 보고 느리게 걷고 검사에서 낮은 점수를 얻게 된 이유를 설명해보라고 하자, 두 가지 현상이 나타났다. 하나는 그 이유를 진짜 모르고 있었고, 다른 하나는 잘 모르면서도 자신이 인식하고 있는 사실에 근거하여즉, 느리게 걸은 사실 그럴 듯한 설명을 했는데, 그것은 제3자가 그저 짐작으로 내놓을 만한 설명과 별반 다르지 않

았다예를 들면 '피곤해서 그랬다' . 다시 말해 진짜 이유를 모르면서도 설명은
했던 것이다.

우리에게 유리한 방향으로 사실을 조작할 때, 그것이 우리가 의식
하지 못하는 수준에서 이루어지는 것은 어찌 보면 우리에게는 좋은
일이다. 일부러 긍정적으로 바라보려고 시도한다면 '망했지만 여기에도 분명
뭔가 좋은 점이 있을 거야. 그 점을 발견하기 전까지는 이 의자에서 한 발짝도 떨어지지 않겠어' ,
이는 자기 파괴의 씨앗이 될 것이다. 한 연구에서 참가자들에게 스
트라빈스키Stravinsky의 〈봄의 제전Rite of Spring〉을 들려주었다. 그들 가
운데 일부에게는 그냥 음악을 들으라고 했고, 나머지 사람들에게는
의식적으로 행복감을 느끼려고 노력하면서 음악을 들으라고 요구했
다. 간주곡이 끝날 때쯤 실제 행복감을 측정하자, 행복감을 느끼려
고 의식적으로 노력하면서 음악을 들었던 사람들이 단순히 음악만
을 들었던 사람들보다 더 부정적인 정서를 경험하는 것으로 나타났
다. 왜 그랬을까?

여기에는 두 가지 이유가 있다. 첫째, 만일 우리가 눈을 감고 가만
히 앉아 자신의 경험을 긍정적으로 바라보도록 의식적으로 노력하
면 그렇게 될 수 있다. 하지만 연구 결과를 보면, 그 과정에서 조금
이라도 주의가 산만해지면이 경우는 〈봄의 제전〉을 듣는 것, 우리의 의식적인
노력은 오히려 역효과를 가져올 수 있다. 둘째, 사실을 우리에게 유
리하도록 일부러 조작하는 것은 속이 뻔히 들여다보이는 행위이기
때문에 우리 스스로 치사하다고 느낀다.

예를 들어 결혼식장에서 신부가 신랑을 버렸다고 하자. 신랑은 차
라리 그렇게 갈라서는 것이 더 나은 일이라고 믿고 싶을 것이다. 그
때 그 결론을 지지해주는 사실들을 발견하기 시작하면 기분이 좀 나

아진다"그 사람은 절대로 나랑 맞는 사람이 아니었잖아. 그렇지 않아요, 엄마?". 그러나 이 방법이 효과적이려면 그런 사실들이 의도적인 노력의 결과가 아니라 자연스럽게 발견하게 된 것이라고 믿어야만 한다. 사실을 의도적으로 조작하고 있는 자기 자신을 발견하게 되면, 자신이 버림받은 사람이라는 사실에 더해 치사한 자기기만이라는 꼬리표가 붙는 처지가 된다. 자신에 대한 긍정적인 관점은 그것이 정직하게 얻어진 결론이라고 믿어질 때만 신뢰할 수 있는 것이다. 그래서 우리는 사실을 조작할 때는 무의식적으로 하고, 그 결과를 즐길 때는 의식적으로 한다. 식사하는 사람은 식당에 있지만 요리사는 부엌에 있는 셈이다. 이렇게 무의식적으로 사실을 요리해내는 것의 이점은 그것이 잘 먹혀들어간다는 점이다. 그러나 그 반대급부로 인해 우리는 자기 자신에 대해 잘 모르게 된다.

과거에 대한 평가를 미리 예측하기

지금까지 결혼서약을 하는 제단 앞에서 버림받은 사람들을 체계적으로 연구한 사례는 거의 없었다. 하지만 그것을 경험한 사람들을 찾아내 그 일이 그들에게 '살면서 겪은 최악의 사건'이었는지 아니면 '살면서 겪어본 최고의 사건'이었는지 물어본다면, 다수가 최악의 사건이라기보다는 최고의 사건이라고 말할 것이다. 최고급 와인한 병을 걸고 나와 내기를 해도 좋다. 반면 이런 경험을 한 번도 해보지 않은 사람들에게 미래에 일어날 수 있는 경험 중, 나중에 회상할 때 '자기 인생의 최고의 사건'으로 회상할 만한 것을 떠올리게 하면 그 누구도 결혼서약 직전에 버림받은 사건을 인생 최고의 사건으로 회상하지는 않을 것이다. 최고급 와인 한 상자를 걸고 장담한다.

버림받는 것 역시 그것을 예상할 때는 고통스럽지만, 회상할 때는 덜 고통스럽다. 우리가 버림받는 것을 상상할 때는 그 경험에 대한 가장 부정적인 관점이 떠오른다. 하지만 우리가 실제로 친지와 친구들 앞에서 그런 일을 당하고 나면, 우리의 뇌는 상대적으로 덜 불쾌한 관점을 찾아 쇼핑을 나서기 시작한다. 그리고 이미 언급하였듯 이런 쇼핑에서 우리의 뇌는 거의 천재적이다. 하지만 뇌는 이런 쇼핑을 무의식적으로 하기 때문에 정작 우리는 뇌가 그런 일을 한다는 사실을 인식하지 못한다. 따라서 미래의 어떤 사건을 상상할 때 떠오르는 끔찍한 생각이 나중에 우리가 그 사건을 경험하고 나서 회상할 때도 동일할 것이라고 가정한다. 요약하면 사람들은 자신의 관점이 어떤 사건에 대한 경험 후에 자연스럽게 변한다는 사실을 깨닫지 못한다. 왜냐하면 그런 관점의 변화가 무의식적으로 발생하기 때문이다.

이 점 때문에 미래의 감정을 예측하는 것은 매우 어려워진다. 한 연구에서 참가자들에게 아이스크림을 시식하고 각 아이스크림에 재미있는 이름을 붙여주면 많은 보수를 제공하는 일에 지원할 기회를 제공하였다. 그리고 지원자를 선발하기 위해 카메라 인터뷰를 실시할 것이라고 알려주었다. 이때, 한 집단에게는 모든 결정권을 쥐고 있는 한 사람이 그 인터뷰 내용을 볼 것이라고 말해주었고_{단독 심사자 집단}, 다른 집단에게는 몇 사람의 심사위원이 함께 인터뷰를 보고 최종 결정을 내릴 거라고 알려주었다_{집단 심사자 집단}. 특히 집단 심사자 집단에게는 심사위원 중 한 사람이라도 그를 고용하겠다고 투표하면 그

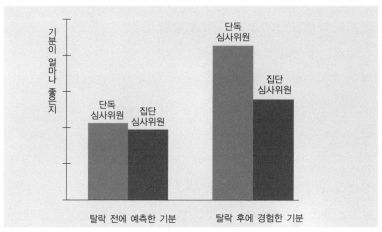

| 그림 19 | 참가자들은 만장일치로 합의를 본 집단 심사자들에 의해 탈락했을 때보다 한 명의 심사위원에 의해 탈락했을 때 기분이 더 나았다(오른쪽 막대그래프). 그러나 예측할 당시에는 자신이 그러리라고 예상하지 못했다(왼쪽 막대그래프).

일을 따낼 수 있으며, 오직 심사위원 전원이 그를 고용하지 않겠다고 합의를 보는 경우에만 그 일을 얻을 수 없다고 알려주었다. 그런 다음 모든 지원자가 인터뷰를 시행하였다. 인터뷰 후, 모든 참가자에게 만일 자신이 그 일을 따내지 못한다면 기분이 어떨지를 예측하게 하였다. 그리고 몇 분 후에 연구자가 실험실에 와서는 미안한 기색을 보이며 탈락하였다고 알려주었다. 그때 연구자는 참가자들의 기분을 또 측정하였다.

그림 19.에서 볼 수 있듯 두 조건의 참가자들은 그 일을 따내지 못하면 동일한 정도로 기분이 좋지 않을 것이라고 예상했다. 탈락이라는 것은 체면이 깎이는 일이기 때문에, 그것이 심사위원 한 명에 의해 결정되든 집단에 의해 결정되든 똑같이 기분 나쁠 것이라고 예상한 것이다. 그러나 그림의 오른쪽 막대그래프를 보면, 실제로는 한 명의 심사위원보다 집단 심사위원에 의해 탈락한 경우, 더 큰 상처

를 받는 것으로 나타났다. 왜 그랬을까?

이 질문에 답하기 위해 당신이 수영복 모델 일에 지원했다고 상상해보라. 심사위원이 한 명인 경우, 그 사람 앞에서 걸음걸이를 보여주어야 할 것이다. 그런데 그가 당신을 죽 훑어보고 고개를 절레절레 흔들며 "죄송합니다만, 당신은 모델감이 아닌 것 같군요"라고 말한다면 기분이 어떻겠는가? 아마 말이 아닐 것이다. 하지만 기분 나쁜 것도 1, 2분 정도일 뿐이다. 사실 어떤 한 사람에게 이런 거절을 당하는 것은 충분히 있을 수 있는 일이라 대개는 금방 잊게 된다. 우리의 심리적 면역체계가 이런 경험의 모호성을 우리에게 유리한 방향으로 해석하기는 그리 어려운 일이 아니기 때문이다. 예를 들면 "그 사람은 내가 환상적으로 걷는 모습을 집중해서 보고 있지 않았어", "그 사람은 이상하게도 날씬한 몸매보다 큰 키를 유독 더 따지더군", "아니, 그 따위 옷을 입고 앉아 심사를 보는 사람한테 내가 패션 조언을 들어야 한단 말이야?" 등의 말을 쉽게 할 수 있다.

이번에는 다양한 부류의 많은 사람이 심사위원으로 참여하는 상황을 상상해보라. 이때, 모든 심사위원이 고개를 내저었다고 해보자. 당신은 기분 나쁘고 모욕감을 느끼며 상처를 받을 것이다. 귀와 목까지 열이 오르고 눈에는 눈물이 맺힌 채 그 장소를 얼른 빠져나갈지도 모른다. 다양한 부류의 많은 사람에게 동시에 거절당하는 것은 사람의 사기를 꺾어놓는다. 많은 사람이 동시에 거절했다는 사실에는 그 어떤 모호성도 있을 리 없다. 따라서 우리의 심리적 면역체계가 아무리 우리를 긍정적으로 바라보게 하고 싶어도 별 뾰족한 수가 없는 것이다. 한 명의 심사위원에게 탈락한 경우는 그 심사위원이 엉터리라고 탓할 수 있지만, 만장일치로 합의를 본 심사위원 집단을 비난하기는 어렵다. "그 자리에 있던 94명이 정확히 같은 순간에 눈을 깜박이는 바람에 내가 멋지게 걷는 모습을 놓친 거야"라는 변명은 도저히 말이 되지 않는다. 참가자들은 자신이 한 명의 심사위원에 의해 탈락한 경우보다 집단 심사위원에 의해 탈락한 경우에 심사자를 탓하기가 더욱 어렵고, 그래서 기분이 더 상하게 되는 것이다.

이제는 이러한 연구 결과가 분명하게 보일 것이다. 그렇다면 왜 참가자들은 이런 사실을 미리 고려하지 못했을까? 왜 한 명의 심사위원에게 거절당하는 경우에 그를 탓하기가 더 쉽다는 점을 미리 깨닫지 못했을까? 그 이유는 자신의 탈락 결과를 상상하게 했을 때 그들이 끔찍한 고통만 상상했을 뿐, 우리의 뇌가 그 심사위원을 비난함으로써 고통을 감소시킬 거라는 점은 생각하지 못했기 때문이다. 자신을 탈락시킨 사람을 비난하는 전략을 사용해 우리의 심적 고통을 완화시킨다는 점을 예상하지 못했기 때문에, 참가자들은 집단 심사위원에게 탈락당하는 것보다 한 명의 심사위원에게 탈락당할 때 기분이 덜 언짢을 것이라는 점을 예측할 수 없었던 것이다. 다른 연구에서도 이 같은 결과가 확인되었다. 한 예로, 사람들은 어떤 사고가 누군가의 부주의로 발생하든 아니면 그냥 우연히 발생하든 상관없이 똑같이 마음이 상할 거라고 예상했다. 그러나 실제로는 그 사고가 우연히 발생해 그 누구도 비난할 수 없는 경우, 사람들의 고통이 더 큰 것으로 밝혀졌다.

우리의 심리적 면역체계를 잘 모르고 있으면 위의 경우처럼 언제 우리가 타인을 비난하게 될지 예측할 수 없다. 동시에 언제 우리가 스스로를 비난하게 될지도 잘못 예측하게 된다. 1942년에 나온 영화 〈카사블랑카〉의 마지막 장면은 아마 누구도 잊지 못할 것이다. 여주 인공이 사랑하는 남자와 함께 카사블랑카에 머물 것인지 아니면 비행기에 올라타 남편과 함께 떠날 것인지를 고민하는 순간, 험프리 보가트Humphrey Bogart는 잉그리드 버그만Ingrid Bergman에게 말한다. "우리 모두 당신이 빅토르Victor와 함께 가야 한다는 사실을 알고 있어요. 당신은 그의 작품의 일부니까요. 당신은 그를 유지시켜 주는 존재잖아요. 당신이 이 비행기를 타지 않는다면 아마 후회할 거예요. 물론 오늘은 후회하지 않겠죠. 내일도 후회하지 않을 수 있겠죠. 하지만 곧 후회할 것이고 남은 인생 동안 영영 후회할지도 몰라요."

이 멜로영화 속의 그 짧은 장면이 영화사에서 가장 인상적인 장면 으로 기억되는 이유는 배우들의 연기가 유난히 돋보였다거나 작가 가 대본을 기막히게 잘 써서가 아니다. 그 이유는 바로 우리 모두가 때로 그와 비슷한 상황에 놓이기 때문이다. 결혼을 할 것인지 아이 를 낳을 것인지 집을 살 것인지 어떤 직업을 선택할 것인지 등 우리 삶에서 중요한 선택들은, 그 선택으로 미래에 경험하게 될 후회의 크기를 예상하는 방법에 따라 결정된다.

후회란, 우리에게 발생한 나쁜 결과가 우리가 과거에 다른 방식으 로 행동했다면 피할 수 있었다고 느낄 때 경험하는 매우 불쾌한 감 정이다. 따라서 현재의 행동은 미래의 후회를 줄이기 위한 방법으로 결정된다. 우리는 우리가 언제, 왜 후회하는지에 대해 나름대로 정 교한 이론들을 가지고 있고, 그 이론에 따라 후회할 만한 경험을 미 리 회피하려고 한다. 예를 들어, 어떤 선택을 한 다음에는 우리가 선 택한 것 외에 다른 대안이 있었는지를 모를 때보다 알 때 후회가 클 것이라고 예상한다. 또한 좋은 조언을 거절했을 때보다는 나쁜 충고를 받아들일 때 더 후회할 것이라고 예상한다. 그리고 우리의 좋지 않은 선택이 일상적인 것일 때보다 이례적일 때 더 후회할 것이라고 생각하며, 큰 점수 차이로 떨어질 때보다는 아슬아슬하게 실패한 경우에 더 후회할 것이라고 예상한다.

　문제는 이런 이론이 가끔은 옳지 않다는 점이다. 다음의 상황을 생각해보자. 당신이 A라는 회사의 주식을 보유하고 있다. 작년 한 해 동안 당신은 B회사 주식으로 옮겨볼까 생각도 했지만, 그냥 그러지 않기로 결정했다. 그런데 만약 B회사 주식으로 옮겼더라면 지금쯤이면 1천2백 달러를 더 벌 수 있었다는 사실을 알게 되었다. 또한 당신은 C회사의 주식도 보유하고 있었다. 그것을 작년에 D회사 주식으로 옮겼는데, 작년에 그냥 C회사의 주식을 유지하고 있었다면 지금쯤 1천2백 달러를 더 벌 수 있었다는 사실을 알게 되었다. 이 두 가지 결정 가운데 어떤 것을 더 후회할 것 같은가? 여러 연구 결과를 보면, 10명 가운데 9명은 주식을 그대로 보유해서 손해를 봤을 때보다 주식을 바꾸어서 손해를 본 경우에 더 후회가 클 것이라고 예상했다. 다시 말해 어떤 행동을 하지 않은 것inaction보다는 어떤 행동을 한 것action으로 인한 후회가 더 클 것이라고 생각하는 것이다. 그러나 연구 결과에 따르면 9명의 예상은 잘못된 것이다. 장기적인 관점에서 보면, 사람들은 무언가를 했던 것보다 하지 않았던 것을 훨씬 더 많이 후회한다. 그래서 사람들은 대학교에 진학하지 않은 것, 유망한 사업기회를 놓친 것, 가족이나 친구와 충분한 시간을 함께 보내지 못한 것 등을 가장 빈번하게 후회하는 것이다.

　사람들은 왜 행동한 것보다 행동하지 않은 것을 더 후회하는 것일까? 한 가지 이유는 우리의 심리적 면역체계는 행동하지 않은 것보다 행동한 것에 대해 훨씬 더 쉽게 우리에게 유리한 방향으로 해석할 수 있기 때문이다. 우리가 누군가의 청혼을 받아들였는데, 이 사람이 훗날 도끼로 사람을 죽인 살인자가 된다면, 우리는 그 경험으로 얻은 모든 깨달음을 생각하면서 자기 자신을 위로할 수 있다"도끼를 모아두는 것은 그리 건강한 취미는 아니군". 하지만 어떤 사람의 청혼을 거절했는데, 그 사람이 나중에 스타 영화배우가 되었을 때는 그 경험에서 얻은 것들을 떠올리며 스스로를 위로하려고 해도 쉽지가 않다. 우리는 우리의 심리적 면역체계가 겁이 많은 것그래서 뭔가를 하지 않는 것보다는 대담한 것일을 저지르는 것에 대해 쉽게 합리화를 할 수 있다는 점을 깨닫지 못하기 때문에, 실수를 하더라도 저질러봐야 할 때 주저하고 만다. 〈카사블랑카〉의 장면을 다시 회상해보자. 미래에 경험할 후회를 거론하며 보가트가 타이르자, 버그만은 남편과 함께 비행기를 타고 떠나버렸다. 그러나 버그만이 보가트와 카사블랑카에 함께 머물렀다면 그녀는 걱정했던 것보다는 훨씬 행복했을 것이다. 그 즉시는 아니었을지라도 곧, 그리고 남은 생애 동안 행복했을 것이다.

심리적 면역체계를 작동시키는 요인들

우리는 사악한 개인이 때로는 군대보다 더 많은 죽음과 파괴를 야기한다는 사실을 알고 있다. 미국에 대항해 수백 대의 비행기와 미사일을 날려보낸다면 그 누구라도 미국을 쓰러뜨릴 수 없을 것이다. 그렇게 큰 규모로 들이닥치면 미국의 방어체계가 즉시 발동해 그 위협은 순식간에 해결될 것이다. 반면 적군이 7명에게 불룩한 바지와 농구 모자를 씌워 보낸다면, 그들은 아마도 목표물에 접근하여 폭탄을 투하하고 독성분을 방사하거나 아니면 비행기를 납치해 고층 빌딩으로 돌진할 수 있을 것이다. 가장 좋은 공격은 방어체계를 작동시키지 않도록 하는 것임을 잘 보여주는 것이 바로 테러다.

물론 작은 규모의 위협까지도 해결할 수 있는 방어체계를 설계할 수도 있지만전기를 깔아 놓은 국경선, 여행 금지령, 각종 전자 감시 장치, 무작위 조사 등, 이 체계를 가동시킬 때 필요한 자원과 오작동의 경우를 계산해본다면 이 체계는 어마어마한 경비를 요구한다. 벼룩 잡자고 곳간을 태우는 셈이다. 어떤 방어체계가 효과적이기 위해서는 어떠한 위협에도 반응해야 하지만, 동시에 현실성이 있으려면 어떤 역치 수준critical threshold을 초과하는 위협에만 반응해야 한다. 결국 역치 수준에 도달하지 못하는 위협은 겉으로는 작은 규모지만 잠재적으로 커다란 파괴력을 지닐 수도 있다. 대규모의 위협과 달리 작은 위협은 레이더 망을 빠져나갈 수 있기 때문이다.

강도Intensity 요인

우리의 심리적 면역체계 역시 일종의 방어체계로 위와 동일한 원리를 따른다. 우리의 감정이 몹시 상하면, 심리적 면역체계는 사실을 조작하고 비난의 대상을 바꾸는 방법 등을 동원해 우리로 하여금 긍정적인 관점을 유지하도록 해준다. 그러나 약간 슬프거나 질투 나거나 화가 나거나 좌절하는 모든 상황에서 그런 반응을 보이는 것은 아니다. 결혼 실패와 실직은 우리의 심리적 방어체계를 발동시키기에 충분할 만큼 우리의 행복에 대규모 공격을 가하는 일이다. 그러나 부러진 연필, 구멍 난 양말, 또는 느린 엘리베이터 등은 방어체계를 작동시키지 않는다. 연필이 부러진 것은 짜증나는 일이 될 수는 있지만 심리적 안녕에는 그다지 중대한 위협을 가하지 않으므로 심리적 방어가 나타나지 않는 것이다. 따라서 역설적이게도 아주 나쁜 경험을 하고 나서는 긍정적인 관점을 지닐 수 있어도, 조금 나쁜 경험을 하고 나서는 그러기가 쉽지 않다.

한 연구에서 신고식으로 전기 충격 3회를 행하는 동아리에 가입한 학생들을 연구대상으로 삼았다. 이들 가운데 몇몇은 매우 강한 전기 충격을 받았고심한-신고식 집단, 나머지는 상대적으로 경미한 충격을 받았다 경미한-신고식 집단. 그러자 심한-신고식 집단이 경미한 신고식 집단보다 그 동아리를 더 좋아하는 것으로 나타났다. 극심한 고통이 방어체계를 작동시켜, 즉시 자신이 경험한 것을 긍정적으로 바라보도록 한 것이다. 물론 고통을 겪고 나서 그런 관점을 지닌다는 것이 쉽지는 않지만, 불가능한 것도 아니다. 예를 들어 한 사람이 겪는 신체적 고통은 나쁜 것이지만"세상에, 이거 진짜 아프잖아!", 그 고통이 가치 있는 것이라고 생각하면"그렇지만 나는 이렇게 특별한 사람들만 오는 고귀한 집단에 들어온 게 아니겠어?" 그렇게 고통스럽게 느껴지지 않는다. 실제로 또 다른 연구에서 전기 충격을 받을 때 뭔가 가치 있는 일을 위해 그런 것이라고 생각하면 고통을 덜 느낀다는 결과를 얻어냈다. 강렬한 전기 충격은 심리적 방어를 일으켜 그 집단을 높이 평가하게 만들었지만, 경미한 충격은 그렇지 못했던 것이다. 당신의 남편이 뭔가 큰 잘못을 저지른 것은 용서했으면서도, 차고 문을 움푹 파이게 해놓거나 집안 여기저기에 지저분한 양말을 벗어놓으면 화가 났던 경험이 있는가? 그렇다면 당신도 동일한 역설을 경험한 것이다.

극도의 고통은 그 고통을 제거하기 위한 심리적 면역체계를 작동시키지만, 경미한 고통은 그렇지 않다는 다소 반직관적인 사실이 우리가 미래의 우리 감정을 예측하는 데 커다란 어려움을 초래한다. 만일, 당신의 절친한 친구가 당신을 모욕한 경우와 당신의 사촌을 모욕한 경우, 둘 가운데 어느 경우에 더 기분이 나쁠 것 같은가? 당신이 사촌을 좋아하기는 하지만 당신 자신을 더 사랑하기 때문에 아마도 당신을 모욕할 때 더 기분이 나쁠 것이라고 생각할 것이다. 물론 그럴지도 모른다. 단 처음에만 그렇다. 강력한 고통은 심리적 면역체계를 유발하고 경미한 고통은 그렇지 않기 때문에, 당신이 받은 모욕에 대해서는 심리적 면역체계가 그 모욕에 대해 뭔가 긍정적인 것을 만들어내지만, 사촌이 모욕당한 경우는 고통이 경미하기 때문에 그런 효과가 나타나지 않는다 "펠리시아가 내 사촌 드웨인에게 얼간이라고 했다 이거지. 내 생각에도 그 애 말이 맞긴 해. 아무리 그래도 내 앞에서 그런 말을 하면 안 되지". 아이러니컬하게도 당신이 모욕의 구경꾼일 때보다 모욕의 피해 당사자가 될 때 기분이 덜 나쁘다.

이 역설적 가능성을 테스트하기 위해 두 명을 대상으로 성격 검사를 받게 했다. 그중 한 사람에게는 피드백을 제공했는데, 그 피드백은 심리학자가 전달한 것으로 다분히 전문적이고 상세했지만 내용은 부정적이었다. 예를 들면 "당신에게는 남과 다른 독특한 특성이 거의 없군요"라거나 "사람들은 당신을 좋아하죠. 그 이유는 대체로 당신의 능력이 그들을 위협할 만큼 뛰어나지 않기 때문이에요" 등의 진술이었다. 이 피드백을 두 명 당사자와 구경꾼 모두 읽게 한 다음, 그 피드백을 작성했던 심리학자를 얼마나 좋아하는지 평가하도록 하였다. 그랬더니 역설적이게도, 부정적인 피드백의 당사자였던 참가자가 단지 구경꾼이었던 다른 참가자보다 그 심리학자를 더 좋아하는 것으로 나타났다. 왜 그럴까? 구경꾼은 그 부정적인 피드백을 보고 언짢기는 했어도 "세상에, 그런 말을 하다니 너무 인색한 평가로군", 그다지 낙담하지는 않았다. 따라서 그처럼 경미한 부정적인 기분을 완화시키기 위해 그의 심리적 면역체계가 작동할 필요가 없었던 것이다. 하지만 부정적 피드백의 당사자는 정말로 낙담했다 "젠장, 난 이제 검증된 낙오자가 된 게로군". 따라서 그의 뇌가 재빠르게 그 경험을 긍정적으로 바라볼 수 있도록 작동하였던 것이다 "하지만 생각해보니, 이 검사는 복잡한 내 성격을 그저 한 번 엿볼 기회를 준 것일 뿐이야. 이 검사 하나만으로 내 성격을 다 안다고 할 수는 없겠지".

이 실험에 중요한 결과가 또 하나 존재한다. 새로운 참가자들에게 그들이라면 그 심리학자를 얼마나 좋아할 수 있을지 예측해보도록 하였다. 그러자 그들은 자신이 부정적인 피드백의 구경꾼이 될 때보다 희생자가 될 경우 그 심리학자를 덜 좋아할 것이라고 예측했다. 요약하면 사람들은 그들의 심리적 방어체계가 경미한 고통보다는 강한 고통에 의해 작동한다는 점을 인식하지 못한다. 따라서 강도가 서로 다른 불행에 맞닥뜨렸을 때 자신이 각각에 대해 어떤 감정적 반응을 보일지 잘못된 예측을 하게 되는 것이다.

불가피성 요인

고통의 크기만이 심리적 방어체계 작동에 영향을 주는 것은 아니다. 예를 들어 친구가 저질렀다면 절대 참을 수 없는 행동을 형제나 자매가 저지른 경우에는 왜 용서해주는 것일까? 현 대통령이 뭔가를 잘못했을 때, 그 사람이 당선 전에 그런 일을 저질렀다면 절대로 그에게 표를 던지지 않았을 것이 분명한데 지금은 왜 그런 일에 그다지 신경 쓰지 않는 것일까? 또한 현재 일하고 있는 종업원이 허구한 날 늦는 것은 그냥 넘어가면서 면접 때 몇 분 늦는 구직자는 왜 고용 하기를 꺼려하는 것일까? '피는 물보다 진하다'라거나 '첫인상이 중요하다'라는 말이 이런 일에 대한 설명이 될 수도 있을 것이다. 그러나 또 다른 설명은, 빠져나갈 구멍이 있는 상황보다는 빠져나갈 구멍이 없는 상황에 처했을 때 우리의 심리적 면역체계가 작동하기 때문이다. 친구는 언제라도 또 사귈 수 있고, 지지 후보자를 바꾸는 일은 양말을 바꿔 신는 것만큼이나 쉽다. 하지만 형제자매나 현 대통령은 그들이 잘하든 못하든 이미 우리의 사람이 되어 버렸기 때문에, 일단 그들과 한 식구로 태어나거나 대통령을 이미 선출한 후라면 우리가 지금 할 수 있는 일은 별로 많지 않다.

지금 우리가 겪고 있는 경험이 우리가 원하는 경험이 아닐 때, 우리의 첫 번째 반응은 밖에 나가 다른 경험을 구하는 것이다. 만족스럽지 못한 렌터카는 다시 돌려주고 질이 떨어지는 호텔은 체크아웃해버리며, 다른 이들 앞에서 코를 후비는 사람과는 더 이상 어울려 다니지 않는다. 우리는 경험을 바꿀 기회가 없는 경우에만 그 경험을 바라보는 우리의 관점을 바꿀 방법을 찾게 된다. 그래서 우리는 덜컹대는 오래된 자동차와 수년간 보유해 온 낡은 별장, 그리고 증조부코 후비기를 지나치게 좋아하시는를 사랑한다. 우리는 오직 우리가 희망을 찾아야 할 때만 희망을 발견하려고 한다. 그래서 건강검진 결과, 위험요인이 있다고 나오면 역설적으로 행복감이 증가한다. 그러나 검사 결과가 어느 방향으로든 확실하지 않을 때는 행복감이 증가하지 않는다. 우리의 운명이 피할 수 없을 때, 도망칠 수 없을 때 그리고 취소할 수 없을 때, 비로소 우리는 우리의 운명에서 긍정적인 면을 발견하려고 한다.

피하거나 도망치거나 뒤바꿀 수 없는 상황은 심리적 면역체계를 발동시킨다. 그러나 사람들은 이 점을 인식하지 못한다. 한 연구에서 사진 수업에 등록한 학생들을 대상으로 연구를 수행하였다. 실험에 참가한 학생들은 연구진에게 개인적으로 의미 있는 사람과 사물들의 사진 12장을 찍어 제출했다. 이때, 교사는 개인교습 시간에 학생들에게 그들이 찍은 사진 가운데 가장 잘 나온 사진 두 장을 골라 인화하는 방법을 알려주었다. 사진이 인화된 후, 교사는 학생들에게 사진 두 장 가운데 하나를 가져갈 수 있고, 나머지 하나는 실습 기록용으로 보관해야 한다고 말해주었다. 이때 몇몇 학생에게는 일단 그들이 가져갈 사진 한 장을 고르면 나중에 절대 바꿀 수 없다고 말했고, 나머지 학생에게는 나중에 사진을 바꿀 수 있는 기회를 줄 것이며 그 기간 동안에 기꺼이 사진을 바꿔주겠다고 했다. 학생들은 각각 사진 한 장을 골라 집으로 가져갔다.

며칠 후, 그 학생들을 대상으로 가져간 사진을 얼마나 좋아하는지 평가했다. 그 결과, 사진을 바꿀 수 있는 기회가 있었던 학생들은 그럴 기회가 없었던 학생들보다 자신의 사진을 덜 좋아하는 것으로 나타났다. 또 다른 학생들을 모집해 이런 두 가지 경우에 그들이라면 본인이 가져간 사진을 얼마나 좋아할 것 같은지 예상해보라고 하였다. 그러자 흥미롭게도 이들은 교환기회가 있든 없든 전혀 영향을 받지 않을 것이라고 잘못 예상했다. 이 연구에서 분명한 점은 피할 수 없는 상황은 심리적 방어를 일으켜 우리가 그 상황을 긍정적으로 바라볼 수 있게 해주지만, 정작 우리는 이런 일이 일어나는지 예상하지 못한다는 사실이다.

우리는 심리적 면역체계를 발동시키는그래서 우리의 행복과 만족을 증진시키는 요인들을 예상하지 못해 결정적인 실수를 저지르기도 한다. 한 예로, 새로운 집단을 모집해 자신이 선택한 사진을 나중에 바꿀 수 있는 기회를 얻고 싶은지를 물었다. 그랬더니 그들은 대부분 실제 만족도를 떨어뜨리는, 즉 바꿀 수 있는 기회가 있는 조건을 선택했다.

왜 그럴까? 그건 아마도 사람들이 자유의 제약보다는 더 많은 자유를 선호하기 때문일 것이다. 스스로 선택할 수 있는 자유 그리고 선택을 내린 후에 그 결정을 바꿀 수 있는 자유가 위협당할 때, 우리는 그 자유를 회복하고자 하는 강한 충동을 느낀다. 그래서 장사꾼들은 '한정판매', '오늘 밤에 꼭 주문하셔야 합니다'라는 말을 사용해 우리의 자유를 일부러 위협한다. 마찬가지로 우리는 경매보다는 다소 비싸더라도 교환이나 환불의 기회가 있는 백화점을 선호한다. 나아가 미래에 마음을 바꿀 수 있는 기회가 주어지는 상황을 더 소중하게 생각하고 값을 더 지불하기도 한다. 물론 그렇게 하는 것이 틀린 것은 아니다. 가령 어떤 소형차를 며칠 시운전하고 나면 그 차를 소유하는 것의 장단점에 대한 정보를 구별할 수 있다. 따라서 시운전 후에 반환할 수 있는 옵션을 돈을 좀더 주고 살 수도 있다.

그러나 이렇게 결정을 변경할 수 있는 가능성을 열어놓는 것에는 유익과 더불어 그 대가도 있다. 소형차를 사서 교환할 수 있는 옵션이 없는 경우, 소비자는 그 차에 대한 긍정적인 관점을 만들어낸다"와! 이거 정말 제트 전투기 같은 느낌이군". 그러나 환불조항이 포함된 계약을 맺은 구매자는 그렇게 하지 않는다"이 차 정말 좁네. 그냥 환불하는 것이 낫겠군". 이미 차를 소유한 차 주인은 그 차의 장점만 보고 결점은 지나쳐 버리는 조작 수법을 통해 큰 만족을 경험하게 된다. 하지만 언제라도 환불할 가능성이 있는 구매자, 그래서 아직 심리적 방어체계가 발동하지 않은 사람은 새로 산 차를 더 비판적으로 바라보게 되고, 그 차를 계속 소유할 것인지를 결정해야 하기 때문에 단점에 특별히 더 주의를 둘 수밖에 없다. 자유에 유익과 대가가 모두 있다는 점은 명백하다. 하지만 안타깝게도 그 둘은 같은 정도로 명백하지 않다. 우리는 자유가 제공해주는 유익은 쉽게 상상하지만, 자유 때문에 오히려 훼손될 수 있는 즐거움은 쉽게 상상하지 못한다.

설명되지 않은 사건의 강한 여운

어떤 음식을 먹고 속이 아플 정도로 토하고는 그 후로 몇 년 동안 그 음식을 먹지 않았던 경험이 있는가? 그런 적이 있다면 과실파리 fruit fly, 과실·채소의 해충—역주들의 행동원리를 쉽게 이해할 수 있을 것이다. 물론 과실파리는 우리처럼 참치를 먹는다거나 구토를 하지는 않는다. 그러나 과실파리도 최상의 경험과 최악의 경험을 했던 상황 혹은 그 경험에 선행해서 일어난 상황을 그 경험과 연계시켜 미래에 그런 상황을 만나면 피해야 할지 추구해야 할지를 결정한다.

과실파리를 테니스 운동화 냄새에 노출시키면서 아주 짧은 전기 충격을 가해보라. 그러면 과실파리는 테니스 운동화 냄새가 나는 장소는 평생 피하게 될 것이다. 쾌락과 고통을 관련 상황과 연계시키는 능력은 생존하는 데 있어 매우 중요한 것으로 초파리에서부터 인간에 이르기까지 모든 피조물에게 존재한다.

그러나 그 능력이 우리 같은 피조물에게 필수적인 것이라 해도 그 능력만으로는 충분하지 않다. 특정 경험과 특정 상황을 연계시켜 배울 수 있는 것이 상당히 제한적이기 때문이다. 아마도 기껏해야 특정 상황을 피하거나 더 추구하는 능력밖에 얻을 수 없을 것이다. 전기 충격의 경험이 과실파리로 하여금 테니스 운동화 냄새를 피하도록 가르칠 수는 있지만, 눈 올 때 신는 신발이나 발레 슬리퍼, 구두의 냄새를 피하도록 가르쳐주지는 않기 때문이다. 물론 즐거움을 최대화하고 고통을 최소화하기 위해서는 반드시 즐거움과 고통을 관련 상황과 연계할 수 있어야 한다. 그러나 더 중요한 것은 그 상황이 그러한 감정들을 왜, 어떤 방법으로 일으켰는지 반드시 설명할 수 있어야 한다는 점이다. 놀이기구 바이킹을 타고 난 후 속이 메스꺼워지는 것을 평형감각의 상실 때문이라고 설명하고 나면, 우리는 앞으로 바이킹을 타지 않을 것이다. 이 점에서는 과실파리와 별반 다를 것이 없다. 하지만 과실파리와 달리 우리는 속이 메스꺼워지는 것이 바이킹 자체와 관련이 있다기보다는 평형감각을 상실하게 하는 것과 관련이 있다고 설명할 수 있기 때문에, 그때 그 경험과 직접 연계되지 않았던 상황_{번지 점프, 레저 보트}이라 할지라도 미래에 피할 것이며, 메스꺼워지는 경험과 직접 연계되었던 것이라 할지라도 어떤 것_{놀이공원에서 들려오던 음악과 광대의 연기 등}은 피하지 않을 것이다. 단순한 연상과 달리 설명은 즐거움이나 고통을 일으키는 원인이 무엇인지를 규명해주고, 무엇이 관련 없는 것인지도 알려준다. 그렇게 함으로써 우리는 역겨움이라는 느낌에 관해 과실파리가 배울 수 있는 것보다 더 많은 것을 알게 된다.

그런데 설명은 이처럼 우리의 경험을 제대로 이해하게 해주기도 하지만 동시에 그 경험의 본래 특성을 바꾸어놓기도 한다. 이미 앞에서 소개한 대로 우리는 불쾌한 것을 경험하고 나면 기분을 회복시켜주는 방향으로 그 경험을 재빨리 설명해버린다"내가 그 일을 못 따낸 이유는, 그 심사위원에게 회전놀이 기구를 타면 속이 안 좋아지는 사람을 싫어하는 편견이 있었기 때문이야". 실제로 여러 연구 결과를 보면, 불쾌한 사건을 단지 설명하는 것만으로도 그 불쾌함은 줄어든다고 한다. 예를 들어 사랑하는 사람의 죽음이나 갑작스런 질병 등과 같은 충격적 경험외상에 대해 글로 써보는 것만으로도 주관적 행복이나 신체적 건강에 뚜렷한 효과가 있다병원 가는 횟수가 줄어 들고 바이러스 항체 증가. 그리고 이런 글쓰기를 통해 가장 큰 혜택을 보는 사람은 글 속에 자기 경험에 대한 '설명'이 들어 있는 사람들이었다.

놀라운 사실은 설명이 불쾌한 사건의 영향을 감소시키는 것에 그치지 않고 유쾌한 사건의 영향력 또한 감소시킨다는 점이다. 이 점을 잘 보여주는 연구가 있다. 이 연구에 참가한 대학생들은 우선 자신이 온라인 채팅을 통해 다른 학교의 학생들과 대화하게 될 것이라는 설명을 들었다. 그러나 실제로는 컴퓨터 프로그램이 채팅 상황을 정교하게 시뮬레이션했을 뿐 상대 학생이 존재하는 것은 아니었다. 모든 학생이 자기소개를 마친 후"안녕, 나는 에바라고 해. 나는 자원봉사를 좋아한단다", 연구진은 그 가상의 학생들에게 채팅 방에 있는 학생들 중 누구를 가장 좋아하는지 그리고 그 이유는 무엇인지를 적어 그 학생에게 보내도록 하였다. 이때, 실제 참가자들에게 굉장히 놀라운 일이 벌어졌는데, 이들은 채팅 방에 있던 모든 학생다른 대학 학생들이라고 소개된이 자신을 가장 좋아한다고 생각했다. 어떤 학생은 "너의 소개를 읽었을 때, 나는 우리 사이에 뭔가가 통하는 느낌이었어. 우리 둘이 같은 학교를 다니고 있다면 정말 좋을 텐데 말이야"라고 적었고 또 다른 학생은 "너는 단연 내가 가장 좋아할 만한 사람이야. 특히 네가 관심사나 가치관을 말하는 방식이 아주 마음에 들어"라고 적었다. 세 번째 학생은 "너랑 직접 만나서 얘기했으면 좋겠다. 물놀이를 좋아하는지 이탈리아 음식도 좋아하는지. 나는 이탈리아 음식을 굉장히 좋아하거든" 등의 내용이었다.

이 연구에서 핵심적인 변수는, 실제 학생들 가운데 일부_{정보 제공 집단}는 편지를 쓴 학생이 누구인지 개인정보를 알 수 있는 이메일 메시지를 받았고, 나머지 학생_{정보를 제공받지 않은 집단}은 개인정보가 누락된 이메일 메시지를 받았다는 점이다. 다시 말해 실제 학생들은 채팅방에 있던 가상의 학생들에게서 자신이 그들의 마음을 사로잡았다는 똑같은 내용의 이메일 메시지를 받았지만, 오직 정보를 제공받은 집단만 구체적으로 누가 어떤 이유를 적었는지 알 수 있었다. 이들은 자기에게 생긴 그 좋은 일을 나름대로 설명할 수 있는 기회를 얻은 것이다^{"에바는 내 가치를 알아보는구나. 우리 둘 다 헤비타트(Habitat of Humanity, 국제 인간거주협회로 비영리 조직─역주)에서 일하고 있어서 그럴 거야. 그리고 카타리나가 이탈리아 음식에 대해 언급한 것도 나는 이해할 수 있어"}. 반면 정보를 제공받지 않은 집단은 이러한 설명을 만들어낼 수 없었다^{"누군가 내 가치를 알아보기는 했는데 말이야… 대체 누구지? 그리고 이탈리아 음식 얘기는 누가 무슨 이유로 꺼낸 걸까?"}.

연구진은 실제 학생들이 각각의 메시지를 받은 직후에 얼마나 행복했는지를 측정하고, 다시 15분 후에 그들의 기분을 측정했다. 그랬더니 자신이 채팅 방의 모든 학생에게 최고의 친구라고 뽑혔다는 사실을 들었을 때 처음에는 두 집단의 학생이 동일한 정도로 행복해했다. 그러나 놀라운 점은 정보를 제공받지 않은 집단만 15분이 지난 후에도 여전히 그 즐거움을 간직하고 있었다는 사실이다. 누군가를 보이지 않는 곳에서 은밀히 사모한 적이 있는가? 그렇다면 왜 상대방의 개인정보를 알고 있던 학생들의 좋았던 기분은 금방 감소한 데 반해, 정보를 제공받지 않은 학생들의 기분은 계속 구름 속을 떠다니듯 좋았는지 공감할 수 있을 것이다.

설명되지 않고 미궁으로 남겨진 사건은 다음의 두 가지 이유로 감정적인 영향력이 크다. 첫째, 설명되지 않은 사건은 드물고 이례적인 사건으로 여겨진다. 만일 내가 당신에게 내 남동생과 여동생 그리고 내가 모두 같은 날에 태어났다고 말한다면 당신은 아마 그런 일은 드물고 이례적인 것이라고 생각할 것이다. 하지만 내가 세 쌍둥이였다고 설명을 해주고 나면 방금 전보다는 덜 놀랄 것이다. 내가 어떤 설명이라도 일단 제공하고 나면 "똑같은 날이라는 게, 우리 모두 목요일에 태어났다는 말이죠.", "우리 셋 다 제왕절개로 태어났거든요. 그래서 부모님께서 세금 혜택을 높이시려는 목적으로 출생 날짜를 정하신 거죠", 처음보다는 그 사건의 놀라움이 줄어들고 평범한 일처럼 보이게 된다.

어떤 사건이 어떻게, 왜 일어났는지 설명을 듣고 나면 그 일이 미래에도 다시 일어날 수 있는 평범한 사건처럼 여겨지게 된다. 실제로 어떤 일이 발생할 수 없다고 말하는 것은 독심술이나 공중부양 등, 설사 그런 일이 발생한다 해도 설명할 방도가 없다는 것을 의미한다. 설명되지 않은 사건은 드문 일처럼 여겨지고, 드문 사건은 보통의 사건보다는 자연히 감정적으로 더 큰 영향을 끼친다. 그래서 석양이 실제로는 계기일식보다 훨씬 더 멋진 광경을 연출하지만, 일식이 석양보다 덜 흔하다는 이유만으로 우리는 일식을 보며 더 놀라워하는 것이다.

둘째, 설명되지 않은 사건은 계속해서 우리의 머릿속에 떠오른다.

어떤 사건이 발생하면 사람들은 거의 자동적으로 그 사건을 설명하려고 한다. 그런데 연구 결과를 보면, 사람들은 자기가 정해놓은 일을 마치지 못하면 그 일을 더 많이 생각하고 기억할 가능성이 높다고 한다. 한 사건을 설명하고 나면 우리는 깨끗이 빨래를 마친 것처럼 그 사건을 기억의 서랍 속에 잘 접어 넣고는 다른 사건으로 생각을 옮긴다. 하지만 어떤 사건을 설명하기 어려울 때 그 사건은 미스터리나 수수께끼로 남아 우리 마음 저편으로 넘어가는 법이 없다. 영화제작자들과 소설가들은 종종 마지막 장면에 미스터리 같은 종말을 제시하여 이런 현상을 이용한다. 연구 결과를 보더라도 사람들은 주인공에게 결국 어떤 일이 발생했는지 알 수 없는 영화를 더 오래 생각한다. 만일 그들이 그 영화를 좋아한 경우라면 미스터리 요소가 그들을 더 오래도록 기분 좋은 상태로 남도록 만든다.

결국 설명하는 행위는 어떤 사건을 평범하게 보이게 하고, 그 사건에 대해 더 이상 생각하지 않도록 만들기 때문에 그 사건으로 인한 정서적 영향을 빨리 감소시켜 버린다. 그런데 흥미로운 사실은 어떤 사건을 실제로 설명하지 않고, 그저 설명하는 것처럼 느끼도록 하기만 해도 이런 효과가 나타난다는 점이다.

연구를 위해 연구진이 대학 도서관에 있는 대학생들에게 다가가 1달러짜리 동전이 붙어 있는 인덱스카드 두 장 가운데 하나를 건네주고 사라졌다. 당신이 보기에도 그들의 행동은 뭔가 설명이 필요한 흥미로운 행동일 것이다. 이 카드 두 장에는 그림 20.에 나타나 있듯 그들이 '대가를 바라지 않는 친절 운동'을 수행하는 '미소 모임the Smile Society'의 일원이라는 내용이 적혀 있었다. 하지만 두 카드 가운데 하나에는 "우리는 누구일까요?", "우리가 이 운동을 하는 이

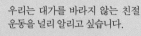

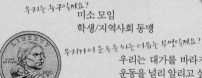

| 그림 20 | 이 카드 두 장은 정확히 동일한 정보를 담고 있다. 하지만 아래에 있는 카드에는 무언가 해답이 있을 것 같은 두 개의 질문이 있으며, 이것이 이 카드를 더욱 상식적인 것처럼 보이게 한다

유는 무엇일까요?"라는 두 문구가 더 실려 있었다. 그러나 이 두 가지 질문은 사실 아무런 정보도 추가로 제공해주지 않는다. 중요한 점은 그럼에도 불구하고 이런 문구가 그 사건에 대한 설명인 것처럼 느끼게 만든다는 것이다"아, 이제야 그들이 왜 나한테 1달러를 주었는지 알겠군!".

5분 정도가 지난 후, 또 다른 연구자가 그 학생들에게 다가가 자신이 어떤 과제를 진행하고 있다고 하면서 몇 가지 설문조사에 응해줄 것을 부탁했는데, 문항 중에는 "지금 이 순간 당신은 얼마나 긍정적 혹은 부정적인 감정을 느끼는가?" 하는 질문이 들어 있었다. 응답 결과를 분석하였더니, 앞서 제시된 별 의미 없는 두 문장이 들어간 카드를 받았던 학생들이 그 문구가 없는 카드를 받았던 학생들보다 행복의 정도가 덜한 것으로 나타났다. 확실히 가짜 설명이라 할지라도 일단 설명하고 나면 사람들은 그 사건을 정리하고 다른 사건으로 생각을 옮긴다는 점을 알 수 있다.

불확실성이 행복을 연장해준다는 이 연구 결과를 보면, 일반 사람들도 그 점을 알고 있을 것이라고 예상할 수 있을 것이다. 그러나 사실은 그렇지 않다. 방금 제시된 연구에서 또 다른 학생 한 집단을 대상으로 그림 20.에 제시된 두 카드 가운데 어떤 것이 그들을 더 행복하게 만들지 물어보았더니, 학생들의 75퍼센트가 별 의미 없는 두 문장이 첨가된 카드를 선택했다. 또한 앞에서 소개한 인터넷 채팅방 연구에서 학생들에게 각종 찬사를 적은 메시지를 작성한 가상의 학생이 누구인지 아는 것과 모르는 것 가운데 어느 경우를 더 선호하는지 물어보았더니, 학생들 전원이 알고 있는 편이 더 좋다고 대답했다.

두 경우 모두에서 설명으로 인한 명료성과 확실성이 실제로는 행복을 감소시켰음에도 불구하고 사람들은 불확실성보다는 확실성을 선택하고 미스터리보다는 명료한 것을 선택한 것이다. 시인 존 키츠 John Keats는, 위대한 작가들이란 "불확실성, 미스터리 그리고 의심 앞에서 굳이 사실과 이유를 찾아나서지 않는 여유로운 능력을 가진 사람들이지만" 나머지 사람들은 "절반의 내용에는 만족할 수 없는 사람들"이라고 적고 있다. 우리에게 일어나는 모든 사건을 설명하고자 하는 욕구는 인간을 과실파리와 구분해주지만, 그것이 때로는 우리의 흥분을 잠재워버리고 마는 것이다.

맺음말

우리의 눈과 뇌는 서로 음모를 꾸몄으며 모든 음모가 그렇듯 우리가 알지 못하도록 의식세계 저 편에서 서로 협약을 꾸몄다. 그 결과 우리는 현재의 우리 모습에 대해 긍정적인 관점을 지니게 되었지만, 그 사실을 인식하지 못하기 때문에 미래에도 우리가 우리를 긍정적으로 바라보도록 음모를 꾸밀 것이라는 점을 의식하지 못한다. 이런 무지로 인해 우리는 미래의 고난으로 경험할 고통의 강도와 지속 기간을 과대평가하는 경향이 있다. 그리고는 우리의 눈과 뇌가 벌이는 작업에 역행하는 선택을 하기도 한다. 예를 들면, 우리는 행동하지 않은 것inaction보다는 행동한 것action에 대해, 단순히 약간 짜증나는 경험보다는 아주 고통스러운 경험에 대해, 그리고 빠져나올 수 있는 상황보다는 그럴 수 없는 상황에 직면했을 때 심리적 면역체계를 발동시켜 긍정적인 관점을 유지할 가능성이 크다. 그러나 예측 당시에는 이를 모르기 때문에 우리는 행동하기보다는 행동하지 않기를, 큰 고통보다는 약간의 짜증을 그리고 빠져나올 수 없는 구속보다는 자유를 선택한다.

긍정적인 견해를 만들어내는 과정에는 여러 가지가 있다. 예를 들어 우리에게 유리한 정보에 더 깊은 주의를 기울이기도 하고, 그런 정보를 제공하는 사람들과 일부러 어울리기도 하며 그런 정보를 무비판적으로 수용하기도 한다. 이런 과정을 통해 우리는 불쾌한 경험을 긍정적인 방향으로 설명해버린다. 그러한 설명은 부정적인 것을 더 긍정적인 것으로 보게 하기도 하지만, 긍정적인 경험의 재미를 반감시키는 부작용도 있다.

지금까지 우리는 우리의 '상상'에 대해 많은 것을 살펴보았다. 이제 최종 결론을 제시하기 전에 우리의 논의가 어디쯤 와 있는지 점검해보자. 지금까지 우리는 미래 사건에 대해 우리가 감정적으로 어떻게 반응하게 될지를 정확하게 예측하기란 매우 어렵다는 점을 살펴보았다. 미래의 감정을 현재 시점에서 정확하게 예측하는 것도 어렵고, 또한 미래 사건이 발생했을 때 우리가 그 사건에 대해 어떤 관점을 보일지를 현재 시점에서 예측하는 것도 어렵기 때문이다.

이 책 전체를 통해 나는 상상을 지각과 기억에 비교해왔다. 그러면서 우리의 예측 능력도 시력이나 회상이 틀릴 수 있는 것처럼 오류에 빠질 수 있음을 강조해왔다. 우리가 알고 있듯 시력은 안경을 통해 수정할 수 있고 잘못된 회상은 과거에 대한 기록을 통해 정정할 수 있다. 그렇다면 우리의 예측 능력은 어떻게 고칠 수 있을 것인가? 미래 예측을 도와줄 안경도 없고 또한 미래의 일을 미리 기록해놓은 기록도 없지만, 교정 작업은 분명 가능하다. 다음 장에서 이야기하겠지만 그것은 확실히 가능하다. 다만 사람들이 그 길을 택하지 않을 뿐이다.

6

Stumbling on HAPPINESS

교정 | Corrigibility

수정하고 개정하며 개혁할 수 있는 능력

CHAPTER 10

반복되는 실수

경험, 너는 전하는 자의 소식을 뿌리치는구나!
– 셰익스피어, 『심벨린Cymbeline』

최근 몇 년 사이에 어린이용 똥 누기 관련 책들이 폭발적으로 쏟아져 나왔다. 나의 두 살배기 손녀는 항상 그림책을 한아름 안고 내 무릎 위로 기어오르곤 하는데, 그중에는 배변의 신비를 보여주는 수많은 세부사항과 화장실의 미스터리를 담은 책들도 있다. 몇몇 책은 어린이를 위해 해부학적 기술까지 담고 있다. 어떤 책은 어린아이가 쪼그리고 앉아 있는 모습과 엉덩이를 닦으며 행복해하는 그림을 제공하기도 한다. 이런 책들이 공통적으로 전하는 메시지는 "어른들은 바지에다 똥을 누지 않는다는 것과 설사 어린 네가 그런 실수를 하더라도 염려하지는 말라"는 것이다. 내 손녀에게는 무척이나 안심이 되는 가르침이다. 내 손녀는 대변을 보는 데 올바른 방법과 잘못된 방법이 있다는 것을 알고는 있는 듯하다. 또한 자신이 벌써부터 올바른 방법으로 대변을 볼 필요는 없지만, 자기 주변에 있는 많은 사람이 이미 그 방법을 배웠으며 자신도 조금만 더 연습하고 노력하면 그 방법을 배울 수 있다는 점을 알고 있는 것 같다.

배우고 연습하는 것의 혜택이 비단 이런 배변에만 국한되는 것은 아니다. 사실, 연습하기와 지도받기는 우리가 무엇을 배우든 반드시 필요한 기술이다. 지식에는 체험을 통해 직접적으로 얻는 지식과 간접적으로 얻는 지식 두 가지만이 존재한다. 그것이 대변보기든 요리든 투자든 봅슬레이 기술이든 우리가 어떤 과제를 숙달하기 위해서는 직접 연습해보아야 하고 동시에 다른 사람의 경험담을 들어야 한다. 이런 점에서 볼 때, 아기가 기저귀에다 대변을 보는 이유는 그들이 아직 초보라 베테랑들이 제공하는 가르침을 배우지 못했기 때문이다. 그들에게는 적절한 대변 방법을 익힐 직·간접적인 경험이 모두 부족하기 때문에, 그냥 기저귀에 변을 보는 것이다. 그러나 그들도 조금 더 연습하고 훈련을 받는다면 시간이 지나면서 점점 달라질 것이고, 배변의 실수는 금방 없어질 것이다.

이러한 원리를 모든 종류의 오류에까지 확장해서 생각해볼 수 있지 않을까? 우리는 우리를 행복하게 만드는 것과 그러지 못하는 것을 직접 체험한 경험이 있다. 또한 우리에게는 어떤 것이 우리를 행복하게 해줄 것인지, 어떤 것은 그렇지 못한지를 알려줄 친구, 심리치료사, 택시기사 심지어 토크쇼 진행자도 있다. 하지만 이 모든 연습과 훈련에도 불구하고 우리는 행복을 찾는 과정에서 실수를 연발한다. 그러면서 우리는 다음번에 잡는 택시, 다음번에 사는 집 그리고 다음번 승진이 우리를 행복하게 해줄 것이라고 생각한다. 비록 지난번에는 그러지 못했고 다른 사람들이 아무리 다음번도 마찬가지일 것이라고 말해준다고 해도 말이다. 왜 우리는 기저귀를 떼는 방법을 배우듯 동일한 방식으로 이런 실수를 피하는 법을 배우지 못하는 것일까? 연습과 가르침을 통해 옷에 변을 보지 않게 되었다면, 왜 동일한 방법이 미래의 감정을 예측하는 일은 가르쳐주지 못하는 것일까?

아주 드문 일들이 기억에 잘 남기 때문에 범하는 실수들

나이가 드는 것이 여러 면에서 좋다지만 정확히 어떤 점이 좋은지를 아는 사람은 없는 것 같다. 나이 든 사람들은 시도 때도 없이 졸았다 깨었다 한다. 그리고 먹을 수 있는 음식보다는 먹지 말아야 할 음식이 많아지고, 어떤 약을 복용할지 기억하기 위한 목적으로 또 약을 복용한다. 사실, 나이 드는 것이 좋은 점이 딱 하나 있긴 하다. 이따금 젊은이들이 멀찌감치 떨어져서 우리를 바라보며 우리가 쌓아온 풍부한 경험을 부러워한다는 점이다. 그들은 우리의 경험을 부의 한 형태라고 생각하며, 풍부한 경험은 같은 실수를 반복하지 않게 해줄 것이라고 가정한다. 물론 가끔은 그들의 말이 옳다. 그러나 숱한 경험의 소유자들도 끊임없이 반복해서 저지르는 실수가 셀 수 없이 많다. 우리는 이상하게도 이전에 이혼했던 상대와 비슷한 사람과 다시 결혼을 하며, 친척 모임에 갈 때마다 다음번에는 절대로 오지 않겠다고 다짐해놓고는 또 다시 참석한다. 또한 매달 지출내역을 주의 깊게 계획하지만 말일쯤 되면 벌써 돈이 바닥나고 만다. 이런 반복적인 실수를 범하는 이유를 설명하기란 쉽지 않다. 대체 왜 우리는 과거 경험으로부터 배우지 못하고 실수를 반복하는 것일까?

우리의 '상상'에 문제가 많은 것은 사실이다. 그래서 이전에 경험해보지 못한 일들이 미래에 일어날 경우 어떻게 느낄지에 대해 어쩔 수 없이 잘못된 예측을 하기도 한다. 설사 그렇다 하더라도 가정보다는 일에 더 빠져 있는 회사 임원과 결혼해본 적이 있거나 삼촌과 이모가 다툼을 벌이는 짜증나는 친척 모임에 참여해본 적이 있다면 혹은 다음 월급날을 기다리며 근근이 연명해본 경험이 있다면, 이런 일들을 정확하게 예상하고 다음에는 그런 일이 일어나지 않도록 피할 방법을 취해야 하지 않을까?

물론 당연히 그래야 하고 우리는 어느 정도 그렇게 하고 있다. 그러나 우리가 기대하는 수준만큼은 아니다. 우리는 즐겁고 자랑스러웠던 경험을 앞으로도 반복하고 싶어 하고, 당황스러움과 후회를 주었던 경험은 두 번 다시 하고 싶어 하지 않는다. 문제는 그런 경험에 대한 우리의 기억이 정확하지 않다는 데 있다. 우리는 흔히 어떤 경험을 기억한다는 것은 장롱 문을 열어 차곡차곡 쌓여 있는 기록을 꺼내보는 것과 비슷하다고 생각한다. 하지만 앞서 여러 장에 걸쳐 보아왔듯 지난 경험을 기억하면서 느끼는 감정은 우리 뇌가 경험하는 아주 정교한 착각적 경험 가운데 하나다. 기억은 우리의 경험을 충실하게 기록한 책이 아니다. 기억은 경험의 중요한 요점만을 골라 보관하는 편집자로, 우리가 기록을 다시 읽고 싶어 할 때마다 그 요점들을 사용해 매번 기억을 재구성한다. 물론 그 편집자는 경험의 어떤 요소가 중요하고 또한 어떤 요소가 필요 없는지 알고 있기 때문에 이런 방법은 대개 원활하게 기능한다. 따라서 우리는 신랑이 신부에게 키스할 때 어떤 모습이었는지는 기억하지만 그 순간 신부 들러리가 어떤 손가락으로 입가를 가렸는지는 기억하지 못하는 것이다. 안타깝게도 기억의 편집기술은 정교한 것만큼이나 오류도 많아서 때로는 과거를 잘못 회상하게 하거나 미래를 잘못 예측하게 한다.

예를 들어 당신은 네 글자로 된 영어 단어들을 자주 사용할 수도 있고 그렇지 않을 수도 있다. 그러나 어떤 경우든 당신은 그 단어가 몇 개나 되는지 세어본 적이 한 번도 없을 것이다. 영어 단어에서 'k'로 시작하는 네 글자 단어와 세 번째 알파벳이 'k'로 구성된 네 글자 단어 가운데 어떤 것이 더 많을까? 아마 당신도 대부분의 사람들과 비슷하게 'k'로 시작하는 단어가 더 많을 것이라고 추측할 것이다. 이 질문에 답하기 위해 당신은 당신의 기억을 신속하게 체크해볼 것이다"가만 있어보자… kite, kilt, kale…". 그리고는 k가 세 번째로 들어가는 단어보다 k로 시작하는 단어를 회상하기가 더 쉽기 때문에 그 단어가 더 많다고 확신했을 것이다. 이 방법은 대개 정확한 답을 이끌어낸다. 예를 들어 당신은 다리 여섯 달린 코끼리보다 다리 넷 달린 코끼리가 더 많다고 회상할 것이고, 실제로 다리 여섯 달린 코끼리보다는 다리 넷 달린 코끼리를 더 많이 보았을 것이다. 왜냐하면 다리 넷 달린 코끼리가 실제로 더 많기 때문이다. 다리 넷 달린 코끼리와 다리 여섯 달린 코끼리의 실제 숫자는 각 코끼리들을 접하게 되는 당신의 경험의 수를 결정할 것이고, 이 경험의 수들은 각 코끼리들을 얼마나 쉽게 회상할 수 있는지를 결정한다.

유감스럽게도 이러한 회상법은 코끼리의 수를 추정하는 경우에는 정답을 주지만, 단어의 수를 추정할 때는 정확하지 않다. k가 세 번째 알파벳으로 들어가는 네 글자 단어보다k-3 k로 시작하는 단어k-1를 회상하는 게 훨씬 쉽다. 그러나 그 이유는 당신이 k로 시작하는 단어를 더 많이 보아왔기 때문이 아니라, 어떤 단어든 해당 철자로 시작하는 단어보다 그 철자가 세 번째에 오는 단어를 회상하는 것이 더 어렵기 때문이다. 우리 머릿속에 있는 사전도 웹스터 사전처럼 대략 알파벳순이다. 따라서 일반 사전을 찾을 때 그런 것처럼 첫 번째 철자를 중심으로 단어를 찾기는 쉽지만, 세 번째 철자를 중심으로 찾기는 매우 어렵다. 따라서 실제로는 영어에 k-3가 k-1보다 훨씬 많음에도 불구하고, 단지 그것이 후자보다 회상이 더 쉽다는 이유만으로 사람들은 잘못된 추정을 하는 것이다. 우리 마음속에서 보다 쉽게 떠오르는 것들은 실제로도 더 자주 접했던 것이라고 자연스럽게, 그러나 부정확하게 가정하기 때문에 이런 오류가 발생하게 된다.

위에서 기술한 내용은 '경험'에도 그대로 적용된다. 우리는 대부분 야크티베트, 중앙아시아의 털이 긴 소─역주를 탄 기억보다는 자전거를 탔던 기억을 마음속에 더 쉽게 떠올릴 수 있다. 그리고 과거에 야크보다 자전거를 더 많이 탔다는 올바른 결론을 내린다. 여기에는 전혀 오류가 없어 보인다. 그러나 한 가지 주목해야 할 점은 어떤 기억이 쉽게 떠오르는지 아닌지를 결정하는 요인은, 그 경험을 실제로 얼마나 자주 했는가 뿐은 아니라는 점이다. 어떤 경험이 희귀하고 이례적일 때, 그 경험은 기억 속에서 쉽게 떠오르게 된다. 그렇기 때문에 대부분의 미국인은 2001년 10월 4일 아침에 자신이 어디에 있었는지는 기억하지 못해도 2001년 9월 11일 아침 그들이 어디 있었는지는 정확하게 기억한다.

이처럼 드문 경험이 우리의 기억 속에서 쉽게 떠오른다는 점 때문에 몇 가지 특이한 현상이 발생한다. 예를 들어 나는 할인점의 계산대를 고를 때마다 가장 느린 줄을 골랐던 것 같고, 또한 옆줄로 옮기기만 하면 이전 줄이 바꾼 줄보다 갑자기 더 빨리 줄어들었던 것 같다. 만약 내게 나쁜 업이나 운명 같은 것이 주어져 서는 줄마다 느리고 옮기면 이전 줄이 빨리 줄어드는 것이 사실이라면, 세상에는 나와 정반대로 서기만 하면 빨리 줄어드는 줄에 서는 행운을 누리는 사람이 존재해야만 한다. 왜냐하면 모든 사람이 동시에 가장 느린 줄에 설 수는 없기 때문이다. 그러나 내가 아는 한 자신이 서기만 하면 줄이 빨리 줄어든다는 마력을 지녔다고 주장하는 사람은 한 명도 없다.

오히려 내가 아는 모든 사람은 나처럼 다른 여러 줄 가운데 가장 느린 줄만을 택하고, 때때로 좀 빨리 가려고 다른 줄로 옮기면 자신이 옮겨간 줄은 느려지고 버리고 온 줄은 더 빨라진다고 믿는 것 같다. 대체 왜 모두가 그렇게 믿는 것일까? 그 이유는 줄이 정상적인 속도로 줄어드는 것은 지극히 평범한 일이기 때문에 우리가 특별히 관심을 두지 않기 때문이다. 그런 경우 대개는 진열대의 신문을 흘끔 쳐다보거나 또는 어떤 바보 천치가 서로 다른 크기의 배터리 이름을 큰 것, 중간 것, 작은 것으로 구분하지 않고 단지 알파벳 A의 개수로 구분하도록 정했는지 의아하게 여기면서 지루함을 참는다. 더욱이 이러한 상황에서 배우자에게 고개를 돌려 "여보, 이 줄이 얼마나 정상적으로 줄어드는지 알겠소? 기록이라도 해놓았다가 다른 사람에게도 알려줘야 되겠군" 하고 말하는 일은 기의 없다.

계산대의 줄과 관련하여 우리가 기억하는 경험은, 우리가 줄을 바꾸기 전에는 우리 뒤에 서 있던 빨간 모자를 쓴 남자가 우리가 줄을 바꾸고 나서 보니까 우리는 아직도 줄에 서서 기다리고 있는데 벌써 상점을 빠져나가 자기 차에 올라타는 것을 볼 때와 같은 경우뿐이다. 우리 줄 앞에 서 있던 할머니 한 분이 유통기한을 놓고 점원과 실랑이를 벌이느라 우리 줄이 느려지는 바람에 생긴 그런 일들만 기억하는 것이다. 이런 일은 실제로 자주 일어나지는 않지만, 기억될 만한 사건이기 때문에 우리는 그런 일이 자주 일어난다고 생각하게 된다.

발생 가능성이 낮은 경험이 기억에 잘 남는다는 사실 때문에 우리는 미래 경험을 예측할 때 오류를 범하기도 한다. 한 연구에서 연구진이 지하철 플랫폼에 서서 기다리고 있는 통근자들에게 그날 전철을 놓친다면 어떤 느낌이 들지 상상해보라고 부탁했다. 이 예측을 하기에 앞서 그들 가운데 몇몇에게는 과거에 '전철을 놓쳤던 때'를 기억하고 묘사해보라고 요구했다. 그리고 나머지 사람들에게는 '전철을 놓쳤던 경험 가운데 최악의 때'를 기억하고 묘사해보라고 했다. 기억의 내용을 분석한 결과, 두 집단 사이에 큰 차이가 없었다. 다시 말해 기차를 놓쳤던 경험을 기억하라고 한 조건에서도 '최악의 경험'을 기억하게 한 조건에서처럼 끔찍이 싫었던 상황을 기억한 것이다. 즉, 통근자들이 전철을 놓친 경험을 생각할 때 그들 마음에는 가장 불편하고도 절망스러웠던 에피소드가 떠오른 것이다"전철이 들어오는 소리를 들었는데, 그만 우산 파는 사람과 부딪혀서 그 전철을 놓치는 바람에 면접시험에 30분이나 늦어버렸죠. 결국 그 직장을 놓쳤습니다". 사실 전철을 놓치는 경험은 대부분의 사람에게 늘 있는 일이라 쉽게 잊어버린다. 그렇기 때문에 우리가 전철을 놓친 경험을 회상할 때는 가장 이례적이었던 상황이 먼저 떠오르게 된다.

그렇다면 이런 현상이 미래의 우리 감정을 예측하는 것과 무슨 상관이 있을까? 'k'로 시작하는 단어가 재빨리 마음속에 떠오르는 것은 우리의 머릿속 사전이 단어들을 정렬한 방법 때문이지, k로 시작하는 단어가 실제로 흔해서 그런 것은 아니다. 슈퍼마켓 계산대의 줄이 늦게 움직였던 기억이 빨리 마음속에 떠오르는 것은, 그 일이 흔해서가 아니라 그 상황이 우리의 주목을 받았기 때문이다. 이런 기억들이 마음속에 빨리 떠오르는 진짜 이유를 깨닫지 못하기 때문에 우리는 그 일들이 실제보다 더 흔하게 발생한다는 잘못된 결론을 내리게 된다. 마찬가지로 전철을 놓쳐 기분 나빴던 일이 우리의 마음속에 재빨리 떠오르는 것은 그런 일들이 흔해서가 아니라 흔하지 않은 일이기 때문에 그렇다. 하지만 우리는 이런 기분 나쁜 에피소드가 마음속에 신속하게 떠오르는 진짜 이유를 깨닫지 못하므로, 그 일들이 실제보다 더 흔한 일이라고 잘못 결론짓게 된다.

흔하지 않은 이례적인 사건들을 잘 기억하는 습관은 우리로 하여금 같은 실수를 반복하게 하는 주범 중 하나다. 작년의 가족 휴가를 생각할 때, 우리는 아이다호Idaho로 2주간 다녀온 여행의 모든 것을 객관적으로 회상하지 않는다. 우리의 마음속에 가장 자연스럽고도 재빨리 떠오르는 기억은 아마도 다음과 같을 것이다. 아이들을 데리고 승마를 가르쳐주러 가서 말 등을 곱게 빗겨주고 있을 때, 저 아래로 웅장한 계곡이 내려다보이고 태양에 반짝이는 강물이 지평선을 향해 유유히 흘러가는 장면. 상쾌한 공기, 고요한 수목 속에서 아이들은 평소와 달리 싸우지도 않고 사이좋게 말 타기를 즐기고, 누군가 "와아!" 하며 부드러운 감탄의 소리를 내뱉으면 모두가 서로를 바라보며 미소 짓던 모습. 그 순간이 여행 중 가장 즐거웠던 순간으로 기억에 자리 잡고 있는 것이다. 그렇기 때문에 휴가를 떠올리면 이 순간이 즉시 떠오른다.

그러나 이 순간을 제외한 나머지 여행은 그저 그랬다는 사실을 무시한 채 다음 번 여행 계획을 짠다면, 내년에도 인산인해의 캠핑지를 또 가게 될 것이다. 그리고 작년과 똑같이 퀴퀴한 샌드위치를 먹으며 똑같이 고약한 개미들에게 물리고, 대체 작년에 이런 여행을 하고도 왜 아무것도 깨닫지 못했는지 스스로 의아해할 것이다. 우리가 기억하는 것은 가장 좋았던 순간 또는 가장 나빴던 순간이지, 가장 흔한 순간이 아니기 때문이다. 마찬가지로 경험을 많이 했다고는 하지만, 젊은이가 존경하는 것만큼 노인이 경험에서 많은 것을 얻는 것은 아니다.

끝이 좋으면 모든 게 좋다고 믿는 착각

최근에 나는 아내와 말다툼을 벌인 적이 있는데 그 이유는 내가 〈쉰들러리스트Schindler's List〉라는 영화를 좋아한다고 아내가 우겼기 때문이다. 아내의 말은 내가 그 영화를 좋아할 것이라거나 내가 그 영화를 좋아해야 한다는 것이 아니었다. 그녀는 우리가 1993년에 함께 보았던 그 영화를 내가 실제로 좋아한다고 우기고 있었다. 아내의 주장은 정말이지 불공평했다. 내가 모든 것을 다 알고 있다고 할 수는 없지만, 그래도 내가 확신하는 것이 있다면 그것은 내가 무엇을 좋아하는지에 관한 것이다. 그리고 지금껏 10년도 넘게 주변 사람들에게 이야기했듯, 나는 영화 〈쉰들러리스트〉를 좋아하지 않는다. 하지만 아내는 내 말이 틀렸다고 했다.

과학도인 나는 누구의 주장이 사실인지 검증해보기로 했다. 우리는 〈쉰들러리스트〉비디오테이프를 빌려서 다시 보았다. 그런데 실험 결과, 두 사람 모두 옳았다는 것이 밝혀졌다. 처음 20분 동안, 나는 그 영화에 완전히 빠져들었고 그것은 아내의 주장을 뒷받침했다. 하지만 영화의 마지막 부분에서 내가 끔찍이 싫어하는 장면이 전개되어 내 주장도 옳았음이 증명되었다. 스티븐 스필버그 감독은 그 영화의 결말을 그냥 관객의 몫으로 남겨놓지 않고 영화의 기초가 된 실제 인물들을 등장시켜 영화에 등장하는 영웅들을 칭찬하는 장면을 삽입했다. 내게는 그 장면이 불필요하고 식상해보였고 나는 결국 "아, 진짜 못 봐주겠군" 하고 짜증 섞인 말을 내뱉고 말았다. 1993년에 아내와 함께 영화를 볼 때도 극장이 울리도록 같은 소리를 내뱉었던 기억이 아직도 생생하다. 영화의 처음 98퍼센트는 정말 기가 막히게 잘 만들어졌지만, 마지막 2퍼센트 장면이 내 마음에 들지 않았다는 이유만으로 나는 그 영화를 좋아하지 않는다고 기억한 것이다.

한 가지 이상한 점은 그 동안 나는 마음에 드는 장면이 98퍼센트에 채 미치지 못하는 많은 영화를 봐왔는데, 그 영화 중 상당수를 꽤 좋아한다는 점이다. 그 영화들과 〈쉰들러리스트〉와의 차이점은, 그 영화에서 마음에 들지 않는 장면은 대개 첫 부분이나 맨 끝이 아니라 중간쯤에 있었다는 점이다. 도대체 왜 나는 끝이 좀 형편없게 끝나는 거의 완벽한 영화보다는 전체적으로는 그저 그렇지만 끝이 멋진 영화들을 더 좋아하는 것일까? 실제 만족을 느꼈던 시간들은 전자에서 훨씬 길지 않았던가?

물론 그랬다. 그러나 그것이 중요한 것이 아니다. 우리의 기억이란 영화의 모든 장면에 대한 우리의 경험을 저장하는 것이 아니라 어떤 특정 장면을 선택적으로 기억한다. 그중 하나가 바로 마지막 장면이다. 사람들은 소리를 듣든 편지를 읽든 그림을 보든 냄새를 맡든 혹은 어떤 사람을 만나든 처음이나 중간의 항목보다는 맨 마지막에 있는 항목사람을 훨씬 더 잘 회상하는 경향성을 보인다. 다시 말해 어떤 시리즈를 회상할 때 우리의 평가는 항상 그 시리즈의 마지막 항목의 강력한 영향을 받는다.

이러한 경향성은 우리가 즐거움과 고통에 관한 경험을 되돌아볼 때 특히 강하게 나타난다. 실례로 한 연구에서 참가자들에게 차가운 얼음물에 손을 담그고꽤 고통스럽지만 인체에는 무해하다 동시에 매순간의 불편한 느낌을 평가해보게 하였다. 모든 참가자는 이런 절차를 단기간 혹은 장기간에 걸쳐 행했는데, 단기간에는 화씨 57도의 차가운 물 속에 60초 동안 손을 담그고 있었고, 장기간에서는 처음 60초 동안은 화씨 57도의 물에서 그리고 뒤이은 30초 동안은 처음보다 차갑지 않은 화씨 59도의 물에 손을 담그고 있었다. 단기간은 60초 동안의 차가운 물, 장기간은 60초의 차가운 물에 이어 30초의 덜 차가운 물이 추가된 것이었다. 두 가지 가운데 어떤 경우가 더 고통스러웠을까?

참가자들의 실시간 평가를 보면 장기간의 첫 60초 동안은 단기간과 동일하게 고통스러운 것으로 나타났다. 그리고 당연한 일이지만 60초 후 찬물 속에서 손을 꺼낸 경우단기간보다, 계속해서 30초 동안 손을 더 담그고 있던 경우장기간에 훨씬 더 많은 불편함을 호소했다. 그런데 신기하게도 나중에 그 경험을 기억해보고 둘 가운데 어느 경우가 더 고통스러웠는지를 물었을 때는 장기간보다는 단기간이 훨씬 더 고통스러웠다고 회상했다. 장기간은 단기간에 비해 50퍼센트

더 추가한 시간 동안 차가운 물에 있었지만, 마지막 부분에서 이전보다 조금 더 따뜻한 느낌을 받았기 때문에 덜 고통스러웠던 것으로 기억한 것이다.

이처럼 우리의 기억은 결말 부분에서 큰 영향을 받는다. 이에 따라 여성들은 출산할 당시보다 나중에 기억할 때 출산을 더 긍정적으로 기억하고, 관계가 틀어진 연인들은 자신은 처음부터 별로 좋아하지 않았다고 기억한다. 셰익스피어는 다음과 같이 기술했다. "지는 태양 그리고 이제 곧 막을 내리는 음악 / 달콤한 사탕의 끝맛이 가장 달콤하듯 / 오래 전에 지나간 일보다 기억 속에 새겨진 것이 더욱 진하게 남노라."

우리가 어떤 경험이 얼마나 즐거웠는지를 판단할 때, 그 경험의 결말의 영향을 크게 받기 때문에 우리는 때로 이해하기 힘든 선택을 하기도 한다. 앞의 차가운 물 연구를 시행한 연구진이 단기와 장기에 참여했던 참가자들에게 다시 실험을 한다면 어느 쪽을 해보고 싶은지 물었다. 그 결과 69퍼센트의 참가자들이 장기, 즉 30초간의 고통이 더해지는 쪽을 선택하겠다고 답했다. 참가자들은 단기보다 장기 쪽이 덜 고통스러웠다고 기억하기 때문에 다시 실험을 한다면 장기 쪽을 선택하겠노라고 대답한 것이다.

이 선택은 분명 합리적이지 않다. 왜냐하면 어떤 경험의 '즐거움의 합계'는 그 경험을 구성하는 순간의 양과 질에 따라 결정되는데, 이 참가자들은 경험의 양을 고려하지 않았기 때문이다. 하지만 이러한 선택이 합리적이라고 옹호하는 것도 어렵지 않다. 우리가 로데오 등에 올라타거나 멋진 영화배우와 함께 사진을 찍으려고 포즈를 취하는 것은, 그런 순간적인 경험 자체가 즐거워서가 아니다. 그 짧은 순간에 대한 회상만으로도 남은 평생을 행복해할 수 있기 때문이다 "난 정말 그 마지막 1분을 잊지 못할 거야!". 우리가 단지 몇 초 동안 지속되었던 경험을 기억하면서 몇 시간이 지나도록 즐거워할 수 있다면, 그리고 우리의 기억이 결말을 중시하는 경향이 있다면, 조금 덜 고통스러운 기억을 위해 현재 조금 더 고통 받는 것을 견디지 못할 이유도 없지 않겠는가.

이 두 견해는 각각 나름대로 의미가 있기 때문에 그중 어떤 것을 택해도 될 듯하다. 문제는 사람들이 이 두 가지 상반되는 관점 모두를 동시에 지니고 있다는 점이다. 예를 들어 다음의 연구를 생각해 보자. 참가자들은 대쉬Ms. Dash라는 여성의 삶에 대해 듣게 되었다. 이 여성은 60세가 될 때까지 화려한 인생을 살았고, 60세가 되는 시점에서 예전보다는 못하지만 그래도 그럭저럭 만족스러운 삶을 살았다. 그런데 65세가 되던 해, 대쉬는 교통사고로 사망했다. 그녀의 삶은 얼마나 좋았다고 평가할 수 있을까?그림 21의 점선이 대쉬의 인생을 나타내고 있음 9점 척도 상에서 평가하게 했을 때, 참가자들의 평균은 5.7점이었다. 두 번째 집단의 참가자에게는 솔리드Ms. Solid라는 여성의 이야기를 들려주었다. 그녀는 60세에 교통사고로 죽었는데, 죽기 전까지 그야말로 멋진 삶을 살았다. 그녀의 삶은 어떻게 평가할 수 있을까?그림 21의 실선이 솔리드의 삶이다 참가자들의 평균은 6.5점이었다. 결국 참가자들은 멋진 삶솔리드을, 그보다는 못하지만 화려한 인생에 나름대로 만족스러운 삶이 더해지는대쉬 것보다 선호했다는 것을 알 수 있다.

이 결과는 찬물 실험에 참여했던 참가자들의 생각과 정확히 동일하다. 대쉬의 인생은 '즐거움의 총합'이라는 측면에서는 솔리드보다

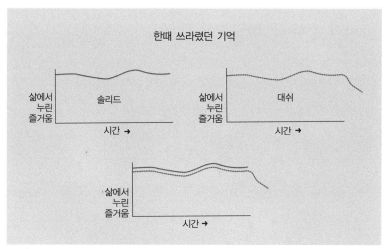

한때 쓰라렸던 기억

삶에서
누린
즐거움

솔리드

시간 →

삶에서
누린
즐거움

대쉬

시간 →

삶에서
누린
즐거움

시간 →

| 그림 21 | 두 곡선을 개별적으로 살펴보면, 곡선의 모양을 중요하게 생각한다. 그 누가 인생의 마지막을 나쁘게 마감하고 싶어 하겠는가? 하지만 두 곡선을 직접 비교하도록 하면, 곡선의 길이를 중요시한다. 그 누가 일찍 죽기를 바라겠는가?

더 양이 많지만, 참가자들은 삶에서 누린 즐거움의 총량보다는 삶이 마감되는 시기의 질적인 측면을 더 중시했던 것이다. 그런데 보다 흥미로운 사실은 세 번째 참가자 집단에게 솔리드와 대쉬의 삶을 나란히 놓고 비교해보라고 했더니그림 21의 아랫부분을 참조, 그들은 두 사람의 삶에 동일한 평가를 내렸다는 점이다. 두 경우를 동시에 비교함으로써 두 삶의 양적인 차이가 두드러져 보였기 때문에 행복하지만 짧게 사는 것이 더 이상 매력적으로 보이지 않았던 것이다.

보통의 경우, 우리는 어떤 경험을 통해 누리는 즐거움의 전체 양보다 그 경험이 어떻게 끝나는지 그 종결을 더 중요하게 생각하지만, 꼼꼼히 따져볼 수 있는 기회가 생기면 반드시 그렇지만은 않다는 점을 알 수 있다.

우리가 선택하지 않았던 방식

만일 당신이 1988년 11월 미국 대통령 선거에서 투표권을 가졌던 사람이라면 11월 8일 저녁 마이클 듀카키스와 조지 부시 간의 선거 결과를 보도하는 뉴스를 집에서 보고 있었을 것이다. 그리고 매사추세츠 출신의 민주당 후보인 듀카키스가 패배했다는 뉴스도 분명 기억할 것이다. 물론 선거에서 패하기는 했지만, 듀카키스는 민주당을 지지하는 몇몇 주에서 승리하였다. 지금은 기억에 관해 논하고 있으므로, 지금 이 순간 당신의 기억을 한 번 되새겨보자. 잠시 눈을 감고 그때 뉴스 진행자가 듀카키스가 캘리포니아_{전통적으로 자유분방한 곳으로} _{여겨지는 지역—역주} 주에서 승리를 거뒀다고 발표하는 순간, 당신이 정확히 어떻게 느꼈었는지 기억해보라. 실망했는가 아니면 즐거웠는가? 기뻐서 이리저리 뛰어다녔는가, 아니면 고개를 절레절레 흔들었는가? 기쁨의 눈물을 흘렸는가 아니면 슬픔의 눈물을 흘렸는가? "서부를 주신 신께 감사를!"이라고 외쳤는가 아니면 "캘리포니아 머저리들에게 뭘 바라겠어?"라고 말했는가? 당신이 민주당을 지지하는 사람이라면, 캘리포니아에서 듀카키스가 승리했다는 발표를 들었을 때 당신이 분명 행복해했을 거라고 기억할 것이다. 반면 당신이 공화당을 지지하는 사람이라면 그 반대로 기억할 것이다. 정말로 그렇게 기억한다면, 당신의 기억은 결단코 틀렸다! 1988년에 캘리포니아에서 승리한 사람은 듀카키스가 아니라 조지 부시였기 때문이다.

이처럼 기억의 왜곡이 가능한 이유는 무엇일까? 그것은 바로 기억이란 우리가 무언가를 기억하고자 할 때 마음속에 재빠르게 떠오르는 어떤 심상을 만들기 위해 자기 임의대로 모든 정보를 이용해 '재구성'하는 과정이기 때문이다. 여기에서는 그런 정보 가운데 하나가 '캘리포니아는 자유로운 주'라는 사실이다. 초월 명상이나 건강식품granola, 환각제 그리고 황당무계한 자유정책을 폈던 주지사Jerry Brown—역주가 존재할 수 있는 곳이 캘리포니아다. 그래서 빌 클린턴, 앨 고어 그리고 존 케리가 그랬던 것처럼 듀카키스도 별 어려움 없이 캘리포니아에서 쉽게 승리했을 거라고 생각할 수 있다. 하지만 빌 클린턴, 앨 고어, 존 케리가 승리하기 전까지 캘리포니아 사람들은 제럴드 포드, 로널드 레이건 그리고 리차드 닉슨 같은 공화당 후보에게도 표를 주었다. 따라서 당신이 정치학자나 CNN 마니아, 아니면 캘리포니아 토박이가 아닌 이상 이런 과거의 투표 기록들을 시시콜콜 기억하지는 못할 것이다.

마치 인류학자들이 어떤 사실"멕시코시티 근처에서 발견된 1만 3천 년 된 두개골은 길고 좁은 모양이다"과 어떤 이론"길고 좁은 모양의 두개골은 유럽인의 조상임을 나타낸다"을 종합하여 과거 사건에 대해 추측을 하듯"유럽계 코카시아인이 몽골 인종이 대신하기 2천 여 년 전에 신세계에 들어왔다." 당신의 뇌도 어떤 사실"듀카키스는 민주당 당원이었다"과 어떤 이론"캘리포니아 사람들은 민주당을 지지했다"을 결합시켜 과거 사건을 추측했던 것이다"캘리포니아 사람들은 듀카키스에게 표를 주었다". 하지만 안타깝게도 당신의 이론이 틀렸기 때문에 당신의 추측도 틀리고 말았다.

우리의 뇌는 사실과 이론을 결합하여 과거 사건에 대한 추측을 만들어내고, 동일한 원리로 사실과 이론을 결합해 과거에 경험했던 감정을 추측한다. 그런데 감정은 대통령 선거나 고대 문명처럼 풍부한 사실을 남기지 않기 때문에, 우리 뇌는 사실보다 이론에 훨씬 더 많이 의존하여 과거의 감정을 기억해내려 한다. 그러다 보니 그 이론이 옳지 않은 경우, 우리는 과거의 감정을 잘못 기억하게 된다. 예를 들어 성gender에 관한 사람들의 이론을 보자. 우리는 대부분 남성이 여성보다 덜 감정적일 것이라고 믿으며"그 여자는 울었지만, 그 남자는 울지 않았어", 비슷한 상황에서 남성과 여성은 정서적으로 다른 반응을 보일 것"그 남자는 화가 났지만, 그 여자는 슬퍼했지"이라고 믿는다. 또한 여성은 월경 기간에 좀더 부정적인 감정을 보이기 쉽다"오늘 그 여자 좀 짜증내더라. 무슨 말인지 알지?"고 생각한다. 그러나 이런 믿음을 뒷받침하는 증거는 거의 없다. 물론 중요한 것은 여성의 월경과 감정 변화 사이에 관계가 없다는 것 자체가 아니라 이러한 이론이 우리가 우리의 감정을 어떻게 기억하느냐에 영향을 끼칠 수 있다는 점이다. 다음의 연구들을 살펴보자.

* 한 연구에서 참가자들에게 한 달 전의 기분을 기억하도록 했는데, 남녀 모두 비슷한 강도의 감정을 느꼈었다고 기억했다. 또 다른 집단에게는 한 달 전의 기분을 떠올리게 하면서 그 전에 남녀의 차이gender에 대해 생각해보도록 유도하였다. 그랬더니 여성 참가자들은 좀더 강렬한 감정을 느꼈었다고 기억했고, 남성 참가자들은 그보다는 덜 강렬한 감정을 느꼈었다고 기억했다.

* 또 다른 연구에서 남녀 참가자들이 팀을 이루어 다른 팀과 대항하는 게임을 했다. 참가자들 가운데 일부에게는 게임을 하는 동안 그들의 감정을 보고하게 했고, 나머지 사람들에게는 일주일이 지난 후에 그 당시의 감정을 회상해보도록 요구했다. 그 결과, 남녀 참가자들이 게임을 하는 동안 보고한 감정에서는 차이가 나타나지 않았지만 일주일이 지난 후 회상한 참가자들의 경우에서는,

여성 참가자들은 여성의 고정관념에 부합하는 감정들(예: 공감, 죄책감)을 더 느꼈다고 회상했으며 남성 참가자들은 남성의 고정관념에 부합하는 감정들(예: 분노, 자부심)을 더 느꼈다고 회상했다.

* 또한 다른 연구에서는 여성 참가자들에게 4~6주 동안 일기를 기록하면서 그날그날의 기분을 매일 평가하게 하였다. 그 결과 여성의 정서가 월경 주기와 크게 관계가 없음이 밝혀졌다. 하지만 나중에 이 여성들에게 특정한 날의 일기 앞부분을 다시 읽어보게 하고 그날의 기분을 기억해보라고 했더니, 월경을 하는 날의 기분을 실제 느꼈던 것보다 더 부정적으로 회상했다.

이러한 연구들은 성별 차이에 대한 우리의 이론이 과거의 감정을 회상하는 데 영향을 준다는 점을 보여준다. 그러나 성별 차이에 관한 이론은 우리의 기억에 영향을 주는 많은 이론 중 하나일 뿐이다. 또 다른 예를 들면, 동양 문화에서는 유럽 문화에서만큼 개인의 행복을 중요시하거나 강조하지 않는다. 따라서 유럽계 미국인이 행복하다고 믿는 정도보다 동양계 미국인이 그렇게 믿는 정도가 약하다. 한 연구에서 참가자들은 1주일간 그들이 가는 곳이면 어디든 휴대용 컴퓨터를 들고 다니며 하루 동안 컴퓨터에서 무작위적인 신호음이 울릴 때마다 그 순간 자신의 기분을 기록했다. 이 보고들을 분석한 결과, 실제로는 동양계 미국인 참가자가 유럽계 미국인 참가자보다 약간 더 행복감을 느끼는 것으로 나타났다. 하지만 참가자들에게 그 일주일 동안의 기분을 기억해보라고 하자, 동양계 미국인이 유럽계 미국인보다 덜 행복했다고 회상했다. 비슷한 방법을 적용한 또 다른 연구에서는 히스패닉계 미국인과 유럽계 미국인을 비교했는데 특정

1주일 동안 그들이 실시간으로 보고한 행복의 정도에는 차이가 없었다. 그러나 나중에 회상하게 했을 때는 유럽계 미국인보다 히스패닉계 미국인이 더 행복했다고 기억하였다.

모든 이론이 성이나 문화처럼 사람에 관한 어떤 불변의 특성에 관한 것은 아니다. 예를 들어 성적에 신경 쓰는 학생과 그렇지 않은 학생 가운데 누가 더 성적이 좋을까? 대학교수로서 내 의견을 말하자면, 자기 성취에 대해 신경 쓰는 학생들은 그렇지 않은 학생들보다 실제로 공부를 더 열심히 하기 때문에 성적이 더 좋다. 학생들 또한 나의 의견에 동의하는 것 같다. 왜냐하면 학생들이 시험을 잘 치렀을 때는 자신이 실제로 느낀 것보다 시험 전에 더 큰 긴장감을 느낀 것으로 기억하고, 시험을 망쳤을 때는 실제로 본인이 느낀 것보다 시험 전에 덜 긴장했던 것으로 기억하기 때문이다.

우리는 과거의 우리 감정이 어떠했을 것이라고 믿는 그대로 회상하는 경향이 있다. 회상할 때 범하는 이런 오류 때문에 우리는 예측할 때도 오류를 범하게 된다. 2000년 미국 대선을 생각해보자. 2000년 11월 7일, 조지 부시와 앨 고어의 대통령 선거가 치러졌다. 유례없는 박빙이어서 그 결과는 결국 대법원으로 넘어갔고, 수주일이 지난 뒤라야 확실해질 지경이 되었다. 투표 다음날인 11월 8일, 연구진은 일부 투표자에게 그들이 지지하는 후보가 승리 또는 패배했다는 최종 선거 결과가 발표되는 날 어떤 기분이 들 것인지를 예측해보도록 요청했다. 그리고 앨 고어가 부시에게 스스로 패배를 인정한 12월 13일의 바로 다음 날인 12월 14일에 투표자들이 실제로 얼마나 행복하게 느끼는지를 측정했다. 그리고 4개월 후인 2001년 4월, 연구진은 앞서 조사한 투표자들에게 다시 연락해 12월 14일에 그들이

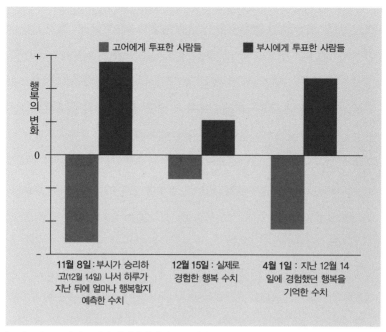

막대그래프 상단 범례: ■ 고어에게 투표한 사람들　■ 부시에게 투표한 사람들

세로축: 행복의 변화　+　0　−

가로축 설명:
11월 8일 : 부시가 승리하고(12월 14일) 나서 하루가 지난 뒤에 얼마나 행복할지 예측한 수치

12월 15일 : 실제로 경험한 행복 수치

4월 1일 : 지난 12월 14일에 경험했던 행복을 기억한 수치

| 그림 22 | 2000년 미국 대선 때 양당의 당원들은, 연방대법원의 결정이 바로 다음날 그들의 기분에 강하게 영향을 미칠 것이라고 예상했다(왼쪽 막대그래프). 몇 달이 지난 후 조사해본 결과에서도 사람들은 실제로 대법원의 결정이 강한 영향을 주었다고 기억했다(오른쪽 막대그래프). 그러나 실제로 연방대법원의 결정은 당원들이 예상하거나 기억한 것보다 그들의 행복감에 훨씬 적은 영향을 끼쳤다(중간 막대그래프).

실제로 어떻게 느꼈었는지 회상해보라고 요청했다.

　그림 22.에서 볼 수 있듯, 이 연구는 세 가지 흥미로운 사실을 알려 준다. 첫째, 선거 바로 다음날 조지 부시가 최종 승자로 발표된다면 고어 지지자들은 망연자실할 것이고 부시 지지자들은 의기양양할 것이라고 기대했다. 둘째, 조지 부시가 결국 승자로 발표되었을 때 고어 지지자들은 그들이 예상했던 것보다 덜 망연자실했고, 부시 지지자들은 본인이 기대했던 것만큼 의기양양하지 않았다이미 앞에서 지적했던 감정 예측의 오류다. 셋째, 가장 중요한 사실은 4개월이 지난 후 과거

의 감정을 회상하게 했을 때, 그들은 결과를 알고 난 후 실제 느꼈던 감정이 아니라 결과를 알기 전에 예측하였던 감정을 느꼈다고 회상했다.

이처럼 미래에 대한 예상과 과거에 대한 회상은 서로 일치하지만, 둘 다 실제 경험과는 다르다. 우리를 행복하게 만들 만한 사건을 예측하게 하는 이론들"부시가 이기면 정말 기분 좋겠지"은, 동시에 그 사건 때문에 과거에 우리가 행복했었다고 회상하게 만든다"부시가 승리했을 때, 나는 정말 기분 좋았지". 그렇기 때문에 우리의 예측이 잘못되었다는 증거를 찾을 수 없게 되어버린다. 결국 우리의 예측이 틀렸었는지를 밝히는 일은 매우 어려워진다. 우리는 생일날 우리가 얼마나 행복할지에 대해서는 과대 예측하고, 월요일 아침에 얼마나 행복할지에 관해서는 과소 예측한다. 그리고 실제로는 이런 예측이 틀렸다는 것을 반복적으로 경험하면서도, 끊임없이 그런 잘못된 예측을 반복하고 있다. 이처럼 우리가 실제 감정을 제대로 회상하지 못하기 때문에 아무리 많은 경험을 하더라도 그 경험을 통해 배우지 못하는 것이다.

맺음말

집에 불이 났을 때, 꼭 꺼내서 탈출하고 싶은 것이 무엇인지 하나만 말해보라고 물어보면 가장 흔한 답이 '사진첩'이다애완견들에게는 미안하지만. 그러나 우리가 보물처럼 애지중지하는 것은 단순히 기억만이 아니다. 어떻게 보면 기억 그 자체다. 무슨 말인고 하면, 기억이란 사진이라기보다 화가의 재량이 발휘된 인상주의 그림들과 같다. 그리려는 대상이 모호할수록 예술가가 행사할 수 있는 재량권은 더 많아지는데, 우리의 감정 경험보다 더 모호한 대상은 거의 없다. 따라서 감정에 관한 우리의 기억은 이례적인 사건, 일의 결말, 그리고 우리가 그 당시 어떻게 느꼈음에 틀림없다고 믿는 이론에 커다란 영향을 받게 된다. 그 결과 우리는 과거 경험으로부터 많이 배울 수 없게 된다. 결국 반복해서 연습한다고 해서 감정 예측의 오류가 쉽게 고쳐지지 않는다는 점을 알 수 있다.

이번 장의 서두에서 제시한 아이들의 대변 가리기 논의를 생각해 본다면, 연습은 우리가 배울 수 있는 두 가지 방법 가운데 하나에 불과하다는 사실을 기억할 수 있을 것이다. 연습이 우리가 범하는 오류를 고쳐주지 못한다면, 가르침을 받는 것은 과연 효과적일까?

CHAPTER 11

내일로부터 온 삶의 보고

옛 시절로부터 교훈을 얻는 자, 그는 현명함에 틀림없고 또한 현명할 수밖에 없노라.
― 셰익스피어, 『트로일러스와 크레시다Troilus and Cressida』

알프레드 히치콕Alfred Hitchcock의 1956년 작, 〈나는 비밀을 알고 있다
The Man Who Knew Too Much〉에서 도리스 데이Doris Day가 부르는 왈츠의
마지막 부분은 이렇다.

학교에 다니던 꼬마였을 때, 나는 선생님께 이렇게 물어보았네.
"저는 어떤 일에 도전해야 할까요? 그림을 그릴까요, 노래를 부를까요?"
선생님은 멋지게 대답하셨지.
무엇이 되든 결국 되겠지. 미래는 우리가 볼 수 있는 것이 아니잖니. Que
sera, sera뭐가 되든 되겠지.

나는 이 가사를 쓴 사람에게 어깃장을 놓으려는 뜻은 조금도 없거
니와 오히려 데이에 대해 좋은 추억을 간직하고 있다. 그러나 선생

행복에 걸려 비틀거리다

님의 대답은 그리 현명하다고 할 수 없다. 한 꼬마가 두 가지 일을 놓고 선생님에게 무엇을 하는 것이 좋을지 조언을 구한다면, 선생님의 입장에서는 마땅히 아무런 결론도 없는 뻔한 답보다 뭔가 유용한 정보를 주어야 한다. 선생님의 말처럼 우리는 미래를 볼 수 없다. 그래도 우리는 미래를 향해 가고 있기 때문에 미래를 예측하는 것이 아무리 어려울지라도 어떤 미래를 목표로 삼아야 하고 어떤 미래를 피해야 할지 결정을 내려야 한다. 미래에 대한 상상에서 그토록 실수를 범하는 우리는, 대체 어떤 방법으로 미래의 일을 결정할 수 있을까?

이 질문에 대한 답은 우습겠지만 바로 선생님한테 물어보는 것이다! 사회적 · 언어적 동물로서 인간의 이점 가운데 하나는, 모든 것을 스스로 부딪쳐서 알아내는 것이 아니라 다른 사람의 경험을 통해 배울 수 있다는 점이다. 수백만 년 동안, 인류는 발견의 수고를 나누어 감당하고 발견한 것들을 서로 공유함으로써 무지를 극복해왔다. 이러한 이유에서 갈릴레오, 아리스토텔레스, 레오나르도, 그밖에 이름만 들어도 금방 알 수 있는 유명한 사람들이 우주에 관해 알았던 것보다 훨씬 더 많은 것을 피츠버그의 평범한 신문배달 소년들이 알고 있는 것이다. 우리는 이렇게 다른 사람이 발견한 지식의 자원을 최대한 활용한다. 당신이 알고 있는 모든 것을 적고 그 목록 가운데 다른 사람으로부터 들어서 알게 된 항목을 체크해본다면, 아마도 당신은 손가락을 쉴 새 없이 움직이느라 반복–운동성 장애repetitive-motion disorder에 걸릴지도 모른다. 우리가 알고 있는 거의 모든 것은 다른 사람을 통해 간접적으로 알게 된 것이다. 우주에 첫 발을 내디

딘 사람이 유리 가가린이었는가? 크루아상Crorssant은 프랑스 말인가? 노스 다코다North Dakota에 사는 사람들보다 중국 인구가 더 많은가?

우리 가운데 그 누구도 보스토크 1호Vostok 1를 타보지 못했고 언어가 진화하는 과정을 개인적으로 보지 못했으며, 베이징에 사는 사람과 비스마르크Bismarck에 사는 사람들을 일일이 세어본 것도 아니지만 우리는 위 질문의 해답을 알고 있다. 그 이유는 누군가 자신이 알고 있는 것을 우리와 공유했기 때문이다. 의사소통은 일종의 '대리학습'이기 때문에 우리는 의사소통을 통해 편안한 소파에서 굳이 일어나지 않고도 세상을 배울 수 있다. 지구 표면을 둘러싸고 있는 60억의 사람들은 120억 개의 눈을 가진 하나의 거대한 짐승이라고 할 수 있다. 그렇기 때문에 한 사람의 눈으로 관찰한 내용은 몇 달, 며칠 아니면 단 몇 분 안에 모든 사람에게 전달될 수 있는 것이다.

사람들이 의사소통을 통해 서로의 경험을 나눈다는 사실이야말로 이 책이 지금까지 제기해온 핵심 문제에 명쾌한 해결책을 제공해준다. 미래에 느낄 감정을 상상하는 우리의 능력에 결함이 있다는 점에는 의심의 여지가 없다. 하지만 괜찮다. 변호사와 결혼하면 어떤 기분일지 텍사스로 이사하면 어떤 기분일지 뱀을 먹어보면 어떤 기분일지 직접 상상해볼 필요가 없다. 이미 많은 사람이 그런 경험을 해보았으며, 그들은 자신이 경험한 것을 기꺼이 우리에게 이야기해준다.

교사, 이웃, 동료, 부모, 친구, 연인, 아이들, 삼촌, 사촌, 코치, 택시기사, 바텐더, 미용사, 치과의사, 광고주 등 우리 주변의 많은 사람 중 누군가는 우리가 단순히 상상만 해보는 어떤 경험을 실제로 경험한 적이 있을 것이고, 그 경험에 대해 우리에게 이야기해주고 있다. 따라서 우리가 상상해볼 수 있는 거의 모든 경험, 그리고 상상해볼 수 없는 경험에 대해 이들의 경험을 통해 정보를 얻을 수 있다. 예를 들어 적성 상담원은 우리에게 최상의 직업이 무엇인지 알려주고 비평가는 최고의 레스토랑이 어디인지 알려주며, 여행사 직원은 최상의 휴양지가 어디인지 알려주고 친구들은 최상의 여행사가 어디인지 가르쳐준다. 우리는 모두 일종의 '디어 에비Dear Abby, Abigail Van Buren의 필명으로 독자의 질문에 답하는 신문의 인생상담란—역주'에 둘러싸여 있는 것이다. 사람들은 자신의 경험에 근거해 어떤 미래가 가장 바람직한지 우리에게 말해준다.

그렇다면 우리 주변에 상의할 사람들, 역할 모델, 인생의 고수, 인생의 스승, 참견장이, 그리고 친척이 많기 때문에 어디서 살지 직장은 어디로 정할지 누구와 결혼할지 등 인생의 중대한 결정을 내릴 때 우리가 실수하지 않을 것이라고 기대할 수도 있지 않을까? 현실은 그렇지 않다. 평균적으로 미국인은 평생 동안 여섯 번 이사하고 열 번도 넘게 직업을 바꾸며 한 번 이상 결혼한다. 그만큼 우리가 잘못된 선택을 많이 한다는 증거다. 인류 공동체를 우리가 미래에 어떤 일을 경험했을 때 느끼게 될 감정을 알려주는 정보로 가득 찬 도서관이라고 한다면, 그 도서관을 두고 우리는 왜 그렇게 많은 선택의 실수를 범하는 것일까?

여기에는 두 가지 가능성이 있다. 하나는 우리가 다른 사람으로부터 수용하는 조언이 틀렸을 수도 있고, 다른 하나는 타인의 조언은 훌륭하지만 우리가 그 조언을 거부해버릴 수도 있다는 것이다. 둘

중 어느 것이 맞을까? 타인의 틀린 조언을 그대로 수용하는 것일까, 아니면 좋은 조언도 무시해버리는 것일까? 이제부터 살펴보겠지만, 두 질문의 해답은 모두 'YES'이다.

초복제자Super replicator

철학자 버트랜드 러셀Bertrand Russell은 "믿는다는 것은 우리의 행위 가운데 가장 사적인 것이다"라고 주장한 적이 있다. 그럴지도 모른다. 하지만 믿는다는 것은 우리의 행위 가운데 가장 사회적인 것이기도 하다. 우리와 닮은 사람을 만들어내기 위해 유전자를 퍼뜨리듯, 우리는 우리와 마음이 닮은 사람을 만들어내기 위해 신념을 퍼뜨린다. 실제로 우리가 남에게 무언가에 대해 이야기할 때, 우리는 그들의 사고를 바꾸려 한다. 그래서 세상을 보는 그들의 방식이 우리의 관점과 더욱 비슷해지도록 만든다. 숭고한 주장"신은 당신을 향한 계획을 갖고 계십니다"에서부터 평범한 주장"신호등에서 좌회전해서 2마일 더 가시면 오른편에 던킨도너츠가 보일 거예요"에 이르기까지 모든 종류의 주장은 말하는 사람의 신념과 듣는 사람의 신념이 일치하게 만들려는 목적을 지니고 있다. 물론 이런 시도는 때에 따라 성공하기도 하고 실패하기도 한다. 그렇다면 특정한 신념이 우리 마음으로부터 다른 사람의 마음으로 성공적으로 전달되게 하는 결정 인자는 무엇일까?

특정 신념이 다른 것보다 더 성공적으로 전달되는 이유를 설명하려면, 특정 유전자가 다른 것보다 더 성공적으로 전달되는 원리를 살펴보면 된다. 진화 생물학에서는 자신의 '전달 수단'을 증진시키는 유전자는 시간이 지남에 따라 전체 인구에 많이 나타날 것이라고 주장한다. 예를 들어 굉장히 만족스러운 오르가슴을 가능하게 하는 신경체계가 하나의 유전자에 의해 형성된다고 해보자. 이 유전자가 풍부한 사람에게 오르가슴은 그야말로 최고의 절정 경험이 될 것이다. 하지만 이 유전자가 부족한 사람에게 오르가슴은 가뭄에 콩 나듯 쾌락을 주는 짧은 육체적 경련에 지나지 않을 것이다.

이제 그 유전자를 지닌 건강하고 생식력이 높은 50명과 그 유전자가 없는 건강하고 생식력이 높은 50명을 모아 한 행성에 백만 년 동안 두었다고 하자. 이후, 그 행성에 다시 가보았을 때 우리는 수천에서 수백만 명에 이르는 인구를 보게 될 것이고, 그들은 거의 모두 앞서 말한 유전자를 지니고 있을 것이다. 왜 그럴까? 오르가슴을 즐기는 사람들은 자신의 유전자를 후손에게 전달해주는 일즉, 섹스을 즐겨하게 될 것이고, 그러면 이 유전자는 세대를 통해 전달될 가능성이 크기 때문이다. "유전자는 사람들로 하여금 자신을 전달하는 역할을 하도록 해서 결국 자신을 전파한다"는 논리는 매우 순환적이어서 거부하기 어려울 정도다.

심지어 암이나 심장질환에 취약하도록 만드는 나쁜 유전자들도 자신의 전달 수단을 증진시킴으로써 초복제자가 될 수 있다. 예를 들어 만족스러운 오르가슴을 느끼게 해주었던 유전자가 동시에 관절염이나 충치에 취약하도록 만든다고 해보자. 그렇다면 이 유전자도 점점 전체 인구 가운데 보유자가 늘어날 것이 분명하다. 그 이유는 관절염이나 치아가 없는 이들도 오르가슴을 즐기기 위해 섹스를 자주 하게 될 것이고, 당연히 관절염도 없고 이가 튼튼한 사람들보다 자녀를 많이 가질 확률이 높기 때문이다.

신념의 전파 또한 같은 원리로 설명할 수 있다. 특정 신념이 그 신념의 전파를 촉진하는 속성을 지니고 있다면, 그 신념은 더 많은 사람에게 수용될 것이다. 연구에 따르면 신념이 성공적으로 전달될 확률을 높여주는 몇 가지 속성이 존재하는데, 그중 가장 두드러진 것이 바로 정확성이다. 누군가 우리에게 시내 어디에 주차공간이 있는지 혹은 높은 고도에서 밥을 하려면 어떻게 해야 하는지를 정확히 알려준다면, 우리는 그 지식을 수용하고 또 다른 사람에게도 퍼뜨린다. 왜냐하면 그 신념이 주차하기와 밥하기 등 우리가 원하는 것을 할 수 있도록 도와주기 때문이다. 한 철학자가 지적했듯, "의사소통 능력이 정확한 지식을 전달하는 능력에 있지 않다면 진화과정 속에서 제자리를 얻을 수 없을 것이다." 정확한 지식은 사람들에게 쉽게 전달되는 힘이 있다.

그러나 부정확한 신념도 꽤 빠른 속도로 사람들 사이에 퍼져나갈 수 있다. 부정확한 신념은 마치 유해한 유전자와 같아서, 스스로를 전파하는 초복제자가 될 가능성이 있다. 예를 들어 하나의 사고思考 실험을 해보자. 여기 두 팀으로 나뉘어 진행되는 어떤 경기가 있다. 양 팀에는 각각 천 명의 선수가 있고, 그들은 모두 서로 전화 한 대로 연결되어 있다. 이 게임의 목적은 그 팀 내에서 가능한 한 더 많은 정확한 신념들을 공유하는 것이다. 선수들은 스스로 생각하기에 정확하다고 여겨지는 메시지를 받으면, 팀 동료에게 전화를 걸어 그 메시지를 퍼뜨린다. 부정확한 메시지라고 판단하면 전달하지 않는다. 게임의 종료시점에서 심판이 호루라기를 불면, 각 팀은 서로 공유한 모든 정확한 신념에 각각 +1점을 계산하고 부정확한 신념에는 −1점을 부여한다. 어느 화창한 날에 '완벽한 집단'_{항상 정확한 신념만 전달}_{하는 선수들}과 '완벽하지 않은 집단_{이따금 부정확한 신념도 전달하는 선수들}' 사이에 이 경기가 벌어졌다고 해보자. 당연히 완벽한 집단이 이길 것 같다. 그렇지 않은가?

반드시 그런 것은 아니다. 실제로는 완벽하지 않은 집단이 완승을 거둘 수 있는 특별한 상황이 존재한다. 예를 들어 완벽하지 않은 집단의 한 선수가 "밤낮으로 전화에 대고 이야기하는 것은 결국 당신을 매우 행복하게 만들 것이다"라는 부정확한 메시지를 다른 선수에게 전달했다고 해보자. 그걸 받은 선수가 뭐든 잘 믿는 사람이라서 그 메시지를 받아 또 다른 사람에게 퍼뜨렸다고 해보자. 이 메시지는 부정확한 것이므로 결국 그 집단은 1점을 잃게 될 것이다. 그러나 이 부정확한 메시지를 믿기 때문에 그 집단은 계속해서 전화로 이야기하게 될 것이고, 그러다가 정확한 메시지를 전달할 가능성도 증가하게 된다. 따라서 1점을 잃긴 하지만, 동시에 그걸 보완하는 보상효과도 나타날 수 있다.

이 게임으로부터 얻을 수 있는 교훈은 이렇다. 사람들은 어떻게 해서든 그들의 '전달 수단'을 촉진시킬 수 있다면 부정확한 신념들도 전달하게 된다는 것이다. 물론 이 경우, 전달 수단은 섹스_{오르가슴 유전}_{자의 경우처럼}가 아니라 의사소통_{전화 통화}이다. 따라서 부정확한 신념이든 정확한 신념이든 의사소통을 증진시킬 수만 있다면 끊임없이 반복적으로 전달될 수 있다. 만일 어떤 부정확한 신념이 한 사회를 안정된 사회로 만드는 기능을 한다면 그 신념은 계속 전파될 가능성이 크다. 왜냐하면 그 신념이 있는 사람들은 결국 안정된 사회에서 살게 되기 때문이고, 안정된 사회는 다시 그 신념을 전파시킬 수단을 제공해주기 때문이다.

행복에 관한 우리 사회의 신념 중 일부가 이런 성격을 지닌 부정확한 신념이다. 특히 돈에 관한 신념이 그렇다. 한 번이라도 무언가를 팔아보려고 시도해본 적이 있는가? 그렇다면 당신은 아마 가능한 한 높은 값을 불렀을 것이고, 사려는 사람은 가능한 한 낮은 값을 불렀을 것이다. 왜냐하면 두 사람 모두 그 거래의 결과로 자신이 적은 돈을 갖게 될 때보다 많은 돈을 갖게 되는 것이 더 낫다고 믿기 때문이다. 이 신념이 바로 경제활동의 기초다. 그러나 돈과 행복에 대한 이런 신념을 뒷받침해주는 과학적 증거는 우리가 기대하는 것보다 훨씬 빈약하다.

수십 년간 부와 행복 사이의 관계를 연구한 경제학자들과 심리학자들의 결론은 '절대 빈곤 상태에서 중산층에 이르게 하는 동안에는 부가 행복을 증가시키지만, 그 다음부터는 부가 행복을 증가시키는 데 별다른 기여를 하지 못한다'는 것이다. 따라서 연 5만 달러를 버는 미국인은 매년 1만 달러를 버는 사람보다 훨씬 더 행복하다. 그러나 매년 5백만 달러를 벌어들이는 미국인이 매년 10만 달러를 버는 사람보다 훨씬 더 행복한 것은 아니다. 빈곤한 국가에 사는 사람들은 비교적 부유한 국가에 사는 사람들보다 훨씬 덜 행복하지만, 그렇다고 비교적 부유한 국가에서 사는 사람들이 매우 부유한 국가의 사람들보다 훨씬 덜 행복한 것은 아니라는 얘기다. 이를 두고 경제학자들은 부는 '한계효용체감'의 원리를 지니고 있다고 말한다. 쉽게 말해 굶주리고 춥고 아프고 피곤하고 두려움에 떠는 것은 고통스럽지만, 이 상태로부터 벗어나면 그 다음부터 돈은 갈수록 쓸모가 없어지는 종이조각과 같다는 것이다.

만일 그렇다면 우리는 실제로 즐길 수 있을 만큼 돈을 벌고 나면 일을 그만두고 즐겨야 하지 않을까? 그러나 현실은 그렇지가 않다. 부유한 국가의 사람들은 일반적으로 더 오랜 시간 힘들게 일하고, 실제로 즐기고 누릴 수 있는 것보다 더 많은 돈을 번다. 미로 속을 달리는 쥐는 미로 끝에 있는 치즈를 보상으로 얻기 위해 이리저리 뛰어다닌다. 하지만 일단 녀석이 속을 든든히 채웠다면, 연구자가 아무리 쥐 엉덩이를 바늘로 콕콕 쑤셔봐야 헛수고일 뿐이다. 일단 우리가 충분히 팬케이크를 먹었다면, 더 이상 팬케이크는 우리에게 아무런 보상이 되지 못하므로 우리는 팬케이크를 더 먹고자 하는 시도를 멈춘다. 하지만 돈에 관해서는 그렇지 않다. 현대 경제학의 아버지인 아담 스미스가 1776년에 기술한 것처럼, "위가 수용할 수 있는 용량은 적기 때문에 식욕은 모든 사람에게 동일하게 나타난다. 하지만 빌딩, 드레스, 각종 장신구, 가정용 가구와 같은 것이 주는 편리함을 추구하고 주변과 자기 자신을 장식하고자 하는 욕구는 한계도 없고 경계도 없는 것 같다."

음식과 돈을 충분히 얻어 더 이상 그것이 우리를 즐겁게 해주지 않음에도 불구하고, 왜 우리는 계속해서 돈을 벌려고 하는 것일까? 아담 스미스도 부의 생산이 반드시 개인의 행복의 원천일 필요는 없다는 점을 알고 있었다.

인생의 진정한 행복에 있어서, 가난한 사람이 상대적으로 부유한 사람보다 열등한 서열에 있는 것은 아니다. 건강한 신체와 편안한 마음은 모든 계급의 사람들에게 대략 일정한 수준에 있다. 하다못해 길거리에 앉아 햇볕을 쬐는 걸인도 수많은 왕이 소유하려고 서로 다투었던 안전을 누리고 있다.

좋은 이야기 같지만, 만약 이것이 사실이라면 우리는 지금 커다란 어려움에 봉착한 셈이다. 부유한 왕이 가난한 걸인보다 더 행복하지 않다면, 왜 가난한 걸인은 계속 길거리에서 햇볕이나 쬐지 않고 열심히 일을 해서 부유한 왕이 되려고 하는 것일까?

아무도 부자가 되고 싶어 하지 않는다면, 우리는 심각한 경제문제에 직면하게 된다. 왜냐하면 경제가 활성화하려면 사람들이 각자가 보유하고 있는 제품과 서비스를 끊임없이 획득하고 소비해야 하기 때문이다. 시장 경제가 가능하기 위해서는 사람들에게 물건재산을 소유하고자 하는 끊임없는 허기가 있어야 한다. 만일 모든 사람이 자신이 현재 소유한 것에 만족한다면, 그 경제는 점차 소멸되어 결국 정지하고 말 것이다.

이는 심각한 경제 문제이긴 하지만, 심각한 개인 문제는 아니다. 미 연방준비제도이사회의 의장이야 매일 아침 시장경제가 필요로 하는 것을 이루기 위한 욕구와 함께 눈을 뜰지도 모르지만, 대부분의 보통사람은 경제 시스템이 아니라 자신이 원하는 것을 추구하려는 욕구와 함께 아침을 맞는다. 다시 말해 활발한 경제 시스템의 근본적인 욕구와 행복한 개인의 근본적인 욕구가 반드시 같은 것은 아니라는 얘기다. 그럼에도 불구하고 사람들이 자신의 욕구가 아니라 경제 시스템의 욕구를 만족시키기 위해 매일같이 그렇게 열심히 일하는 동기는 무엇일까? 다른 사상가들처럼 스미스도 사람들이 원하는 단 한 가지는 '행복'이라고 믿었다. 따라서 사람들이 부의 생산이 자신을 행복하게 만들어줄 것이라고 믿는다면, 경제는 꽃이 피고 성장할 것이라고 믿었다. 사람들이 이처럼 잘못된 신념을 붙들고 있는 경우에만 그들은 생산하고 획득하고 소비하는 일을 충실히 할 것이고 그래야만 경제가 유지될 거라고 믿었던 것이다.

부와 위대함이 주는 즐거움은 웅장하고 아름다우며 고귀한 것으로 상상하기 쉽다. 그래서 그것을 달성하기 위해 기꺼이 감수하는 고생과 불안도 가치 있어 보인다. 바로 이러한 기만이 존재하기 때문에 인류의 산업은 끊임없이 돌아가고 유지된다. 이 기만은 사람들로 하여금 땅을 경작하고 집을 짓고 도시와 국가를 건설하며 모든 과학과 예술을 향상시키도록 만들었다. 그리고 이것은 인간의 삶을 기품 있고 우아하게 만들었다. 동시에 이것은 전 지구의 모습을 통째로 바꾸어놓았고, 거친 숲을 평평하고 비옥한 평원으로 변모시켰으며 불모의 해양을 또 다른 생계 자본이자 지구상 여러 나라 사이의 의사소통의 통로로 탈바꿈시켰다.

요약하자면 부의 생산이 반드시 개인을 행복하게 해주는 것은 아니지만, 그것은 경제 시스템의 필요를 채워주고 또한 안정된 사회의 욕구를 해결해주며, 안정된 사회는 행복과 부의 관계에 대한 근거 없는 생각을 전파시키는 네트워크로 작용하게 된다. 다시 말해 개인이 노력할 때만 경제는 성장하는 법인데, 개인은 오직 자신의 행복을 위해서만 노력하기 때문에 그들이 '생산과 소비가 개인적 행복의 필수요소'라는 망상에 빠져야만 경제가 발전할 수 있다는 것이다. 여기서 '망상'이라는 말이 검은 정장을 입은 몇몇 남성이 어두운 곳에서 음모를 꾸미고 있는 것 같은 이미지를 줄지도 모르겠다. 그러나 신념이 전파되는 게임에서는 잘못된 신념을 전파시키기 위해 반드시 누군가가 선량한 대중에게 엄청난 속임수를 쓸 필요는 없다. 비밀 음모 결사단이나 불공평한 법정, 또는 자신들의 교리를 주입하고 선전하기 위해 교묘한 프로그램을 가진 조작자가 있는 것도 아니다. 오히려 잘못된 신념 그 자체가 '초복제자'가 되어 그 신념을 지닌 사람들이 그것을 전파하는 일을 스스로 하게 만들어버린다.

돈과 행복에 대한 신념뿐 아니라 자녀와 행복에 대한 신념도 이런 종류의 거짓 신념에 해당한다. 모든 인류 문화는 그 구성원에게 자녀가 있으면 행복할 것이라고 가르친다. 미래의 자녀든 현재의 자녀든, 사람들이 자녀를 생각할 때면 떠올리는 이미지가 있다. 요람에 누워 있는 아이 볼에 얼굴을 대고 얼러주는 것, 막 걸음마를 배우는 아이가 잔디밭을 가로질러 뒤뚱뒤뚱 걷는 사랑스러운 모습, 학교 고적대에서 트럼펫과 튜바를 부는 똘똘한 아들과 딸의 예쁜 모습, 좋은 대학을 나와 멋진 결혼식을 올리는 모습, 훌륭한 직업, 사탕 하나만 주면 그저 좋아서 안기는 마냥 예쁜 손자 손녀들······.

물론 장차 부모가 될 사람들은 기저귀도 갈아주어야 하고, 숙제도 도와주어야 한다는 사실을 알고 있다. 하지만 대체로 그들은 부모가 되는 일을 행복한 것으로 생각하기 때문에, 결국 대부분의 사람들이 부모가 되려고 한다. 그리고 부모가 되고 나서 자신이 엄마, 아빠 노릇을 했던 지난날을 뒤돌아볼 때는, 부모가 되기를 학수고대했던 사람들이 기대했던 그 감정을 회상해낸다. 우리 가운데 이렇게 기분 좋은 상상과 회상에 싫증을 느끼는 사람은 거의 없다. 나에게도 29세 된 아들이 하나 있는데, 그 녀석이 내 삶에서 최대의 즐거움이라고 자신한다. 물론 최근에는 두 살배기 손녀를 보는 재미가 더 즐겁지만 말이다. 사람들에게 그들이 누리고 있는 즐거움은 대체 어디서 나오느냐고 물어보면 그들도 나와 똑같이 자기 자녀들을 가리킬 것이다.

하지만 자녀를 둔 사람들의 실제 만족도를 측정해보면 예상밖의 결과가 나타난다. 그림 23.이 보여주듯, 부부는 대개 행복하게 결혼생활을 시작하지만 시간이 갈수록 점점 만족도가 떨어지고 자녀가 집을 떠날 때쯤이 되어서야 처음에 그들이 누렸던 만족도를 회복한다. 우리가 대중지에서 읽었던 것과 달리, 소위 '빈둥지 증후군empty nest syndrome, 성장한 자녀를 모두 떠나보낸 노부부에게 나타나는 증후군—역주'에서 발견되는 증후라곤 나날이 웃음이 늘어난다는 점이다. 흥미롭게도 이런 만족도 패턴은 남성보다 여성대개 자녀를 돌보는 일차 양육자에게 더 잘 적용된다. 일상생활을 하면서 여성이 어떻게 느끼고 있는지를 면밀하게 조사한 연구에 따르면, 먹고 운동하고 쇼핑하고 낮잠 자고 텔레비전을 보는 것보다 아이들을 돌볼 때 그들은 덜 행복하다고 한다. 실제로 아이를 양육하는 것은 집안일을 하는 것보다 약간 더 즐거운 일일 뿐이다.

사실 이것은 그리 놀라운 현상이 아니다. 부모라면 누구나 자녀 양

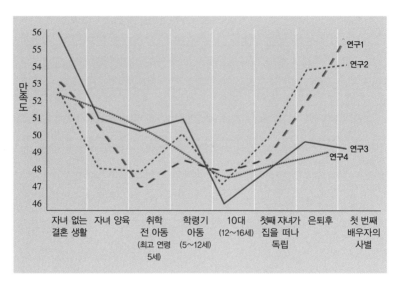

|**그림 23**| 많은 연구에 따르면, 결혼 만족도는 삶의 주기에 따라 극적으로 감소되며 자녀가 집을 떠나는 시점에서 다시 증가하는 것으로 나타난다. 이를 자녀가 없는 부부의 행복과 비교해 보라(가장 왼쪽).

육이 엄청나게 고되다는 점을 알고 있다. 물론 부모가 되어 매우 보람 있는 순간들도 있지만, 대부분의 경우 시간이 엄청 지난 후에나 마지못해 고마운 척하는 아이들을 위해 커다란 자기희생을 감수해야 한다. 부모가 되는 것은 이렇게 어려운 일인데, 왜 우리는 부모가 되는 것을 매우 낙관적으로 바라보는 것일까?

한 가지 이유는 우리가 우리 사회의 주요 구성원인 어머니, 삼촌 그리고 개인 트레이너들과 하루 종일 전화로 이야기하고 있고, 그들은 자신이 사실이라고 믿는 생각을 우리에게 전달하고 있기 때문이다. 그것이 정확하기 때문에 사람들에게 널리 전달되는 것은 아니다. 단지 사람들이 그 말을 사실이라고 믿을 뿐이다. 다시 말해 '자녀는 행복을 불러온다'는 신념은 '초복제자'이다. 신념-전달 네트워크는 그 메시지를 전달할 사람을 끊임없이 채워 넣지 않고는 돌아가지 않는다. 따라서 아이들이 행복의 원천이라는 신념이 우리의 문화적 지혜의 일부가 된 것은 이에 반대되는 신념을 보유하는 것이 우리 사회의 근간을 흔들어놓기 때문이다. 자녀 양육은 비참하고 고통스러운 것이라고 생각해 자녀 갖기를 멈춘 사람들은 실제로 50년 만에 자신의 네트워크가 허물어지는 결과를 감당해야 했다.

셰이커교도들The Shakers, 그리스도교 프로테스탄티즘의 한 종파—역주은 이상을 꿈꾸는 농경 공동체로, 1800년대에 생겨나 한때는 6천 명에 이르는 인구를 이루기도 했다. 그들은 자녀를 인정하기는 했지만 자녀를 만들어내는 행위는 승인하지 않았다. 결국 해가 지나면서 독신의 삶을 고수하는 엄격한 신념은 그들의 네트워크를 축소시켰고, 오늘날에는 그저 몇몇의 노인 신도만 남아 있을 뿐이다.

우리의 신념-전달 게임은 자녀와 돈이 행복을 불러올 것이라고 믿어야만 하도록 구성되어 있다. 이는 그런 신념의 진실 여부와는 무관하다. 그렇다고 해서 우리 모두가 당장 일을 그만두거나 가족을 버려야한다는 말은 아니다. 여기서 의미하는 것은 우리는 우리의 행복을 증진시키기 위해 자녀를 기르고 돈을 벌어들인다고 믿지만 실제로는 그것 때문이 아니라 우리가 쉽게 파악할 수 없는 다른 어떤 이유 때문에 그러고 있다는 것이다: 우리는 사회 네트워크의 매듭으로서, 개인의 논리가 아닌 사회 네트워크 논리의 지배를 받는다. 따라서 우리는 우리의 행복을 위해 끊임없이 수고하고 자녀를 낳기 위해 노력하지만, 그런 일로부터 우리가 기대했던 즐거움을 얻지는 못한다.

지문fingerprints에 대한 신화

나는 지금까지 상상력이 우리의 미래 감정을 얼마나 부정확하게 예측하는지 자세하게 기술해왔다. 우리는 미래를 상상할 때 때로는 없는 정보를 채워넣기도 하고 일부러 어떤 정보를 빠뜨리기도 하며, 미래가 닥쳤을 때 실제로 우리가 얼마나 다르게 생각할 것인지에 대해 별로 고려하지 않는다. 더불어 수많은 개인적인 경험 그리고 우리 사회의 문화적 지혜도 이러한 상상의 단점을 보완해주지는 못한다. 어쩌면 인간의 마음이 지니는 약점, 편견, 오류 그리고 실수를 지나치게 강조했기 때문에 독자들은 대체 누가 실수 한 번 저지르지 않고 정확하게 미래를 예측할 수 있을 것인가라고 의문을 표시할 수도 있을 것이다. 그래서 미래 감정을 정확하게 예측하는 매우 단순한 방법이 존재한다는 것을 알게 되면 아마 뛸 듯이 기뻐할 것이다. 그러나 그런 방법이 있긴 하지만 아무도 그 방법을 사용하고 싶어하지 않는다는 사실을 알게 되면 다시금 실망하게 될 것이다.

우선 사람들이 왜 상상에 의존하게 되는지를 다시금 되짚어보자. 상상이란 가난한 사람이 부자의 생활을 엿보기 위해 들여다보는 벽면의 작은 구멍이라고 할 수 있다. 우리는 시간을 앞서가 미래의 우리 모습을 직접 경험해볼 수 없기 때문에, 실제로 미래에 가보는 대신 미래를 상상한다. 비록 우리는 시간 차원에서는 여행할 수 없지만 공간 차원에서는 여행할 수 있다. 그뿐 아니라 3차원 공간 어딘가에는 우리가 단지 상상만 하고 있는 미래의 어떤 사건을 실제로 경험하고 있는 사람이 있을 가능성이 꽤 크다. 분명 우리가 어떤 도시로 이주하면 어떨까, 호텔을 경영해보면 어떨까 혹은 혼외 불륜을 해보면 어떨까 등의 생각을 맨 처음 한 사람은 아닐 것이다. 그리고 그런 경험을 실제로 해본 사람은 자신의 경험에 대해 기꺼이 이야기 해줄 것이다. 물론 사람들이 자신의 과거 경험을 이야기할 때는 "그 얼음물이 그렇게 차갑지는 않더라" 또는 "나는 내 딸을 돌보는 일이 정말 좋아", 기억의 왜곡 현상이 일어나기 때문에 그들의 말을 전적으로 믿을 수는 없다.

분명한 사실은 사람들이 현재의 경험을 이야기할 때는 "지금 내가 어떤 심정이냐고요? 당장 이 얼음장 같은 대야에서 손을 빼내 나 대신 내 아이의 머리를 거기다 처박고 싶소이다", 자신의 주관적 상태에 대해 신뢰할 수 있는 말을 한다는 점이다. 사실 '행복'을 측정하는 가장 좋은 방법은 사람들로 하여금 당시의 주관적인 상태를 말하도록 하는 것 아닌가? 사람들이 현재 느끼고 있는 감정만큼은 제대로 말한다는 것을 믿는다면 우리가 미래의 어떤 경험을 통해 느낄 감정을 제대로 예측하기 위해서는, 그 경험을 현재 하고 있는 사람들에게 그들의 현재 감정을 물어보는 것이 가장 정확할 것이다. 미래의 우리 감정을 예측하기 위해 과거에 우리가 경험했던 감정을 회상하거나 혹은 미래를 상상하는 일을 그만두고 다른 사람의 경험을 우리의 경험인 것처럼 사용하는 것이다.

아마 이 주장에 대해 다음과 같은 반론을 제기할 수도 있을 것이다.

맞는 말이긴 하네요. 내가 지금 상상만 하고 있는 것을 누군가는 지금 이 순간 실제로 경험하고 있겠죠. 그러나 그들의 경험을 마치 내 경험인 것처럼 사용할 수는 없죠. 왜냐하면 그들은 내가 아니잖아요. 사람들이 저마다 다른 지문을 가진 것과 마찬가지로 사람들은 모두 독특한 존재이기 때문에 나와 같은 상황에 놓인 다른 사람의 느낌을 안다고 해서 그것이 내가 하게 될 경험이라고 할 수는 없죠. 그들이 나의 복제물이 아닌 이상, 그리고 지금껏 내가 겪어왔던 모든 경험을 공유하지 않는 한 그들의 반응과 나의 반응은 다를 수밖에 없죠. 나는 걸어다니고 말하는 개성 있는 독특한 존재랍니다. 따라서 나와 선호, 기호 그리고 정서적인 경향이 극히 다른 타인의 말에 의지하기보다는 나만의 상상에 의존해 미래를 예측하는 편이 더 낫죠.

당신이 위 생각에 동의한다면 꽤 설득력이 있는 편이다. 그렇기 때문에 당신의 주장에 근거가 빈약하다는 것을 보여주기 위해 번거롭지만 두 단계를 밟으려고 한다. 첫째, 당신의 미래 경험을 예측할 때 당신의 상상을 이용하기보다는 무작위로 뽑아낸 한 개인의 실제 경험을 이용하는 것이 더 정확하다는 연구 결과를 제시할 것이다. 둘째, 이 사실을 믿는 것이 당신에게 왜 그렇게 어려운 것인지 설명해보일 것이다.

분명한 해결책

앞에서 기술했듯 상상에는 세 가지 오류가 있다. 첫 번째는 상상의 과정에서 우리가 없는 정보를 채워 넣거나 혹은 있는 정보를 빠뜨린다는 점이다현실주의 부분에서 다룬 내용이다. 그 누구도 어떤 미래 사건의 모든 특징과 결과를 상상할 수는 없다. 우리는 최소한 몇 가지는 빠뜨린다. 문제는 이렇게 빠뜨리는 내용 중에 정말로 중요한 것이 있다는 점이다.

대학생들에게 자기 학교 풋볼 팀이 숙명의 라이벌 팀과 게임을 하고 난 며칠 후에 자신의 감정을 예측하게 했던 연구를 다시 기억해 보자. 대학생들은 그 게임 결과가 주는 정서적 영향이 지속되는 기간을 과대 예측하였다. 왜냐하면 그들이 미래 경험을 상상하려고 할 때 팀이 이기는 것만 상상했고"종료를 알리는 종이 울리면 우리는 경기장으로 쏟아져 나가 모든 사람이 응원가를 부르겠지", 게임이 끝난 후에 자신이 무엇을 하게 될 것인지"그리고 집에 와서 기말고사 시험공부를 하겠지"는 상상하지 못했기 때문이다. 학생들은 게임 자체에만 초점을 맞추었을 뿐, 게임 이후 자신에게 어떤 일이 일어날 것이고 그 일이 자신의 감정에 어떤 영향을 줄지는 고려하지 못했던 것이다.

그렇다면 그들은 어떻게 했어야 할까? 답은 간단하다. 그들은 상상하지 말았어야 했다. 실제로 사람들에게 상상을 금지하게 했던 한 연구를 보자. 이 연구에서 한 집단은 먼저 기분 좋은 보상맛있는 아이스크림 가게에서 주는 상품권을 하나 받았다. 그 후 길고도 지루한 과제를 하나 수행했는데, 이 과제는 컴퓨터 모니터에 나타나는 기하 도형들의 수를 세고 기록하는 것이었다. 그런 다음 그들의 현재 감정을 보고했다보고 집단. 다른 집단에게는 그들이 하나의 보상을 먼저 받은 후에 지루한 과제를 하게 될 것이라고 말해주었다. 이 중 일부 참가자상상 집단에게는 그 보상이 무엇인지 알려주었고, 그 보상을 받고 일을 하면 어떤 기분일지 상상하게 하였다. 다른 참가자대리 집단에게는 그 보상이 무엇인지 말해주지 않았고, 대신 보고 집단에서 한 사람을 무작위로 선정하여 그가 작성한 감정의 내용을 보여주었다. 이들은 보상이 무엇인지 모르는 상태였기 때문에 자신의 미래 감정을 예측하는 데 상상을 사용할 수 없었다. 대신 이들은 다른 사람의 보고에 의존해야 했다. 모든 집단의 참가자가 자신의 미래 감정을 예측하였고, 그 후 실제로 보상이 주어졌으며 길고 지루한 과제를 수행하였다. 마지막으로 과제를 마친 후에 다시 그 당시의 감정을 보고하였다.

그림 24.의 가장 왼쪽 그래프가 보여주듯, 상상 집단은 자신이 예상했던 것보다 실제 기분이 좋지 않았다. 왜냐하면 그들은 상품권을 받고 난 후 길고도 지루한 과제를 수행하게 되면 상품권의 즐거움이 빨리 사라지게 된다는 점을 상상하지 못했기 때문이다. 이 실수는 대학 풋볼 팬들이 보여준 실수와 정확하게 동일하다. 그러나 대리 집단의 결과를 보라. 그들은 자신이 미래에 느낄 행복을 정확하게 예측하고 있다. 이들은 보상을 받았던 사람이 지루한 과제를 끝마치고 나서 그다지 기분이 좋지 않았다는 사실을 알고 있었다_{다른 사람의 보}고를 읽었기 때문. 그래서 그들은 처음에 보상을 받더라도 나중에 지루한 과제를 마치고 나면 별로 기분이 좋지 않을 것이라고 정확하게 예측하였던 것이다.

상상의 두 번째 오류는 현재를 미래에 투사하는 경향성이다_{현재주의}부분에서 다룬 내용. 미래를 상상할 때, 사건의 중요한 부분은 잘 나타나지 않는다. 그때, 상상은 '현재'로부터 그런 부분을 끌어와 채워 넣는다. 허기진 상태에서 쇼핑을 해본 사람이나 시가 한 대를 막 태우고 나서 담배를 끊겠다고 맹세해본 사람, 그리고 잠시 머문 항구에서 만난 사람에게 청혼을 해본 사람들은 당시의 기분에 의존해 미래의 감정을 예측하는 것이 얼마나 잘못된 것인지 잘 알 것이다. 이런 현재주의의 오류 역시 다른 사람의 감정 경험을 이용하는 것으로 극복할 수 있다.

한 연구에서 참가자들_{보고자들}은 감자튀김 몇 개를 먹고 나서 그것

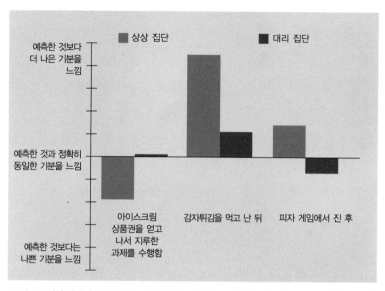

| 그림 24 | 실험 참가자들은 자신의 미래 감정을 예측할 때, 자신이 나중에 어떻게 느낄지 직접 상상하려 할 때(상상 집단)보다 자신과 동일한 사람들이 어떻게 느꼈는지를 알았을 때(대리 집단) 훨씬 더 정확하게 예측했다.

을 얼마나 즐겼는지 보고하였다. 다른 참가자 집단에게는 프레츨 pretzels, 일종의 비스킷-역주, 땅콩버터를 바른 치즈 크래커, 납작하게 구운 비스킷, 길쭉한 빵, 얇고 바삭한 토스트 등을 배가 부르도록 먹게 해서 짭짤한 스낵은 더 이상 먹고 싶지 않도록 만들었다. 그런 다음 배가 부른 참가자들에게 다음날 어떤 음식을 먹으면 얼마나 즐길 수 있을 것인지 예측해보게 하였다. 이들 가운데 몇몇상상 집단에게는 다음날 그들이 먹을 음식이 감자튀김이라고 이야기해주고, 그들에게 그것을 먹고 나면 기분이 어떨지 예측하게 하였다. 그러나 다른 참가자들대리 집단에게는 다음날 먹을 음식이 무엇인지 말해주지 않았고, 앞서 말한 보고자들의 기록 가운데 하나를 무작위로 뽑아 그들

에게 보여주었다. 대리 집단은 다음날 먹게 될 음식이 무엇인지 몰랐으므로 자신이 그것을 먹고 나면 얼마나 즐거울지 예측할 때 상상을 사용할 수 없었고, 보고자들의 기록에만 의존해야 했다.

참가자들이 모두 예측을 마치고 난 뒤, 다음날 다시 실험실에 와서 감자튀김을 먹었고 실제로 그것을 먹으면서 얼마나 즐거운지를 보고하였다. 그림 24.의 중간 그래프가 보여주듯, 상상 집단은 감자튀김을 먹은 후 자신이 전날 예측했던 것보다 더 많이 즐거워했다. 왜 그럴까? 그 예측을 할 당시 그들은 이것저것 음식을 잔뜩 먹어 배가 불렀기 때문이다. 하지만 대리 집단은 상상 집단과 똑같이 배가 불렀지만 배부르지 않은 다른 사람의 실제 경험에 대한 보고에 의존하여 예측했기 때문에 훨씬 더 정확한 예측을 했다. 여기서 중요한 점은, 대리 집단은 자신이 다음날 먹게 될 음식이 무엇인지 모르면서도 나중에 그 음식을 먹으면 얼마나 즐거울지 정확하게 예측했다는 점이다!

상상의 세 번째 오류는, 일단 어떤 일이 발생하고 나면 그 일은 상상할 때와 전혀 다른 모습이라는 점을 인식하지 못한다는 것이다. 특히 나쁜 일은 실제로 일어나고 보면 상상했던 것보다 훨씬 나아 보이는데도 이를 예측하지 못한다합리화 부분에서 다룬 내용. 예를 들어 직장을 잃는 상상을 할 때 우리는 실직의 고통스러운 경험은 상상하면서도"상사가 내 사무실로 당당하게 들어와 나를 밀어내고는 문을 닫아버리겠지", 우리의 심리적 면역체계가 그 경험의 의미를 변화시켜 줄 것이라는 점은 상상하지 못한다"지금이야말로 직장생활을 그만두고 내 진정한 사명인 조각가로서의 삶을 살게 될 좋은 기회야".

그렇다면 다른 사람의 경험을 대리로 사용하는 것이 이 오류도 고쳐줄 수 있을까? 이 물음에 답하기 위해 몇몇 연구자가 사람들에게 불쾌한 경험을 하도록 조작했다. 연구진은 한 참가자 집단보고자에게 연구자가 동전을 던져 앞면이 나오면 피자 상품권을 하나 받을 것이라고 말해주었다. 그런데 동전을 던진 결과, 뒷면이 나와 이들은 아무것도 받지 못했다. 이때, 이들은 자신의 감정을 보고하였다. 다른 참가자 집단에게는 동전 던지기 상황을 설명해주고 동전의 뒷면이 나와 피자 상품권을 못 타게 된다면 어떻게 느낄지 예측해보라고 요구했다. 이들 가운데 몇몇상상 집단에게는 그 상품권이 얼마짜리인지 말해주었고, 나머지 사람들대리 집단에게는 상품권의 가치에 대해 알려주지 않고 대신 보고자들의 보고 가운데 무작위로 하나를 골라 보여주었다. 모든 참가자는 자신의 기분에 대해 예측하였다. 동전 던지기 결과, 아쉽게도 동전은 모두 뒷면이 나왔고 참가자들은 자신의 실제 감정을 보고하였다.

그림 24.의 가장 오른쪽 그래프에서 볼 수 있듯, 상상 집단은 동전 던지기 게임에서 패했을 때 자신이 예측했던 것보다는 기분이 더 나은 것으로 나타났다. 왜 그럴까? 그들은 자신이 얻지 못한 것피자에 대해 자신이 얼마나 재빨리 그리고 쉽게 합리화"피자는 너무 기름지잖아. 그런데다 솔직히 그 레스토랑도 별로 마음에 안 들어"할 것인지를 고려하지 못했기 때문에 상품권을 얻지 못하면 기분이 매우 나쁠 것이라고 예측했던 것이다. 하지만 대리 집단은 다른 사람의 실제 경험밖에 의존할 방법이 없었기 때문에 정확하게 예측할 수 있었던 것이다.

그 해결책을 거부하는 우리

이러한 연구를 모두 종합해보면, 사람들이 다른 사람의 실제 경험을 사용하여 자신의 미래 감정을 예측하면 놀라울 정도로 정확하다는 점을 알 수 있다. 결국 우리가 '내일' 어떻게 느낄지 가장 정확하게 예측하기 위해서는 다른 사람이 '오늘' 어떻게 느끼고 있는지를 보면 된다. 해결책이 이처럼 간단하고 효과적이라면 누구나 자신의 방식을 탈피하여 이 방법을 사용할 것이라고 기대해 봄직하다. 그러나 사람들은 그렇게 하지 않는다.

실제로 새로운 연구의 참가자 집단에게 방금 위에서 묘사한 세 가지 상황정확히 무엇인지는 모르지만 어떤 상을 받는 것, 어떤 음식을 먹는 것, 어떤 상품권을 받는 것에 대해 소개하고 그들이 어떻게 느낄지 예측하기 위해 다음 두 가지 방법 중 어느 편을 이용할 것인지를 물었다. (a)어떤 상인지, 어떤 음식인지 그리고 어떤 상품권인지에 대한 정보를 얻는 것 (b) 실제로 그 상을 타고 그 음식을 먹고 그 상품권을 얻지 못한 사람들 중 무작위로 한 사람을 뽑아 그 사람의 실제 경험을 이용하는 것.

결과적으로 거의 모든 참가자가 (a)를 선택했다. 만일 이 연구의 결과를 몰랐다면 아마 당신도 똑같은 선택을 했을 것이다. 만일 당신이 어떤 식당에서 얼마나 식사를 즐길지 정확하게 예측할 수 있고, 내가 실제로 그 식당에서 저녁을 산다고 해보자. 당신은 그 식당의 메뉴를 보고 예측하겠는가 아니면 그 식당에서 식사한 사람들의 평가 중 무작위로 뽑은 한 사람의 평가를 보고 예측하겠는가? 아마도 당신은 식당의 메뉴를 보고 예측하는 선택을 할 것이고, 결국 당신은 이 내기에서 지고 말 것이다. 왜냐고? 당신도 다른 사람처럼 자신이 다른 사람과 별반 다르지 않다는 사실을 모르고 있기 때문이다.

　과학은 지금까지 '평균적인 인간'에 대해 많은 사실을 알려주었는데, 그 가운데 가장 믿을 만한 것이 있다면 그것은 바로 사람들이 자신을 평균적인 인간으로 보지 않는다는 사실이다. 대부분의 학생은 자신이 보통 학생보다 더 지적이라고 생각한다. 대부분의 경영인은 자신이 평균적인 경영인보다 훨씬 더 유능하다고 생각한다. 또한 대부분의 풋볼 선수는 동료보다 자신에게 더 좋은 '풋볼 감각'이 있다고 생각한다. 자동차 운전자 가운데 90퍼센트의 사람은 자신이 평균적인 운전자보다 더 안전하게 운전한다고 생각하며, 대학 교수 가운데 94퍼센트는 자신이 평균 이상이라고 생각한다.
　또한 사람들은 자신이 다른 사람보다 더 객관적으로 세상을 본다고 생각한다. 한 연구 팀의 결론처럼 우리 대부분은 자신이 보통 사람보다 더 매력적이라고 생각하는 것은 물론, 우리가 더 운동신경이 좋고 지적이며 조직적이고 윤리적이며 논리적이고 재미있으며 공명정대하고 건강하다고 믿는다.

　남보다 나를 더 낫게 생각하는 이러한 경향성은, 사실 '자신이 남과 다르다'라고 믿는, 보다 더 일반적인 경향성의 표출이다. 때로는 남보다 낫고 때로는 남보다 못할 수도 있지만, 정작 중요한 것은 나와 남은 다르다고 믿는 것이다. 예를 들어 자신이 얼마나 관대한 사람인지 물으면 사람들은 자신이 남보다 더 많은 관용을 베푼다고 주장한다. 그러나 동시에 자신이 얼마나 이기적인지 물으면 자신이 다른 사람보다 훨씬 더 많이 이기적인 행동을 한다고 말한다. 운전하기나 자전거타기와 같은 비교적 쉬운 과제를 수행하는 능력을 물어보면 사람들은 자신이 다른 이들보다 더 잘한다고 평가하지만, 저글링이나 체스 게임 같은 어려운 과제를 수행하는 능력을 물어보면 자신이 남보다 더 못한다고 평가한다. 다시 말해 우리는 늘 자신을 남보다 우월한 존재라고 생각하는 것은 아니지만 거의 항상 스스로를 남과 다른 독특한 존재라고 생각한다. 심지어 남들이 하는 것과 정확히 같은 일을 하고 있으면서도, 자신은 남과 다른 어떤 독특한 이유에서 그 일을 하는 것이라고 생각하는 경향이 있다. 예를 들어 우리는 다른 사람의 선택은 그 사람의 특성에 원인을 두지만"필Phil이 문학 수업을 선택한 이유는 원래 문학을 좋아하기 때문이야", 우리가 무언가를 선택할 때는 그 선택 대상의 특징에 원인을 둔다"하지만 나는 문학이 경제학보다 더 쉽기 때문에 문학 수업을 선택한 거야".

또한 우리는 우리의 결정이 사회적 규범의 영향을 받는다는 점은 인식하면서도"수업 내용을 전혀 이해할 수 없었지만, 수업 시간에 손을 들어 물어보는 게 창피해서 그냥 앉아 있었어" 다른 사람도 사회적 규범의 영향을 받는다는 사실은 깨닫지 못한다"다른 사람은 수업 내용을 다 이해했기 때문에 아무도 손을 들지 않는구나". 더불어 우리는 우리의 선택이 뭔가를 좋아해서라기보다는 다른 것을 싫어해서라는 것을 인정하면서도"내가 케리에게 표를 준 건 부시는 도저히 참을 수 없었기 때문이야", 다른 사람의 선택은 늘 그들이 좋아하는 것을 반영한다고 믿어버린다"레베카가 케리한테 표를 줬다니, 그 사람을 정말로 좋아하는 모양이군". 이러한 차이를 보이는 연구 사례는 끝없이 많지만, 결론은 간단하다. 우리는 스스로를 굉장히 독특한 사람이라고 믿는다!

무엇이 스스로를 이렇게 독특하다고 생각하도록 만드는 것일까?

여기에는 적어도 세 가지 이유가 있다.

첫째, 우리가 스스로를 아는 방식이 특별하다. 이 세상에서 우리를 '내면으로부터' 아는 사람은 자기 자신뿐이다. 우리는 우리의 생각과 느낌은 직접 경험해도, 다른 사람이 그들의 생각과 느낌을 경험하고 있다는 점은 그저 추론해낼 뿐이다. 다른 사람도 눈과 뇌를 통해 우리가 경험하는 것과 같은 주관적인 경험을 하고 있다는 점을 신뢰하지만, 그 신뢰는 어디까지나 '신념'의 일부일 뿐 우리가 우리의 주관적 경험을 직접 경험하는 것 같은 직접 경험은 결코 아닌 것이다. 실제로 사랑을 하는 것과 사랑에 대한 책을 읽는 것 사이에 차이가 있듯, 우리가 주관적 세계를 경험하는 것과 다른 사람의 주관적 세계를 이해하는 것 사이에는 차이가 있다. 이처럼 우리가 자기 자신과 다른 사람을 아는 방법이 서로 다르기 때문에, 우리가 접하게 되는 정보의 종류나 양도 다를 수밖에 없다. 다시 말해 우리는 매 순간 우리의 머릿속에 떠오르는 내적인 생각과 감정을 직접 보지만 다른 사람에게서는 오직 그들이 겉으로 하는 말과 행동만 볼 뿐이며, 이것도 그들이 우리와 함께 있을 때만 관찰할 수 있다. 이렇듯 우리 자신을 아는 방식이 다른 사람을 아는 방식과 다르기 때문에 우리는 우리 자신을 다른 사람과 다른 사람이라고 판단하게 된다.

둘째, 우리는 스스로를 특별한 존재로 보려는 동기를 지니고 있다. 우리 대부분은 주변 사람과 어울리기를 좋아하지만 지나치게 어울려 그 속에 묻히는 것은 원하지 않는다. 우리는 독특한 개성을 지니고 싶어 한다. 연구에 따르면 사람들은 자신이 다른 사람과 비슷하다고 느껴지면, 기분이 나빠지고 여러 가지 방법을 동원해 스스로를 다른 사람과 구별하려 노력한다고 한다. 당신이 파티에 갔는데 누군 가가 당신이 입고 있는 것과 똑같은 드레스와 넥타이를 하고 있는 것을 한 번이라도 본 적이 있다면 이것을 이해할 수 있을 것이다. 따라서 우리가 스스로의 독특성을 과대 지각한다는 사실은 그리 놀라운 일이 아니다.

셋째, 우리는 꼭 우리 자신이 아니더라도 사람들 개개인의 독특성을 실제보다 과대평가하는 경향이 있다. 다시 말해 우리는 사람들이 실제로 더 많이 다를 것이라고 생각하는 경향이 있다. 사람들은 어떤 면에서는 서로 비슷하고 또 어떤 면에서는 서로 다르다. 인간 행동의 보편적인 법칙을 찾고자 노력하는 심리학자, 생물학자, 경제학자 그리고 사회학자 들은 자연스럽게 사람들 사이의 유사성에 관심을 기울인다. 하지만 보통사람은 주로 사람들 사이의 차이점에 관심을 보인다.

사회생활의 중요한 구성 요소 중 하나는 누구를 성적 파트너로 삼을지, 누구와 파트너가 되어 볼링을 칠지 등 특별한 개인들을 선택하는 문제이다. 그러려면 당연히 어떤 한 사람을 다른 사람과 구별시켜주는 특징에 초점을 맞추게 되지, 그들이 공유하는 공통점에는 관심이 가지 않는다. 그렇기 때문에 사람들은 자신을 홍보하는 자리에서 자신이 발레를 좋아한다는 말은 해도 산소를 좋아한다는 식의 말은 하지 않는다. 물론 인간이 호흡에 대한 본능이 있다는 것은 인간의 본질에 대한 많은 정보를 제공해준다. 예를 들어 사람들이 땅위에서 사는 이유, 높은 고도에 이르면 아픈 이유, 폐가 있는 이유, 질식에 저항하는 이유, 나무를 좋아하는 이유 등 여러 가지를 설명해줄 수 있다. 산소를 좋아한다는 것은 발레를 좋아한다는 것보다 전반적인 인간 행동에 관해 더 많은 것을 설명해준다. 그러나 이 사실은 어떤 한 개인을 다른 사람들로부터 구별시켜주는 데는 아무런 역할을 하지 못한다. 개인이 공유하는 유사성은 굉장히 많지만 우리에게 중요한 일, 즉 잭Jack을 질Jill과 구별하고 질Jill을 제니퍼Jennifer와 구별하는 등의 일을 하는 데는 도움이 되지 않기 때문에 우리는 그런 유사성에는 그리 관심을 두지 않는다. 따라서 이러한 유사성은 눈에 띄지 않는 배경 역할을 하고 상대적으로 사소한 개인적인 차이점이 두드러지게 된다. 우리는 이러한 차이점에 주의를 기울이고 그것에 대해 곰곰이 생각하고 기억하는 데 많은 시간을 보내기 때문에, 배경으로 깔려 있는 사람들 사이의 유사성의 강도와 빈도를 과소평가하는 경향이 있다. 그래서 사람들을 실제보다 훨씬 더 서로 다르다고 생각하게 된다.

당신이 포도를 놓고 서로 다른 모양과 색깔 그리고 종자대로 분류하느라 하루를 보냈다고 생각해보라. 그러면 당신은 아마 포도가 줄 수 있는 끝없는 맛의 차이점과 촉감의 다양성을 이야기하는 짜증나는 포도 박사가 되고 말 것이다. 더불어 포도는 엄청나게 다양하다고 생각하겠지만, 사실 포도와 관련된 정보 가운데 정말로 중요한 정보는 그것이 포도라는 정보다.

사람들을 다양하다고 여기고 자기 자신을 독특하다고 생각하는 신념은 감정 영역에서 특히 강력하게 나타난다. 우리는 자신의 감정은 직접 느낄 수 있어도 다른 사람의 감정은 표정이나 목소리에 근거해 추론해야만 하기 때문에, 종종 다른 사람은 우리가 느끼는 것과 동일한 강도의 감정을 경험하지 않는다고 생각한다. 또한 우리가 다른 사람의 감정을 파악하지 못할 때도 그들은 우리의 감정을 파악할 것이라고 착각하게 된다.

자기감정의 독특성을 믿는 것은 일찍부터 나타난다. 유치원 아이들에게 여러 가지 상황에서 자신과 다른 사람이 어떻게 느낄지 말해보라고 했더니, 아이들은 남과 다른 독특한 감정을 경험할 것이라고 예상했고"빌리는 슬플 테지만, 저는 그렇지 않을 거예요", 그에 대한 독특한 이유도 제공하였다"저는 그 햄스터가 하늘나라로 갔다고 말해줄 테지만, 빌리는 그저 울기만 하겠죠". 성인에게 이와 동일한 종류의 예측을 해보라고 하면, 그들도 정확히 똑같은 대답을 한다.

개인이 지니는 다양성과 독특성에 대한 사람들의 강한 믿음이 우리가 타인을 우리 경험의 대리인으로 사용하기를 거부하는 주요 요인이다. 다른 사람의 실제 경험을 우리의 미래 경험에 대한 대용물로 사용하려면 동일한 사건에 대한 다른 사람의 반응과 우리의 반응이 대략 비슷할 거라고 믿어야만 한다. 그런데 사람들의 감정적 경험이 매우 다양하다고 믿는다면, 다른 사람의 경험을 대용한다는 것이 쓸모없는 것으로 여겨질 수밖에 없다. 결국 다른 사람의 경험이야말로 우리의 미래 감정을 예측하는 데 손쉽고 효과적인 방법이지만, 우리가 서로 얼마나 비슷한지 깨닫지 못하기 때문에 우리는 이 믿을 만한 방법을 거부하고 대신, 흠도 많고 오류도 많은 우리의 상상에 의존하게 되는 것이다.

맺음말

돼지먹이hogwash라는 단어는 돼지의 먹이를 뜻하는 말로써 비록 'wash'라는 말이 들어가긴 했어도 목욕bathing과는 관계가 없다. 돼지먹이는 말 그대로 돼지가 먹고 좋아하며 필요로 하는 것이다. 농부는 돼지에게 돼지먹이를 주는데, 그 이유는 그것이 없으면 돼지의 성미가 까다로워지기 때문이다. 그런데 'hogwash'라는 단어에는 사람들이 서로에게 건네는 근거 없는 이야기라는 뜻도 존재한다. 농부가 돼지에게 hogwash를 주듯 우리의 친구, 선생님 그리고 부모님도 우리를 행복하게 만들어주기 위해 그런 이야기hogwash를 들려준다. 하지만 돼지의 hogwash와는 달리, 사람들의 hogwash는 그 목적을 늘 달성하지는 못한다. 앞에서 주장했듯 어떤 신념은 자신을 전파시켜 줄 사회체계가 유지되면 사람들 사이에 널리 퍼지게 된다. 개개인은 사회체계를 유지시키는 것이 자신의 개인적 의무는 아니라고 생각하기 때문에, 이런 신념은 '개인의 행복을 위해 반드시 필요한 것이다'라고 위장될 수밖에 없다.

물론 세상 경험을 쌓고 나면 이런 이야기hogwash는 근거가 없음을 깨닫게 될 것이라고 기대할 수도 있지만, 반드시 그렇지만은 않다. 왜냐하면 우리가 경험으로부터 배우려면 경험을 기억해야만 하는데, 기억이란 전혀 믿을 수 없기 때문이다. 그렇다고 훈련을 하고 지도를 받는다고 해서 우리가 '현재'를 탈피해서 '미래'를 정확히 예측하게 되는 것은 아니다. 이런 어려움에 존재하는 역설 가운데 하나가 미래의 우리 감정을 정확히 예측하기 위한 정보가 바로 우리 코앞에 있음에도 불구하고 우리가 알아차리지 못한다는 점이다. 다른 사람이 행복에 대해 이야기할 때 반드시 주목할 필요는 없지만, 그들이 여러 상황에서 실제로 얼마나 행복해하는지는 주목할 필요가 있다. 그러나 안타깝게도 우리는 자신을 독특한 존재라고 여기며 다른 사람과 다르게 생각한다고 믿기 때문에, 다른 사람의 정서적 경험을 통해 배워야한다는 사실을 종종 거부하고 만다.

행복을 발견하게 해주는 간단한 공식은 없다!

내 마음은 행복한 소득과 정복을 예상하였노라!
—셰익스피어, 『King Henry VI』 Part III

우리는 살면서 최소한 세 가지의 중요한 결정을 내린다. 어디에서 살 것인가, 무엇을 하며 살 것인가, 그리고 누구와 함께할 것인가? 또한 우리는 사는 도시와 동네, 직업과 취미, 그리고 배우자와 친구들을 결정한다. 그런데 이런 결정은 우리가 당연시할 만큼 자연스러운 것이 되어버린 까닭에 우리는 인류 진화에서 현재의 우리들만이 처음으로 이런 결정을 내리게 되었다는 점을 종종 잊곤 한다. 초기 인류 역사에서 사람들은 원래 살았던 곳에 그냥 살았고, 죽 해오던 일을 계속했으며, 늘 같은 일을 해오던 사람들과 어울려 살았다. 사회 구조종교나 카스트제도와 지형적 구조산과 바다가 사람들이 어디서 무엇을 하며 누구랑 살 것인지를 대부분 결정해버렸다. 따라서 사람들 스스로 뭔가 자유롭게 선택할 여지는 별로 없었다. 그러나 농업혁명, 산업혁명, 그리고 기술혁명은 이 모든 것을 바꿔놓았고, 사람들에게는 엄청난 양의 옵션과 선택, 그리고 결정이 주어졌다. 이러한 것들은 인류 초기 선조들이 결코 경험해보지 못한 것이었다. 인류 역사에서 처음으로 행복이 우리의 손으로 넘어온 것이다.

이 선택들을 어떻게 감당해야 할까? 1738년 네덜란드 학자인 대니얼 베르누이Daniel Bernoulli는 자신이 그 해답을 알고 있다고 주장했다. 그는 결정을 내리기 위해서는 그 결정을 통해 우리가 원하는 것을 얻을 수 있는 효용utility과 원하는 것을 얻을 수 있는 확률probability을 곱해야 한다고 주장했다. 여기서 베르누이가 말하는 효용이란 뭔가 좋은 것goodness이나 즐거운 것pleasure을 의미한다. IBM에 들어갈 경우, 이사로 승진할 가능성은 얼마나 되는가? 피터스버그St. Petersburg로 이사할 경우, 주말을 해변에서 보낼 가능성은 얼마나 되는가? 이런 확률을 계산하는 것은 비교적 간단하다. 보험회사들이 쉽게 큰돈을 버는 것도 그런 이유에서다.

문제는 우리가 원하는 것을 얻었을 때 어떻게 느낄지효용를 예측하는 것이다. 베르누이의 천재성은 사실 그의 심리학에 있었다. 그는 우리가 객관적으로 획득하는 것부; wealth이 우리가 그것을 갖게 되었을 때 주관적으로 경험하는 것효용, utility과는 다르다는 것을 인정했다. 우리에게 중요한 것은 돈이나 승진, 해변 그 자체가 아니라 그것들을 통해 경험하는 즐거움, 즉 행복인 것이다. 따라서 탁월한 선택이란 돈을 최대화하는 것이 아니라 즐거움, 즉 행복을 극대화하는 것이라고 할 수 있다. 만일 그렇다면 우리에게 주어지는 중요한 과제는 부가 자신에게 가져다주는 즐거움을 정확히 예측해내는 것이다. 베르누이는 어떤 선택이 얼마만큼의 부를 가져다줄 것인지를 예측하는 것이 그 선택이 얼마만큼의 효용을 가져다줄 것인지를 예측하는 것보다 훨씬 쉽다는 것을 알았기 때문에 부의 크기를 효용의 크기로 바꾸는 간단한 변화 공식을 고안해냈다. 그는 사람들이 1달러를 계속해서 획득할 경우 그로부터 얻는 효용은 점점 줄어들 것이라는 점을 지적했다. 따라서 사람들이 1달러를 통해 얻는 효용은 현재 소유하고 있는 달러를 고려하면 된다고 주장했다. 그는 사람들이 절대 크기보다는 상대 크기에 민감하다는 점을 정확히 읽어냈고, 이 점을 자신의 공식에 반영시켰던 것이다. 그러나 베르누이 자신도 부를 효용으로 변환시키는 것이 이처럼 간단하지만은 않다는 점을 인정하고 있었다.

동일한 이득으로부터 부자보다는 가난한 사람이 더 많은 효용을 얻겠지만 반드시 그런 것은 아니다. 예를 들어 2천 두캇을 소유하고 있는 죄수가 감옥에서 풀려나기 위해 2천 두캇이 필요하다고 가정해보자. 이때 2천 두캇은 부자보다 가난한 사람에게 훨씬 더 큰 가치를 지닐 것이다. 이런 식의 상황은 무수히 존재할 수 있지만 이것은 매우 드물고 예외적인 경우에 불과하다.

나름대로 설득력 있는 정당화이다. 추가로 획득하는 부의 효용이 갈수록 줄어든다는 베르누이의 지적은 옳았지만, 이 사실만이 부와 효용을 구별해주는 유일한 차이는 아니다. 따라서 부를 효용으로 전환할 때 고려해야 하는 유일한 점이라고 주장한 것은 틀렸다. 위에서 베르누이 자신이 든 예는 그의 말처럼 절대로 예외적인 경우가 아니다. 효용의 크기를 결정하는 것에는 베르누이가 말한 대로 현재 보유하고 있는 부의 크기만 있는 것이 아니다. 예를 들면, 사람들은 어떤 물건을 소유하기 전보다 소유하고 난 뒤 그 가치를 높이 매긴다. 또한 물건이 먼 미래에 있을 때보다 임박해 있을 때 더 큰 가치를 둔다. 큰 손실보다는 적은 손실에 종종 더 가슴아파하고, 동일한 액수의 이득보다는 동일한 액수의 손실에 더 큰 충격을 받는다. 이런 예들은 수없이 많고, 이 책에서 소개한 많은 현상 역시 베르누이의 원리로는 설명이 되지 않는다. 물론, 우리는 베르누이의 지적대로 확률과 효용을 곱하여 선택을 해야 한다. 그러나 만일 우리가 미래의 효용을 미리 정확하게 예측할 수 없다면 어떻게 그 일을 할 수 있을 것인가? 동일한 객관적 상황도 수없이 다양한 주관적 경험들을 유발하기 때문에 객관적 상황에 대한 지식으로부터 주관적 경험을 예측하는 것은 매우 어려운 일이다. 부를 효용으로 전환하는 과정은 미터에서 야드로 전환하거나 독일어를 일본어로 전환하는 일과는 다르다.

그럼 의사결정자는 어떻게 할까? 효용을 예측하는 공식이 없기 때문에 결국 우리가 습관적으로 하는 것은 오직 인간만이 할 수 있는 일, 즉 '상상'을 하는 것이다. 우리의 뇌는 우리를 미래의 상황으로 옮겨 그곳에서 우리가 어떻게 느낄지를 물어본다. 정교한 수학적 공식을 이용해 효용을 계산하는 것이 아니라 상상을 통해 미래 상황에 들어가서 느껴보는 것이다. 시간을 뛰어넘어 우리에게 닥치지 않은 일들을 미리 경험해보는 것은 분명 실수를 막아주고 미래를 준비하게 하는 놀라운 능력이다. 그러나 이 안에는 그에 못지않게 분명한 오류들도 존재한다. 이 책에서 보여주었듯 우리는 미래 상황을 상상할 때 존재하지 않는 것들을 채워 넣기도 하고 존재하는 것들을 빠뜨리기도 한다. 따라서 미래의 감정을 상상할 때 현재의 감정에 좌우되고, 어떤 사건이 미래에 발생할 때 우리가 어떻게 생각할 것인지를 정확하게 예측하지 못하게 된다.

베르누이가 꿈꾸었던 세상은 간단한 공식만으로 미래를 정확하고 분명하게 예측할 수 있는 곳이었다. 그러나 우리의 예측 능력은 그리 뛰어나지 못해 이걸 가지면 어떨까, 저 집에 살면 어떨까, 이 일을 하면 어떨까 생각하며 노력해볼 따름이다. 행복을 발견하는 간단한 공식은 없다. 또한 우리의 뇌는 우리의 미래를 향해 확신 있게 걸어가도록 허락하지도 않았다. 그러나 그 과정에서 도대체 우리가 왜 연거푸 '실수할 수밖에 없는지stumble'를 이해할 수 있는 길을 터주었다.

| 참고문헌 |

Chapter 1_ 상상, 미래로 가는 여행

1. W. A. Roberts, "Are Animals Stuck in Time?" Psychological Bulletin, 128: 473-89 (2002).

2. D. Dennett, Kinds of Minds. (New York: Basic Books, 1996).

3. M. M. Haith, "The Development of Future Thinking as Essential for the Emergence of Skill in Planning," in The Developmental Psychology of Planning: Why, How, and When Do We Plan?, ed. S. L. Friedman and E. K. Scholnick (Mahwah, N.J.: Lawrence Erlbaum, 1997), 25-42.

4. E. Bates, J. Elman, and P. Li, "Language In, On, and About Time," in The Development of Future Oriented Processes, ed. M. M. Haith, et al., (Chicago: University of Chicago Press, 1994).

5. B. M. Hood et al., "Gravity Biases in a Nonhuman Primate?" Developmental Science 2: 35-41 (1999); D. A. Washburn and D. M. Rumbaugh, "Comparative Assessment of Psychomotor Performance: Target Prediction by Humans and Macaques (Macaca mulatta)," Journal of Experimental Psychology: General 121: 305-12 (1992).

6. L. M. Oakes and L. B. Cohen, "Infant Perception of a Causal Event," Cognitive Development 5: 193-207 (1990); N. Wentworth, and M. M. Haith, "Event-Specific Expectations of 2-and 3-Month-Old Infants," Developmental Psychology 28: 842-50 (1992).

7. C. M. Atance and D. K. O'Neill, "Planning in 3-Year-Olds: A Reflection of the Future Self?" in The Self in Time: Developmental Perspectives, ed. C. Moore and K. Lemmon (Mahwah, N. J.: Lawrence Erlbaum, 2001); and J. B. Benson, "The Development of Planning: It's About Time," in Friedman and Scholnick, Developmental Psychology of Planning.

8. D. J. Povinelli and B. B. Simon, "Young Children's Understanding of Briefly Versus Extremely Delayed Images of the Self: Emergence of the Autobiographical Stance," Developmental Psychology 34: 188-94 (1998); and K. Nelson, "Finding

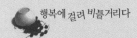

One's Self in Time," in The Self Across Psychology: Self-Recognition, Self-Awareness, and the Self Concept, ed. J. G. Snodgrass and R. L. Thompson (New York: New York Academy of Sciences, 1997), 103-16.

9. C. A. Banyas, "Evolution and Phylogenetic History of the Frontal Lobes," in The Human Frontal Lobes, ed. B. L. Miller and J. L. Cummings (New York: Guilford Press, 1999), 83-106.

10. M. B. Macmillan, "A Wonderful Journey Through Skull and Brains: The Travels of Mr. Gage's Tamping Iron," Brain and Cognition 5: 67-107 (1986).

11. M. B. Macmillan, "Phineas Gage's Contribution to Brain Surgery," Journal of the History of the Neurosciences 5: 56-77 (1996).

12. S. M. Weingarten, "Psychosurgery," in Miller and Cummings, Human Frontal Lobes, 446-60.

13. D. R. Weinberger et al., (1994). "Neural Mechanisms of Future-Oriented Processes," in Haith et al., Development of Future Oriented processes, 221-42.

14. J. M. Fuster, The Prefrontal Cortex: Anatomy, Physiology, and Neuropsychology of the Frontal Lobe (New York: Lippincott-Raven, 1997), 160-61.

15. A. K. MacLeod and M. L. Cropley, "Anxiety, Depression, and the Anticipation of Future Positive and Negative Experiences," Journal of Abnormal Psychology 105: 286-89 (1996).

16. M. A. Wheeler, D. T. Stuss, and E. Tulving, "Toward a General Theory of Episodic Memory: The Frontal Lobes and Autonoetic Consciousness," Psychological Bulletin 121: 331-54 (1997).

17. F. T. Melges, "Identity and Temporal Perspective," in Cognitive Models of Psychological Time, ed. R. A. Block (Hillsdale, N.J.: Lawrence Erlbaum, 1990), 255-66.

18. P. Faglioni, "The Frontal Lobes," in The Handbook of Clinical and Experimental Neuropsychology, ed. G. Denes and L. Pizzamiglio (East Sussex, U.K.: Psychology Press, 1999), 525-69.

19. J. M. Fuster, "Cognitive Functions of the Frontal Lobes," in Miller and Cummings, Human Frontal Lobes, 187-95.

20. E. Tulving, "Memory and Consciousness," Canadian Psychology 26: 1-12 (1985); and E. Tulving et al., "Priming of Semantic Autobiographical Knowledge: A Case Study of Retrograde Amnesia," Brain and Cognition 8: 3-20 (1988).

21. R. Dass, Be Here Now(New York: Crown, 1971).

22. L. A. Jason et al., "Time Orientation: Past, Present, and Future Perceptions,"

Psychological Reports 64: 1199-1205 (1989).

23. E. Klinger and W. M. Cox, "Dimensions of Thought Flow in Everyday Life," Imagination, Cognition, and Personality 72: 105-28 (1987-88); and E. Klinger, "On Living Tomorrow Today: The Quality of Inner Life as a Function of Goal Expectations," in Psychology of Future Orientation, ed. Z. Zaleski(Lublin, Poland: Towarzystwo Naukowe KUL, 1994), 97-106

24. J. L. Singer, Daydreaming and Fantasy (Oxford: Oxford University Press, 1981); E. Klinger, Daydreaming: Using Waking Fantasy and Imagery for Self-Knowledge and Creativity (Los Angeles: Tarcher, 1990); G. Oettingen, Psychologie des Zukunftdenkens[On the Psychology of Future Thought] (G ettingen, Germany: Hogrefe, 1997).

25. G. F. Loewenstein and D. Prelec, "Preferences for Sequences of Outcomes," Psychological Review 100: 91-108 (1993); G. Loewenstein, "Anticipation and the Valuation of Delayed Consumption," Economy Journal 97: 666-84 (1987); and J. Elster and G. F. Loewenstein, "Utility from Memory and Anticipation," in Choice Over Time, ed. G. F. Loewenstein and J. Elster (New York: Russell Sage Foundation, 1992), 213-34.

26. G. Oettingen and D. Mayer, "The Motivating Function of Thinking About the Future: Expectations Versus Fantasies," Journal of Personality and Social Psychology 83: 1198-1212 (2002).

27. A. Tversky and D. Kahneman, "Availability: A Heuristic for Judgment Frequency and Probability," Cognitive Psychology 5: 207-32 (1973).

28. N. Weinstein, "Unrealistic Optimism About Future Life Events," Journal of Personality and Social Psychology 39: 806-20 (1980).

29. P. Brickman, D. Coates, and R. J. Janoff-Bulman, "Lottery Winners and Accident Victims: Is Happiness Relative?," Journal of Personality and Social Psychology 36: 917-27 (1978).

30. E. C. Chang, K. Asakawa, and L. J. Sanna, "Cultural Variations in Optimistic and Pessimistic Bias: Do Easterners Really Expect the Worst and Westerners Really Expect the Best When Predicting Future Life Events?" Journal of Personality and Social Psychology 81: 476-91 (2001).

31. J. M. Burger and M. L. Palmer, "Changes in and Generalization of Unrealistic Optimism Following Experiences with Stressful Events: Reactions to the 1989 California Earthquake," Personality and Social Psychology Bulletin 18: 39-43 (1992).

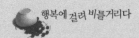

32. H. E. Stiegelis et al., "Cognitive Adaptation: A Comparison of Cancer Patients and Healthy References," British Journal of Health Psychology 8: 303-18 (2003).

33. A. Arntz, M. Van Eck, and P. J. de Jong, "Unpredictable Sudden Increases in Intensity of Pain and Acquired Fear," Journal of Psychophysiology 6: 54-64 (1992).

34. M. Miceli and C. Castelfranchi, "The Mind and the Future: The (Negative) Power of Expectations," Theory and Psychology 12: 335-66 (2002).

35. J. N. Norem, "Pessimism: Accentuating the Positive Possibilities," in Virtue, Vice, and Personality: The Complexity of Behavior, ed. E. C. Chang and L. J. Sanna (Washington, D.C.: American Psychological Association, 2003), 91-104 J. K. Norem and N. Cantor, "Defensive Pessimism: Harnessing Anxiety as Motivation," Journal of Personality and Social Psychology 51: 1208-17 (1986).

36. A. Bandura, "Self-Efficacy: Toward a Unifying Theory of Behavioral Change," Psychological Review 84: 191-215 (1977); and A. Bandura "Self-Efficacy: Mechanism in Human Agency," American Psychologist 37: 122-47 (1982).

37. M. E. P. Seligman, Helplessness: On Depression, Development, and Death (San Francisco: Freeman, 1975).

38. E. Langer and J. Rodin, "The Effect of Choice and Enhanced Personal Responsibility for the Aged: A Field Experiment in an Institutional Setting," Journal of Personality and Social Psychology 34: 191-98 (1976); and J. Rodin and E. J. Langer, "Long-Term Effects of a Control-Relevant Intervention with the Institutional Aged," Journal of Personality and Social Psychology 35: 897-902(1977).

39. R. Schulz and B. H. Hanusa, "Long-Term Effects of Control and Predictability-Enhancing Interventions: Findings and Ethical Issues," Journal of Personality and Social Psychology 36: 1202-12 (1978).

40. E. J. Langer, "The Illusion of Control," Journal of Personality and Social Psychology 32: 311-28 (1975).

41. D. S. Dunn and T. D. Wilson, "When the Stakes Are High: A Limit to the Illusion of Control Effect," Social Cognition 8: 305-23 (1991).

42. L. H. Strickland, R. J. Lewicki, and A. M. Katz, "Temporal Orientation and Perceived Control as Determinants of Risk Taking," Journal of Experimental Social Psychology 2: 143-51 (1966).

43. S. Gollin et al., "The Illusion of Control Among Depressed Patients," Journal of Abnormal Psychology 88: 454-57 (1979).

44. L. B. Alloy and L. Y. Abramson, "Judgment of Contingency in Depressed and Nondepressed Students: Sadder but Wiser?," Journal of Experimental Psychology: General 108: 441-85 (1979); D. Dunning and A. L. Story, "Depression, Realism and the Overconfidence Effect: Are the Sadder Wiser When Predicting Future Actions and Events?," Journal of Personality and Social Psychology 61: 521-32 (1991); and R. M. Msetfi et al., "Depressive Realism and Outcome Density Bias in Contingency Judgments: The Effect of the Context and Intertrial Interval," Journal of Experimental Psychology: General 134: 10-22 (2005).

45. S. E. Taylor and J. D. Brown, "Illusion and Well-Being: A Social-Psychological Perspective on Mental Health," Psychological Bulletin 103: 193-210 (1988).

Chapter 2_ '안'에서 '밖'을 내다보기

1. N. L. Segal, Entwined Lives: Twins and What They Tell Us About Human Behavior (New York: Dutton, 1999).

2. N. Angier, "Joined for Life, and Living Life to the Full," New York Times, 23 December 1997, F1.

3. A. D. Dreger, "The Limits of Individuality: Ritual and Sacrifice in the Lives and Medical Treatment of Conjoined Twins," Studies in History and Philosophy of Biological and Biomedical Sciences 29: 1-29 (1998).

4. A. D. Dreger, "A Lost Surgical Gamble," New York Times, 9 July 2003, 20.

5. J. R. Searle, Mind, Language, and Society: Philosophy in the Real World (New York: Basic Books, 1998).

6. R. D. Lane et al., "Neuroanatomical Correlates of Pleasant and Unpleasant Emotion," Neuropsychologia 35: 1437-44 (1997).

7. C. Osgood, G. J. Suci, and P. H. Tannenbaum, The Measurement of Meaning

8. T. Nagel, "What Is It Like to Be a Bat?" Philosophical Review 83: 435-50 (1974).

9. See A. Pope, Essay on Man, Epistle 4 (1744), in The Complete Poetical Works of Alexander Pope, ed. H. W. Boynton (New York: Houghton-Mifflin, 1903).

10. S. Freud, Civilization and Its Discontents, vol. 1 of Standard Edition of the

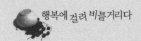
행복에 걸려 비틀거리다

Complete Psychological Works of Sigmund Freud (1930 London: Hogarth Press and Institute of Psychoanalysis, 1953), 75-76.

11. B. Pascal, "Pensees," in Pensees, ed. W. F. Trotter (1660; New York: Dutton, 1908).

12. R. Nozick, The Examined Life (New York: Simon & Schuster, 1989), 102.

13. J. S. Mill, "Utilitarianism" (1863), in On Liberty, the Subjection of Women and Utilitarianism, in The Basic Writings of John Stuart Mill, ed. D. E. Miller (New York: Modern Library, 2002).

14. R. Nozick, Anarchy, State, and Utopia(New York: Basic Books, 1974).

15. Nozick, The Examined Life, p. 111; and E. B. Royzman, K. W. Cassidy, and J. Baron, "'I Know, You Know': Epistemic Egocentrism in Children and Adults," Review of General Psychology 7: 38-65 (2003).

16. D. M. MacMahon, "From the Happiness of Virtue to the Virtue of Happiness: 400 BC-AD 1780," Daedalus: Journal of the American Academy of Arts and Sciences 133: 5-17 (2004).

17. D. W. Hudson, Happiness and the Limits of Satisfaction (London: Rowman & Littlefield, 1996); M. Kingwell, Better Living: In Pursuit of Happiness from Plato to Prozac (Toronto: Viking, 1998); and E. Telfer, Happiness (New York: St. Martin's Press, 1980).

18. N. Block, "Begging the Question Against Phenomenal Consciousness," Behavioral and Brain Sciences 15: 205-6 (1992).

19. J. W. Schooler and T. Y. Engstler-Schooler, "Verbal Overshadowing of Visual Memories: Some Things Are Better Left Unsaid," Cognitive Psychology 22: 36-71 (1990).

20. G. W. McConkie and D. Zola, "Is Visual Information Integrated in Successive Fixations in Reading?" Perception and Psychophysics 25: 221-24 (1979).

21. D. J. Simons and D. T. Levin, "Change Blindness," Trends in Cognitive Sciences 1: 261-67 (1997).

22. M. R. Beck, B. L. Angelone, and D. T. Levin, "Knowledge About the Probability of Change Affects Change Detection Performance," Journal of Experimental Psychology: Human Perception and Performance 30: 778-91 (2004).

23. D. J. Simons and D. T. Levin, "Failure to Detect Changes to People in a Real-World Interaction," Psychonomic Bulletin and Review 5: 644-49 (1998).

24. R. A. Rensink, J. K. O' Regan, and J. J. Clark, "To See or Not to See: The Need for Attention to Perceive Changes in Scenes," Psychological Science 8: 368-

73 (1997).

25. "Hats Off to the Amazing Hondo," www.hondomagic.com/html/a_little_magic.htm.

26. B. Fischoff, "Perceived Informativeness of Facts," Journal of Experimental Psychology: Human Perception and Performance 3: 349-58 (1977).

27. A. Parducci, Happiness, Pleasure, and Judgment: The Contextual Theory and Its Applications (Mahwah, N. J.: Lawrence Erlbaum, 1995).

28. E. Shackleton, South (1959; New York: Carroll & Graf, 1998), 192.

Chapter 3_ '밖' 에서 '안' 을 들여다보기

1. J. LeDoux, The Emotional Brain: The Mysterious Underpinnings of Emotional Life (New York: Simon & Schuster, 1996).

2. R. B. Zajonc, "Feeling and Thinking: Preferences Need No Inferences," American Psychologist 35: 151-75 (1980); R. B. Zajonc, "On the Primacy of Affect," American Psychologist 39: 117-23 (1984); and "Emotions," in The handbook of Social Psychology, ed. D. T. Gilbert, S. T. Fiske, and G. Lindzey, 4th ed., vol. 1 (New York: McGraw-Hill, 1998), 591-632.

3. S. Schachter and J. Singer, "Cognitive, Social and Physiological Determinants of Emotional State," Psychological Review 69: 379-99 (1962).

4. D. G. Dutton and A. P. Aron, "Some Evidence for Heightened Sexual Attraction Under Conditions of High Anxiety," Journal of Personality and Social Psychology 30: 510-17 (1974).

5. A. R. Hariri, S. Y. Bookheimer, and J. C. Mazziotta, "Modulating Emotional Response: Effects of a Neocortical Network on the Limbic System," NeuroReport 11: 43-48 (2000); and M. D. Lieberman et al., "Two Captains, One Ship: A Social Cognitive Neuroscience Approach to Disrupting Automatic Affective Processes" (unpublished manuscript, UCLA, 2003).

6. G. Greene, The End of the Affair (New York: Viking Press, 1951), 29.

7. R. A. Dienstbier and P. C. Munter, "Cheating as a Function of the Labeling of Natural Arousal," Journal of Personality and Social Psychology 17: 208-13 (1971).

8. M. P. Zanna and J. Cooper, "Dissonance and the Pill: An Attribution Approach to Studying the Arousal Properties of Dissonance," Journal of Personality and Social Psychology 29: 703-9 (1974).

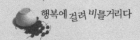

9. D. C. Dennett, Brainstorms: Philosophical Essays on Mind and Psychology (Cambridge, Mass.: Bradford/MIT Press, 1981), 218.

10. J. W. Schooler, "Re-representing Consciousness: Dissociations Between Consciousness and Meta-Consciousness," Trends in Cognitive Science 6: 339-44 (2002).

11. L. Weiskrantz, Blindsight (Oxford: Oxford University Press, 1986).

12. A. Cowey, and P. Stoerig, "The Neurobiology of Blindsight," Trends in Neuroscience 14: 140-45 (1991).

13. E. J. Vanman, M. E. Dawson, and P. A. Brennan, "Affective Reactions in the Blink of An Eye: Individual Differences in Subjective Experience and Physiological Responses to Emotional Stimuli," Personality and Social Psychology Bulletin 24: 994-1005 (1998).

14. R. D. Lane et al., "Is Alexithymia the Emotional Equivalent of Blindsight?," Biological Psychiatry 42: 834-44 (1997).

15. F. Y. Edgeworth, Mathematical Psychics: An Essay on the Application of Mathematics to the Moral Sciences (London: Kegan Paul, 1881).

16. N. Schwarz and F. Strack, "Reports of Subjective Well-Being: Judgmental Processes and Their Methodological Implications," in Well-Being: The Foundations of Hedonic Psychology, ed. D. Kahneman, E. Diener, and N. Schwarz(New York: Russell Sage Foundation, 1999), 61-84. D. Kahneman, "Objective Happiness," in Well-Being, 3-25.

17. R. J. Larsen and B. L. Fredrickson, "Measurement Issues in Emotion Research," in Well-Being, 40-60.

18. M. Minsky, The Society of Mind (New York: Simon & Schuster, 1985); W. G. Lycan, "Homuncular Functionalism Meets PDP," in Philosophy and Connectionist Theory, ed. W. Ramsey, S. P. Stich, and D. E. Rumelhart (Mahwah, N.J.: Lawrence Erlbaum, 1991), 259-86.

Chapter 4_ 마음의 눈에 존재하는 맹점

1. R. O. Boyer and H. M. Morais, Labor's Untold Story (New York: Cameron, 1955); P. Avrich, The Haymarket Tragedy (Princeton, N.J.: Princeton University Press, 1984).

2. E. Brayer, George Eastman: A Biography (Baltimore: Johns Hopkins

University Press, 1996).

3. R. Karniol and M. Ross, "The Motivational Impact of Temporal Focus: Thinking About the Future and the Past," Annual Review of Psychology 47: 593-620 (1996); and B. A. Mellers, "Choice and the Relative Pleasure of Consequences," Psychological Bulletin 126: 910-24 (2000).

4. D. L. Schacter, Searching for Memory: The Brain, the Mind and the Past (New York: Basic Books, 1996).

5. E. F. Loftus, D. G. Miller, and H. J. Burns, "Semantic Integration of Verbal Information into Visual Memory," Journal of Experimental Psychology: Human Learning and Memory 4: 19-31 (1978).

6. E. F. Loftus, "When a Lie Becomes Memory's Truth: Memory Distortion after Exposure to Misinformation," Current Directions in Psychological Sciences 1: 121-23 (1992); and M. S. Zaragoza, M. McCloskey, and M. Jamis, "Misleading Postevent Information and Recall of the Original Event: Further Evidence Against the Memory Impairment Hypothesis," Journal of Experimental Psychology: Learning, Memory, and Cognition 13: 36-44 (1987).

7. M. K. Johnson and S. J. Sherman, "Constructing and Reconstructing the Past and the Future in the Present," in Handbook of Motivation and Cognition: Foundations of Social Behavior, ed. E. T. Higgins and R. M. Sorrentino, vol. 2. (New York: Guilford Press, 1990), 482-526; and M. K. Johnson and C. L. Raye, "Reality Monitoring," Psychological Review 88: 67-85 (1981).

8. J. Deese, "On the Predicted Occurrence of Particular Verbal Intrusions in Immediate Recall," Journal of Experimental Psychology 58: 17-22 (1959).

9. H. L. Roediger and K. B. McDermott, "Creating False Memories: Remembering Words Not Presented in Lists," Journal of Experimental Psychology: Learning, Memory, and Cognition 21: 803-14 (1995).

10. K. B. McDermott and H. L. Roediger, "Attempting to Avoid Illusory Memories: Robust False Recognition of Associates Persists Under Conditions of Explicit Warnings and Immediate Testing," Journal of Memory and Language 39: 508-20 (1998).

11. R. Warren, "Perceptual Restoration of Missing Speech Sounds," Science 167: 392-93 (1970).

12. A. G. Samuel, "A Further Examination of Attentional Effects in the Phonemic Restoration Illusion," Quarterly Journal of Experimental Psychology 43A: 679-99 (1991).

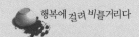

13. R. Warren, "Perceptual Restoration of Obliterated Sounds," Psychological Bulletin 96: 371-83 (1984).

14. L. F. Baum, The Wonderful Wizard of Oz (New York: G. M. Hill, 1900), 113-19.

15. J. Locke, Book IV, An Essay Concerning Human Understanding, vol. 2 (1690; New York: Dover, 1959).

16. I. Kant, Critique of Pure Reason, trans. N. K. Smith, (1781; New York: St. Martin's Press, 1965), 93.

17. W. Durant, The Story of Philosophy (New York: Simon & Schuster, 1926).

18. A. Gopnik and J. W. Astington, "Children's Understanding of Representational Change and Its Relation to the Understanding of False Beliefs and the Appearance-Reality Distinction," Child Development 59: 26-37 (1988); and H. Wimmer and J. Perner, "Beliefs About Beliefs: Representation and Constraining Function of Wrong Beliefs in Young Children's Understanding of Deception," Cognition 13: 103-28 (1983).

19. J. Piaget, The Child's Conception of the World (London: Routledge & Kegan Paul, 1929), 166.

20. B. Keysar et al., "Taking Perspective in Conversation: The Role of Mutual Knowledge in Comprehension," Psychological Science 11: 32-38 (2000).

21. D. T. Gilbert, "How Mental Systems Believe," American Psychologist 46: 107-19 (1991).

22. C. Ligneau-Herv and E. Mullet, "Perspective-Taking Judgments Among Young Adults, Middle-Aged, and Elderly People," Journal of Experimental Psychology: Applied 11: 53-60 (2005).

23. G. A. Miller, "Trends and Debates in Cognitive Psychology," Cognition 10: 215-25 (1981).

24. D. T. Gilbert and T. D. Wilson, "Miswanting: Some Problems in the Forecasting of Future Affective States," in Feeling and Thinking: The Role of Affect in Social Cognition, ed. J. Forgas (Cambridge: Cambridge University Press, 2000), 178-97.

25. D. Dunning et al., "The Overconfidence Effect in Social Prediction," Journal of Personality and Social Psychology 58: 568-81 (1990); and R. Vallone et al., "Overconfident Predictions of Future Actions and Outcomes by Self and Others," Journal of Personality and Social Psychology 58: 582-92 (1990).

26. D. W. Griffin, D. Dunning, and L. Ross, "The Role of Construal Processes in

Overconfident Predictions About the Self and Others," Journal of Personality and Social Psychology 59: 1128-39 (1990).

Chapter 5_ 존재하지 않는 것들의 위력

1. A. C. Doyle, "Silver Blaze," in The Complete Sherlock Holmes (1892; New York: Gramercy, 2002), 149.

2. R. S. Sainsbury and H. M. Jenkins, "Feature-Positive Effect in Discrimination Learning," Proceedings of the Annual Convention of the American Psychological Association 2: 17-18 (1967).

3. J. P. Newman, W. T. Wolff, and E. Hearst, "The Feature-Positive Effect in Adult Human Subjects," Journal of Experimental Psychology: Human Learning and Memory 6: 630-50 (1980).

4. H. M. Jenkins and W. C. Ward, "Judgment of Contingency Between Responses and Outcomes," Psychological Monographs 79 (1965); P. C. Wason, "Reasoning About a Rule," Quarterly Journal of Experimental Psychology 20: 273-81 (1968); and D. L. Hamilton and R. K. Gifford, "Illusory Correlation in Interpersonal Perception: A Cognitive Basis of Stereotypic Judgements," Journal of Experimental Social Psychology 12: 392-407 (1976); and J. Crocker, "Judgment of Covariation by Social Perceivers," Psychological Bulletin 90: 272-92 (1981); L. B. Alloy and N. Tabachnik, "The Assessment of Covariation by Humans and Animals: The Joint Influence of Prior Expectations and Current Situational Information," Psychological Review 91: 112-49 (1984).

5. F. Bacon, Novum organum, in ed. and trans. P. Urbach and J. Gibson (1620; Chicago: Open Court, 1994), 60.

6. J. Klayman and Y. W. Ha, "Confirmation, Disconfirmation, and Information in Hypothesis-Testing," Psychological Review 94: 211-28 (1987).

7. A. Tversky, "Features of Similarity," Psychological Review 84: 327-52 (1977).

8. E. Shafir, "Choosing Versus Rejecting: Why Some Options Are Both Better and Worse Than Others," Memory & Cognition 21: 546-56 (1993).

9. T. D. Wilson et al., "Focalism: A Source of Durability Bias in Affective Forecasting," Journal of Personality and Social Psychology 78: 821-36 (2000).

10. D. A. Schkade and D. Kahneman, "Does Living in California Make People Happy? A Focusing Illusion in Judgments of Life Satisfaction," Psychological

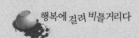

Science 9: 340-46 (1998).

11. K. C. H. Lam et al., "Cultural Differences in Affective Forecasting: The Role of Focalism," Personality and Social Psychology Bulletin 31: 1296-309 (2005).

12. P. Menzela et al., "The Role of Adaptation to Disability and Disease in Health State Valuation: A Preliminary Normative Analysis," Social Science & Medicine 55: 2149-58 (2002).

13. C. Turnbull, "The Forest People" (New York: Simon & Schuster, 1961), 222.

14. Y. Trope and N. Liberman, "Temporal Construal," Psychological Review 110: 403-21 (2003).

15. R. R. Vallacher and D. M. Wegner, A Theory of Action Identification (Hillsdale, N.J.: Lawrence Erlbaum, 1985), 61-88.

16. N. Liberman and Y. Trope, "The Role of Feasibility and Desirability Considerations in Near and Distant Future Decisions: A Test of Temporal Construal Theory," Journal of Personality and Social Psychology 75: 5-18 (1998).

17. M. D. Robinson and G. L. Clore, "Episodic and Semantic Knowledge in Emotional Self-Report: Evidence for Two Judgment Processes," Journal of Personality and Social Psychology 83: 198-215 (2002).

18. T. Eyal et al., "The Pros and Cons of Temporally Near and Distant Action," Journal of Personality and Social Psychology 86: 781-95 (2004).

19. I. R. Newby-Clark and M. Ross, "Conceiving the Past and Future," Personality and Social Psychology Bulletin 29: 807-18 (2003); and M. Ross and I. R. Newby-Clark "Construing the Past and Future," Social Cognition 16: 133-50 (1998).

20. N. Liberman, M. Sagristano, and Y. Trope, "The Effect of Temporal Distance on Level of Mental Construal," Journal of Experimental Social Psychology 38: 523-34 (2002).

21. G. Ainslie, "Specious Reward: A Behavioral Theory of Impulsiveness and Impulse Control," Psychological Bulletin 82: 463-96 (1975); and G. Ainslie, Picoeconomics: The Strategic Interaction of Successive Motivational States Within the Person (Cambridge: Cambridge University Press, 1992).

22. O. Jowett, Plato: Protagoras, facsimile ed. (New York: Prentice Hall, 1956).

23. G. Loewenstein, "Anticipation and the Valuation of Delayed Consumption," Economy Journal 97: 666-84 (1987).

24. S. M. McClure et al., "The Grasshopper and the Ant: Separate Neural Systems Value Immediate and Delayed Monetary Rewards," Science 306: 503-7 (2004).

1. S. A. Newcomb, Side-Lights on Astronomy (New York: Harper & Brothers, 1906), 355.

2. W. Wright, "Speech to the Aero Club of France," in The Papers of Wilbur and Orville Wright, ed. M. McFarland (New York: McGraw-Hill, 1908), 934.

3. A. C. Clarke, Profiles of the Future (New York: Bantam, 1963), 14.

4. G. R. Goethals and R. F. Reckman, "The Perception of Consistency in Attitudes," Journal of Experimental Social Psychology 9: 491-501 (1973).

5. C. McFarland and M. Ross, "The Relation Between Current Impressions and Memories of Self and Dating Partners," Personality and Social Psychology Bulletin 13: 228-38 (1987).

6. M. A. Safer, L. J. Levine, and A. L. Drapalski, "Distortion in Memory for Emotions: The Contributions of Personality and Post-Event Knowledge," Personality and Social Psychology Bulletin 28: 1495-1507 (2002).

7. E. Eich et al., "Memory for Pain: Relation Between Past and Present Pain Intensity," Pain 23: 375-80 (1985).

8. L. N. Collins et al., "Agreement Between Retrospective Accounts of Substance Use and Earlier Reported Substance Use," Applied Psychological Measurement 9: 301-9 (1985); G. B. Markus, "Stability and Change in Political Attitudes: Observe, Recall, and 'Explain,'" Political Behavior 8: 21-44 (1986); D. Offer et al., "The Altering of Reported Experiences," Journal of the American Academy of Child and Adolescent Psychiatry 39: 735-42 (2000).

9. M. A. Safer, G. A. Bonanno, and N. P. Field, "'It Was Never That Bad': Biased Recall of Grief and Long-Term Adjustment to the Death of a Spouse," Memory 9: 195-204 (2001).

10. M. Ross, "Relation of Implicit Theories to the Construction of Personal Histories," Psychological Review 96: 341-57 (1989); L. J. Levine and M. A. Safer, "Sources of Bias in Memory for Emotions," Current Directions in Psychological Science 11: 169-173 (2002).

11. L. J. Levine, "Reconstructing Memory for Emotions," Journal of Experimental Psychology: General 126: 165-77 (1997).

12. G. F. Loewenstein, (1996). "Out of Control: Visceral Influences on Behavior," Organizational Behavior and Human Decision Processes 65: 272-92 (1996); G. F. Loewenstein, T. O'Donoghue, and M. Rabin, "Projection Bias in

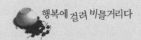
행복에 걸려 비틀거리다

Predicting Future Utility," Quarterly Journal of Economics 118: 1209-48 (2003); G. Loewenstein and E. Angner, "Predicting and Indulging Changing Preferences," in Time and Decision, ed. G. Loewenstein, D. Read, and R. F. Baumeister (New York: Russell Sage Foundation, 2003), 351-91; L. van Boven, D. Dunning, and G. F. Loewenstein, "Egocentric Empathy Gaps Between Owners and Buyers: Misperceptions of the Endowment Effect," Journal of Personality and Social Psychology 79: 66-76 (2000).

13. R. E. Nisbett and D. E. Kanouse, "Obesity, Food Deprivation and Supermarket Shopping Behavior," Journal of Personality and Social Psychology 12: 289-94 (1969); D. Read, and B. van Leeuwen, "Predicting Hunger: The Effects of Appetite and Delay on Choice," Organizational Behavior and Human Decision Processes 76: 189-205 (1998).

14. G. F. Loewenstein, D. Prelec, and C. Shatto, "Hot/Cold Intrapersonal Empathy Gaps and the Under-prediction of Curiosity" (unpublished manuscript, Carnegie-Mellon University, 1998), cited in G. F. Loewenstein, "The Psychology of Curiosity: A Review and Reinterpretation," Psychological Bulletin 116: 75-98 (1994).

15. S. M. Kosslyn et al., "The Role of Area 17 in Visual Imagery: Convergent Evidence from PET and rTMS," Science 284: 167-70 (1999).

16. P. K. McGuire, G. M. S. Shah, and R. M. Murray, "Increased Blood Flow in Broca's Area During Auditory Hallucinations in Schizophrenia," Lancet 342: 703-6 (1993).

17. D. J. Kavanagh, J. Andrade, and J. May, "Imaginary Relish and Exquisite Torture: The Elaborated Intrusion Theory of Desire," Psychological Review 112: 446-67 (2005).

18. A. K. Anderson and E. A. Phelps, "Lesions of the Human Amygdala Impair Enhanced Perception of Emotionally Salient Events," Nature 411: 305-9 (2001); E. A. Phelps et al., "Activation of the Left Amygdala to a Cognitive Representation of Fear," Nature Neuroscience 4: 437-41 (2001); and H. C. Breiter et al., "Functional Imaging of Neural Responses to Expectancy and Experience of Monetary Gains and Losses," Neuron 30 (2001).

19. C. M. Atance and D. K. O'Neill, "Episodic Future Thinking," Trends in Cognitive Sciences 5: 533-39 (2001).

20. T. D. Wilson et al., "Introspecting About Reasons Can Reduce Postchoice Satisfaction," Personality and Social Psychology Bulletin 19: 331-39 (1993); T. D.

Wilson and J. W. Schooler, "Thinking Too Much: Introspection Can Reduce the Quality of Preferences and Decisions," Journal of Personality and Social Psychology 60: 181-92 (1991).

21. C. N. DeWall and R. F. Baumeister, "Alone but Feeling No Pain: Effects of Social Exclusion on Physical Pain Tolerance and Pain Threshold, Affective Forecasting, and Interpersonal Empathy," Journal of Personality and Social Psychology (in press).

22. D. Reisberg et al., " 'Enacted' Auditory Images Are Ambiguous; 'Pure' Auditory Images Are Not," Quarterly Journal of Experimental Psychology: Human Experimental Psychology 41: 619-41 (1989).

23. C. W. Perky, "An Experimental Study of Imagination," American Journal of Psychology 21: 422-52 (1910); M. K. Johnson and C. L. Raye, "Reality Monitoring," Psychological Review 88: 67-85 (1981).

24. N. Schwarz and G. L. Clore, "Mood, Misattribution, and Judgments of Well-Being: Informative and Directive Functions of Affective States," Journal of Personality and Social Psychology 45: 513-23 (1983).

25. L. van Boven and G. Loewenstein, "Social Projection of Transient Drive States," Personality and Social Psychology Bulletin 29: 1159-68 (2003).

26. A. K. MacLeod and M. L. Cropley, "Anxiety, Depression, and the Anticipation of Future Positive and Negative Experiences," Journal of Abnormal Psychology 105: 286-89 (1996).

27. E. J. Johnson and A. Tversky, "Affect, Generalization, and the Perception of Risk," Journal of Personality and Social Psychology 45: 20-31 (1983); and D. DeSteno et al., "Beyond Valence in the Perception of Likelihood: The Role of Emotion Specificity," Journal of Personality and Social Psychology 78: 397-416(2000).

Chapter 7_ 시간을 상상할 수 없다는 치명적인 약점

1. M. Hegarty, "Mechanical Reasoning by Mental Simulation," Trends in Cognitive Sciences, 8: 280-85 (2004).

2. G. Lakoff and M. Johnson, Metaphors We Live By (Chicago: University of Chicago Press, 1980).

3. D. Gentner, M. Imai, and L. Boroditsky, "As Time Goes By: Evidence for

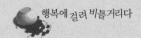
행복에 걸려 비틀거리다

Two Systems in Processing Space Time Metaphors," Language and Cognitive Processes 17: 537-65 (2002); and L. Boroditsky, "Metaphoric Structuring: Understanding Time Through Spatial Metaphors," Cognition 75: 1-28 (2000).

4. B. Tversky, S. Kugelmass, and A. Winter, "Cross-Cultural and Developmental Trends in Graphic Productions," Cognitive Psychology 23: 515-57 (1991).

5. L. Boroditsky, "Does Language Shape Thought? Mandarin and English Speakers' Conceptions of Time," Cognitive Psychology 43: 1-22 (2001).

6. R. K. Ratner, B. E. Kahn, and D. Kahneman, "Choosing Less-Preferred Experiences for the Sake of Variety," Journal of Consumer Research 26: 1-15 (1999).

7. D. Read and G. F. Loewenstein, "Diversification Bias: Explaining the Discrepancy in Variety Seeking Between Combined and Separated Choices," Journal of Experimental Psychology: Applied 1: 34-49 (1995); I. Simonson, "The Effect of Purchase Quantity and Timing on Variety-Seeking Behavior," Journal of Marketing Research 27: 150-62 (1990).

8. T. D. Wilson and D. T. Gilbert, Making Sense: A Model of Affective Adaptation(unpublished manuscript, University of Virginia, 2005).

9. J. Wilson, R. Kuehn, and F. Beach, "Modifications in the Sexual Behavior of Male Rats Produced by Changing the Stimulus Female," Journal of Comparative and Physiological Psychology 56: 636-44 (1963); E. B. Hale and J. O. Almquist, "Relation of Sexual Behavior to Germ Cell Output in Farm Animals," Journal of Dairy Science 43: Supp., 145-67 (1960).

10. R. J. Herrnstein, The Matching Law: Papers in Psychology and Economics, ed. H. Rachlin and D. I. Laibson (Cambridge, Mass.: Harvard University Press, 1997).

11. D. T. Gilbert, "Inferential Correction," in Heuristics and Biases: The Psychology of Intuitive Judgment, ed. T. Gilovich, D. W. Griffin, and D. Kahneman (Cambridge: Cambridge University Press, 2002), 167-84.

12. A. Tversky and D. Kahneman, "Judgment Under Uncertainty: Heuristics and Biases," Science 185: 1124-31 (1974).

13. N. Epley and T. Gilovich, "Putting Adjustment Back in the Anchoring and Adjustment Heuristic: Differential Processing of Self-Generated and Experimenter-Provided Anchors," Psychological Science 12: 391-96 (2001).

14. D. T. Gilbert, M. J. Gill, and T. D. Wilson, "The Future Is Now: Temporal Correction in Affective Forecasting," Organizational Behavior and Human Decision

Processes 88: 430-44 (2002).

15. J. E. J. Ebert, "The Role of Cognitive Resources in the Valuation of Near and Far Future Events," Acta Psychologica 108: 155-71 (2001).

16. G. F. Loewenstein and D. Prelec, "Preferences for Sequences of Outcomes," Psychological Review 100: 91-108 (1993).

17. D. Kahneman and A. Tversky, "Prospect Theory: An Analysis of Decision Under Risk," Econometrica 47: 263-91 (1979).

18. J. W. Pratt, D. A. Wise, and R. Zeckhauser, "Price Differences in Almost Competitive Markets," Quarterly Journal of Economics 93: 189-211 (1979); A. Tversky and D. Kahneman, "The Framing of Decisions and the Psychology of Choice," Science 211: 453-58 (1981); R. H. Thaler, "Toward a Positive Theory of Consumer Choice," Journal of Economic Behavior and Organization 1: 39-60 (1980).

19. R. H. Thaler, "Mental Accounting Matters," Journal of Behavioral Decision Making 12: 183-206 (1999).

20. R. B. Cialdini et al., "Reciprocal Concessions Procedure for Inducing Compliance: The Door-in-the-Face Technique," Journal of Personality and Social Psychology 31: 206-15 (1975); J. P. Dillard, "The Current Status of Research on Sequential-Request Compliance Techniques," Personality and Social Psychology Bulletin 17: 283-88 (1991).

21. D. Kahneman and D. T. Miller, "Norm Theory: Comparing Reality to Its Alternatives," Psychological Review 93: 136-53 (1986).

22. O. E. Tykocinski and T. S. Pittman, "The Consequences of Doing Nothing: Inaction Inertia as Avoidance of Anticipated Counterfactual Regret," Journal of Personality and Social Psychology 75: 607-16 (1998); and O. E. Tykocinski, T. S. Pittman, and E. E. Tuttle, "Inaction Inertia: Foregoing Future Benefits as a Result of an Initial Failure to Act," Journal of Personality and Social Psychology 68: 793-803 (1995).

23. D. Kahneman and A. Tversky, "Choices, Values, and Frames," American Psychologist 39: 341-50 (1984).

24. I. Simonson and A. Tversky, "Choice in Context: Tradeoff Contrast and Extremeness Aversion," Journal of Marketing Research 29: 281-95 (1992).

25. D. A. Redelmeier and E. Shafir, "Medical Decision Making in Situations That Offer Multiple Alternatives," JAMA: Journal of the American Medical Association 273: 302-5 (1995).

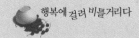
행복에 걸려 비틀거리다

26. S. S. Iyengar and M. R. Lepper, "When Choice Is Demotivating: Can One Desire Too Much of a Good Thing?" Journal of Personality and Social Psychology 79: 995-1006 (2000); and B. Schwartz, "Self-Determination: The Tyranny of Freedom," American Psychologist 55: 79-88 (2000).

27. A. Tversky, S. Sattath, and P. Slovic, "Contingent Weighting in Judgment and Choice," Psychological Review 95: 371-84 (1988).

28. C. K. Hsee et al., "Preference Reversals Between Joint and Separate Evaluations of Options: A Review and Theoretical Analysis," Psychological Bulletin 125: 576-90 (1999).

29. C. Hsee, "The Evaluability Hypothesis: An Explanation for Preference Reversals Between Joint and Separate Evaluations of Alternatives," Organizational Behavior and Human Decision Processes 67: 247-57 (1996).

30. J. R. Priester, U. M. Dholakia, and M. A. Fleming, "When and Why the Background Contrast Effect Emerges: Thought Engenders Meaning by Influencing the Perception of Applicability," Journal of Consumer Research 31: 491-501 (2004).

31. D. Kahneman and A. Tversky, "Prospect Theory: An Analysis of Decision Under Risk," Econometrica 47: 263-91 (1979); A. Tversky and D. Kahneman, "The Framing of Decisions and the Psychology of Choice," Science 211: 453-58 (1981); and A. Tversky and D. Kahneman, "Loss Aversion in Riskless Choice: A Reference-Dependent Model," Quarterly Journal of Economics 106: 1039-61 (1991).

32. D. Kahneman, J. L. Knetsch, and R. H. Thaler, "Experimental Tests of the Endowment Effect and the Coase Theorem," Journal of Political Economy 98: 1325-48 (1990); and D. Kahneman, J. Kentsch, and D. Thaler, "The Endowment Effect, Loss Aversion, and Status Quo Bias," Journal of Economic Perspectives 5: 193-206 (1991).

33. L. van Boven, D. Dunning, and G. F. Loewenstein, "Egocentric Empathy Gaps Between Owners and Buyers: Misperceptions of the Endowment Effect," Journal of Personality and Social Psychology 79: 66-76 (2000); and Z. Carmon and D. Ariely, "Focusing on the Foregone: How Value Can Appear So Different to Buyers and Sellers," Journal of Consumer Research 27: 360-70 (2000).

34. L. Hunt, "Against Presentism," Perspectives 40 (2002).

1. C. B. Wortman and R. C. Silver, "The Myths of Coping with Loss," Journal of Consulting and Clinical Psychology 57: 349-57 (1989); G. A. Bonanno, "Loss, Trauma, and Human Resilience: Have We Underestimated the Human Capacity to Thrive After Extremely Aversive Events?," American Psychologist 59: 20-28 (2004); and C. S. Carver, "Resilience and Thriving: Issues, Models, and Linkages," Journal of Social Issues 54: 245-66 (1998).

2. G. A. Bonanno and S. Kaltman, "Toward an Integrative Perspective on Bereavement," Psychological Bulletin 125: 760-76 (1999); and G. A. Bonanno et al., "Resilience to Loss and Chronic Grief: A Prospective Study from Preloss to 18-Months Postloss," Journal of Personality and Social Psychology 83: 1150-64 (2002).

3. E. J. Ozer et al., "Predictors of Posttraumatic Stress Disorder and Symptoms in Adults: A Meta-analysis," Psychological Bulletin 129: 52-73 (2003).

4. G. A. Bonanno, C. Rennicke, and S. Dekel, "Self-Enhancement Among High-Exposure Survivors of the September 11th Terrorist Attack: Resilience or Social Maladjustment?" Journal of Personality and Social Psychology 88: 984-98 (2005).

5. R. G. Tedeschi and L. G. Calhoun, "Posttraumatic Growth: Conceptual Foundations and Empirical Evidence," Psychological Inquiry 15: 1-18 (2004); P. A. Linley and S. Joseph, "Positive Change Following Trauma and Adversity: A Review," Journal of Traumatic Stress 17: 11-21 (2004); and C. S. Carver, "Resilience and Thriving: Issues, Models, and Linkages," Journal of Social Issues 54: 245-66 (1998).

6. K. Sack, "After 37 Years in Prison, Inmate Tastes Freedom," New York Times, 11 January 1996, 18.

7. C. Reeve, Ohio State University commencement speech, 13 June, 2003.

8. D. Becker, "Cycling Through Adversity: Ex-World Champ Stays on Cancer Comeback Course," USA Today 22 May 1998, 3C.

9. R. G. Tedeschi and L. G. Calhoun, Trauma and Transformation: Growing in the Aftermath of Suffering (Sherman Oaks, Calif.: Sage, 1995), 1.

10. R. Schulz and S. Decker, "Long-Term Adjustment to Physical Disability: The Role of Social Support, Perceived Control, and Self-Blame," Journal of Personality and Social Psychology 48: 1162-72 (1985); C. B. Wortman and R. C. Silver, "Coping with Irrevocable Loss," in Cataclysms, Crises, and Catastrophes:

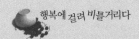

Psychology in Action, ed. G. R. VandenBos and B. K. Bryant (Washington, D.C.: American Psychological Association, 1987), 185-235; and P. Brickman, D. Coates, and R. J. Janoff-Bulman, "Lottery Winners and Accident Victims: Is Happiness Relative?" Journal of Personality and Social Psychology 36: 917-27 (1978).

11. S. E. Taylor, "Adjustment to Threatening Events: A Theory of Cognitive Adaptation," American Psychologist 38: 1161-73 (1983).

12. D. T. Gilbert, E. Driver-Linn, and T. D. Wilson, "The Trouble with Vronsky: Impact Bias in the Forecasting of Future Affective States," in The Wisdom in Feeling: Psychological Processes in Emotional Intelligence, ed. L. F. Barrett and P. Salovey (New York: Guilford Press, 2002), 114-43; and T. D. Wilson and D. T. Gilbert, "Affective Forecasting," in Advances in Experimental Social Psychology, ed. M. Zanna, vol. 35 (New York: Elsevier, 2003).

13. D. L. Sackett and G. W. Torrance, "The Utility of Different Health States as Perceived by the General Public," Journal of Chronic Disease 31: 697-704 (1978); P. Dolan and D. Kahneman, Interpretations of Utility and Their Implications for the Valuation of Health (unpublished manuscript, Princeton University, 2005); and J. Riis et al., "Ignorance of Hedonic Adaptation to Hemo-Dialysis: A Study Using Ecological Momentary Assessment," Journal of Experimental Psychology: General 134: 3-9 (2005).

14. P. Menzela et al., "The Role of Adaptation to Disability and Disease in Health State Valuation: A Preliminary Normative Analysis," Social Science & Medicine 55: 2149-58 (2002).

15. P. Dolan, "Modelling Valuations for EuroQol Health States," Medical Care 11: 1095-1108 (1997).

16. J. Jonides and H. Gleitman, "A Conceptual Category Effect in Visual Search: O as Letter or as Digit," Perception and Psychophysics 12: 457-60 (1972).

17. C. M. Solley and J. F. Santos, "Perceptual Learning with Partial Verbal Reinforcement," Perceptual and Motor Skills 8: 183-93 (1958); and E. D. Turner and W. Bevan, "Patterns of Experience and the Perceived Orientation of the Necker Cube," Journal of General Psychology 70: 345-52 (1964).

18. D. Dunning, J. A. Meyerowitz, and A. D. Holzberg, "Ambiguity and Self-Evaluation: The Role of Idiosyncratic Trait Definitions in Self-Serving Assessments of Ability," Journal of Personality and Social Psychology 57: 1-9 (1989).

19. C. K. Morewedge and D. T. Gilbert, unpublished raw data, Harvard University, 2004.

20. J. W. Brehm, "Post-decision Changes in Desirability of Alternatives," Journal of Abnormal and Social Psychology 52: 384-89 (1956).

21. E. E. Lawler et al., "Job Choice and Post Decision Dissonance," Organizational Behavior and Human Decision Processes 13: 133-45 (1975).

22. S. Lyubomirsky and L. Ross, "Changes in Attractiveness of Elected, Rejected, and Precluded Alternatives: A Comparison of Happy and Unhappy Individuals," Journal of Personality and Social Psychology 76: 988-1007 (1999).

23. R. E. Knox and J. A. Inkster, "Postdecision Dissonance at Post Time," Journal of Personality and Social Psychology 8: 319-23 (1968).

24. O. J. Frenkel and A. N. Doob, "Post-decision Dissonance at the Polling Booth," Canadian Journal of Behavioural Science 8: 347-50 (1976).

25. F. M. Voltaire, Candide (1759), chap. 1.

26. R. F. Baumeister, "The Optimal Margin of Illusion," Journal of Social and Clinical Psychology 8: 176-89 (1989); S. E. Taylor, Positive illusions (New York: Basic Books, 1989); S. E. Taylor and J. D. Brown, "Illusion and Well-Being: A Social-Psychological Perspective on Mental Health," Psychological Bulletin 103: 193-210 (1988); Z. Kunda, "The Case for Motivated Reasoning," Psychological Bulletin 108: 480-98 (1990); T. Pyszczynski and J. Greenberg, "Toward an Integration of Cognitive and Motivational Perspectives on Social Inference: A Biased Hypothesis-Testing Model," in Advances in Experimental Social Psychology, ed. L. E. Berkowitz, vol. 20 (San Diego: Academic Press, 1987), 297-340.

27. D. L. Paulhus, B. Fridhandler, and S. Hayes, "Psychological Defense: Contemporary Theory and Research," in Handbook of Personality Psychology, ed. R. Hogan, J. Johnson, and S. Briggs (San Diego: Academic Press, 1997), 543-79.

28. W. B. Swann, B. W. Pelham, and D. S. Krull, "Agreeable Fancy or Disagreeable Truth? Reconciling Self-Enhancement and Self-Verification," Journal of Personality and Social Psychology 57: 782-91 (1989); W. B. Swann, P. J. Rentfrow, and J. Guinn, "Self-Verification: The Search for Coherence," in Handbook of Self and Identity, ed. M. Leary and J. Tagney (New York: Guilford Press, 2002), 367-83; and W. B. Swann, Self-Traps: The Elusive Quest for Higher Self-Esteem (New York: Freeman, 1996).

29. W. B. Swann and B. W. Pelham, "Who Wants Out When the Going Gets Good? Psychological Investment and Preference for Self-Verifying College Roommates," Journal of Self and Identity 1: 219-33 (2002).

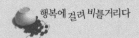

30. J. L. Freedman and D. O. Sears, "Selective Exposure," in Advances in Experimental Social Psychology, ed. L. Berkowitz vol. 2 (New York: Academic Press, 1965), 57-97; and D. Frey, "Recent Research on Selective Exposure to Information," in Advances in Experimental Social Psychology, ed. L. Berkowitz vol. 19 (New York: Academic Press, 1986), 41-80.

31. D. Frey and D. Stahlberg, "Selection of Information After Receiving More or Less Reliable Self-Threatening Information," Personality and Social Psychology Bulletin 12: 434-41 (1986).

32. B. Holton and T. Pyszczynski, "Biased Information Search in the Interpersonal Domain," Personality and Social Psychology Bulletin 15: 42-51 (1989).

33. D. Ehrlich et al., "Postdecision Exposure to Relevant Information," Journal of Abnormal and Social Psychology 54: 98-102 (1957).

34. R. Sanitioso, Z. Kunda, and G. T. Fong, "Motivated Recruitment of Autobiographical Memories," Journal of Personality and Social Psychology 59: 229-41 (1990).

35. A. Tesser and S. Rosen, "Similarity of Objective Fate as a Determinant of the Reluctance to Transmit Unpleasant Information: The MUM Effect," Journal of Personality and Social Psychology 23: 46-53 (1972).

36. M. Snyder and W. B. Swann, Jr., "Hypothesis Testing Processes in Social Interaction," Journal of Personality and Social Psychology 36: 1202-12 (1978); and W. B. J. Swann, T. Giuliano, and D. M. Wegner, "Where Leading Questions Can Lead: The Power of Conjecture in Social Interaction," Journal of Personality and Social Psychology 42: 1025-35 (1982).

37. D. T. Gilbert and E. E. Jones, "Perceiver-Induced Constraint: Interpretations of Self-Generated Reality," Journal of Personality and Social Psychology 50: 269-80 (1986).

38. L. Festinger, "A Theory of Social Comparison Processes," Human Relations 7: 117-40 (1954); A. Tesser, M. Millar, and J. Moore, "Some Affective Consequences of Social Comparison and Reflection Processes: The Pain and Pleasure of Being Close," Journal of Personality and Social Psychology 54: 49-61 (1988); S. E. Taylor and M. Lobel, "Social Comparison Activity Under Threat: Downward Evaluation and Upward Contacts," Psychological Review 96: 569-75 (1989); and T. A. Wills, "Downward Comparison Principles in Social Psychology," Psychological Bulletin 90: 245-71 (1981).

39. T. Pyszczynski, J. Greenberg, and J. LaPrelle, "Social Comparison After Success and Failure: Biased Search for Information Consistent with a Self-Servicing Conclusion," Journal of Experimental Social Psychology 21: 195-211 (1985).

40. J. V. Wood, S. E. Taylor, and R. R. Lichtman, "Social Comparison in Adjustment to Breast Cancer," Journal of Personality and Social Psychology 49: 1169-83 (1985).

41. S. E. Taylor et al., "Social Support, Support Groups, and the Cancer Patient," Journal of Consulting and Clinical Psychology 54: 608-15 (1986).

42. A. Tesser and J. Smith, "Some Effects of Task Relevance and Friendship on Helping: You Don' t Always Help the One You Like," Journal of Experimental Social Psychology 16: 582-90 (1980).

43. A. H. Hastorf and H. Cantril, "They Saw a Game: A Case Study," Journal of Abnormal and Social Psychology 49: 129-34 (1954).

44. L. Sigelman and C. K. Sigelman, "Judgments of the Carter-Reagan Debate: The Eyes of the Beholders," Public Opinion Quarterly 48: 624-28 (1984); R. K. Bothwell and J. C. Brigham, "Selective Evaluation and Recall During the 1980 Reagan-Carter Debate," Journal of Applied Social Psychology 13: 427-42 (1983); J. G. Payne et al., "Perceptions of the 1988 Presidential and Vice-Presidential Debates," American Behavioral Scientist 32: 425-35 (1989); and G. D. Munro et al., "Biased Assimilation of Sociopolitical Arguments: Evaluating the 1996 U.S. Presidential Debate," Basic and Applied Social Psychology 24: 15-26 (2002).

45. R. P. Vallone, L. Ross, and M. R. Lepper, "The Hostile Media Phenomenon: Biased Perception and Perceptions of Media Bias in Coverage of the Beirut Massacre," Journal of Personality and Social Psychology 49: 577-85 (1985).

46. C. G. Lord, L. Ross, and M. R. Lepper, "Biased Assimilation and Attitude Polarization: The Effects of Prior Theories on Subsequently Considered Evidence," Journal of Personality and Social Psychology 37: 2098-109 (1979).

47. J. J. Koehler, "The Influence of Prior Beliefs on Scientific Judgments of Evidence Quality," Organizational Behavior and Human Decision Processes 56: 28-55 (1993).

48. T. Pyszczynski, J. Greenberg, and K. Holt, "Maintaining Consistency Between Self-Serving Beliefs and Available Data: A Bias in Information Evaluation," Personality and Social Psychology Bulletin 11: 179-90 (1985).

49. P. H. Ditto and D. F. Lopez, "Motivated Skepticism: Use of Differential Decision Criteria for Preferred and Nonpreferred Conclusions," Journal of

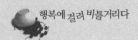

Personality and Social Psychology 63: 568-84 (1992).

50. T. Gilovich, How We Know What Isn' t So: The Fallibility of Human Reason in Everyday Life (New York: Free Press, 1991).

51. K. P. Shrader, "Report: War Rationale Based on CIA Error," Associated Press, 9 July 2004.

52. Agence-France-Presse, "Italy: City Wants Happier Goldfish," New York Times, 24 July 2004, A5.

Chapter 9_ 현실에 대한 면역

1. T. D. Wilson, Strangers to Ourselves: Discovering the Adaptive Unconscious (Cambridge: Harvard University Press, 2002); and J. A. Bargh, and T. L. Chartrand, "The Unbearable Automaticity of Being," American Psychologist 54: 462-79 (1999).

2. R. E. Nisbett and T. D. Wilson, "Telling More Than We Can Know: Verbal Reports on Mental Processes," Psychological Review 84: 231-59 (1977); D. J. Bem, "Self-Perception Theory," in Advances in Experimental Social Psychology, ed. L. Berkowitz, vol. 6 (New York: Academic Press, 1972), 1-62 M. S. Gazzaniga, The Social Brain (New York: Basic Books, 1985); and D. M. Wegner, The Illusion of Conscious Will (Cambridge, Mass.: MIT Press, 2003).

3. E. T. Higgings, W. S. Rholes, and C. R. Jones, "Category Accessibility and Impression Formation," Journal of Experimental Social Psychology 13: 141-54 (1977).

4. J. Bargh, M. Chen, and L. Burrows. "Automaticity of Social Behavior: Direct Effects of Trait Construct and Stereotype Activation on Action," Journal of Personality and Social Psychology 71: 230-44 (1996).

5. A. Dijksterhuis and A. van Knippenberg. "The Relation Between Perception and Behavior, or How to Win a Game of Trivial Pursuit," Journal of Personality and Social Psychology 74: 865-77 (1998).

6. J. W. Schooler, D. Ariely, and G. Loewenstein, "The Pursuit and Assessment of Happiness Can Be Self-Defeating," in The Psychology of Economic Decisions: Rationality and Well-Being, ed. I. Brocas and J. Carillo vol. 1 (Oxford: Oxford University Press, 2003).

7. K. N. Ochsner, et al., "Rethinking Feelings: An fMRI Study of the Cognitive Regulation of Emotion," Journal of Cognitive Neuroscience 14: 1215-29 (2002).

8. D. M. Wegner, R. Erber, and S. Zanakos, "Ironic Processes in the Mental Control of Mood and Mood-Related Thought," Journal of Personality and Social Psychology 65: 1093-1104 (1993); D. M. Wegner, A. Broome, and S. J. Blumberg, "Ironic Effects of Trying to Relax Under Stress," Behaviour Research and Therapy 35: 11-21 (1997).

9. D. T. Gilbert, et al., "Immune Neglect: A Source of Durability Bias in Affective Forecasting," Journal of Personality and Social Psychology 75: 617-38 (1998).

10. D. T. Gilbert, et al., "Looking Forward to Looking Backward: The Misprediction of Regret," Psychological Science 15: 346-50 (2004).

11. M. Curtiz, Casablanca, Warner Bros., 1942.

12. T. Gilovich, and V. H. Medvec, "The Experience of Regret: What When, and Why," Psychological Review 102: 379-95 (1995); N. Roese, If Only: How to Turn Regret into Opportunity (New York: Random House 2004); G. Loomes and R. Sugden, "Regret Theory: An Alternative Theory of Rational Choice Under Uncertainty," Economic Journal 92: 805-24 (1982); and D. Bell, "Regret in Decision Making Under Uncertainty," Operations Research 20: 961-81 (1982).

13. I. Ritov and J. Baron, "Outcome Knowledge, Regret, and Omission Bias," Organizational Behavior and Human Decison Processes 64: 119-27 (1995); I. Ritov and J. Baron, "Probability of Regret: Anticipation of Uncertainty Resolution in Choice: Outcome Knowledge, Regret, and Omission Bias," Organizational Behavior and Human Decision Processes 66: 228-36 (1996); and M. Zeelenberg, "Anticipated Regret, Expected Feedback and Behavioral Decision Making, Journal of Behavioral Decision Making 12: 93-106 (1999).

14. M. T. Crawford, et al., "Reactance, Compliance, and Anticipated Regret," Journal of Experimental Social Psychology 38: 56-63 (2002).

15. I. Simonson, "The Influence of Anticipating Regret and Responsibilty on Purchase Decisions," Journal of Consumer Research 19: 105-18 (1992).

16. V. H. Medvec, S. F. Madey, and T. Gilovich, "When Less Is More: Counterfactual Thinking and Satisfaction Among Olympic Medalists," Journal of Personality and Social Psycholgoy 69: 603-10 (1995); and D. Kahneman and A. Tversky "Variants of Uncertainty," Cognition 11: 143-57 (1982).

17. D. Hakneman and A. Tversky, "The Psychology of Preferences," Scientific American 246: 160-73 (1982).

18. T. Gilovich, V. H. Medvec, and S. Chen, "Omission, Commission, and

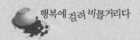
행복에 걸려 비틀거리다

Dissonance Reduction: Overcoming Regret in the Monty Hall Problem," Personality and Social Psychology Bulletin 21: 182-90 (1995).

19. H. B. Gerard and G. C. Mathewson, "The Effects of Severity of Initiation on Liking for a Group: A Replication," Journal of Experimenal Social Psychology 2: 278-87 (1966).

20. P. G. Zimbardo, "Control of Pain Motivation by Cognitive Dissonance," Science 151: 217-19 (1966).

21. E. Aronson and J. Mills, "The Effect of Severity of Initiation on Liking for a Group," Journal of Abnormal and Social Psychology 59: 177-81 (1958); J. L. Freedman, "Long-Term Behavioral Effects of Cognitive Dissonance," Journal of Experimental Social Psychology 1: 145-55 (1965); D. R. Shaffer and C. Hendrick, "Effects of Actual Effort and Anticipated Effort on Task Enhancement," Journal of Experimental Social Psychology 7: 435-47 (1971); H. R. Arkes and C. Blumer, "The Psychology of Sunk Cost," Organizational Behavior and Human Decision Processes 35: 124-40 (1985); and J. T. Jost, et al., "Social Inequality and the Reduction of Ideological Dissonance on Behalf of the System: Evidence of Enhanced System Justification Among the Disadvantaged," European Journal of Social Psychology 33: 13-36 (2003).

22. D. T. Gilbert, et al., "The Peculiar Longevity of Things Not So Bad," Psychologial Science 15: 14-19 (2004).

23. D. Frey, et al., "Re-evaluation of Decision Alternatives Dependent upon the Reversibility of a Decision and the Passage of Time," European Journal of Social Psychology 14: 447-50 (1984); D. Frey, "Reversible and Irreversible Decisions: Preference for Consonant Information as a Function of Attractiveness of Decision Alternatives," Personality and Social Psychology Bulletin 7: 621-26 (1981).

24. S. Wiggins, et al., "The Psychological Consequences of Predictive Testing for Huntington's Disease," New England Journal of Medicine 327: 1401-5 (1992).

25. D. T. Gilbert, and J. E. J. Ebert, "Decisions and Revisions: The Affective Forecasting of Changeable Outcomes," Journal of Personality and Social Psychology 82: 503-14 (2002).

26. J. W. Brehm, A Theory of Psychological Reactance (New York: Academic Press, 1966).

27. R. B. Cialdini, Influence: Science and Practice. (Glenview, Ill. Scott, Foresman, 1985).

28. S. S. Iyengar, and M. R. Lepper, "When Choice Is Demotivating: Can One

Desire Too Much of a Good Thing?," Journal of Personality and Social Psychology 79: 995-1006 (2000); and B. Schwartz, "Self-Determination: The Tyranny of Freedom," American Psychologist 55: 79-88 (2000).

29. J. W. Pennebaker, "Writing About Emotional Experiences as a Therapeutic Process," Psychological Science 8: 162-66 (1997).

30. J. W. Pennebaker, T. J. Mayne, and M. E. Francis, "Linguistic Predictors of Adaptive Bereavement." Journal of Personality and Social Psychology 72: 863-71 (1997).

31. T. D. Wilson, et al., "The Pleasures of Uncertainty: Prolonging Positive Moods in Ways People Do Not Anticipate," Journal of Personality and Social Psychology 88: 5-21 (2005).

32. B. Fischoff, "Hindsight =/= foresight: The Effects of Outcome Knowledge on Judgment Under Uncertainty," Journal of Experimental Psychology: Human Perception and Performance 1: 288-99 (1975); C. A. Anderson, M. R. Lepper, and L. Ross, "Perseverance of Social Theories: The Role of Explanation in the Persistence of Discredited Information," Journal of Personality and Social Psychology 39: 1037-49 (1980).

33. B. Weiner, " 'Spontaneous' Causal Thinking," Psychological Bulletin 97: 74-84 (1985); and R. R. Hassin, J. A. Bargh, and J. S. Uleman, "Spontaneous Causal Inferences," Journal of Experimental Social Psychology 38: 515-22 (2002).

34. B. Zeigarnik, "Das Behalten erledigter und unerledigter Handlungen," Psychologische Forschung 9: 1-85 (1927); and G. W. Boguslavsky, "Interruption and Learning," Psychological Review 58: 248-55 (1951).

35. J. Keats, Letter to Richard Woodhouse, 27 October 1881, in Selected Poems and Letters by John Keats, ed. D. Bush (Boston: Houghton-Mifflin, 1959).

Chapter 10_ 반복되는 실수

1. D. Wirtz et al., "What to Do on Spring Break? The Role of Predicted, Online, and Remembered Experience in Future Choice," Psychological Science 14: 520-24 (2003); and S. Bluck et al., "A Tale of Three Functions: The Self-Reported Use of Autobiographical Memory," Social Cognition 23: 91-117 (2005).

2. A. Tversky and D. Kahneman, "Availability: A Heuristic for Judgment Frequency and Probability," Cognitive Psychology 5: 207-32 (1973).

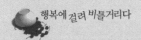

3. L. J. Sanna and N. Schwarz, "Integrating Temporal Biases: The Interplay of Focal Thoughts and Accessibility Experiences," Psychological Science, 15: 474-81 (2004).

4. R. Brown and J. Kulik, "Flashbulb Memories," Cognition 5: 73-99 (1977); and P. H. Blaney, "Affect and Memory: A Review," Psychological Bulletin 99: 229-46 (1986).

5. D. T. Miller and B. R. Taylor, "Counterfactual Thought, Regret and Superstition: How to Avoid Kicking Yourself," in What Might Have Been: The Social Psychology of Counterfactual Thinking, ed. N. J. Roese and J. M. Olson (Hillsdale, N.J.: Lawrence Erlbaum, 1995), 305-31; and J. Kruger, D. Wirtz, and D. T. Miller, "Counterfactual Thinking and the First Instinct Fallacy," Journal of Personality and Social Psychology 88: 725-35 (2005).

6. R. Buehler and C. McFarland, "Intensity Bias in Affective Forecasting: the Role of Temporal Focus," Personality and Social Psychology Bulletin 27: 1480-93 (2001).

7. C. K. Morewedge, D. T. Gilbert, and T. D. Wilson, "The Least Likely of Times: How Memory for Past Events Biases the Prediction of Future Events," Psychological Science 16: 626-30 (2005).

8. B. L. Fredrickson and D. Kahneman, "Duration Neglect in Retrospective Evaluations of Affective Episodes," Journal of Personality and Social Psychology 65: 45-55 (1993); and D. Ariely and Z. Carmon, "Summary Assessment of Experiences: The Whole Is Different from the Sum of Its Parts," in Time and Decision, ed. G. Loewenstein, D. Read, and R. F. Baumeister (New York: Russell Sage Foundation, 2003), 323-49.

9. W. M. Lepley, "Retention as a Function of Serial Position," Psychological Bulletin 32: 730 (1935); B. B. Murdock, "The Serial Position Effect of Free Recall," Journal of Experimental Psychology 64: 482-88 (1962); and T. L. White and M. Treisman, "A Comparison of the Encoding of Content and Order in Olfactory Memory and in Memory for Visually Presented Verbal Materials," British Journal of Psychology 88: 459-72 (1997).

10. N. H. Anderson, "Serial Position Curves in Impression Formation," Journal of Experimental Psychology 97: 8-12 (1973).

11. D. Kahneman et al., "When More Pain Is Preferred to Less: Adding a Better Ending," Psychological Science 4: 401-5 (1993).

12. J. J. Christensen-Szalanski, "Discount Functions and the Measurement of

Patients' Values: Women's Decisions During Childbirth," Medical Decision Making 4: 47-58 (1984).

13. D. Holmberg and J. G. Holmes, "Reconstruction of Relationship Memories: A Mental Models Approach," in Autobiographical Memory and the Validity of Retrospective Reports, ed. N. Schwarz and N. Sudman (New York: Springer-Verlag, 1994), 267-88; and C. McFarland and M. Ross, "The Relation Between Current Impressions and Memories of Self and Dating Partners," Personality and Social Psychology Bulletin 13: 228-38 (1987).

14. William Shakespeare, King Richard II, act 2, scene 1 (1594-96; London: Penguin Classics, 1981).

15. D. Kahneman, "Objective Happiness," in Well-Being: The Foundations of Hedonic Psychology, ed. D. Kahneman, E. Diener, and N. Schwarz (New York: Russell Sage Foundation, 1999), 3-25.

16. "Well-Being and Time," in J. D. Velleman, The Possibility of Practical Reason (Oxford: Oxford University Press, 2000).

17. E. Diener, D. Wirtz, and S. Oishi, "End Effects of Rated Quality of Life: The James Dean Effect," Psychological Science 12: 124-28 (2001).

18. M. D. Robinson and G. L. Clore, "Belief and Feeling: Evidence for an Accessibility Model of Emotional Self-Report," Psychological Bulletin 128: 934-960 (2002); and L. J. Levine and M. A. Safer, "Sources of Bias in Memory for Emotions." Current Directions in Psychological Science 11: 169-73 (2002).

19. M. D. Robinson and G. L. Clore, "Episodic and Semantic Knowledge in Emotional Self-Report: Evidence for Two Judgment Processes," Journal of Personality and Social Psychology 83: 198-215 (2002).

20. M. D. Robinson, J. T. Johnson, and S. A. Shields, "The Gender Heurristic and the Database: Factors Affecting the Perception of Gender-Related Differences in the Experience and Display of Emotions," Basic and Applied Social Psychology 20: 206-19 (1998).

21. C. McFarland, M. Ross, and N. DeCourville, "Women's Theories of Menstruation and Biases in Recall of Menstrual Symptoms," Journal of Personality and Social Psychology 57: 522-31 (1981).

22. S. Oishi, "The Experiencing and Remembering of Well-Being: A Cross-Cultural Analysis," Personality and Social Psychology Bulletin 28: 1398-1406 (2002).

23. C. N. Scollon et al., "Emotions Across Cultures and Methods," Journal of Cross-Cultural Psychology 35: 304-26 (2004).

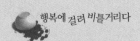

24. M. A. Safer, L. J. Levine, and A. L. Drapalski, "Distortion in Memory for Emotions: The Contributions of Personality and Post-Event Knowledge," Personality and Social Psychology Bulletin 28: 1495-1507 (2002); and S. A. Dewhurst and M. A. Marlborough, "Memory Bias in the Recall of Pre-exam Anxiety: The Influence of Self-Enhancement," Applied Cognitive Psychology 17: 695-702 (2003).

25. T. R. Mitchell, et al., "Temporal Adjustments in the Evaluation of Events: The 'Rosy View,'" Journal of Experimental Social Psychology 33: 421-48 (1997).

26. T. D. Wilson et al., "Preferences as Expectation-Driven Inferences: Effects of Affective Expectations on Affective Experience," Journal of Personality and Social Psychology 56: 519-30 (1989).

27. A. A. Stone, et al., "Prospective and Cross-Sectional Mood Reports Offer No Evidence of a 'Blue Monday' Phenomenon," Journal of Personality and Social Psychology 49: 129-34 (1985).

Chapter 11_ 내일로부터 온 삶의 보고

1. J. Livingston and R. Evans, "Whatever Will Be, Will Be (Que Sera, Sera)" (1955).

2. W. V. Quine and J. S. Ullian, The Web of Belief, 2nd ed. (New York: Random House, 1978), 51.

3. B. Berkner and C. S. Faber, Geographical Mobility, 1995 to 2000: (Washington, D.C.: U.S. Bureau of the Census, 2003).

4. R. M. Kreider and J. M. Fields, Number, Timing, and Duration of Marriages and Divorces, 1996 (Washington, D.C.: U.S. Bureau of the Census, 2002).

5. B. Russell, The Analysis of Mind (New York: Macmillan, 1921), 231.

6. R. J. Dawkins, The Selfish Gene (Oxford: Oxford University Press, 1976); S. Blackmore, The Meme Machine (Oxford: Oxford University Press, 2000).

7. D. C. Dennett, Brainstorms: Philosophical Essays on Mind and Psychology(Cambridge, Mass.: Bradford/MIT Press, 1981), 18.

8. R. Layard, Happiness: Lessons from a New Science (New York: Penguin, 2005); E. Diener and M. E. P. Seligman, "Beyond Money: Toward an Economy of Well-Being," Psychological Science in the Public Interest 5: 1-31 (2004); B. S. Frey and A. Stutzer, Happiness and Economics: How the Economy and Institutions

Affect Human Well-Being (Princeton, N.J.: Princeton University Press, 2002); R. A. Easterlin, "Income and Happiness: Towards a Unified Theory," Economic Journal 111: 465-84 (2001); and D. G. Blanchflower and A. J. Oswald, "Well-Being Over Time in Britain and the USA," Journal of Public Economics 88: 1359-86 (2004).

9. T. Scitovsky, The Joyless Economy: The Psychology of Human Satisfaction (Oxford: Oxford University Press 1976); L. Van Boven and T. Gilovich, "To Do or to Have? That Is the Question," Journal of Personality and Social Psychology 85: 1193-202 (2003); and R. H. Frank, "How Not to Buy Happiness," Daedalus: Journal of the American Academy of Arts and Sciences 133: 69-79 (2004). Not all economists believe in decreasing marginal utility: R. A. Easterlin, "Diminishing Marginal Utility of Income? Caveat Emptor," Social Indicators Research 70: 243-326 (2005).

10. J. D. Graaf, et al., Affluenza: The All-Consuming Epidemic (New York: Berrett-Koehler, 2002); D. Myers, The American Paradox: Spiritual Hunger in an Age of Plenty (New Haven: Yale University Press, 2000); R. H. Frank, Luxury Fever (Princeton, N.J.: Princeton University Press 2000); J. B. Schor, The Overspent American: Why We Want What We Don' t Need (New York: Perennial 1999); and P. L. Wachtel, Poverty of Affluence: A Psychological Portrait of the American Way of Life (New York: Free Press, 1983).

11. Adam Smith, An Inquiry into the Nature and Causes of the Wealth of Nations (1776), book 1 (New York: Modern Library, 1994).

12. N. Ashraf, C. Camerer, and G. Loewenstein, "Adam Smith, Behavorial Economist," Journal of Economic Perspectives 19: 131-45 (2005).

13. A. O. Hirschman, Shifting Involvements: Private Interest and Public Action (Princeton, N.J.: Princeton University Press, 1982).

14. C. Walker, "Some Variations in Marital Satisfaction," in Equalities and Inequalities in Family Life, ed. R. Chester and J. Peel (London: Academic Press, 1977), 127-39.

15. D. Myers, The Pursuit of Happiness: Discovering the Pathway to Fulfillment, Well-Being, and Enduring Personal Joy (New York: Avon, 1992), 71.

16. J. A. Feeney, "Attachment Styles, Communication Patterns and Satisfaction Across the Life Cycle of Marriage," Personal Relationships 1: 333-48 (1994).

17. D. Kahneman, et al., "A Survey Method for Characterizing Daily Life Experience: The Day Reconstruction Method," Science 306: 1776-80 (2004).

18. T. D. Wilson, et al., "Focalism: A Source of Durability Bias in Affective

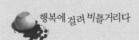

Forecasting," Journal of Personality and Social Psychology 78: 821-36 (2000).

19. R. J. Norwick, D. T. Gilbert, and T. D. Wilson, "Surrogation: An Antidote for Errors in Affective Forecasting" (unpublished manuscript, Harvard University, 2005).

20. N. Epley and D. Dunning, "Feeling 'Holier Than Thou' : Are Self-Serving Assessments Produced by Errors in Self- or Social Prediction?," Journal of Personality and Social Psychology 79: 861-75 (2000).

21. R. C. Wylie, The Self-Concept: Theory and Research on Selected Topics, vol. 2 (Lincoln: University of Nebraska Press, 1979).

22. L. Larwood and W. Whittaker, "Managerial Myopia: Self-Serving Biases in Organizational Planning," Journal of Applied Psychology 62: 194-98 (1977).

23. R. B. Felson, "Ambiguity and Bias in the Self-Concept," Social Psychology Quarterly 44: 64-69.

24. D. Walton and J. Bathurst, "An Exploration of the Perceptions of the Average Driver' s Speed Compared to Perceived Driver Safety and Driving Skill," Accident Analysis and Prevention 30: 821-30 (1998).

25. P. Cross, "Not Can but Will College Teachers Be Improved?," New Directions for Higher Education 17: 1-15 (1977).

26. E. Pronin, D. Y. Lin, and L. Ross, "The Bias Blind Spot: Perceptions of Bias in Self Versus Others," Personality and Social Psychology Bulletin 28: 369-81 (2002).

27. J. Kruger, "Lake Wobegon Be Gone! The 'Below-Average Effect' and the Egocentric Nature of Comparative Ability Judgments," Journal of Personality and Social Psychology 77: 221-32 (1999).

28. J. T. Johnson, et al., "The 'Barnum Effect' Revisited: Cognitive and Motivational Factors in the Acceptance of Personality Descriptions," Journal of Personality and Social Psychology 49: 1378-91 (1985).

29. E. E. Jones and R. E. Nisbett, "The Actor and the Observer: Divergent Perceptions of the Causes of Behavior," Attribution: Perceiving the Causes of Behavior, ed. E. E. Jones et al., (Morristown, N.J.: General Learning Press, 1972); and R. E. Nisbett and E. Borgida, "Attribution and the Psychology of Prediction," Journal of Personality and Social Psychology 32: 932-43 (1975).

30. D. T. Miller and C. McFarland, "Pluralistic Ignorance: When Similarity Is Interpreted as Dissimilarity," Journal of Personality and Social Psychology 53: 298-305 (1987).

31. D. T. Miller and L. D. Nelson, "Seeing Approach Motivation in the Avoidance Behavior of Others: Implications for an Understanding of Pluralistic Ignorance," Journal of Personality and Social Psychology 83: 1066-75 (2002).

32. C. R. Snyder and H. L. Fromkin, "Abnormality as a Positive Characteristic: The Development and Validation of a Scale Measuring Need for Uniqueness," Journal of Abnormal Psychology 86: 518-27 (1977).

33. M. B. Brewer, "The Social Self: On Being the Same and Different at the Same Time," Personality and Social Psychology Bulletin 17: 475-82 (1991).

34. H. L. Fromkin, "Effects of Experimentally Aroused Feelings of Undistinctiveness Upon Valuation of Scarce and Novel Experiences," Journal of Personality and Social Psychology 16: 521-29 (1970); H. L. Fromkin, "Feelings of Interpersonal Undistinctiveness: An Unpleasant Affective State," Journal of Experimental Research in Personality 6: 178-85 (1972).

35. R. Karniol, T. Eylon, and S. Rish, "Predicting Your Own and Others' Thoughts and Feelings: More Like a Stranger Than a Friend," European Journal of Social Psychology 27: 301-11 (1997); J. T. Johnson, "The Heart on the Sleeve and the Secret Self: Estimations of Hidden Emotion in Self and Acquaintances," Journal of Personality 55: 563-82 (1987); and R. Karniol, "Egocentrism Versus Protocentrism: The Status of Self in Social Prediction," Psychological Review 110: 564-80 (2003).

36. C. L. Barr and R. E. Kleck, "Self-Other Perception of the Intensity of Facial Expressions of Emotion: Do We Know What We Show?," Journal of Personality and Social Psychology 68: 608-18 (1995).

37. R. Karniol and L. Koren, "How Would You Feel? Children's Inferences Regarding Their Own and Others' Affective Reactions," Cognitive Development 2: 271-78 (1987).

38. C. McFarland and D. T. Miller, "Judgments of Self-Other Similarity: Just Like Other People, Only More So," Personality and Social Psychology Bulletin 16: 475-84 (1990).

생각의 지도
리처드 니스벳 지음 | 최인철 옮김 | 값 12,900원

동서양 생각의 지형을 가로지르는 최고의 지적 모험!
사람들이 생각하는 방법은 어느 사회에서나 똑같은 것일까? 공자의 후손들과 아리스토텔레스의 후손들을 해부하는 새로운 비교문화 연구서. 고대 중국과 고대 그리스의 전통을 이어받은 동양과 서양, 그들의 차이는 서양의 승리로 끝날 것인가, '문명의 충돌'을 가져올 것인가?
배낭여행을 준비하는 대학생부터 해외시장을 개척하는 CEO까지, 진정한 세계화를 모색하는 모든 이들의 필독서!

이 책은 다음과 같은 도전적인 질문들을 통하여 독자들의 지적 호기심을 자극한다.

- 자연을 이용한 광고는 왜 동양에서 더 효과적일까?
- 범죄가 발생하면 왜 동양인은 상황을 탓하고, 서양인은 범인을 닷힐까?
- 왜 동양에서는 침술이, 서양에서는 수술이 발달했을까?

The Geography
of Thought

문명의 충돌

새뮤얼 헌팅턴 지음 | 이희재 옮김 | 값 17,900원

이제 세계 질서 재편의 핵심 변수는 '문명'이다!
전세계 언론과 학계에 뜨거운 반향과 논란을 불러일으킨 21
세기 세계 정치의 혁명적 패러다임 '문명충돌론'의 핵심 완
결편. 세계적인 석학 새뮤얼 헌팅턴이 21세기 주역에게 던
지는 지적 도전의 메시지. 아직 이 책을 읽지 않았다면 인류
의 미래에 대해 논하지 말라!

• 중앙일보 선정 좋은 책 100선
• 문화관광부 추천도서
• 한국간행물윤리위원회 선정 대학신입생 권장도서

죽은경제학자의 살아있는 아이디어

토드 부크홀츠 지음 | 이승환 옮김 | 값 13,900원

현대 경제사상의 이해를 위한 가장 탁월한 입문서!
애덤 스미스 탄생 이후 3백 년 동안의 경제사를 한눈에 보여
준다. 하버드대학 최우수 강의상을 거머쥔, 백번쯤 웃다 보면
경제의 흐름이 한눈에 잡히는 속시원한 경제교양서이자 21
세기 경제입문서의 고전! 당신은 이제 타임머신을 타고 과거
로 날아가 세계 역사상 가장 위대했던 경제학자들과 조우하
게 된다!

• 한국간행물윤리위원회 선정 청소년 권장도서